공기업 합격을 위한
추가 자료

KB084972

NCS PSAT형 온라인 모의고사 응시권

2B3C AFA7 5622 EA3F

대기업 적성검사 온라인 모의고사 응시권

69F8 76E8 EA2E 2D2W

이용방법 해커스잡 사이트(ejob.Hackers.com) 접속 후 로그인 ▶ 사이트 메인 우측 상단 [나의 정보] 클릭 ▶
[나의 쿠폰 - 쿠폰/수강권 등록]에 위 쿠폰번호 입력 ▶ [마이클래스 - 모의고사] 탭에서 응시

* 한 ID당 1회에 한해 등록 및 사용 가능   * 쿠폰 등록 시점부터 30일 이내 PC로 응시 가능

매일 한 장 어휘/어법 문제(PDF)

DJ32 GN3L 4D67 JQJQ

해커스잡 사이트(ejob.Hackers.com) 접속 후 로그인 ▶ 사이트 메인 중앙 [교재정보 - 교재 무료자료] 클릭 ▶
교재 확인 후 이용하길 원하는 무료자료의 다운로드 버튼 클릭 ▶ 위 쿠폰번호 입력 후 다운로드

본 교재 인강 2만원 할인쿠폰

2E78 4792 5368 3CAC

해커스잡 사이트(ejob.Hackers.com) 접속 후 로그인 ▶ 사이트 메인 우측 상단 [나의 정보] 클릭 ▶
[나의 쿠폰 - 쿠폰/수강권 등록]에 위 쿠폰번호 입력 ▶ 해당 강의 결제 시 쿠폰 적용

* 한 ID당 1회에 한해 등록 및 사용 가능
* 단과/종합 강의에만 적용 가능(프로모션/이벤트 상품에는 적용 불가)

* 이 외 쿠폰 관련 문의는 해커스 고객센터(02-537-5000)로 연락 바랍니다.

매일 실력 점검표

풀이 속도와 정확도 모두 중요한 NCS!

매일 실력 점검표를 작성해보면서 하루하루 실력이 향상되는지 확인해보세요.

만약 '하'를 체크한 날이 있다면 꼼꼼히 복습하여 독해 실력을 높여보세요.

풀이 시간 내에 풀이를 완료하고, 적정 정답 개수(전체 문제의 80%) 이상의 문제를 맞혔다면 '상', 둘 중 하나만 만족했다면 '중', 하나도 만족하지 못하면 '하'에 체크하세요.

학습 내용	학습 날짜	풀이 시간	맞은 문제	독해 실력	학습 내용	학습 날짜	풀이 시간	맞은 문제	독해 실력
DAY 01	__월__일	/7분 30초	/5문제	상 중 하	DAY 16	__월__일	/10분	/6문제	상 중 하
DAY 02	__월__일	/10분	/6문제	상 중 하	DAY 17	__월__일	/15분 20초	/9문제	상 중 하
DAY 03	__월__일	/7분 30초	/5문제	상 중 하	DAY 18	__월__일	/10분	/6문제	상 중 하
DAY 04	__월__일	/10분	/6문제	상 중 하	DAY 19	__월__일	/12분	/7문제	상 중 하
DAY 05	__월__일	/7분 30초	/5문제	상 중 하	DAY 20	__월__일	/10분	/6문제	상 중 하
DAY 06	__월__일	/7분 30초	/5문제	상 중 하	DAY 21	__월__일	/7분 30초	/5문제	상 중 하
DAY 07	__월__일	/7분 30초	/5문제	상 중 하	DAY 22	__월__일	/7분 30초	/5문제	상 중 하
DAY 08	__월__일	/10분	/6문제	상 중 하	DAY 23	__월__일	/7분 30초	/5문제	상 중 하
DAY 09	__월__일	/7분 30초	/5문제	상 중 하	DAY 24	__월__일	/10분	/6문제	상 중 하
DAY 10	__월__일	/10분	/6문제	상 중 하	DAY 25	__월__일	/12분	/7문제	상 중 하
DAY 11	__월__일	/7분 30초	/5문제	상 중 하	DAY 26	__월__일	/7분 30초	/5문제	상 중 하
DAY 12	__월__일	/10분	/6문제	상 중 하	DAY 27	__월__일	/7분 30초	/5문제	상 중 하
DAY 13	__월__일	/10분	/6문제	상 중 하	DAY 28	__월__일	/10분	/6문제	상 중 하
DAY 14	__월__일	/12분	/7문제	상 중 하	DAY 29	__월__일	/7분 30초	/5문제	상 중 하
DAY 15	__월__일	/12분	/7문제	상 중 하	DAY 30	__월__일	/7분 30초	/5문제	상 중 하

* 단기간에 NCS를 대비해야 한다면 하루에 2일치씩 풀어 빠르고 효율적으로 학습해 보세요.
* 심화 학습을 원할 경우 해커스잡 사이트(ejob.Hackers.com)에서 유료로 제공되는 본 교재의 동영상 강의를 수강해 보세요.

해커스공기업
PSAT
기출로 끝내는
NCS

**의사소통
집중 공략**

해커스

"매일 독해 문제를 풀고 싶은데,
풀 만한 교재가 없네."

"독해 문제, 어떻게 해야 쉽게 풀릴까?"

NCS 필기시험에서 빠지지 않고 등장하는 유형의 문제,
바로 독해 문제입니다. 특히 최근 NCS 필기시험에서
영역을 가리지 않고 긴 지문과 자료가 제시되는 경우가 많아짐에 따라 독해력은 수험생들이 꼭 키워야 하는
필수 역량이 되었습니다. 하지만 독해력은 하루아침에 생기는 것이 아니기 때문에 어떻게 준비해야 할지 고민
하는 수험생들이 많습니다.
그래서 해커스는 수많은 고민을 거듭한 끝에 『해커스공기업 PSAT 기출로 끝내는 NCS 의사소통 집중 공략』을 출간
하게 되었습니다.

『해커스공기업 PSAT 기출로 끝내는 NCS 의사소통 집중 공략』은

1. 매일 20분, 5지문씩, 30일 동안 연습할 수 있는 구성으로 되어 있어 꾸준히 독해 연습을 하기에 최적화
   된 교재입니다.

2. NCS 전문가가 엄선한 PSAT 기출, 수능 기출 문제를 수록하여 NCS 출제 경향에 맞는 문제들로 학습할
   수 있습니다.

3. 단순히 문제를 많이 푸는 것이 아닌, 문제 유형별·지문 유형별 접근 전략으로 보다 효율적으로 학습할 수
   있습니다.

『해커스공기업 PSAT 기출로 끝내는 NCS 의사소통 집중 공략』을 통한 꾸준한 독해 연습으로,
NCS 채용에 대비하는 수험생 모두 합격의 기쁨을 누리시기 바랍니다.

해커스 취업교육연구소

목차

PART 1 문제 유형별 공략

목차

[부록] 어휘 · 어법 핵심 공략집

[책 속의 책] 약점 보완 해설집

해커스잡 ejob.Hackers.com

매일 한 장
어휘·어법 문제

ⓘ 휴대폰으로도 다운로드 받을 수 있습니다.

독해력 완성을 위한 이 책의 활용법

1 매일 5지문씩 꾸준히 풀면서 독해력을 향상시킨다.

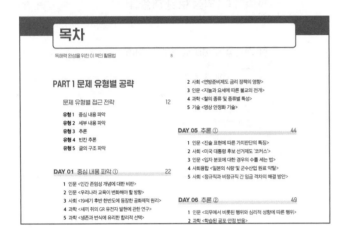

『해커스공기업 PSAT 기출로 끝내는 NCS 의사소통 집중 공략』은 매일 꾸준히 풀면서 독해력을 키울 수 있도록 DAY별로 구성한 교재입니다. 매일 20분, 5지문씩 30일 동안 문제 풀이 연습을 하면서 독해력을 완성하고, 실전 감각을 유지할 수 있습니다.

2 문제 유형별 · 지문 유형별 접근 전략으로, 효율적으로 학습한다.

문제 유형별 접근 전략

문제 유형별 특징과 고득점 풀이 전략 등으로 구성되어 있어 문제 유형별 공략법을 익힐 수 있으며, 대표 예제 분석을 통해 실제 문제에 어떻게 적용하면 되는지 확인할 수 있습니다.

지문 유형별 접근 전략

지문의 구조를 익혀 독해력을 향상시키고, 다양한 자료가 제시되는 NCS 의사소통에 더 완벽히 대비할 수 있도록 다양한 지문 유형을 제시하고 이에 따른 특징을 꼼꼼히 정리하였습니다.

3 NCS 전문가가 엄선한 문제로 실전을 대비한다.

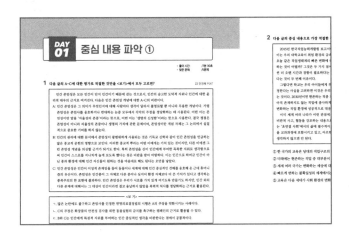

양질의 PSAT 기출문제, 수능 기출문제 중에서도 실제 NCS 출제 경향을 고려하여 엄선한 문제로 NCS를 확실히 대비할 수 있습니다. 또한, DAY별 수록 문제의 난도 및 문제 수를 고려하여 산정한 적정 문제 풀이 시간을 통해 실전 감각을 충분히 유지할 수 있습니다.

4 약점 보완 해설집으로 완벽하게 정리한다.

독해력 UP 지문 분석

지문별로 꼼꼼하게 정리한 주제와 핵심 내용을 통해 독해력을 확실히 향상시킬 수 있습니다.

정답 체크&오답 체크

정답에 대한 해설은 물론 오답의 이유까지 상세하게 설명하여 틀렸던 문제에 대한 원인을 파악하고 약점을 보완할 수 있습니다.

문제 풀이 TIP

문제와 관련하여 추가로 알아두면 좋을 풀이 방법을 정리하여 보다 효율적으로 학습할 수 있습니다.

PART 1
문제 유형별 공략

문제 유형별 **접근 전략**

문제 유형 1 | 중심 내용 파악

유형 특징

중심 내용 파악은 글을 분석적으로 이해하여 주제 및 핵심 논지를 파악하는 유형으로, 글의 핵심 내용, 제목, 주장, 주장에 따른 반론 등을 묻는 문제들이 여기에 속한다. NCS 의사소통능력에서 꾸준히 출제되는 유형이다.

대표 기출 질문

- 다음 글의 중심 주제로 가장 적절한 것은?
- 다음 글의 주제문으로 가장 적절한 것은?
- 다음 글의 논지로 가장 적절한 것은?
- 다음 글의 핵심 주장으로 가장 적절한 것은?
- 다음 글의 결론으로 가장 적절한 것은?

고득점 문제 풀이 전략

1단계 **글의 가장 핵심적인 내용이 나올 가능성이 높은 글의 앞부분과 뒷부분을 읽고 논지를 파악한다.**
- 두 가지 이상의 주제나 논지가 제시되는 경우 각각의 중심 내용에 주목한다.

2단계 **글의 단편적인 내용만을 다루는 선택지는 소거한다.**
- 글의 내용을 선택지가 동일하게 다루더라도 일부 내용만을 언급하는 선택지는 중심 내용이 아니라는 점을 유의한다.

대표 예제 분석

다음 글의 핵심 논지로 가장 적절한 것은?

22 민경채 PSAT

독일 통일을 지칭하는 '흡수 통일'이라는 용어는 동독이 일방적으로 서독에 흡수되었다는 인상을 준다. 그러나 통일 과정에서 동독 주민들이 보여준 행동을 고려하면 흡수 통일은 오해의 여지를 주는 용어일 수 있다.

1989년에 동독에서는 지방선거 부정 의혹을 둘러싼 내부 혼란이 발생했다. 그 과정에서 체제에 환멸을 느낀 많은 동독 주민들이 서독으로 탈출했고, 동독 곳곳에서 개혁과 개방을 주장하는 시위의 물결이 일어나기 시작했다. 초기 시위에서 동독 주민들은 여행·신앙·언론의 자유를 중심에 둔 내부 개혁을 주장했지만 이후 "우리는 하나의 민족이다!"라는 구호와 함께 동독과 서독의 통일을 요구하기 시작했다. 그렇게 변화하는 사회적 분위기 속에서 1990년 3월 18일에 동독 최초이자 최후의 자유총선거가 실시되었다.

동독 자유총선거를 위한 선거운동 과정에서 서독과 협력하는 동독 정당들이 생겨났고, 이들 정당의 선거운동에 서독 정당과 정치인들이 적극적으로 유세 지원을 하기도 했다. 초반에는 서독 사민당의 지원을 받으며 점진적 통일을 주장하던 동독 사민당이 우세했지만, 실제 선거에서는 서독 기민당의 지원을 받으며 급속한 통일을 주장하던 독일동맹이 승리하게 되었다. 동독 주민들이 자유총선거에서 독일동맹을 선택한 것은 그들 스스로 급속한 통일을 지지한 것이라고 할 수 있다. 이후 동독은 서독과 1990년 5월 18일에 「통화·경제·사회보장 동맹의 창설에 관한 조약」을, 1990년 8월 31일에 「통일조약」을 체결했고, 마침내 1990년 10월 3일에 동서독 통일을 이루게 되었다.

이처럼 독일 통일의 과정에서 동독 주민들의 주체적인 참여를 확인할 수 있다. 독일 통일을 단순히 흡수 통일이라고 한다면, 통일 과정에서 중요한 역할을 담당했던 동독 주민들을 배제한다는 오해를 불러일으킬 수 있다. 독일 통일의 과정을 온전히 이해하려면 동독 주민들의 활동에 주목할 필요가 있다.

① 자유총선거에서 동독 주민들은 점진적 통일보다 급속한 통일을 지지하는 모습을 보여주었다.

② 독일 통일은 동독이 일방적으로 서독에 흡수되었다는 점에서 흔히 흡수 통일이라고 부른다.

③ 독일 통일은 분단국가가 합의된 절차를 거쳐 통일을 이루었다는 점에서 의의가 있다.

④ 독일 통일 전부터 서독의 정당은 물론 개인도 동독의 선거에 개입할 수 있었다.

⑤ 독일 통일의 과정에서 동독 주민들의 주체적 참여가 큰 역할을 하였다.

질문 파악
글의 논지를 파악한 후 전체 내용을 아우르는 내용을 찾아야 함

1단계

전반부 중심 내용
흡수 통일이라는 용어로 인해 동독이 서독에 일방적으로 흡수되었다고 생각할 수 있지만, 그렇지 않다는 내용

후반부 중심 내용
동독 체제에 환멸을 느낀 동독 주민들 다수가 서독으로 탈출하였고, 동독 곳곳에서는 서독과의 통일을 요구하는 시위가 발생하였고, 동독 자유총선거 결과 급속 통일을 주장하던 독일동맹이 승리하며 동서독 통일이 이룩되었다는 내용

2단계

오답 소거
중심 내용 파악 유형은 글에서 반복되는 핵심어에 관한 세부 내용을 모두 정확하게 다루고 있는 선택지를 찾아야 한다는 것에 유의한다.
①, ③, ④가 오답인 이유는 글의 부분적인 내용만을 다루고 있는 선택지이기 때문이며, ②가 오답인 이유는 글의 세부 내용과 부합하지 않는 선택지이기 때문이다.

정답 선택
4문단에서 독일 통일의 과정에서 동독 주민들의 주체적인 참여를 확인할 수 있다고 하였으므로 정답은 ⑤이다.

유형 특징

세부 내용 파악은 글에 나온 정보를 바탕으로 세부적인 내용의 옳고 그름을 파악하는 유형으로, NCS 의사소통능력에서 출제 비중이 크고 꾸준히 출제되는 유형이다.

대표 기출 질문

• 다음 글의 내용과 일치하는 것은?

• 다음 글의 내용과 부합하는 것은?

• 다음 글의 내용으로 적절한 것은?

• 다음 글에서 알 수 있는 것은?

• 다음 글에 대한 설명으로 적절하지 않은 것은?

고득점 문제 풀이 전략

1단계 **선택지를 먼저 읽고 각 선택지의 핵심 키워드를 추려낸다.**

• 선택지의 고유명사, 숫자 등 파악이 용이한 것으로 추려내어 풀이 시간을 단축한다.

2단계 **글의 내용과 선택지의 핵심 키워드와 관련된 내용을 비교하여 일치 여부를 판단한다.**

• 글에 언급되지 않은 내용은 정답이 될 수 없음에 유의한다.

대표 예제 분석

다음 글의 내용과 부합하는 것은?

22 민경채 PSAT

• 질문 파악
글에 제시된 내용과 일치하는 내용을
찾아야 함

979년 송 태종은 거란을 공격하러 가며 고려에 원병을 요청했다. 거란은 고려가 참전할 수 있다는 염려에 크게 동요했지만 고려는 송 태종의 요청에 응하지 않았다. _{④ 근거 내용} 이후 거란은 송에 보복할 기회를 엿보면서 송과 다시 싸우기 전 고려를 압박해 앞으로 송을 군사적으로 돕지 않겠다는 약속을 받아내려 했다.

당시 거란과 고려 사이에는 압록강이 있었는데, 그 하류 유역에는 여진족이 살고 있었다. 이 여진족은 발해의 지배를 받았지만, 발해가 거란에 의해 멸망한 후에는 어느 나라에도 속하지 않은 채 독자적 세력을 이루고 있었다. 거란은 이 여진족이 사는 땅을 여러 차례 침범해 대군을 고려로 보내는 데 적합한 길을 확보했다. _{② 근거 내용} 이후 993년에 거란 장수 소손녕은 군사를 이끌고 고려에 들어와 몇 개의 성을 공격했다. 이때 소손녕은 "고구려 옛 땅은 거란의 것인데 고려가 감히 그 영역을 차지하고 있으니 군사를 일으켜 그 땅을 찾아가고자 한다."라는 _{① 근거 내용} 내용의 서신을 보냈다. 이 서신이 오자 고려 국왕 성종과 대다수 대신은 "옛 고구려의 영토에 해당하는 땅을 모두 내놓아야 군대를 거두겠다는 뜻이 아니냐?"라며 놀랐다. 하지만 서희는 소손녕이 보낸 서신의 내용은 핑계일 뿐이라고 주장했다. 그는 고려가 병력을 동원해 거란을 치는 일이 없도록 하겠다는 언질을 _{⑤ 근거 내용} 주면 소손녕이 철군할 것이라고 말했다. 이렇게 논의가 이어지고 있을 때 안용진에 있는 고려군이 소손녕과 싸워 이겼다는 보고가 들어왔다.

패배한 소손녕은 진군을 멈추고 협상을 원한다는 서신을 보내왔다. 이 서신을 받은 성종은 서희를 보내 협상하게 했다. 소손녕은 서희가 오자 "실은 고려가 송과 친하고 우리와는 소원하게 지내고 있어 침입하게 되었다."라고 했다. 이에 서희는 압록강 하류의 여진족 땅을 고려가 지배할 수 있게 묵인해 준다면, 거란과 국교를 맺을 뿐 아니라 거란과 송이 싸울 때 송을 군사적으로 돕지 않겠다는 뜻을 내비쳤다. 이 말을 들은 소손녕은 서희의 요구를 수용하기로 하고 퇴각했다. 이후 고려는 북쪽 국경 너머로 병력을 보내 압록강 하류의 여진족 땅까지 밀고 들어가 영토를 넓혔으며, 그 지역에 강동 6주를 두었다. _{③ 근거 내용}

• 2단계
정답 선택
서희는 소손녕의 서신 내용과 달리 고려가 거란을 공격하는 일이 없다고 답변을 주면 소손녕이 군대를 철수시킬 것이라 말했다고 하였으므로 정답은 ⑤이다.

• 1단계
선택지 핵심 키워드
① 거란, 압록강 유역, 여진족, 고려 백성
② 여진족, 발해 지배, 거란, 고려 공격
③ 소손녕, 압록강 유역, 여진족 땅, 강동 6주
④ 고려, 압록강 하류, 여진족 땅, 송 태종, 군사동맹
⑤ 서희, 고려가 거란 군사적 적대 행위, 약속, 소손녕, 군대 돌아감

① 거란은 압록강 유역에 살던 여진족이 고려의 백성이라고 주장하였다.
② 여진족은 발해의 지배에서 벗어나기 위해 거란과 함께 고려를 공격하였다.
③ 소손녕은 압록강 유역의 여진족 땅에 강동 6주를 둔 후 이를 고려에 넘겼다.
④ 고려는 압록강 하류 유역에 있는 여진족의 땅으로 세력을 확대한 거란을 공격하고자 송 태종과 군사동맹을 맺었다.
☑ 서희는 고려가 거란에 군사적 적대 행위를 하지 않겠다고 약속하면 소손녕이 군대를 이끌고 돌아갈 것이라고 보았다.

문제 유형 3 | 추론

유형 특징

추론은 글에 제시된 내용을 종합적으로 이해하여 추론한 내용의 옳고 그름을 파악하는 유형으로, 세부 내용 파악 유형과 유사하지만 제시된 글을 바탕으로 전체적인 맥락을 이해하는 문제, 추론·분석한 내용의 옳고 그름을 묻는 문제가 여기에 속한다. NCS 의사소통능력에서 출제 비중이 크고 꾸준히 출제되는 유형이다.

대표 기출 질문

• 다음 글에서 추론할 수 없는 것은?

• 다음 글에 대한 이해로 적절하지 않은 것은?

• 다음 글의 밑줄 친 ㉠의 사례로 보기 어려운 것은?

• 윗글을 참고하여 <보기>를 이해한 것으로 적절하지 않은 것은?

고득점 문제 풀이 전략

1단계 **글의 전체적인 흐름과 대략적인 내용을 파악한다.**
  • 글에 직접적으로 언급되지 않더라도 맥락적으로 추론할 수 있는 내용을 파악한다.

2단계 **선택지의 핵심 키워드를 추려낸다.**
  • 일부 선택지는 세부 내용의 일치·불일치 여부를 통해 풀이할 수 있으므로 파악이 용이한 것으로 추려내면 풀이 시간을 단축할 수 있다.

3단계 **논리적 오류를 포함하는 선택지는 소거한다.**
  • 글의 내용을 선택지가 동일하게 다루더라도 논리적 비약을 하는 것은 아닌지 유의한다.

다음 글에서 추론할 수 없는 것은?

22 민경채 PSAT

질문 파악
글의 대략적인 흐름을 파악한 후 각 문단의 핵심 내용 또는 키워드를 찾아야 함

감염병 우려로 인해 △△시험 관리본부가 마련한 대책은 다음과 같다. 먼저 모든 수험생을 확진, 자가격리, 일반 수험생의 세 유형으로 구분한다. 그리고 수험생 유형별로 시험 장소를 안내하고 마스크 착용 규정을 준수하도록 한다.

1단계

1문단 핵심 내용
감염병 우려에 따라 모든 수험생은 확진, 자가격리, 일반 수험생 세 유형으로 구분하고 유형별 시험 장소 및 마스크 착용 규정을 지켜야 함

<표> 수험생 유형과 증상에 따른 시험장의 구분

수험생	시험장	증상	세부 시험장
확진 수험생	생활치료센터	유·무 모두	센터장이 지정한 센터 내 장소
자가격리 수험생	특별 방역 시험장	유	외부 차단 1인용 부스
		무	회의실
일반 수험생	최초 공지한 시험장	유	소형 강의실
		무	중대형 강의실

모든 시험장에 공통적으로 적용되는 마스크 착용 규정은 다음과 같다. 첫째, 모든 수험생은 입실부터 퇴실 시점까지 의무적으로 마스크를 착용해야 한다. 둘째, 마스크는 KF99, KF94, KF80의 3개 등급만 허용한다. 마스크 등급을 표시하는 숫자가 클수록 방역 효과가 크다. 셋째, 마스크 착용 규정에서 특정 등급의 마스크 의무 착용을 명시한 경우, 해당 등급보다 높은 등급의 마스크 착용은 가능하지만 낮은 등급의 마스크 착용은 허용되지 않는다.

2문단 핵심 내용
- 모든 수험생: 마스크 의무적으로 착용
- 마스크: KF99, KF94, KF80 3개 등급 허용
- 특정 마스크 등급 지정된 경우 그와 같거나 높은 등급의 마스크 착용만 허용함

시험장에 따라 달리 적용되는 마스크 착용 규정은 다음과 같다. 첫째, 생활치료센터에서는 각 센터장이 내린 지침을 의무적으로 따라야 한다. 둘째, 특별 방역 시험장에서는 KF99 마스크를 의무적으로 착용해야 한다. 셋째, 소형 강의실과 중대형 강의실에서는 각각 KF99와 KF94 마스크 착용을 권장하지만 의무 사항은 아니다.

3문단 핵심 내용
- 생활치료센터: 센터장 지침 따라야 함
- 특별 방역 시험장: KF99 마스크 의무 착용
- 소형/중대형 강의실: 각각 KF99, KF94 착용을 권하나 의무 아님

☑ **① 일반 수험생 중 유증상자는 KF80 마스크를 착용하고 시험을 치를 수 없다.**

② 일반 수험생 중 무증상자는 KF80 마스크를 착용하고 시험을 치를 수 있다.

③ 자가격리 수험생 중 유증상자는 KF99 마스크를 착용하고 시험을 치를 수 있다.

④ 자가격리 수험생 중 무증상자는 KF94 마스크를 착용하고 시험을 치를 수 없다.

⑤ 확진 수험생은 생활치료센터장이 허용하는 경우 KF80 마스크를 착용하고 시험을 치를 수 있다.

2단계

선택지 핵심 키워드
① 유증상 일반 수험생 KF80 착용 시험 X
② 무증상 일반 수험생 KF80 착용 시험 O
③ 유증상 자가격리 수험생 KF99 착용 시험 O
④ 무증상 자가격리 수험생 KF94 착용 시험 X
⑤ 확진 수험생, 생활치료센터장 허용, KF80 착용 시험 O

3단계

정답 선택
①이 정답인 이유는 일반 수험생 중 증상이 있는 수험생은 소형 강의실에서 시험을 치를 수 있으며, 소형 강의실에서는 KF99 마스크 착용을 권장하지만 의무 사항은 아니므로 유증상 일반 수험생은 KF80 마스크를 착용하고 시험을 치를 수 있기 때문이다.

유형 특징

빈칸 추론은 글의 맥락을 고려하여 빈칸에 들어갈 단어, 구절, 문장 등을 추론하는 유형이다. NCS 의사소통능력에서 꾸준히 출제되는 유형이다.

대표 기출 질문

· 다음 글의 빈칸에 들어갈 내용으로 가장 적절한 것은?
· 다음 글의 문맥상 ㉠~㉤에 들어갈 내용으로 적절하지 않은 것은?

고득점 문제 풀이 전략

1단계 **빈칸에 들어갈 내용을 확인하여 빈칸에서 묻는 내용이 글 전체에서 어떤 역할을 하는지 확인한다.**

· 빈칸 유형을 파악하면 정답 근거를 더 빠르게 찾을 수 있다.
· 빈칸 유형별 풀이 방법

> - 글의 중심 내용을 요약하는 구절 또는 문장이 빈칸으로 제시될 때
> → 핵심 문장을 중심으로 글 전체의 내용을 빠르게 파악하여 빈칸 내용을 추론한다.
> - 글의 흐름을 이어받거나 전환하는 문장이 빈칸으로 제시될 때
> → 그러나, 이에 따라, 결과적으로, 왜냐하면 등 연결어를 중심으로 앞·뒤 내용이 어떤 관계로 연결되는지 파악하여 빈칸 내용을 추론한다.
> - 글의 세부 내용을 나타내는 단어 또는 구절이 빈칸으로 제시될 때
> → 빈칸에서 묻는 내용과 관련된 핵심 키워드를 중심으로 내용을 파악하여 빈칸 내용을 추론한다.

2단계 **빈칸 앞·뒤에 오는 1~2개의 문장을 읽고, 각각의 문장이 다루고 있는 내용과 앞 문장·뒤 문장의 연결 관계를 파악한다.**

3단계 **빈칸에 선택지를 하나씩 넣어보며 글의 내용이 앞·뒤 문맥 및 전체적인 글의 흐름과 가장 자연스럽게 이어지는 것을 찾는다.**

다음 글의 빈칸에 들어갈 내용으로 가장 적절한 것은?   21 민경채 PSAT

민간 문화 교류 증진을 목적으로 열리는 국제 예술 공연의 개최가 확정되었다. 이번 공연이 민간 문화 교류 증진을 목적으로 열린다면, 공연 예술단의 수석대표는 정부 관료가 맡아서는 안 된다. 만일 공연이 민간 문화 교류 증진을 목적으로 열리고 공연 예술단의 수석대표는 정부 관료가 맡아서는 안 된다면, 공연 예술단의 수석대표는 고전음악 지휘자나 대중음악 제작자가 맡아야 한다.

핵심 문장

현재 정부 관료 가운데 고전음악 지휘자나 대중음악 제작자는 없다. 예술단에 수석대표는 반드시 있어야 하며 두 사람 이상이 공동으로 맡을 수도 있다. 전체 세대를 아우를 수 있는 사람이 아니라면 수석대표를 맡아서는 안 된다. 전체 세대를 아우를 수 있는 사람이 극히 드물기에, 위에 나열된 조건을 다 갖춘 사람은 모두 수석대표를 맡는다.

누가 공연 예술단의 수석대표를 맡을 것인가와 더불어, 참가하는 예술인이 누구인가도 많은 관심의 대상이다. 그런데 아이돌 그룹 A가 공연 예술단에 참가하는 것은 분명하다.

핵심 문장

왜냐하면 만일 갑이나 을이 수석대표를 맡는다면 A가 공연 예술단에 참가하는데, (   ) 때문이다.

① 갑은 고전음악 지휘자이며 전체 세대를 아우를 수 있기
② 갑이나 을은 대중음악 제작자 또는 고전음악 지휘자이기
③ 갑과 을은 둘 다 정부 관료가 아니며 전체 세대를 아우를 수 있기
④ 을이 대중음악 제작자가 아니라면 전체 세대를 아우를 수 없을 것이기
⑤ 대중음악 제작자나 고전음악 지휘자라면 누구나 전체 세대를 아우를 수 있기

• 질문 파악
글의 맥락을 파악하여 빈칸에 들어갈 내용을 찾아야 함

2단계
1문단 핵심 내용
민간 문화 교류 증진을 목적으로 한 공연 예술단의 수석 대표는 정부 관료가 아니면서 고전음악 지휘자 혹은 대중음악 제작자가 맡아야 한다는 내용

2문단 핵심 내용
수석대표와 더불어 참가 예술인이 누구인지도 관심의 대상이며, 아이돌 그룹 A는 공연 예술단에 참가할 것이라는 내용

1단계
빈칸 유형 파악
이 문제는 1문단과 2문단의 내용을 통해 추론한 내용이 빈칸으로 제시되고 있다.
따라서 빈칸의 내용이 뒷받침하는 문장을 빠르게 파악하는 것이 중요하다.

3단계
오답 소거
빈칸 추론 유형은 빈칸의 앞뒤 문장을 고려한 맥락 속에서 추론 가능한 올바른 내용을 다루고 있는 선택지를 찾아야 한다는 것에 유의한다.
②, ⑤는 아이돌 그룹 A가 공연 예술단에 참가하는 이유를 설명할 수 없으며, ③, ④는 글에 제시되었으나 부분적인 내용만을 다루고 있으므로 소거한다.

유형 특징

글의 구조 파악은 제시된 글의 논리적 흐름을 파악하는 유형으로, 순서가 뒤섞인 문단을 올바르게 배열하는 문제, 글 뒤에 이어질 내용을 파악하는 문제, 내용 전개 방식을 파악하는 문제들이 여기에 속한다. NCS 의사소통능력에서 꾸준히 출제되는 유형이다.

대표 기출 질문

• 다음 글의 내용 흐름상 가장 적절한 문단 배열의 순서는?

• 문맥상 다음 글에 이어질 내용으로 가장 적절한 것은?

• 다음 글의 전개 방식으로 가장 적절한 것은?

고득점 문제 풀이 전략

1단계   **글의 순서를 찾는 문제는 선택지를 확인하여 첫 문단을 파악하고, 글의 전개 방식을 묻는 문제는 중심 소재를 중심으로 글의 전체적인 흐름을 파악한다.**

• 글의 첫 문단으로는 가장 포괄적인 내용 또는 글 전체의 화제를 제시하는 문단이 배치될 가능성이 높다.

2단계   **글의 순서를 찾는 문제의 경우 바로 앞에 올 문단을 추론하는 근거가 될 수 있는 접속어, 지시어가 포함된 문단을 기준으로 순서를 유추한다.**

• 접속어의 종류

| - 앞뒤의 내용이 상반될 때: 그러나, 그렇지만, 반면에, 하지만 등 |
| - 앞의 내용과 다른 새로운 내용을 전개할 때: 그런데, 다음으로, 한편 등 |
| - 앞뒤의 내용이 인과관계를 이룰 때: 그래서, 그러므로, 따라서, 왜냐하면 등 |
| - 앞의 내용과 관련 있는 내용을 추가할 때: 게다가, 더구나, 또한, 그뿐만 아니라 등 |
| - 앞의 내용을 다른 말로 바꾸어 정리할 때: 결국, 즉, 요컨대 등 |
| - 앞의 내용에 대한 예시를 들 때: 예컨대, 이를테면, 가령 등 |

• 지시어의 종류

| - 지시 대명사: 이것, 그것, 저것 |
| - 지시 관형사: 이, 그, 저 |
| - 지시 형용사: 이러하다, 그러하다, 저러하다 |

대표 예제 분석

다음 글의 내용 흐름상 가장 적절한 문단 배열의 순서는?　　　18 민경채 PSAT

가) 회전문의 축은 중심에 있다. 축을 중심으로 통상 네 짝의 문이 계속 돌게 되어 있다. 마치 계속 열려 있는 듯한 착각을 일으키지만, 사실은 네 짝의 문이 계속 안 또는 밖을 차단하도록 만든 것이다. 실질적으로는 열려 있는 순간 없이 계속 닫혀 있는 셈이다.

나) 문은 열림과 닫힘을 위해 존재한다. 이 본연의 기능을 하지 못한다는 점에서 계속 닫혀 있는 문이 무의미하듯이, 계속 열려 있는 문 또한 그 존재 가치와 의미가 없다. 그런데 현대 사회의 문은 대부분의 경우 닫힌 구조로 사람들을 맞고 있다. 따라서 사람들을 환대하는 것이 아니라 박대하고 있다고 할 수 있다. 그 대표적인 예가 회전문이다. 가만히 회전문의 구조와 그 기능을 머릿속에 그려보라. 그것이 어떤 식으로 열리고 닫히는지 알고는 놀랄 것이다.

다) 회전문은 인간이 만들고 실용화한 문 가운데 가장 문명적이고 가장 발전된 형태로 보일지 모르지만, 사실상 열림을 가장한 닫힘의 연속이기 때문에 오히려 가장 야만적이며 가장 미개한 형태의 문이다.

라) 또한 회전문을 이용하는 사람들은 회전문의 구조와 운동 메커니즘에 맞추어야 실수 없이 문을 통과해 안으로 들어가거나 밖으로 나올 수 있다. 어린 아이, 허약한 사람, 또는 민첩하지 못한 노인은 쉽게 그것에 맞출 수 없다. 더구나 휠체어를 탄 사람이라면 더 말할 나위도 없다. 이들에게 회전문은 문이 아니다. 실질적으로 닫혀 있는 기능만 하는 문은 문이 아니기 때문이다.

① 가) - 나) - 라) - 다)
② 가) - 라) - 나) - 다)
③ 나) - 가) - 라) - 다)
④ 나) - 다) - 라) - 가)
⑤ 다) - 가) - 라) - 나)

● 질문 파악

각 문단의 내용을 고려하여 글의 흐름을 파악한 후, 올바른 순서로 문단을 배열한 선택지를 찾아야 함

2단계

정답 선택

가는 회전문의 닫힌 구조에 대해 설명하고 있으므로 회전문의 구조와 기능을 머릿속에 떠올려 보자는 나) 뒤에 이어지는 두 번째 문단임을 알 수 있다. 그리고 가) 뒤에는 '또한'이라는 접속어를 통해 운동 메커니즘이 맞지 않는 이들에게 닫힌 기능만 하는 회전문은 문이 아니라며 서술하는 라)가 이어지며, 닫힌 구조로 이루어져 있는 회전문은 가장 미개한 형태의 문이라며 최종 평가를 하고 있는 다)가 가장 마지막 문단으로 이어짐을 알 수 있다. 따라서 '나) - 가) - 라) - 다)' 순으로 배열하는 것이 가장 적절하다.

1단계

● 선택지 확인하기

선택지에 의해 첫 번째 문단은 가), 나), 다)로 압축될 수 있으므로 각 문단의 중심 내용을 확인한다.
가) 회전문의 닫힌 구조
나) 문의 존재 의의와 닫힌 구조의 대표적인 사례: 회전문
다) 닫힌 구조로 이루어진 회전문에 대한 평가
가장 포괄적인 내용을 다루며 글 전체의 화제를 제시하는 나) 문단이 첫 번째 문단임을 알 수 있다.

접근 전략 | 글의 구조 파악 | 해커스공기업 PSAT 기출로 끝내는 NCS 의사소통 집중 공략

- 풀이 시간: /7분 30초
- 맞은 문제: /5문제

1 다음 글의 A~C에 대한 평가로 적절한 것만을 <보기>에서 모두 고르면?   22 민경채 PSAT

> 인간 존엄성은 모든 인간이 단지 인간이기 때문에 갖는 것으로서, 인간의 숭고한 도덕적 지위나 인간에 대한 윤리적 대우의 근거로 여겨진다. 다음은 인간 존엄성 개념에 대한 A~C의 비판이다.
>
> A: 인간 존엄성은 그 의미가 무엇인지에 대해 사람마다 생각이 달라서 불명료할 뿐 아니라 무용한 개념이다. 가령 존엄성은 존엄사를 옹호하거나 반대하는 논증 모두에서 각각의 주장을 정당화하는 데 사용된다. 어떤 이는 존엄성이란 말을 '자율성의 존중'이라는 뜻으로, 어떤 이는 '생명의 신성함'이라는 뜻으로 사용한다. 결국 쟁점은 존엄성이 아니라 자율성의 존중이나 생명의 가치에 관한 문제이며, 존엄성이란 개념 자체는 그 논의에서 실질적으로 중요한 기여를 하지 않는다.
>
> B: 인간의 권리에 대한 문서에서 존엄성이 광범위하게 사용되는 것은 기독교 신학과 같이 인간 존엄성을 언급하는 많은 종교적 문헌의 영향으로 보인다. 이러한 종교적 뿌리는 어떤 이에게는 가치 있는 것이지만, 다른 이에겐 그런 존엄성 개념을 의심할 근거가 되기도 한다. 특히 존엄성을 신이 인간에게 부여한 독특한 지위로 생각함으로써 인간이 스스로를 지나치게 높게 보도록 했다는 점은 비판을 받아 마땅하다. 이는 인간으로 하여금 인간이 아닌 종과 환경에 대해 인간 자신들이 원하는 것을 마음대로 해도 된다는 오만을 낳았다.
>
> C: 인간 존엄성은 인간이 이성적 존재임을 들어 동물이나 세계에 대해 인간 중심적인 견해를 옹호해 온 근대 휴머니즘의 유산이다. 존엄성은 인간종이 그 자체로 다른 종이나 심지어 환경 자체보다 더 큰 가치가 있다고 생각하는 종족주의의 한 표현에 불과하다. 인간 존엄성은 우리가 서로를 가치 있게 여기도록 만들기도 하지만, 인간 외의 다른 존재에 대해서는 그 대상이 인간이라면 결코 용납하지 않았을 폭력적 처사를 정당화하는 근거로 활용된다.

─── <보 기> ───

ㄱ. 많은 논란에도 불구하고 존엄사를 인정한 연명의료결정법의 시행은 A의 주장을 약화시키는 사례이다.

ㄴ. C의 주장은 화장품의 안전성 검사를 위한 동물실험의 금지를 촉구하는 캠페인의 근거로 활용될 수 있다.

ㄷ. B와 C는 인간에게 특권적 지위를 부여하는 인간 중심적인 생각을 비판한다는 점에서 공통적이다.

① ㄱ   ② ㄷ   ③ ㄱ, ㄴ   ④ ㄴ, ㄷ   ⑤ ㄱ, ㄴ, ㄷ

2 다음 글의 중심 내용으로 가장 적절한 것은?

17 민경채 PSAT

> 2015년 한국직업능력개발원 보고서에 따르면 전체 대졸 취업자의 전공 불일치 비율이 6년간 3.6%p 상승했다. 이는 우리 대학교육이 취업 환경의 급속한 변화를 따라가지 못하고 있음을 보여준다. 기존의 교육 패러다임으로는 오늘 같은 직업생태계의 빠른 변화에 대응하기 어려워 보인다. 중고등학교 때부터 직업을 염두에 둔 맞춤 교육을 하는 것이 어떨까? 그것은 두 가지 점에서 어리석은 방안이다. 한 사람의 타고난 재능과 역량이 가시화되는 데 훨씬 더 오랜 시간과 경험이 필요하다는 것이 첫 번째 이유이고, 사회가 필요로 하는 직업 자체가 빠르게 변하고 있다는 것이 두 번째 이유이다.
>
> 그렇다면 학교는 우리 아이들에게 무엇을 가르쳐야 할까? 교육이 아이들의 삶뿐만 아니라 한 나라의 미래를 결정한다는 사실을 고려하면 이것은 우리 모두의 운명을 좌우할 물음이다. 문제는 세계의 환경이 급속히 변하고 있다는 것이다. 2030년이면 현존하는 직종 가운데 80%가 사라질 것이고, 2011년에 초등학교에 입학한 어린이 중 65%는 아직 존재하지도 않는 직업에 종사하게 되리라는 예측이 있다. 이런 상황에서 교육이 가장 먼저 고려해야 할 것은 변화하는 직업 환경에 성공적으로 대응하는 능력에 초점을 맞추는 일이다.
>
> 이미 세계 여러 나라가 이런 관점에서 교육을 개혁하고 있다. 핀란드는 2020년까지 학교 수업을 소통, 창의성, 비판적 사고, 협동을 강조하는 내용으로 개편한다는 계획을 발표했다. 이와 같은 능력들은 빠르게 현실화되고 있는 '초연결 사회'에서의 삶에 필수적이기 때문이다. 말레이시아의 학교들은 문제해결 능력, 네트워크형 팀워크 등을 교과과정에 포함시키고 있고, 아르헨티나는 초등학교와 중학교에서 코딩을 가르치고 있다. 우리 교육도 개혁을 생각하지 않으면 안 된다.

① 한 국가의 교육은 당대의 직업구조의 영향을 받는다.

② 미래에는 현존하는 직업 중 대부분이 사라지는 큰 변화가 있을 것이다.

③ 세계 여러 국가는 변화하는 세상에 대응하여 전통적인 교육을 개편하고 있다.

④ 빠르게 변하는 불확실성의 세계에서는 미래의 유망 직업을 예측하는 일이 중요하다.

⑤ 교육은 다음 세대가 사회 환경의 변화에 대응하는 데 필요한 역량을 함양하는 방향으로 변해야 한다.

1948년에 제정된 대한민국 헌법은 공동체의 정치적 문제는 기본적으로 국민의 의사에 의해 결정된다는 점을 구체적인 조문으로 명시하고 있다. 그러나 이러한 공화제적 원리는 1948년에 이르러 갑작스럽게 등장한 것이 아니다. 이미 19세기 후반부터 한반도에서는 이와 같은 원리가 공공 영역의 담론 및 정치적 실천 차원에서 표명되고 있었다.

공화제적 원리는 1885년부터 발행되기 시작한 근대적 신문인 <한성주보>에서도 어느 정도 언급된 바 있지만, 특히 1898년에 출현한 만민공동회에서 그 내용이 명확하게 드러난다. 독립협회를 중심으로 촉발되었던 만민공동회는 민회를 통해 공론을 형성하고 이를 국정에 반영하고자 했던 완전히 새로운 형태의 정치 운동이었다. 이것은 전통적인 집단상소나 민란과는 전혀 달랐다. 이 민회는 자치에 대한 국민의 자각을 기반으로 공동생활의 문제들을 협의하고 함께 행동해 나가려 하였다. 이것은 자신들이 속한 정치공동체에 대한 소속감과 연대감을 갖지 않고서는 불가능한 현상이었다. 즉 만민공동회는 국민이 스스로 정치적 주체가 되고자 했던 시도였다. 전제적인 정부가 법을 통해 제한하려고 했던 정치 참여를 국민들이 스스로 쟁취하여 정치체제를 변화시키고자 하였던 것이다.

19세기 후반부터 한반도에 공화제적 원리가 표명되고 있었다는 사례는 이뿐만이 아니다. 당시 독립협회가 정부와 함께 개최한 관민공동회에서 발표한 <헌의 6조>를 살펴보면 제3조에 "예산과 결산은 국민에게 공표할 일"이라고 명시하고 있는 것을 확인할 수 있다. 이것은 오늘날의 재정 운용의 기본 원칙으로 여겨지는 예산공개의 원칙과 정확하게 일치하는 것으로 국민과 함께 협의하여 정치를 하여야 한다는 공화주의 원리를 보여주고 있다.

① 만민공동회는 전제 정부의 법적 제한에 맞서 국민의 정치 참여를 쟁취하고자 했다.

② 한반도에서 예산공개의 원칙은 19세기 후반 관민공동회에서 처음으로 표명되었다.

③ 예산과 결산이라는 용어는 관민공동회가 열렸던 19세기 후반에 이미 소개되어 있었다.

④ 만민공동회를 통해 대한민국 헌법에 공화제적 원리를 포함시키는 것이 결정되었다.

⑤ 한반도에서 공화제적 원리는 이미 19세기 후반부터 담론 및 실천의 차원에서 표명되고 있었다.

4 다음 ㉠으로 가장 적절한 것은?

오늘날 유전 과학자들은 유전자의 발현에 관한 ㉠ 물음에 관심을 갖고 있다. 맥길 대학의 연구팀은 이 물음에 답하려고 연구를 수행하였다. 어미 쥐가 새끼를 핥아주는 성향에는 편차가 있다. 어떤 어미는 다른 어미보다 더 많이 핥아주었다. 많이 핥아주는 어미가 돌본 새끼들은 인색하게 핥아주는 어미가 돌본 새끼들보다 외부 스트레스에 무디게 반응했다. 게다가 많이 안 핥아주는 친어미에게서 새끼를 떼어내어 많이 핥아주는 양어미에게 두어 핥게 하면, 새끼의 스트레스 반응 정도는 양어미의 새끼 수준과 비슷해졌다.

연구팀은 어미가 누구든 많이 핥인 새끼는 그렇지 않은 새끼보다 뇌의 특정 부분, 특히 해마에서 글루코코르티코이드 수용체들, 곧 GR들이 더 많이 생겨났다는 것을 발견했다. 이렇게 생긴 GR의 수는 성체가 되어도 크게 바뀌지 않았다. GR의 수는 GR 유전자의 발현에 달려있다. 이 쥐들의 GR 유전자는 차이는 없지만 그 발현 정도에는 차이가 있을 수 있다. 이 발현을 촉진하는 인자 중 하나가 NGF 단백질인데, 많이 핥인 새끼는 그렇지 못한 새끼에 비해 NGF 수치가 더 높다.

스트레스 반응 정도는 코르티솔 민감성에 따라 결정되는데 GR이 많으면 코르티솔 민감성이 낮아지게 하는 되먹임 회로가 강화된다. 이 때문에 똑같은 스트레스를 받아도 많이 핥인 새끼는 그렇지 않은 새끼보다 더 무디게 반응한다.

① 코르티솔 유전자는 어떻게 발현되는가?
② 유전자는 어떻게 발현하여 단백질을 만드는가?
③ 핥아주는 성향의 유전자는 어떻게 발현되는가?
④ 후천 요소가 유전자의 발현에 영향을 미칠 수 있는가?
⑤ 유전자 발현에 영향을 미치는 유전 요인에는 무엇이 있는가?

진화론에 따르면 개체는 배우자 선택에 있어서 생존과 번식에 유리한 개체를 선호할 것으로 예측된다. 그런데 생존과 번식에 유리한 능력은 한 가지가 아니므로 합리적 선택은 단순하지 않다. 예를 들어 배우자 후보 α와 β가 있는데, 사냥 능력은 α가 우수한 반면, 위험 회피 능력은 β가 우수하다고 하자. 이 경우 개체는 더 중요하다고 판단하는 능력에 기초하여 배우자를 선택하는 것이 합리적이다. 이를테면 사냥 능력에 가중치를 둔다면 α를 선택하는 것이 합리적이라는 것이다. 그런데 α와 β보다 사냥 능력은 떨어지나 위험 회피 능력은 α와 β의 중간쯤 되는 새로운 배우자 후보 γ가 나타난 경우를 생각해 보자. 이때 개체는 애초의 판단 기준을 유지할 수도 있고 변경할 수도 있다. 즉 애초의 판단 기준에 따르면 선택이 바뀔 이유가 없음에도 불구하고, 새로운 후보의 출현에 의해 판단 기준이 바뀌어 위험 회피 능력이 우수한 β를 선택할 수 있다.

한 과학자는 동물의 배우자 선택에 있어 새로운 배우자 후보가 출현하는 경우, ㉠ 애초의 판단 기준을 유지한다는 가설과 ㉡ 판단 기준에 변화가 발생한다는 가설을 검증하기 위해 다음과 같은 실험을 수행하였다.

<실 험>

X 개구리의 경우, 암컷은 두 가지 기준으로 수컷을 고르는데, 수컷의 울음소리 톤이 일정할수록 선호하고 울음소리 빈도가 높을수록 선호한다. 세 마리의 수컷 A~C는 각각 다른 소리를 내는데, 울음소리 톤은 C가 가장 일정하고 B가 가장 일정하지 않다. 울음소리 빈도는 A가 가장 높고 C가 가장 낮다. 과학자는 A~C의 울음소리를 발정기의 암컷으로부터 동일한 거리에 있는 서로 다른 위치에서 들려주었다. 상황 1에서는 수컷 두 마리의 울음소리만을 들려주었으며, 상황 2에서는 수컷 세 마리의 울음소리를 모두 들려주고 각 상황에서 암컷이 어느 쪽으로 이동하는지 비교하였다. 암컷은 들려준 울음소리 중 가장 선호하는 쪽으로 이동한다.

― <보 기> ―

ㄱ. 상황 1에서 암컷에게 들려준 소리가 A, B인 경우 암컷이 A로, 상황 2에서는 C로 이동했다면, ㉠은 강화되지 않지만 ㉡은 강화된다.

ㄴ. 상황 1에서 암컷에게 들려준 소리가 B, C인 경우 암컷이 B로, 상황 2에서는 A로 이동했다면, ㉠은 강화되지만 ㉡은 강화되지 않는다.

ㄷ. 상황 1에서 암컷에게 들려준 소리가 A, C인 경우 암컷이 C로, 상황 2에서는 A로 이동했다면, ㉠은 강화되지 않지만 ㉡은 강화된다.

① ㄱ   ② ㄷ   ③ ㄱ, ㄴ   ④ ㄴ, ㄷ   ⑤ ㄱ, ㄴ, ㄷ

약점 보완 해설집 p.2

DAY 02 중심 내용 파악 ②

· 풀이 시간: /10분
· 맞은 문제: /6문제

1 다음 글의 ㉠과 ㉡에 대한 평가로 적절한 것만을 <보기>에서 모두 고르면?   22 민경채 PSAT

18세기에는 빛의 본성에 관한 두 이론이 경쟁하고 있었다. ㉠ 입자이론은 빛이 빠르게 운동하고 있는 아주 작은 입자들의 흐름으로 구성되어 있다고 설명한다. 이에 따르면, 물속에서 빛이 굴절하는 것은 물이 빛을 끌어당기기 때문이며, 공기 중에서는 이런 현상이 발생하지 않기 때문에 결과적으로 물속에서의 빛의 속도가 공기 중에서보다 더 빠르다. 한편 ㉡ 파동이론은 빛이 매질을 통하여 파동처럼 퍼져 나간다는 가설에 기초한다. 이에 따르면, 물속에서 빛이 굴절하는 것은 파동이 전파되는 매질의 밀도가 달라지기 때문이며, 밀도가 높아질수록 파동의 속도는 느려지므로 결과적으로 물속에서의 빛의 속도가 공기 중에서보다 더 느리다.

또한 파동이론에 따르면 빛의 색깔은 파장에 따라 달라진다. 공기 중에서는 파장에 따라 파동의 속도가 달라지지 않지만, 물속에서는 파장에 따라 파동의 속도가 달라진다. 반면 입자이론에 따르면 공기 중에서건 물속에서건 빛의 속도는 색깔에 따라 달라지지 않는다.

두 이론을 검증하기 위해 다음과 같은 실험이 고안되었다. 두 빛이 같은 시점에 발진하여 경로 1 또는 경로 2를 통과한 뒤 빠른 속도로 회전하는 평면거울에 도달한다. 두 개의 경로에서 빛이 진행하는 거리는 같으나, 경로 1에서는 물속을 통과하고, 경로 2에서는 공기만을 통과한다. 평면거울에서 반사된 빛은 반사된 빛이 향하는 방향에 설치된 스크린에 맺힌다. 평면거울에 도달한 빛 중 속도가 빠른 빛은 먼저 도달하고 속도가 느린 빛은 나중에 도달하게 되는데, 평면거울이 빠르게 회전하고 있으므로 먼저 도달한 빛과 늦게 도달한 빛은 반사 각도에 차이가 생기게 된다. 따라서 두 빛이 서로 다른 속도를 가진다면 반사된 두 빛이 도착하는 지점이 서로 달라지며, 더 빨리 평면거울에 도달한 빛일수록 스크린의 오른쪽에, 더 늦게 도달한 빛일수록 스크린의 왼쪽에 맺히게 된다.

― <보 기> ―

ㄱ. 색깔이 같은 두 빛이 각각 경로 1과 2를 통과했을 때, 경로 1을 통과한 빛이 경로 2를 통과한 빛보다 스크린의 오른쪽에 맺힌다면 ㉠은 강화되고 ㉡은 약화된다.

ㄴ. 색깔이 다른 두 빛 중 하나는 경로 1을, 다른 하나는 경로 2를 통과했을 때, 경로 1을 통과한 빛이 경로 2를 통과한 빛보다 스크린의 왼쪽에 맺힌다면 ㉠은 약화되고 ㉡은 강화된다.

ㄷ. 색깔이 다른 두 빛이 모두 경로 1을 통과했을 때, 두 빛이 스크린에 맺힌 위치가 다르다면 ㉠은 약화되고 ㉡은 강화된다.

① ㄱ   ② ㄴ   ③ ㄱ, ㄷ   ④ ㄴ, ㄷ   ⑤ ㄱ, ㄴ, ㄷ

2 다음 글의 ㉠에 대한 비판으로 가장 적절한 것은?

"프랑스 수도가 어디지?"라는 가영의 물음에 나정이 "프랑스 수도는 로마지."라고 대답했다고 하자. 나정이 가영에게 제공한 것을 정보라고 할 수 있을까? 정보의 일반적 정의는 '올바른 문법 형식을 갖추어 의미를 갖는 자료'다. 이 정의에 따르면 나정의 대답은 정보를 담고 있다. 다음 진술은 이런 관점을 대변하는 진리 중립성 논제를 표현한다. "정보를 준다는 것이 반드시 그 내용이 참이라는 것을 의미하지는 않는다." 이 논제의 관점에서 보자면, 올바른 문법 형식을 갖추어 의미를 해석할 수 있는 자료는 모두 정보의 자격을 갖는다. 그 내용이 어떤 사태를 표상하든, 참을 말하든, 거짓을 말하든 상관없다.

그러나 이 조건만으로는 불충분하다는 지적이 있다. 철학자 플로리디는 전달된 자료를 정보라고 하려면 그 내용이 참이어야 한다고 주장한다. 즉, 정보란 올바른 문법 형식을 갖춘, 의미 있고 참인 자료라는 것이다. 이를 ㉠ 진리성 논제라고 한다. 그라이스는 이렇게 말한다. "거짓 '정보'는 저급한 종류의 정보가 아니다. 그것은 아예 정보가 아니기 때문이다." 이 점에서 그 역시 이 논제를 받아들이고 있다.

이런 논쟁은 용어법에 관한 시시한 언쟁처럼 보일 수도 있지만, 두 진영 간에는 정보 개념이 어떤 역할을 해야 하는가에 대한 근본적인 견해 차이가 있다. 진리성 논제를 비판하는 사람들은 틀린 '정보'도 정보로 인정되어야 한다고 말한다. 자료의 내용이 그것을 이해하는 주체의 인지 행위에서 분명한 역할을 수행한다는 이유에서다. '프랑스 수도가 로마'라는 말을 토대로 가영은 이런저런 행동을 할 수 있다. 가령, 프랑스어를 배우기 위해 로마로 떠날 수도 있고, 프랑스 수도를 묻는 퀴즈에서 오답을 낼 수도 있다. 거짓인 자료는 정보가 아니라고 볼 경우, '정보'라는 말이 적절하게 사용되는 사례들의 범위를 부당하게 제한하는 꼴이 된다.

① '정보'라는 표현이 일상적으로 사용되는 사례가 모두 적절한 것은 아니다.

② 올바른 문법 형식을 갖추지 못한 자료는 정보라는 지위에 도달할 수 없다.

③ 사실과 다른 내용의 자료를 숙지하고 있는 사람은 정보를 안다고 볼 수 없다.

④ 내용이 거짓인 자료를 토대로 행동을 하는 사람은 자신이 의도한 결과에 도달할 수 없다.

⑤ 거짓으로 밝혀질 자료도 그것을 믿는 사람의 인지 행위에서 분명한 역할을 한다면 정보라고 볼 수 있다.

3 다음 (가)~(다)에 대한 평가로 적절한 것만을 <보기>에서 모두 고르면?

18 민경채 PSAT

> (가) 기술의 발전 덕분에 더 풍요로운 세계를 만들 수 있다. 원료, 자본, 노동 같은 생산요소의 투입량을 줄이면서 산출량은 더 늘릴 수 있는 세계 말이다. 디지털 기술의 발전은 경외감을 불러일으키는 개선과 풍요의 엔진이 된다. 반면 그것은 시간이 흐를수록 부, 소득, 생활 수준, 발전 기회 등에서 점점 더 큰 격차를 만드는 엔진이기도 하다. 즉 기술의 발전은 경제적 풍요와 격차를 모두 가져온다.
>
> (나) 기술의 발전에 따른 풍요가 더 중요한 현상이며, 격차도 풍요라는 기반 위에 있기 때문에 모든 사람의 삶이 풍요로워지는 데 초점을 맞추어야 한다. 고도로 숙련된 노동자와 나머지 사람들과의 격차가 벌어지고 있다는 것을 인정하지만, 모든 사람들의 경제적 삶이 나아지고 있기에 누군가의 삶이 다른 사람보다 더 많이 나아지고 있다는 사실에 관심을 둘 필요가 없다.
>
> (다) 중산층들이 과거에 비해 경제적으로 더 취약해졌기 때문에 기술의 발전에 따른 풍요보다 격차에 초점을 맞추어야 한다. 실제로 주택, 보건, 의료 등과 같이 그들의 삶에서 중요한 항목에 들어가는 비용의 증가율은 시간이 흐르면서 가계 소득의 증가율에 비해 훨씬 더 높아지고 있다. 설상가상으로 소득 분포의 밑바닥에 속한 가정에서 태어난 아이가 상층으로 이동할 기회는 점점 더 줄어들고 있다.

―――――――― <보 기> ――――――――

> ㄱ. 현재의 정보기술은 덜 숙련된 노동자보다 숙련된 노동자를 선호하고, 노동자보다 자본가에게 돌아가는 수익을 늘린다는 사실은 (가)의 논지를 약화한다.
>
> ㄴ. 기술의 발전이 전 세계의 가난한 사람들에게도 도움을 주며, 휴대전화와 같은 혁신사례들이 모든 사람들의 소득과 기타 행복의 수준을 개선한다는 연구 결과는 (나)의 논지를 강화한다.
>
> ㄷ. 기술의 발전이 가져온 경제적 풍요가 엄청나게 벌어진 격차를 보상할 만큼은 아니라는 것을 보여주는 자료는 (다)의 논지를 약화한다.

① ㄱ   ② ㄴ   ③ ㄱ, ㄷ   ④ ㄴ, ㄷ   ⑤ ㄱ, ㄴ, ㄷ

4 다음 글의 A~C의 주장에 대한 평가로 적절한 것만을 <보기>에서 모두 고르면? 19 5급 공채 PSAT

같은 양의 50°C의 물과 30°C의 물을 얼렸을 때 30°C의 물이 먼저 얼 것이라는 예상과는 달리 50°C의 물이 먼저 어는 현상이 발견되었다. 이 현상의 원인에 대해 A, B, C는 다음과 같이 주장하였다.

A: 이러한 현상은 물의 대류로 설명할 수 있다. 물을 얼릴 때 처음에는 전체적으로 온도가 같던 물이라도 외부에 접촉한 곳이 먼저 식고 그렇지 않은 곳은 여전히 따뜻한 상태로 있다. 이러한 온도 차가 물 내부에 흐름을 만들어내는데 이를 대류라 한다. 대류 현상이 활발하게 일어나면 윗부분과 아랫부분의 물이 섞여 온도 차이가 작아지고, 물이 빨리 식을 것이다. 대류 현상은 차가운 물보다 따뜻한 물에서 더 활발하다. 따라서 차가운 물보다 따뜻한 물이 외부로 열을 더 빨리 뺏겨 따뜻한 물이 차가운 물보다 빨리 얼게 된 것이다.

B: 따뜻한 물의 물 분자들은 차가운 물의 물 분자들보다 더 활발하게 활동하기 때문에, 차가운 물보다 따뜻한 물에서 물의 증발이 더 잘 일어난다. 따라서 따뜻한 물의 질량이 차가운 물의 질량보다 상대적으로 작아져 따뜻한 물이 차가운 물보다 더 빨리 얼게 된 것이다.

C: 따뜻한 물에는 차가운 물보다 용해기체가 덜 녹아 있다. 용해기체가 많으면 어는점이 더 많이 떨어진다. 따라서 따뜻한 물보다 용해기체가 더 많은 차가운 물의 어는점이 상대적으로 낮아 따뜻한 물이 먼저 얼게 된 것이다.

─── <보 기> ───

ㄱ. 다른 조건은 동일하고 용기 내부에서 물의 대류를 억제하여 실험을 했을 때도 따뜻한 물이 먼저 언다면 A의 주장은 강화된다.

ㄴ. 따뜻한 물과 차가운 물을 얼리는 과정에서 차가운 물에서 증발한 물의 질량보다 따뜻한 물에서 증발한 물의 질량이 더 크다면 B의 주장은 강화된다.

ㄷ. 차가운 물을 얼린 얼음에 포함되어 있는 용해기체의 양이 따뜻한 물을 얼린 얼음에 포함되어 있는 용해기체의 양보다 많다면 C의 주장은 약화된다.

① ㄱ   ② ㄴ   ③ ㄱ, ㄷ   ④ ㄴ, ㄷ   ⑤ ㄱ, ㄴ, ㄷ

고대 그리스 시대의 사람들은 신에 의해 우주가 운행된다고 믿는 결정론적 세계관 속에서 신에 대한 두려움이나, 신이 야기한다고 생각되는 자연재해나 천체 현상 등에 대한 두려움을 떨치지 못했다. 에피쿠로스는 당대의 사람들이 이러한 잘못된 믿음에서 벗어나도록 하는 것이 중요하다고 보았고, 이를 위해 인간이 행복에 이를 수 있도록 자연학을 바탕으로 자신의 사상을 전개하였다.

에피쿠로스는 신의 존재는 인정하나 신의 존재 방식이 인간이 생각하는 것과는 다르다고 보고, 신은 우주들 사이의 중간 세계에 살며 인간사에 개입하지 않는다는 ⊙ 이신론(理神論)적 관점을 주장한다. 그는 불사하는 존재인 신은 최고로 행복한 상태이며, 다른 어떤 것에게도 고통을 주지 않고, 모든 고통은 물론 분노와 호의와 같은 것으로부터 자유롭다고 말한다. 따라서 에피쿠로스는 인간의 세계가 신에 의해 결정되지 않으며, 인간의 행복도 자율적 존재인 인간 자신에 의해 완성된다고 본다.

한편 에피쿠로스는 인간의 영혼도 육체와 마찬가지로 미세한 입자로 구성된다고 본다. 영혼은 육체와 함께 생겨나고 육체와 상호작용하며 육체가 상처를 입으면 영혼도 고통을 받는다. 더 나아가 육체가 소멸하면 영혼도 함께 소멸하게 되어 인간은 사후(死後)에 신의 심판을 받지 않으므로, 살아 있는 동안 인간은 사후에 심판이 있다고 생각하여 두려워할 필요가 없게 된다. 이러한 생각은 인간으로 하여금 죽음에 대한 모든 두려움에서 벗어나게 하는 근거가 된다.

이러한 에피쿠로스의 ⓒ 자연학은 우주와 인간의 세계에 대한 비결정론적인 이해를 가능하게 한다. 이는 원자의 운동에 관한 에피쿠로스의 설명에서도 명확히 드러난다. 그는 원자들이 수직 낙하 운동이라는 법칙에서 벗어나기도 하여 비스듬히 떨어지고 충돌해서 튕겨 나가는 우연적인 운동을 한다고 본다. 그리고 우주는 이러한 원자들에 의해 이루어졌으므로, 우주 역시 우연의 산물이라고 본다. 따라서 우주와 인간의 세계에 신의 관여는 없으며, 인간의 삶에서도 신의 섭리는 찾을 수 없다고 한다. 에피쿠로스는 이러한 생각을 인간이 필연성에 얽매이지 않고 자신의 삶을 주체적으로 살아갈 수 있게 하는 자유 의지의 단초로 삼는다.

에피쿠로스는 이를 토대로 자유로운 삶의 근본을 규명하고 인생의 궁극적 목표인 행복으로 이끄는 ⓒ 윤리학을 펼쳐 나간다. 결국 그는 인간이 신의 개입과 우주의 필연성, 사후 세계에 대한 두려움에서 벗어날 수 있도록 함으로써, 자신의 삶을 자율적이고 주체적으로 살 수 있는 길을 열어 주었다. 그리고 쾌락주의적 윤리학을 바탕으로 영혼이 안정된 상태에서 행복 실현을 추구할 수 있는 방안을 제시하였다.

5 윗글의 표제와 부제로 가장 적절한 것은?

① 에피쿠로스 사상의 성립 배경
  - 인간과 자연의 관계를 중심으로
② 에피쿠로스 사상의 목적과 의의
  - 신, 인간, 우주에 대한 이해를 중심으로
③ 에피쿠로스 사상에 대한 비판과 옹호
  - 사상의 한계와 발전적 계승을 중심으로
④ 에피쿠로스 사상을 둘러싼 논쟁과 이견
  - 당대 세계관과의 비교를 중심으로
⑤ 에피쿠로스 사상의 현대적 수용과 효용성
  - 행복과 쾌락의 상관성을 중심으로

6 ㉠~㉢에 대한 이해로 가장 적절한 것은?

① ㉠은 인간이 두려움을 갖는 이유를, ㉡과 ㉢은 신에 대한 의존에서 벗어나게 하는 방법을 제시한다.

② ㉠은 우주가 신에 의해 운행된다고 믿는 근거를, ㉡과 ㉢은 인간의 사후에 대해 탐구하는 방법을 제시한다.

③ ㉠과 ㉡은 인간이 영혼과 육체의 관계를 탐구하는 이유를, ㉢은 모든 두려움에서 벗어나는 방법을 제시한다.

④ ㉠과 ㉡은 인간이 잘못된 믿음에서 벗어날 수 있는 근거를, ㉢은 행복에 이르도록 하는 방법을 제시한다.

⑤ ㉠과 ㉡은 인간의 존재 이유와 존재 위치에 대한 탐색의 결과를, ㉢은 인간이 우주의 근원을 연구하는 방법을 제시한다.

약점 보완 해설집 p.4

세부 내용 파악 ①

• 풀이 시간: /7분 30초
• 맞은 문제: /5문제

1 다음 글의 내용과 부합하지 <u>않는</u> 것은?   20 민경채 PSAT

> 우리나라 헌법상 정부는 대통령과 행정부로 구성된다. 행정부에는 국무총리, 행정각부, 감사원 등이 있으며, 이들은 모두 대통령 소속 하에 있다. 이외에도 행정부에는 국무회의와 각종 대통령 자문기관들이 있다.
>
> 우리나라 국무회의는 정부의 중요 정책에 대한 최고 심의기관으로, 그 설치를 헌법에서 규정하고 있다. 미국 대통령제의 각료회의는 헌법에 규정이 없는 편의상의 기구라는 점에서, 영국 의원내각제의 내각은 의결기관이라는 점에서 우리나라의 국무회의는 이들과 법적 성격이 다르다.
>
> 대통령이 국무회의 심의 결과에 구속되지 않는다는 점에서 국무회의는 자문기관과 큰 차이가 없다. 그러나 일반 대통령 자문기관들은 대통령이 임의적으로 요청하는 사항에 응하여 자문을 개진하는 것과 달리 국무회의는 심의 사항이 헌법에 명시되어 있으며 해당 심의는 필수적이라는 점에서 단순한 자문기관도 아니다.
>
> 행정각부의 장은 대통령, 국무총리와 함께 국무회의를 구성하는 국무위원임과 동시에 대통령이 결정한 정책을 집행하는 행정관청이다. 그러나 행정각부의 장이 국무위원으로서 갖는 지위와 행정관청으로서 갖는 지위는 구별된다. 국무위원으로서 행정각부의 장은 대통령, 국무총리와 법적으로 동등한 지위를 갖지만, 행정관청으로서 행정각부의 장은 대통령은 물론 상급 행정관청인 국무총리의 지휘와 감독에 따라야 한다.

① 감사원은 대통령 소속 하에 있는 기관이다.

② 국무회의는 의결기관도 단순 자문기관도 아닌 심의기관이다.

③ 국무회의 심의 결과는 대통령을 구속한다는 점에서 국가의사를 표시한다.

④ 우리나라 헌법은 국무회의에서 반드시 심의하여야 할 사항을 규정하고 있다.

⑤ 국무총리와 행정각부의 장은 국무회의 심의 석상에서는 국무위원으로서 법적으로 동등한 지위를 갖는다.

2 다음 글에서 알 수 있는 것은?

구글의 디지털 도서관은 출판된 모든 책을 디지털화하여 온라인을 통해 제공하는 프로젝트이다. 이는 전 세계 모든 정보를 취합하여 정리한다는 목표에 따라 진행되며, 이미 1,500만 권의 도서를 스캔하였다. 덕분에 셰익스피어 저작집 등 저작권 보호 기간이 지난 책들이 무료로 서비스되고 있다.

이에 대해 미국 출판업계가 소송을 제기하였고, 2008년에 구글이 1억 2500만 달러를 출판업계에 지급하는 것으로 양자 간 합의안이 도출되었다. 그러나 연방법원은 이 합의안을 거부하였다. 디지털 도서관은 많은 사람들에게 혜택을 줄 수 있지만, 이는 구글의 시장독점을 초래할 우려가 있으며, 저작권 침해의 소지도 있기에 저작권자도 소송에 참여하라고 주문하였다.

구글의 지식 통합 작업은 많은 이점을 가져오겠지만, 모든 지식을 한곳에 집중시키는 것이 옳은 방향인가에 대해서는 숙고가 필요하다. 문명사회를 지탱하고 있는 사회계약이란 시민과 국가 간의 책임과 권리에 관한 암묵적 동의이며, 집단과 구성원 간, 또는 개인 간의 계약을 의미한다. 이러한 계약을 위해서는 쌍방이 서로에 대해 비슷한 정도의 지식을 가지고 있어야 한다는 전제조건이 충족되어야 한다. 그런데 지식 통합 작업을 통한 지식의 독점은 한쪽 편이 상대방보다 훨씬 많은 지식을 가지는 지식의 비대칭성을 강화한다. 따라서 사회계약의 토대 자체가 무너질 수 있다. 또한 지식 통합 작업은 지식을 수집하여 독자들에게 제공하고자 하는 것이지만, 더 나아가면 지식의 수집뿐만 아니라 선별하고 배치하는 편집 권한까지 포함하게 된다. 이에 따라 사람들이 알아도 될 것과 그렇지 않은 것을 결정하는 막강한 권력을 구글이 갖게 되는 상황이 초래될 수 있다.

① 구글과 저작권자의 갈등은 소송을 통해 해결되었다.

② 구글의 지식 통합 작업은 사회계약의 전제조건을 더 공고하게 할 것이다.

③ 구글의 지식 통합 작업은 독자들과 구글 사이에 평등한 권력관계를 확대할 것이다.

④ 구글의 디지털 도서관은 지금까지 스캔한 1,500만 권의 책을 무료로 서비스하고 있다.

⑤ 구글의 지식 통합 작업은 지식의 수집에서 편집권을 포함하는 것까지 확대될 수 있다.

3 다음 글에서 알 수 있는 것은?

우리나라 국기인 태극기에는 태극 문양과 4괘가 그려져 있는데, 중앙에 있는 태극 문양은 만물이 음양 조화로 생장한다는 것을 상징한다. 또 태극 문양의 좌측 하단에 있는 이괘는 불, 우측 상단에 있는 감괘는 물, 좌측 상단에 있는 건괘는 하늘, 우측 하단에 있는 곤괘는 땅을 각각 상징한다. 4괘가 상징하는 바는 그것이 처음 만들어질 때부터 오늘날까지 변함이 없다.

태극 문양을 그린 기는 개항 이전에도 조선 수군이 사용한 깃발 등 여러 개가 있는데, 태극 문양과 4괘만 사용한 기는 개항 후에 처음 나타났다. 1882년 5월 조미수호조규 체결을 위한 전권대신으로 임명된 이응준은 회담 장소에 내걸 국기가 없어 곤란해하다가 회담 직전 태극 문양을 활용해 기를 만들고 그것을 회담장에 걸어두었다. 그 기에 어떤 문양이 담겼는지는 오랫동안 알려지지 않았다. 그런데 2004년 1월 미국 어느 고서점에서 미국 해군부가 조미수호조규 체결 한 달 후에 만든 『해상 국가들의 깃발들』이라는 책이 발견되었다. 이 책에는 이응준이 그린 것으로 짐작되는 '조선의 기'라는 이름의 기가 실려 있다. 그 기의 중앙에는 태극 문양이 있으며 네 모서리에 괘가 하나씩 있는데, 좌측 상단에 감괘, 우측 상단에 건괘, 좌측 하단에 곤괘, 우측 하단에 이괘가 있다.

조선이 국기를 공식적으로 처음 정한 것은 1883년의 일이다. 1882년 9월에 고종은 박영효를 수신사로 삼아 일본에 보내면서, 그에게 조선을 상징하는 기를 만들어 사용해본 다음 귀국하는 즉시 제출하게 했다. 이에 박영효는 태극 문양이 가운데 있고 4개의 모서리에 각각 하나씩 괘가 있는 기를 만들어 사용한 후 그것을 고종에게 바쳤다. 고종은 이를 조선 국기로 채택하고 통리교섭사무아문으로 하여금 각국 공사관에 배포하게 했다. 이 기는 일본에 의해 강제 병합되기까지 국기로 사용되었는데, 언뜻 보기에 『해상 국가들의 깃발들』에 실린 '조선의 기'와 비슷하다. 하지만 자세히 보면 두 기는 서로 다르다. 조선 국기 좌측 상단에 있는 괘가 '조선의 기'에는 우측 상단에 있고, '조선의 기'의 좌측 상단에 있는 괘는 조선 국기의 우측 상단에 있다. 또 조선 국기의 좌측 하단에 있는 괘는 '조선의 기'의 우측 하단에 있고, '조선의 기'의 좌측 하단에 있는 괘는 조선 국기의 우측 하단에 있다.

① 미국 해군부는 통리교섭사무아문이 각국 공사관에 배포한 국기를 『해상 국가들의 깃발들』에 수록하였다.

② 조미수호조규 체결을 위한 회담 장소에서 사용하고자 이응준이 만든 기는 태극 문양이 담긴 최초의 기다.

③ 통리교섭사무아문이 배포한 기의 우측 상단에 있는 괘와 '조선의 기'의 좌측 하단에 있는 괘가 상징하는 것은 같다.

④ 오늘날 태극기의 우측 하단에 있는 괘와 고종이 조선 국기로 채택한 기의 우측 하단에 있는 괘는 모두 땅을 상징한다.

⑤ 박영효가 그린 기의 좌측 상단에 있는 괘는 물을 상징하고 이응준이 그린 기의 좌측 상단에 있는 괘는 불을 상징한다.

4 다음 글에서 알 수 있는 것은?

바르트는 언어를 '랑그', '스틸', '에크리튀르'로 구분해서 파악했다. 랑그는 영어의 'language'에 해당한다. 인간은 한국어, 중국어, 영어 등 어떤 언어를 공유하는 집단에서 태어난다. 그때 부모나 주변 사람들이 이야기하는 언어가 '모어(母語)'이고 그것이 랑그이다.

랑그에 대해 유일하게 말할 수 있는 사실은, 태어날 때부터 부모가 쓰는 언어여서 우리에게 선택권이 없다는 것이다. 인간은 '모어 속에 던져지는' 방식으로 태어나기 때문에 랑그에는 관여할 수 없다. 태어나면서 쉼 없이 랑그를 듣고 자라기 때문에 어느새 그 언어로 사고하고, 그 언어로 숫자를 세고, 그 언어로 말장난을 하고, 그 언어로 신어(新語)를 창조한다.

스틸의 사전적인 번역어는 '문체'이지만 실제 의미는 '어감'에 가깝다. 이는 언어에 대한 개인적인 호오(好惡)의 감각을 말한다. 누구나 언어의 소리나 리듬에 대한 호오가 있다. 글자 모양에 대해서도 사람마다 취향이 다르다. 이는 좋고 싫음의 문제이기 때문에 어쩔 도리가 없다. 따라서 스틸은 기호에 대한 개인적 호오라고 해도 좋다. 다시 말해 스틸은 몸에 각인된 것이어서 주체가 자유롭게 선택할 수 없다.

인간이 언어기호를 조작할 때에는 두 가지 규제가 있다. 랑그는 외적인 규제, 스틸은 내적인 규제이다. 에크리튀르는 이 두 가지 규제의 중간에 위치한다. 에크리튀르는 한국어로 옮기기 어려운데, 굳이 말하자면 '사회방언'이라고 할 수 있다. 방언은 한 언어의 큰 틀 속에 산재하고 있으며, 국소적으로 형성된 것이다. 흔히 방언이라고 하면 '지역방언'을 떠올리는데, 이는 태어나 자란 지역의 언어이므로 랑그로 분류된다. 하지만 사회적으로 형성된 방언은 직업이나 생활양식을 선택할 때 동시에 따라온다. 불량청소년의 말, 영업사원의 말 등은 우리가 선택할 수 있다.

① 랑그는 선택의 여지가 없지만, 스틸과 에크리튀르는 자유로운 선택이 가능하다.

② 방언에 대한 선택은 언어에 대한 개인의 호오 감각에 기인한다.

③ 동일한 에크리튀르를 사용하는 사람들은 같은 지역 출신이다.

④ 같은 모어를 사용하는 형제라도 스틸은 다를 수 있다.

⑤ 스틸과 에크리튀르는 언어 규제상 성격이 같다.

경제학에서는 증거에 근거한 정책 논의를 위해 사건의 효과를 평가해야 할 경우가 많다. 어떤 사건의 효과를 평가한다는 것은 사건 후의 결과와 사건이 없었을 경우에 나타났을 결과를 비교하는 일이다. 그런데 가상의 결과는 관측할 수 없으므로 실제로는 사건을 경험한 표본들로 구성된 시행집단의 결과와, 사건을 경험하지 않은 표본들로 구성된 비교집단의 결과를 비교하여 사건의 효과를 평가한다. 따라서 이 작업의 관건은 그 사건 외에는 결과에 차이가 날 이유가 없는 두 집단을 구성하는 일이다. 가령 어떤 사건이 임금에 미친 효과를 평가할 때, 그 사건이 없었다면 시행집단과 비교집단의 평균 임금이 같을 수밖에 없도록 두 집단을 구성하는 것이다. 이를 위해서는 두 집단에 표본이 임의로 배정되도록 사건을 설계하는 실험적 방법이 이상적이다. 그러나 사람을 표본으로 하거나 사회 문제를 다룰 때에는 이 방법을 적용할 수 없는 경우가 많다.

이중차분법은 시행집단에서 일어난 변화에서 비교집단에서 일어난 변화를 뺀 값을 사건의 효과라고 평가하는 방법이다. 이는 사건이 없었더라도 비교집단에서 일어난 변화와 같은 크기의 변화가 시행집단에서도 일어났을 것이라는 평행추세 가정에 근거해 사건의 효과를 평가한 것이다. 이 가정이 충족되면 사건 전의 상태가 평균적으로 같도록 두 집단을 구성하지 않아도 된다.

이중차분법은 1854년에 스노가 처음 사용했다고 알려져 있다. 그는 두 수도 회사로부터 물을 공급받는 런던의 동일 지역 주민들에 주목했다. 같은 수원을 사용하던 두 회사 중 한 회사만 수원을 바꿨는데 주민들은 자신의 수원을 몰랐다. 스노는 수원이 바뀐 주민들과 바뀌지 않은 주민들의 수원 교체 전후 콜레라로 인한 사망률의 변화들을 비교함으로써 콜레라가 공기가 아닌 물을 통해 전염된다는 결론을 내렸다. 경제학에서는 1910년대에 최저임금제 도입 효과를 파악하는 데 이 방법이 처음 이용되었다.

평행추세 가정이 충족되지 않는 경우에 이중차분법을 적용하면 사건의 효과를 잘못 평가하게 된다. 예컨대 어떤 노동자 교육 프로그램의 고용 증가 효과를 평가할 때, 일자리가 급격히 줄어드는 산업에 종사하는 노동자의 비중이 비교집단에 비해 시행집단에서 더 큰 경우에는 평행추세 가정이 충족되지 않을 것이다. 그렇다고 해서 집단 간 표본의 통계적 유사성을 높이려고 사건 이전 시기의 시행집단을 비교집단으로 설정하는 것이 평행 추세 가정의 충족을 보장하는 것은 아니다. 예컨대 고용처럼 경기변동에 민감한 변화라면 집단 간 표본의 통계적 유사성보다 변화 발생의 동시성이 이 가정의 충족에서 더 중요할 수 있기 때문이다.

여러 비교집단을 구성하여 각각에 이중차분법을 적용한 평가 결과가 같음을 확인하면 평행추세 가정이 충족된다는 신뢰를 줄 수 있다. 또한 시행집단과 여러 특성에서 표본의 통계적 유사성이 높은 비교집단을 구성하면 평행추세 가정이 위협받을 가능성을 줄일 수 있다. 이러한 방법들을 통해 이중차분법을 적용한 평가에 대한 신뢰도를 높일 수 있다.

① 실험적 방법에서는 시행집단에서 일어난 평균 임금의 사건 전후 변화를 어떤 사건이 임금에 미친 효과라고 평가한다.

② 사람을 표본으로 하거나 사회 문제를 다룰 때에도 실험적 방법을 적용하는 경우가 있다.

③ 평행추세 가정에서는 특정 사건 이외에는 두 집단의 변화에 차이가 날 이유가 없다고 전제한다.

④ 스노의 연구에서 시행집단과 비교집단의 콜레라 사망률은 사건 후뿐만 아니라 사건 전에도 차이가 있었을 수 있다.

⑤ 스노는 수원이 바뀐 주민들과 바뀌지 않은 주민들 사이에 공기의 차이는 없다고 보았을 것이다.

약점 보완 해설집 p.7

• 풀이 시간: /10분
• 맞은 문제: /6문제

1 다음 글의 내용과 부합하는 것은?

21 민경채 PSAT

고려 초기에는 지방 여러 곳에 불교 신자들이 모여 활동하는 '향도(香徒)'라는 이름의 단체가 있었다. 당시에 향도는 석탑을 만들어 사찰에 기부하는 활동과 '매향(埋香)'이라고 불리는 일을 했다. 매향이란 향나무를 갯벌에 묻어두는 행위를 뜻한다. 오랫동안 묻어둔 향나무를 침향이라고 하는데, 그 향이 특히 좋았다. 불교 신자들은 매향한 자리에서 나는 침향의 향기를 미륵불에게 바치는 제물이라고 여겼다. 매향과 석탑 조성에는 상당한 비용이 들어갔는데, 향도는 그 비용을 구성원으로부터 거두어들여 마련했다. 고려 초기에는 향도가 주도하는 매향과 석탑 조성 공사가 많았으며, 지방 향리들이 향도를 만들어 운영하는 것이 일반적이었다. 향리가 지방에 거주하는 사람들 가운데 비교적 재산이 많았기 때문이다. 고려 왕조는 건국 초에 불교를 진흥했는데, 당시 지방 향리들도 불교 신앙을 갖고 자기 지역의 불교 진흥을 위해 향도 활동에 참여했다.

향리들이 향도의 운영을 주도하던 때에는 같은 군현에 속한 향리들이 모두 힘을 합쳐 그 군현 안에 하나의 향도만 만드는 경우가 대다수였다. 그러한 곳에서는 향리들이 자신이 속한 향도가 매향과 석탑 조성 공사를 할 때마다 군현 내 주민들을 마음대로 동원해 필요한 노동을 시키는 일이 자주 벌어졌다. 그런데 12세기에 접어들어 향도가 주도하는 공사의 규모가 이전에 비해 작아지고 매향과 석탑 조성 공사의 횟수도 줄었다. 이러한 분위기 속에서도 하나의 군현 안에 여러 개의 향도가 만들어져 그 숫자가 늘었는데, 그중에는 같은 마을 주민들만을 구성원으로 한 것도 있었다. 13세기 이후를 고려 후기라고 하는데, 그 시기에는 마을마다 향도가 만들어졌다. 마을 단위로 만들어진 향도는 주민들이 자발적으로 만든 것으로서 그 대부분은 해당 마을의 모든 주민을 구성원으로 한 것이었다. 이런 향도들은 마을 사람들이 관혼상제를 치를 때 그것을 지원했으며 자기 마을 사람들을 위해 하천을 정비하거나 다리를 놓는 등의 일까지 했다.

① 고려 왕조는 불교 진흥을 위해 지방 각 군현에 향도를 조직하였다.

② 향도는 매향으로 얻은 침향을 이용해 향을 만들어 판매하는 일을 하였다.

③ 고려 후기에는 구성원이 장례식을 치를 때 그것을 돕는 일을 하는 향도가 있었다.

④ 고려 초기에는 지방 향리들이 자신이 관할하는 군현의 하천 정비를 위해 향도를 조직하였다.

⑤ 고려 후기로 갈수록 석탑 조성 공사의 횟수가 늘었으며 그로 인해 같은 마을 주민을 구성원으로 하는 향도가 나타났다.

2 다음 글의 내용과 부합하지 <u>않는</u> 것은?

연방준비제도(이하 연준)가 고용 증대에 주안점을 둔 정책을 입안한다 해도 정책이 분배에 미치는 영향을 고려하지 않는다면, 그 정책은 거품과 불평등만 부풀릴 것이다. 기술 산업의 거품 붕괴로 인한 경기 침체에 대응하여 2000년대 초에 연준이 시행한 저금리 정책이 이를 잘 보여준다.

특정한 상황에서는 금리 변동이 투자와 소비의 변화를 통해 경기와 고용에 영향을 줄 수 있다. 하지만 다른 수단이 훨씬 더 효과적인 상황도 많다. 가령 부동산 거품에 대한 대응책으로는 금리 인상보다 주택 담보 대출에 대한 규제가 더 합리적이다. 생산적 투자를 위축시키지 않으면서 부동산 거품을 가라앉힐 수 있기 때문이다.

경기 침체라 하더라도, 금리 인하는 은행의 비용을 줄여주는 것 말고는 경기 회복에 별다른 도움이 되지 않을 수 있다. 대부분의 부문에서 설비 가동률이 낮은 상황이라면, 대출 금리가 낮아져도 생산적인 투자가 별로 증대하지 않는다. 2000년대 초가 바로 그런 상황이었기 때문에, 당시의 저금리 정책은 생산적인 투자 증가 대신에 주택 시장의 거품만 초래한 것이다.

금리 인하는 국공채에 투자했던 퇴직자들의 소득을 감소시켰다. 노년층에서 정부로, 정부에서 금융업으로 부의 대규모 이동이 이루어져 불평등이 심화되었다. 이에 따라 금리 인하는 다양한 경로로 소비를 위축시켰다. 은퇴 후의 소득을 확보하기 위해, 혹은 자녀의 학자금을 확보하기 위해 사람들은 저축을 늘렸다. 연준은 금리 인하가 주가 상승으로 이어질 것이므로 소비가 늘어날 것이라고 주장했다. 하지만 2000년대 초 연준의 금리 인하 이후 주가 상승에 따라 발생한 이득은 대체로 부유층에 집중되었으므로 대대적인 소비 증가로 이어지지 않았다.

2000년대 초 고용 증대를 기대하고 시행한 연준의 저금리 정책은 노동을 자본으로 대체하는 투자를 증대시켰다. 인위적인 저금리로 자본 비용이 낮아지자 이런 기회를 이용하려는 유인이 생겨났다. 노동력이 풍부한 상황인데도 노동을 절약하는 방향의 혁신이 강화되었고, 미숙련 노동자들의 실업률이 높은 상황인데도 가게들은 계산원을 해고하고 자동화 기계를 들여놓았다. 경기가 회복되더라도 실업률이 떨어지지 않는 구조가 만들어진 것이다.

① 2000년대 초 연준의 금리 인하로 국공채에 투자한 퇴직자의 소득이 줄어들어 금융업으로부터 정부로 부가 이동하였다.

② 2000년대 초 연준은 고용 증대를 기대하고 금리를 인하했지만 결과적으로 고용 증대가 더 어려워지도록 만들었다.

③ 2000년대 초 기술 산업 거품의 붕괴로 인한 경기 침체기에 설비 가동률은 대부분의 부문에서 낮은 상태였다.

④ 2000년대 초 연준이 금리 인하 정책을 시행한 후 주택 가격과 주식 가격은 상승하였다.

⑤ 금리 인상은 부동산 거품 대응 정책 가운데 가장 효과적인 정책이 아닐 수 있다.

불교가 이 땅에 전래된 후 불교신앙을 전파하고자 신앙결사를 만든 승려가 여러 명 나타났다. 통일신라 초기에 왕실은 화엄종을 후원했는데, 화엄종 계통의 승려들은 수도에 대규모 신앙결사를 만들어 놓고 불교신앙에 관심을 가진 귀족들을 대상으로 불교 수행법을 전파했다. 통일신라가 쇠퇴기에 접어든 신라 하대에는 지방에도 신앙결사가 만들어졌다. 신라 하대에 나타난 신앙결사는 대부분 미륵 신앙을 지향하는 정토종 승려들이 만든 것이었다.

신앙결사 운동이 더욱 확장된 것은 고려 때의 일이다. 고려 시대 가장 유명한 신앙결사는 지눌의 정혜사다. 지눌은 명종 때 거조사라는 절에서 정혜사라는 이름의 신앙결사를 만들었다. 그는 돈오점수 사상을 내세우고, 조계선이라는 수행 방법을 강조했다. 지눌이 만든 신앙결사에 참여해 함께 수행하는 승려가 날로 늘었다. 그 가운데 가장 유명한 사람이 요세라는 승려다. 요세는 무신 집권자 최충헌이 명종을 쫓아내고 신종을 국왕으로 옹립한 해에 지눌과 함께 순천으로 근거지를 옮기는 도중에 따로 독립했다. 순천으로 옮겨 간 지눌은 그곳에서 정혜사라는 명칭을 수선사로 바꾸어 활동했고, 요세는 강진에서 백련사라는 결사를 새로 만들어 활동했다.

지눌의 수선사는 불교에 대한 이해가 높은 사람들을 대상으로 다소 난해한 돈오점수 사상을 전파하는 데 주력했다. 그 때문에 대중적이지 않다는 평을 받았다. 요세는 지눌과 달리 불교 지식을 갖추지 못한 평민도 쉽게 수행할 수 있도록 간명하게 수행법을 제시한 천태종을 중시했다. 또 그는 평민들이 백련사에 참여하는 것을 당연하다고 여겼다. 백련사가 세워진 후 많은 사람들이 참여하자 권력층도 관심을 갖고 후원하기 시작했다. 명종 때부터 권력을 줄곧 독차지하고 있던 최충헌을 비롯해 여러 명의 고위 관료들이 백련사에 토지와 재물을 헌납해 그 활동을 도왔다.

① 화엄종은 돈오점수 사상을 전파하고자 신앙결사를 만들어 활동하였다.

② 백련사는 수선사와는 달리 조계선이라는 수행 방법을 고수해 주목받았다.

③ 요세는 무신이 권력을 잡고 있던 시기에 불교 신앙결사를 만들어 활동하였다.

④ 정혜사는 강진에서 조직되었던 반면 백련사는 순천에 근거지를 두고 활동하였다.

⑤ 지눌은 정토종 출신의 승려인 요세가 정혜사에 참여하자 그를 설득해 천태종으로 끌어들였다.

철은 구성 성분과 용도 그리고 단단함의 정도(강도), 질긴 정도(인성), 부드러운 정도(연성), 외부 충격에 깨지지 않고 늘어나는 정도(가단성) 등의 성질에 따라 다양한 종류로 나뉜다.

순철은 거의 100% 철로 되어있다. 순철을 가열하면 약 910℃에서 체심입방격자에서 면심입방격자로 구조 변화가 일어나면서 수축이 일어나고 이 구조는 약 1,400℃까지 유지된다. 그 이상의 온도에서는 구조가 다시 체심입방격자로 바뀌면서 팽창이 일어난다. 순철은 얇게 펼 수 있으며, 용접하기 쉽고, 쉽게 부식되지 않지만, 상온에서 매우 부드러워서 전자기 재료, 촉매, 합금용 등 그 활용 범위가 제한되어 있으며 공업적으로 조금 생산된다. 따라서 대부분의 경우 철은 순철 자체로 사용되기보다 탄소가 혼합된 형태로 사용된다.

선철은 용광로에서 철광석을 녹여 만든 철로서 탄소, 규소, 망간, 인, 황이 많이 포함되어 있고 단단하지만 부서지기 쉽다. 선철에는 탄소가 특히 많이 함유되어 있기 때문에 순철보다 인성과 가단성이 낮아 주형에 부어 주물로 만들 수는 있지만, 압력을 가해 얇게 펴거나 늘리는 가공은 어렵다. 대부분 선철은 강(鋼)을 만들기 위한 원료로 사용되며, 용광로에서 나와 가공되기 전 녹아 있는 상태의 선철을 용선이라고 한다.

제강로에 선철을 넣으면 탄소나 기타 성분이 제거되는 정련 과정이 일어나며, 이를 통해 강이 만들어진다. 강은 질기고 외부의 충격에 깨지지 않고 늘어나는 성질이 강하기 때문에 불에 달구어서 두들기거나 압연기 사이로 통과시키면서 압력을 가해 여러 형태의 판이나 봉, 관 등의 구조재를 만들 수 있다. 또한 외부 충격에 견디는 힘이 높아 그 용도가 무궁무진하다.

강은 탄소 함유량에 따라 저탄소강, 중탄소강, 고탄소강으로 구분한다. 탄소강은 가공과 열처리를 통해 성질을 다양하게 변화시킬 수 있고 값도 매우 싸기 때문에 실용 재료로써 그 가치가 매우 크다. 하지만 모든 성질이 우수한 탄소강을 만드는 것은 불가능하기에 다양한 제강 과정을 거쳐서 용도에 따른 특수강을 만들어 사용한다. 강에 특수한 성질을 주기 위하여 니켈, 크롬, 텅스텐, 몰리브덴 등의 특수 원소를 첨가하거나 탄소, 규소, 망간, 인, 황 중 일부를 첨가하여 내열강, 내마모강, 고장력강 등을 만드는데 이것을 특수강이라고 부른다.

① 순철은 연성이 높기 때문에 온도에 의한 구조 변화와 수축·팽창이 쉽게 일어난다.

② 순철은 선철보다 덜 질기고 외부 충격에 깨지지 않고 늘어나는 정도가 더 낮다.

③ 용선이 가지고 있는 탄소의 양은 저탄소강이 가지고 있는 탄소의 양보다 적다.

④ 제강로에서 일어나는 정련 과정은 선철의 인성과 가단성을 높인다.

⑤ 고장력강의 탄소 함유량은 고탄소강의 탄소 함유량보다 더 낮다.

일반 사용자가 디지털카메라를 들고 촬영하면 손의 미세한 떨림으로 인해 영상이 번져 흐려지고, 걷거나 뛰면서 촬영하면 식별하기 힘들 정도로 영상이 흔들리게 된다. 흔들림에 의한 영향을 최소화하는 기술이 영상 안정화 기술이다.

영상 안정화 기술에는 빛을 이용하는 광학적 기술과 소프트웨어를 이용하는 디지털 기술 등이 있다. 광학 영상 안정화(OIS) 기술을 사용하는 카메라 모듈은 렌즈 모듈, 이미지 센서, 자이로 센서, 제어 장치, 렌즈를 움직이는 장치로 구성되어 있다. 렌즈 모듈은 보정용 렌즈들을 포함한 여러 개의 렌즈들로 구성된다. 일반적으로 카메라는 렌즈를 통해 들어온 빛이 이미지 센서에 닿아 피사체의 상이 맺히고, 피사체의 한 점에 해당하는 위치인 화소마다 빛의 세기에 비례하여 발생한 전기 신호가 저장 매체에 영상으로 저장된다. 그런데 카메라가 흔들리면 이미지 센서 각각의 화소에 닿는 빛의 세기가 변한다. 이때 OIS 기술이 작동되면 자이로 센서가 카메라의 움직임을 감지하여 방향과 속도를 제어 장치에 전달한다. 제어 장치가 렌즈를 이동시키면 피사체의 상이 유지되면서 영상이 안정된다.

렌즈를 움직이는 방법 중에는 보이스 코일 모터를 이용하는 방법이 많이 쓰인다. 보이스 코일 모터를 포함한 카메라 모듈은 중앙에 위치한 렌즈 주위에 코일과 자석이 배치되어 있다. 카메라가 흔들리면 제어 장치에 의해 코일에 전류가 흘러서 자기장과 전류의 직각 방향으로 전류의 크기에 비례하는 힘이 발생한다. 이 힘이 렌즈를 이동시켜 흔들림에 의한 영향이 상쇄되고 피사체의 상이 유지된다. 이외에도 카메라가 흔들릴 때 이미지 센서를 움직여 흔들림을 감쇄하는 방식도 이용된다.

OIS 기술이 손 떨림을 훌륭하게 보정해 줄 수는 있지만, 렌즈의 이동 범위에 한계가 있어 보정할 수 있는 움직임의 폭이 좁다. 디지털 영상 안정화(DIS) 기술은 촬영 후에 소프트웨어를 사용해 흔들림을 보정하는 기술로 역동적인 상황에서 촬영한 동영상에 적용할 때 좋은 결과를 얻을 수 있다. 이 기술은 촬영된 동영상을 프레임 단위로 나눈 후 연속된 프레임 간 피사체의 움직임을 추정한다. 움직임을 추정하는 한 방법은 특징점을 이용하는 것이다. 특징점으로는 피사체의 모서리처럼 주위와 밝기가 뚜렷이 구별되며 영상이 이동하거나 회전해도 그 밝기 차이가 유지되는 부분이 선택된다.

먼저 k번째 프레임에서 특징점들을 찾고, 다음 k+1번째 프레임에서 같은 특징점들을 찾는다. 이 두 프레임 사이에서 같은 특징점이 얼마나 이동하였는지 계산하여 영상의 움직임을 추정한다. 그리고 흔들림이 발생한 곳으로 추정되는 프레임에서 위치 차이만큼 보정하여 흔들림의 영향을 줄이면 보정된 동영상은 움직임이 부드러워진다. 그러나 특징점의 수가 늘어날수록 연산이 더 오래 걸린다. 한편 영상을 보정하는 과정에서 영상을 회전하면 프레임에서 비어 있는 공간이 나타난다. 비어 있는 부분이 없도록 잘라내면 프레임들의 크기가 작아지는데, 원래의 프레임 크기를 유지하려면 화질은 떨어진다.

5 윗글을 이해한 내용으로 적절하지 **않은** 것은?

① 디지털 영상 안정화 기술은 소프트웨어를 이용하여 이미지 센서를 이동시킨다.

② 광학 영상 안정화 기술을 사용하지 않는 디지털카메라에도 이미지 센서는 필요하다.

③ 연속된 프레임에서 동일한 피사체의 위치 차이가 작을수록 동영상의 움직임이 부드러워진다.

④ 디지털카메라의 저장 매체에는 이미지 센서 각각의 화소에서 발생하는 전기 신호가 영상으로 저장된다.

⑤ 보정 기능이 없다면 손 떨림이 있을 때 이미지 센서 각각의 화소에 닿는 빛의 세기가 변하여 영상이 흐려진다.

6 윗글을 참고할 때, <보기>의 A~C에 들어갈 말을 바르게 짝지은 것은?

<보 기>

특정점으로 선택되는 점들과 주위 점들의 밝기 차이가 (A), 영상이 흔들리기 전의 밝기 차이와 후의 밝기 차이 변화가 (B) 특정점의 위치 추정이 유리하다. 그리고 특정점들이 많을수록 보정에 필요한 (C)이/가 늘어난다.

	A	B	C
①	클수록	클수록	프레임의 수
②	클수록	작을수록	시간
③	클수록	작을수록	프레임의 수
④	작을수록	클수록	시간
⑤	작을수록	작을수록	프레임의 수

약점 보완 해설집 p.9

・ 풀이 시간:　　　/7분 30초
・ 맞은 문제:　　　/5문제

1 다음 글에서 추론할 수 <u>없는</u> 것은?

20 민경채 PSAT

아이를 엄격하게 키우는 것은 부모와 다른 사람들에 대해 반감과 공격성을 일으킬 수 있고, 그 결과 죄책감과 불안감을 낳으며, 결국에는 아이의 창조적인 잠재성을 해치게 된다. 반면에 아이를 너그럽게 키우는 것은 그와 같은 결과를 피하고, 더 행복한 인간관계를 만들며, 풍요로운 마음과 자기 신뢰를 고취하고, 자신의 잠재력을 발전시킬 수 있도록 한다. 이와 같은 진술은 과학적 탐구의 범위에 속하는 진술이다. 논의의 편의상 이 두 주장이 실제로 강력하게 입증되었다고 가정해보자. 그렇다면 우리는 이로부터 엄격한 방식보다는 너그러운 방식으로 아이를 키우는 것이 더 좋다는 점이 과학적 연구에 의해 객관적으로 확립되었다고 말할 수 있을까?

위의 연구를 통해 확립된 것은 다음과 같은 조건부 진술일 뿐이다. 만약 우리의 아이를 죄책감을 지닌 혼란스러운 영혼이 아니라 행복하고 정서적으로 안정된 창조적인 개인으로 키우고자 한다면, 아이를 엄격한 방식보다는 너그러운 방식으로 키우는 것이 더 좋다. 이와 같은 진술은 상대적인 가치판단을 나타낸다. 상대적인 가치판단은 특정한 목표를 달성하려면 어떤 행위가 좋다는 것을 진술하는데, 이런 종류의 진술은 경험적 진술이고, 경험적 진술은 모두 관찰을 통해 객관적인 과학적 테스트가 가능하다. 반면 "아이를 엄격한 방식보다는 너그러운 방식으로 키우는 것이 더 좋다."라는 문장은 가령 "살인은 악이다."와 같은 문장처럼 절대적인 가치판단을 표현한다. 그런 문장은 관찰에 의해 테스트할 수 있는 주장을 표현하지 않는다. 오히려 그런 문장은 행위의 도덕적 평가 기준 또는 행위의 규범을 표현한다. 절대적인 가치판단은 과학적 테스트를 통한 입증의 대상이 될 수 없다. 왜냐하면 그와 같은 판단은 주장을 표현하는 것이 아니라 행위의 기준이나 규범을 나타내기 때문이다.

① 아이를 엄격한 방식보다는 너그러운 방식으로 키우는 것이 더 좋다는 것은 경험적 진술이 아니다.

② 아이를 엄격한 방식보다는 너그러운 방식으로 키우는 것이 더 좋다는 것은 상대적인 가치판단이다.

③ 아이를 엄격한 방식보다는 너그러운 방식으로 키우는 것이 더 좋다는 것은 과학적 연구에 의해 객관적으로 입증될 수 있는 주장이 아니다.

④ 정서적으로 안정된 창조적 개인으로 키우려면, 아이를 엄격한 방식보다는 너그러운 방식으로 키우는 것이 더 좋다는 것은 상대적인 가치판단이다.

⑤ 정서적으로 안정된 창조적 개인으로 키우려면, 아이를 엄격한 방식보다는 너그러운 방식으로 키우는 것이 더 좋다는 것은 과학적으로 테스트할 수 있다.

2 다음 글에서 추론할 수 있는 것은?

19 5급 공채 PSAT

미국 대통령 후보 선거제도 중 '코커스'는 정당 조직의 가장 하위 단위인 기초선거구의 당원들이 모여 상위의 전당대회에 참석할 대의원을 선출하는 당원회의이다. 대의원 후보들은 자신이 대통령 후보로 누구를 지지하는지 먼저 밝힌다. 상위 전당대회에 참석할 대의원들은 각 대통령 후보에 대한 당원들의 지지율에 비례해서 선출된다. 코커스에서 선출된 대의원들은 카운티 전당대회에서 투표권을 행사하여 다시 다음 수준인 의회 선거구 전당대회에 보낼 대의원들을 선출한다. 여기서도 비슷한 과정을 거쳐 주(州) 전당대회 대의원들을 선출해내고, 거기서 다시 마지막 단계인 전국 전당대회 대의원들을 선출한다. 주에 따라 의회 선거구 전당대회는 건너뛰기도 한다.

1971년까지는 선거법에 따라 민주당과 공화당 모두 5월 둘째 월요일까지 코커스를 개최해야 했다. 그런데 민주당 전국위원회가 1972년부터는 대선후보 선출을 위한 전국 전당대회를 7월 말에 개최하도록 결정하면서 1972년 아이오와주 민주당의 코커스는 그해 1월에 열렸다. 아이오와주 민주당 규칙에 코커스, 카운티 전당대회, 의회 선거구 전당대회, 주 전당대회, 전국 전당대회 순서로 진행되는 각급 선거 간에 최소 30일의 시간적 간격을 두어야 한다는 규정이 있었기 때문이다. 이후 아이오와주에서 공화당이 1976부터 코커스 개최 시기를 1월로 옮기면서, 아이오와주는 미국의 대선후보 선출 과정에서 민주당과 공화당 모두 가장 먼저 코커스를 실시하는 주가 되었다.

아이오와주의 선거 운영 방식은 민주당과 공화당 간에 차이가 있었다. 공화당의 경우 코커스를 포함한 하위 전당대회에서 특정 대선후보를 지지하여 당선된 대의원이 상위 전당대회에서 반드시 같은 후보를 지지해야 하는 것은 아니었다. 반면 민주당의 경우 그러한 구속력을 부여하였다. 그러나 2016년부터 공화당 역시 상위 전당대회에 참여하는 대의원에게 같은 구속력을 부여함으로써 기층 당원의 대통령 후보에 대한 지지도가 전국 전당대회에 참여할 주(州) 대의원 선출에 반영되도록 했다.

① 주 전당대회에 참석할 대의원은 모두 의회 선거구 전당대회에서 선출되었다.

② 1971년까지 아이오와주보다 이른 시기에 코커스를 실시하는 주는 없었다.

③ 1972년 아이오와주 민주당의 주 전당대회 선거는 같은 해 2월 중에 실시되었다.

④ 1972년 아이오와주에서 민주당 코커스와 공화당 코커스는 같은 달에 실시되었다.

⑤ 1976년 아이오와주 공화당 코커스에서 특정 후보를 지지한 대의원은 카운티 전당대회에서 다른 후보를 지지할 수 있었다.

3 다음 글에서 추론할 수 있는 것만을 <보기>에서 <u>모두</u> 고르면?

두 입자만으로 이루어지고 이들이 세 가지의 양자 상태 1, 2, 3 중 하나에만 있을 수 있는 계(system)가 있다고 하자. 여기서 양자 상태란 입자가 있을 수 있는 구별 가능한 어떤 상태를 지시하며, 입자는 세 가지 양자 상태 중 하나에 반드시 있어야 한다. 이때 그 계에서 입자들이 어떻게 분포할 수 있는지 경우의 수를 세는 문제는, 각 양자 상태에 대응하는 세 개의 상자 `1 2 3`에 두 입자가 있는 경우의 수를 세는 것과 같다. 경우의 수는 입자들끼리 서로 구별 가능한지와 여러 개의 입자가 하나의 양자 상태에 동시에 있을 수 있는지에 따라 달라진다.

두 입자가 구별 가능하고, 하나의 양자 상태에 여러 개의 입자가 있을 수 있다고 가정하자. 이것을 'MB 방식'이라고 부르며, 두 입자는 각각 a, b로 표시할 수 있다. a가 1의 양자 상태에 있는 경우는 `ab □ □`, `a b □`, `a □ b`의 세 가지이고, a가 2의 양자 상태에 있는 경우와 a가 3의 양자 상태에 있는 경우도 각각 세 가지이다. 그러므로 MB 방식에서 경우의 수는 9이다.

두 입자가 구별되지 않고, 하나의 양자 상태에 여러 개의 입자가 있을 수 있다고 가정하자. 이것을 'BE 방식'이라고 부른다. 이때에는 두 입자 모두 a로 표시하게 되므로 `aa □ □`, `□ aa □`, `□ □ aa`, `a a □`, `a □ a`, `□ a a`가 가능하다. 그러므로 BE 방식에서 경우의 수는 6이다.

두 입자가 구별되지 않고, 하나의 양자 상태에 하나의 입자만 있을 수 있다고 가정하자. 이것을 'FD 방식'이라고 부른다. 여기에서는 BE 방식과 달리 하나의 양자 상태에 두 개의 입자가 동시에 있는 경우는 허용되지 않으므로 `a a □`, `a □ a`, `□ a a`만 가능하다. 그러므로 FD 방식에서 경우의 수는 3이다. 양자 상태의 가짓수가 다를 때에도 MB, BE, FD 방식 모두 위에서 설명한 대로 입자들이 놓이게 되고, 이때 경우의 수는 달라질 수 있다.

─── <보 기> ───

ㄱ. 두 개의 입자에 대해, 양자 상태가 두 가지이면 BE 방식에서 경우의 수는 2이다.

ㄴ. 두 개의 입자에 대해, 양자 상태의 가짓수가 많아지면 FD 방식에서 두 입자가 서로 다른 양자 상태에 각각 있는 경우의 수는 커진다.

ㄷ. 두 개의 입자에 대해, 양자 상태가 두 가지 이상이면 경우의 수는 BE 방식에서보다 MB 방식에서 언제나 크다.

① ㄱ   ② ㄷ   ③ ㄱ, ㄴ   ④ ㄴ, ㄷ   ⑤ ㄱ, ㄴ, ㄷ

4 다음 글에서 추론할 수 <u>없는</u> 것은?

미국과 영국은 1921년 워싱턴 강화회의를 기점으로 태평양 및 중국에 대한 일본의 침략을 견제하기 시작하였다. 가중되는 외교적 고립으로 인해 일본은 광물과 곡물을 수입하는 태평양 경로를 상실할 위험에 처하였다. 이에 대처하기 위해 일본은 식민지 조선의 북부 지역에서 광물과 목재 등 군수산업 원료를 약탈하는 데 주력하게 되었다. 콩 또한 확보해야 할 주요 물자 중 하나였는데, 콩은 당시 일본에서 선호하던 식량일 뿐만 아니라 군수산업을 위한 원료이기도 하였다.

일본은 확보된 공업 원료와 식량 자원을 자국으로 수송하는 물류 거점으로 함경도를 주목하였다. 특히 청진·나진·웅기 등 대륙 종단의 시발점이 되는 항구와 조선의 최북단 지역이던 무산·회령·종성·온성을 중시하였다. 또한 조선의 남부 지방에서는 면화, 북부 지방에서는 양모 생산을 장려하였던 조선총독부의 정책에 따라 두만강을 통해 바로 만주로 진출할 수 있는 회령·종성·온성은 양을 목축하는 축산 거점으로 부상하였다. 일본은 만주와 함경도에서 생산된 광물자원과 콩, 두만강 변 원시림의 목재를 일본으로 수송하기 위해 함경선, 백무선 등의 철도를 잇따라 부설하였다. 더불어 무산과 회령, 경흥에서는 석탄 및 철광 광산을 본격적으로 개발하였다. 이에 따라 오지의 작은 읍이었던 무산·회령·종성·온성의 개발이 촉진되어 근대적 도시로 발전하였다. 일본의 정책들은 함경도를 만주와 같은 경제권으로 묶음으로써 조선의 다른 지역과 경제적으로 분리시켰다.

철도 부설 및 광산 개발을 위해 일본은 조선 노동자들을 강제 동원하였고, 수많은 조선 노동자들이 강제 노동 끝에 산록과 땅속 깊은 곳에서 비참한 삶을 마쳤다. 1935년 회령의 유선 탄광에서 폭약이 터져 800여 명의 광부가 매몰돼 사망했던 사건은 그 단적인 예이다. 영화 <아리랑>의 감독 겸 주연이었던 나운규는 그의 고향 회령에서 청진까지 부설되었던 철도 공사에 조선인 노동자들이 강제 동원되어 잔혹한 노동에 혹사되는 참상을 목도하였다. 그때 그는 노동자들이 부르던 아리랑의 애달픈 노랫가락을 듣고 영화 <아리랑>의 기본 줄거리를 착상하였다.

① 영화 <아리랑> 감독의 고향에서 탄광 폭발 사고가 발생하였다.

② 조선 최북단 지역의 몇몇 작은 읍들은 근대적 도시로 발전하였다.

③ 축산 거점에서 대륙 종단의 시발점이 되는 항구까지 부설된 철도가 있었다.

④ 군수산업 원료를 일본으로 수송하는 것이 함경선 부설의 목적 중 하나였다.

⑤ 일본은 함경도를 포함하여 한반도와 만주를 같은 경제권으로 묶는 정책을 폈다.

비정규 노동은 파트타임, 기간제, 파견, 용역, 호출 등의 근로 형태를 의미한다. IMF 외환위기 이후 정규직과 비정규직 사이의 차별이 사회문제로 대두되었는데 그중 가장 심각한 문제가 임금차별이다. 정규직과 비정규직 사이의 임금수준 격차는 점차 커져 비정규직 임금이 2001년에는 정규직의 63% 수준이었다가 2016년에는 53.5% 수준으로 떨어졌다. 이 문제를 어떻게 해결할 것인가를 놓고 크게 두 가지 시각이 대립한다.

A 학파는 차별적 관행을 고수하는 기업들은 비차별적 기업들과의 경쟁에서 자연적으로 도태되기 때문에 기업 간 경쟁이 임금차별 완화의 핵심이라고 이야기한다. 기업이 노동자 개인의 능력 이외에 다른 잣대를 바탕으로 차별하는 행위는 비합리적이기 때문에, 기업들 사이의 경쟁이 강화될수록 임금차별은 자연스럽게 줄어들 수밖에 없다는 것이다. 예를 들어 정규직과 비정규직 가릴 것 없이 오직 능력에 비례하여 임금을 결정하는 회사는 정규직 또는 비정규직이라는 이유만으로 무능한 직원들을 임금 면에서 우대하고 유능한 직원들을 홀대하는 회사보다 경쟁에서 앞서나갈 것이다.

B 학파는 실제로는 고용주들이 비정규직을 차별한다고 해서 기업 간 경쟁에서 불리해지지는 않는 현실을 근거로 A 학파를 비판한다. B 학파에 따르면 고용주들은 오직 사회적 비용이라는 추가적 장애물의 위협에 직면했을 때에만 정규직과 비정규직 사이의 임금차별 관행을 근본적으로 재고한다. 여기서 말하는 사회적 비용이란, 국가가 제정한 법과 제도를 수용하지 않음으로써 조직의 정당성이 낮아짐을 뜻한다. 기업의 경우엔 조직의 정당성이 낮아지게 되면 조직의 생존 가능성 역시 낮아지게 된다. 그래서 기업은 임금차별을 줄이는 강제적 제도를 수용함으로써 사회적 비용을 낮추는 선택을 하게 된다는 것이다. 따라서 B 학파는 법과 제도에 의한 규제를 통해 임금차별이 줄어들 것이라고 본다.

① A 학파에 따르면 경쟁이 치열한 산업군일수록 근로 형태에 따른 임금 격차는 더 적어진다.

② A 학파는 시장에서 기업 간 경쟁이 약화되는 것을 방지하기 위한 보완 정책이 수립되어야 한다고 본다.

③ A 학파는 정규직과 비정규직 사이의 임금차별이 어떻게 줄어드는가에 대해 B 학파와 견해를 달리한다.

④ B 학파는 기업이 자기 조직의 생존 가능성을 낮춰가면서까지 임금차별 관행을 고수하지는 않을 것이라고 전제한다.

⑤ B 학파에 따르면 다른 조건이 동일할 때 기업의 비정규직에 대한 임금차별은 주로 강제적 규제에 의해 시정될 수 있다.

약점 보완 해설집 p.12

추론 ②

- 풀이 시간: /7분 30초
- 맞은 문제: /5문제

1 다음 글에서 추론할 수 <u>없는</u> 것은?

18 민경채 PSAT

동물의 행동을 선하다거나 악하다고 평가할 수 없는 이유는 동물이 단지 본능적 욕구에 따라 행동할 뿐이기 때문이다. 오직 인간만이 욕구와 감정에 맞서서 행동할 수 있다. 인간만이 이성을 가지고 있다. 그러나 인간이 전적으로 이성적인 존재는 아니다. 다른 동물과 마찬가지로 인간 또한 감정과 욕구를 가진 존재다. 그래서 인간은 이성과 감정의 갈등을 겪게 된다.

그러한 갈등에도 불구하고 인간이 도덕적 행위를 할 수 있는 까닭은 이성이 우리에게 도덕적인 명령을 내리기 때문이다. 도덕적 명령에 따를 때에야 비로소 우리는 의무에서 비롯된 행위를 한 것이다. 만약 어떤 행위가 이성의 명령에 따른 것이 아닐 경우 그것이 결과적으로 의무와 부합할지라도 의무에서 나온 행위는 아니다. 의무에서 나온 행위가 아니라면 심리적 성향에서 비롯된 행위가 되는데, 심리적 성향에서 비롯된 행위는 도덕성과 무관하다. 불쌍한 사람을 보고 마음이 아파서 도움을 주었다면 이는 결국 심리적 성향에 따라 행동한 것이다. 그것은 감정과 욕구에 따른 것이기 때문에 도덕적 행위일 수가 없다.

감정이나 욕구와 같은 심리적 성향에 따른 행위가 도덕적일 수 없는 또 다른 이유는, 그것이 상대적이기 때문이다. 감정이나 욕구는 주관적이어서 사람마다 다르며, 같은 사람이라도 상황에 따라 변하기 마련이다. 때문에 이는 시공간을 넘어 모든 인간에게 적용될 수 있는 보편적인 도덕의 원리가 될 수 없다. 감정이나 욕구가 어떠하든지 간에 이성의 명령에 따르는 것이 도덕이다. 이러한 입장이 사랑이나 연민과 같은 감정에서 나온 행위를 인정하지 않는다거나 가치가 없다고 평가하는 것은 아니다. 단지 사랑이나 연민은 도덕적 차원의 문제가 아닐 뿐이다.

① 동물의 행위는 도덕적 평가의 대상이 아니다.

② 감정이나 욕구는 보편적인 도덕의 원리가 될 수 없다.

③ 심리적 성향에서 비롯된 행위는 도덕적 행위일 수 없다.

④ 이성의 명령에 따른 행위가 심리적 성향에 따른 행위와 일치하는 경우는 없다.

⑤ 인간의 행위 중에는 심리적 성향에서 비롯된 것도 있고 의무에서 나온 것도 있다.

생쥐가 새로운 소리 자극을 받으면 이 자극 신호는 뇌의 시상에 있는 청각시상으로 전달된다. 청각시상으로 전달된 자극 신호는 뇌의 편도에 있는 측핵으로 전달된다. 측핵에 전달된 신호는 편도의 중핵으로 전달되고, 중핵은 신체의 여러 기관에 전달할 신호를 만들어서 반응이 일어나게 한다.

연구자 K는 '공포' 또는 '안정'을 학습시켰을 때 나타나는 신경생물학적 특징을 탐구하기 위해 두 개의 실험을 수행했다.

첫 번째 실험에서 공포를 학습시켰다. 이를 위해 K는 생쥐에게 소리 자극을 준 뒤에 언제나 공포를 일으킬 만한 충격을 가하여, 생쥐에게 이 소리가 충격을 예고한다는 것을 학습시켰다. 이렇게 학습된 생쥐는 해당 소리 자극을 받으면 방어적인 행동을 취했다. 이 생쥐의 경우, 청각시상으로 전달된 소리 자극 신호는 학습을 수행하기 전 상태에서 전달되는 것보다 훨씬 센 강도의 신호로 증폭되어 측핵으로 전달된다. 이 증폭된 강도의 신호는 중핵을 거쳐 신체의 여러 기관에 전달되고 이는 학습된 공포 반응을 일으킨다.

두 번째 실험에서는 안정을 학습시켰다. 이를 위해 K는 다른 생쥐에게 소리 자극을 준 뒤에 항상 어떤 충격도 주지 않아서, 생쥐에게 이 소리가 안정을 예고한다는 것을 학습시켰다. 이렇게 학습된 생쥐는 이 소리를 들어도 방어적인 행동을 전혀 취하지 않았다. 이 경우 소리 자극 신호를 받은 청각시상에서 만들어진 신호가 측핵으로 전달되는 것이 억제되기 때문에 측핵에 전달된 신호는 매우 미약해진다. 대신 청각시상은 뇌의 선조체에서 반응을 일으킬 수 있는 자극 신호를 만들어서 선조체에 전달한다. 선조체는 안정 상태와 같은 긍정적이고 좋은 느낌을 느낄 수 있게 하는 것에 관여하는 뇌 영역인데, 선조체에서 반응이 세게 나타나면 안정감을 느끼게 되어 학습된 안정 반응을 일으킨다.

① 중핵에서 만들어진 신호의 세기가 강한 경우에는 학습된 안정 반응이 나타난다.

② 학습된 공포 반응을 일으키지 않는 소리 자극은 선조체에서 약한 반응이 일어나게 한다.

③ 학습된 공포 반응을 일으키는 소리 자극은 청각시상에서 선조체로 전달되는 자극 신호를 억제한다.

④ 학습된 안정 반응을 일으키는 청각시상에서 받는 소리 자극 신호는 학습된 공포 반응을 일으키는 청각시상에서 받는 소리 자극 신호보다 약하다.

⑤ 학습된 안정 반응을 일으키는 경우와 학습된 공포 반응을 일으키는 경우 모두, 청각시상에서 측핵으로 전달되는 신호의 세기가 학습하기 전과 달라진다.

란체스터는 한 국가의 상대방 국가에 대한 군사력 우월의 정도를, 전쟁의 승패가 갈린 전쟁 종료 시점에서 자국의 손실비의 역수로 정의했다. 예컨대 전쟁이 끝났을 때 자국의 손실비가 1/2이라면 자국의 군사력은 적국보다 2배로 우월하다는 것이다. 손실비는 아래와 같이 정의된다.

$$\text{자국의 손실비} = \frac{\text{자국의 최초 병력 대비 잃은 병력 비율}}{\text{적국의 최초 병력 대비 잃은 병력 비율}}$$

A 국과 B 국이 전쟁을 벌인다고 하자. 전쟁에는 양국의 궁수들만 참가한다. A 국의 궁수는 2,000명이고, B 국은 1,000명이다. 양국 궁수들의 숙련도와 명중률 등 개인의 전투 능력, 그리고 지형, 바람 등 주어진 조건은 양국이 동일하다고 가정한다. 양측이 동시에 서로를 향해 1인당 1발씩 화살을 발사한다고 하자. 모든 화살이 적군을 맞힌다면 B 국의 궁수들은 1인 평균 2개의 화살을, A 국 궁수는 평균 0.5개의 화살을 맞을 것이다. 하지만 화살이 제대로 맞지 않거나 아예 안 맞을 수도 있으니, 발사된 전체 화살 중에서 적 병력의 손실을 발생시키는 화살의 비율은 매번 두 나라가 똑같이 1/10이라고 하자. 그렇다면 첫 발사에서 B 국은 200명, A 국은 100명의 병력을 잃을 것이다. 따라서 ⊙ 첫 발사에서의 B 국의 손실비는 $\frac{200/1{,}000}{100/2{,}000}$ 이다.

마찬가지 방식으로, 남은 A 국 궁수 1,900명은 두 번째 발사에서 B 국에 190명의 병력 손실을 발생시킨다. 이제 B 국은 병력의 39%를 잃었다. 이런 손실을 당하고도 버틸 수 있는 군대는 많지 않아서 전쟁은 B 국의 패배로 끝난다. B 국은 A 국에 첫 번째 발사에서 100명, 그다음엔 80명의 병력 손실을 발생시켰다. 전쟁이 끝날 때까지 A 국이 잃은 궁수는 최초 병력의 9%에 지나지 않는다. 이로써 ⓒ B 국에 대한 A 국의 군사력이 명확히 드러난다.

<보 기>

ㄱ. 다른 조건이 모두 같으면서 A 국 궁수의 수가 4,000명으로 증가하면 ⊙은 16이 될 것이다.

ㄴ. ⓒ의 내용은 A 국의 군사력이 B 국보다 4배 이상으로 우월하다는 것이다.

ㄷ. 전쟁 종료 시점까지 자국과 적국의 병력 손실이 발생했고 그 수가 동일한 경우, 최초 병력의 수가 적은 쪽의 손실비가 더 크다.

① ㄱ ② ㄷ ③ ㄱ, ㄴ ④ ㄴ, ㄷ ⑤ ㄱ, ㄴ, ㄷ

'부재 인과', 즉 사건의 부재가 다른 사건의 원인이라는 주장은 일상 속에서도 쉽게 찾아볼 수 있다. 인과 관계가 원인과 결과 간에 성립하는 일종의 의존 관계로 분석될 수 있다면 부재 인과는 인과 관계의 한 유형을 표현한다. 예를 들어, 경수가 물을 주었더라면 화초가 말라 죽지 않았을 것이므로 '경수가 물을 줌'이라는 사건이 부재하는 것과 '화초가 말라 죽음'이라는 사건이 발생하는 것 사이에는 의존 관계가 성립한다. 인과 관계를 이런 의존 관계로 이해할 경우 화초가 말라 죽은 것의 원인은 경수가 물을 주지 않은 것이며 이는 상식적 판단과 일치한다. 하지만 화초가 말라 죽은 것은 단지 경수가 물을 주지 않은 것에만 의존하지 않는다. 의존 관계로 인과 관계를 이해하려는 견해에 따르면, 경수의 화초와 아무 상관 없는 영희가 그 화초에 물을 주었더라도 경수의 화초는 말라 죽지 않았을 것이므로 영희가 물을 주지 않은 것 역시 그 화초가 말라 죽은 사건의 원인이라고 해야 할 것이다. 그러나 상식적으로 경수가 물을 주지 않은 것은 그가 키우던 화초가 말라 죽은 사건의 원인이지만, 영희가 물을 주지 않은 것은 그 화초가 말라 죽은 사건의 원인이 아니다. 인과 관계를 의존 관계로 파악해 부재 인과를 인과의 한 유형으로 받아들이면, 원인이 아닌 수많은 부재마저도 원인으로 받아들여야 하는 ㉠ 문제가 생겨난다.

─── <보 기> ───

ㄱ. 어제 영지는 늘 타고 다니던 기차가 고장이 나는 바람에 지각을 했다. 그 기차가 고장이 나지 않았다면 영지는 지각하지 않았을 것이다. 하지만 영지가 새벽 3시에 일어나 직장에 걸어갔더라면 지각하지 않았을 것이다. 그러므로 어제 영지가 새벽 3시에 일어나 직장에 걸어가지 않은 것이 그가 지각한 원인이라고 보아야 한다.

ㄴ. 영수가 야구공을 던져서 유리창이 깨졌다. 영수가 야구공을 던지지 않았더라면 그 유리창이 깨지지 않았을 것이다. 하지만 그 유리창을 향해 야구공을 던지지 않은 사람들은 많다. 그러므로 그 많은 사람 각각이 야구공을 던지지 않은 것을 유리창이 깨어진 사건의 원인이라고 보아야 한다.

ㄷ. 햇볕을 차단하자 화분의 식물이 시들어 죽었다. 하지만 햇볕을 과다하게 쪼이거나 지속적으로 쪼였다면 화분의 식물은 역시 시들어 죽었을 것이다. 그러므로 햇볕을 쪼이는 것은 식물의 성장 원인이 아니라고 보아야 한다.

① ㄱ   ② ㄴ   ③ ㄱ, ㄷ   ④ ㄴ, ㄷ   ⑤ ㄱ, ㄴ, ㄷ

5 다음 글의 ㉠을 강화하는 것만을 <보기>에서 모두 고르면?

20 민경채 PSAT

동물의 감각이나 반응을 일으키는 최소한의 자극을 '식역'이라고 한다. 인간의 경우 일반적으로 40밀리초 이하의 시각적 자극은 '보았다'고 답하는 경우가 거의 없다. 그렇다면 식역 이하의 시각적 자극은 우리에게 아무런 영향도 주지 않는 것일까?

연구자들은 사람들에게 식역 이하의 짧은 시간 동안 문자열을 먼저 제시한 후 뒤이어 의식적으로 지각할 수 있을 만큼 문자열을 제시하는 실험을 진행했다. 이 실험에서 연구자들은 먼저 제시된 문자열을 '프라임'으로, 뒤이어 제시된 문자열을 '타깃'으로 불렀다. 프라임을 식역 이하로 제시한 후 뒤이어 타깃을 의식적으로 볼 수 있을 만큼 제시했을 때 피험자들은 타깃 앞에 프라임이 있었다는 사실조차 알아차리지 못했다.

거듭된 실험을 통해 밝혀진 사실 가운데 하나는 피험자가 비록 보았다고 의식하지 못한 낱말일지라도 제시된 프라임이 타깃과 동일한 낱말인 경우 처리속도가 빨라진다는 것이었다. 예컨대 'radio' 앞에 'house'가 제시되었을 때보다 'radio'가 제시되었을 때 반응이 빨라졌다. 동일한 낱말의 반복이 인지 반응을 촉진한 것이었다. 식역 이하로 제시된 낱말임에도 불구하고 뒤이어 나온 낱말의 처리속도에 영향을 미친 이런 효과를 가리켜 '식역 이하의 반복 점화'라고 부른다.

흥미로운 점은, 프라임이 소문자로 된 낱말 'radio'이고 타깃이 대문자로 된 낱말 'RADIO'일 때 점화 효과가 나타났다는 것이다. 시각적으로 그 둘의 외양은 다르다. 그렇다면 두 종류의 표기에 익숙한 언어적, 문화적 관습에 따라 'radio'와 'RADIO'를 같은 낱말로 인지한 것으로 볼 수 있다. 이에 비추어 볼 때, ㉠ <u>식역 이하의 반복 점화는 추상적인 수준에서 나타나는 것으로 보인다.</u>

─── <보 기> ───

ㄱ. 같은 낱말을 식역 이하로 반복하여 여러 번 눈앞에 제시해도 피험자들은 그 낱말을 인지하지 못하였다.

ㄴ. 샛별이 금성이라는 것을 아는 사람에게 프라임으로 '금성'을 식역 이하로 제시한 후 타깃으로 '샛별'을 의식적으로 볼 수 있을 만큼 제시했을 때, 점화 효과가 나타나지 않았다.

ㄷ. 한국어와 영어에 능숙한 사람에게 'five'만을 의식적으로 볼 수 있을 만큼 제시한 경우보다 프라임으로 '다섯'을 식역 이하로 제시한 후 타깃으로 'five'를 의식적으로 볼 수 있을 만큼 제시했을 때, 'five'에 대한 반응이 더 빨랐다.

① ㄱ   ② ㄷ   ③ ㄱ, ㄴ   ④ ㄴ, ㄷ   ⑤ ㄱ, ㄴ, ㄷ

약점 보완 해설집 p.15

1 다음 글에서 추론할 수 있는 것은?

22 민경채 PSAT

> 국제표준도서번호(ISBN)는 전 세계에서 출판되는 각종 도서에 부여하는 고유한 식별 번호이다. 2007년부터는 13자리의 숫자로 구성된 ISBN인 ISBN - 13이 부여되고 있지만, 2006년까지 출판된 도서에는 10자리의 숫자로 구성된 ISBN인 ISBN - 10이 부여되었다.
>
> ISBN - 10은 네 부분으로 되어 있다. 첫 번째 부분은 책이 출판된 국가 또는 언어 권역을 나타내며 1~5자리를 가질 수 있다. 예를 들면, 대한민국은 89, 영어권은 0, 프랑스어권은 2, 중국은 7 그리고 부탄은 99936을 쓴다. 두 번째 부분은 국가별 ISBN 기관에서 그 국가에 있는 각 출판사에 할당한 번호를 나타낸다. 세 번째 부분은 출판사에서 그 책에 임의로 붙인 번호를 나타낸다. 마지막 네 번째 부분은 확인 숫자이다. 이 숫자는 0에서 10까지의 숫자 중 하나가 되는데, 10을 써야 할 때는 로마 숫자인 X를 사용한다. 부여된 ISBN - 10이 유효한 것이라면 이 ISBN - 10의 열 개 숫자에 각각 순서대로 10, 9, …, 2, 1의 가중치를 곱해서 각 곱셈의 값을 모두 더한 값이 반드시 11로 나누어떨어져야 한다. 예를 들어, 어떤 책에 부여된 ISBN - 10인 '89 - 89422 - 42 - 6'이 유효한 것인지 검사해 보자. $(8 \times 10) + (9 \times 9) + (8 \times 8) + (9 \times 7) + (4 \times 6) + (2 \times 5) + (2 \times 4) + (4 \times 3) + (2 \times 2) + (6 \times 1) = 352$이고, 이 값은 11로 나누어떨어지기 때문에 이 ISBN - 10은 유효한 번호이다. 만약 어떤 ISBN - 10의 숫자 중 어느 하나를 잘못 입력했다면 서점에 있는 컴퓨터는 즉시 오류 메시지를 화면에 보여줄 것이다.

① ISBN - 10의 첫 번째 부분에 있는 숫자가 같으면 같은 나라에서 출판된 책이다.

② 임의의 책의 ISBN - 10에 숫자 3자리를 추가하면 그 책의 ISBN - 13을 얻는다.

③ ISBN - 10이 '0 - 285 - 00424 - 7'인 책은 해당 출판사에서 424번째로 출판한 책이다.

④ ISBN - 10의 두 번째 부분에 있는 숫자가 같은 서로 다른 두 권의 책은 동일한 출판사에서 출판된 책이다.

⑤ 확인 숫자 앞의 아홉 개의 숫자에 정해진 가중치를 곱하여 합한 값이 11의 배수인 ISBN - 10이 유효하다면 그 확인 숫자는 반드시 0이어야 한다.

식물의 잎에 있는 기공은 대기로부터 광합성에 필요한 이산화탄소를 흡수하는 통로이다. 기공은 잎에 있는 세포 중 하나인 공변세포의 부피가 커지면 열리고 부피가 작아지면 닫힌다.

그렇다면 무엇이 공변세포의 부피에 변화를 일으킬까? 햇빛이 있는 낮에, 햇빛 속에 있는 청색광이 공변세포에 있는 양성자 펌프를 작동시킨다. 양성자 펌프의 작동은 공변세포 밖에 있는 칼륨이온과 염소이온이 공변세포 안으로 들어오게 한다. 공변세포 안에 이 이온들의 양이 많아짐에 따라 물이 공변세포 안으로 들어오고, 그 결과로 공변세포의 부피가 커져서 기공이 열린다. 햇빛이 없는 밤이 되면, 공변세포에 있는 양성자 펌프가 작동하지 않고 공변세포 안에 있던 칼륨이온과 염소이온은 밖으로 빠져나간다. 이에 따라 공변세포 안에 있던 물이 밖으로 나가면서 세포의 부피가 작아져서 기공이 닫힌다.

공변세포의 부피는 식물이 겪는 수분스트레스 반응에 의해 조절될 수도 있다. 식물 안의 수분량이 줄어듦으로써 식물이 수분스트레스를 받는다. 수분스트레스를 받은 식물은 호르몬 A를 분비한다. 호르몬 A는 공변세포에 있는 수용체에 결합하여 공변세포 안에 있던 칼륨이온과 염소이온이 밖으로 빠져나가게 한다. 이에 따라 공변세포 안에 있던 물이 밖으로 나가면서 세포의 부피가 작아진다. 결국 식물이 수분스트레스를 받으면 햇빛이 있더라도 기공이 열리지 않는다.

또한 기공의 여닫힘은 미생물에 의해 조절되기도 한다. 예를 들면, 식물을 감염시킨 병원균 a는 공변세포의 양성자 펌프를 작동시키는 독소 B를 만든다. 이 독소 B는 공변세포의 부피를 늘려 기공이 닫혀 있어야 하는 때에도 열리게 하고, 결국 식물은 물을 잃어 시들게 된다.

<보 기>

ㄱ. 한 식물의 동일한 공변세포 안에 있는 칼륨이온의 양은, 햇빛이 있는 낮에 햇빛의 청색광만 차단하는 필름으로 식물을 덮은 경우가 덮지 않은 경우보다 적다.

ㄴ. 수분스트레스를 받은 식물에 양성자 펌프의 작동을 못 하게 하면 햇빛이 있는 낮에 기공이 열린다.

ㄷ. 호르몬 A를 분비하는 식물이 햇빛이 있는 낮에 보이는 기공 개폐 상태와 병원균 a에 감염된 식물이 햇빛이 없는 밤에 보이는 기공 개폐 상태는 다르다.

① ㄱ　　　　② ㄴ　　　　③ ㄱ, ㄷ　　　　④ ㄴ, ㄷ　　　　⑤ ㄱ, ㄴ, ㄷ

3 다음 글의 ⊙과 ⓒ에 대한 평가로 적절한 것만을 <보기>에서 <u>모두</u> 고르면? 21 7급 PSAT

연역과 귀납, 이 두 종류의 방법은 지적 작업에서 사용될 수 있는 모든 추론을 포괄한다. 철학과 과학을 비롯한 모든 지적 작업에 연역적 방법이 필수적이라는 것을 부정하는 사람은 아무도 없다. 귀납적 방법의 경우 사정은 크게 다르다. 귀납적 방법이 철학적 작업에 들어설 여지가 없다고 믿는 사람이 있는가 하면, 한 걸음 더 나아가 어떠한 지적 작업에도 귀납적 방법이 불필요하다고 주장하는 사람들도 있다.

⊙ 귀납적 방법이 철학이라는 지적 작업에서 불필요하다는 견해는 독단적인 철학관에 근거한다. 이런 견해에 따르면 철학적 주장의 정당성은 선험적인 것으로, 경험적 지식을 확장하기 위해 사용되는 귀납적 방법에 의존할 수 없다. 그러나 이런 견해는 철학적 주장이 경험적 가설에 의존해서는 안 된다는 부당하게 편협한 철학관과 '귀납적 방법'의 모호성을 딛고 서 있다. 실제로 철학사에 나타나는 목적론적 신 존재 증명이나 외부 세계의 존재에 관한 형이상학적 논증 가운데는 귀납적 방법인 유비 논증과 귀추법을 교묘히 적용하고 있는 것도 있다.

ⓒ 모든 지적 작업에서 귀납적 방법의 필요성을 부정하는 견해는 중요한 철학적 성과를 낳기도 하였다. 포퍼의 철학이 그런 사례 가운데 하나이다. 포퍼는 귀납적 방법의 정당화 가능성에 관한 회의적 결론을 받아들이고, 과학의 탐구가 귀납적 방법으로 진행된다는 견해는 근거가 없음을 보인다. 그에 따르면, 과학의 탐구 과정은 연역 논리 법칙에 따라 전개되는 추측과 반박의 작업으로 이루어진다. 이런 포퍼의 이론은 귀납적 방법의 필요성에 대한 전면적인 부정이 낳을 수 있는 흥미로운 결과 가운데 하나라고 할 수 있다.

―――――――― <보 기> ――――――――

ㄱ. 과학의 탐구가 귀납적 방법에 의해 진행된다는 주장은 ⊙을 반박한다.

ㄴ. 철학의 일부 논증에서 귀추법의 사용이 불가피하다는 주장은 ⓒ을 반박한다.

ㄷ. 연역 논리와 경험적 가설 모두에 의존하는 지적 작업이 있다는 주장은 ⊙과 ⓒ을 모두 반박한다.

① ㄱ   ② ㄴ   ③ ㄱ, ㄷ   ④ ㄴ, ㄷ   ⑤ ㄱ, ㄴ, ㄷ

○○도는 2022년부터 '공공 기관 통합 채용' 시스템을 운영하여 공공 기관의 채용에 대한 체계적 관리와 비리 발생 예방을 도모할 계획이다. 기존에는 ○○도 산하 공공 기관들이 채용 전(全) 과정을 각기 주관하여 시행하였으나, 2022년부터는 ○○도가 채용 과정에 참여하기로 하였다. ○○도와 산하 공공 기관들이 '따로, 또 같이'하는 통합 채용을 통해 채용 과정의 투명성을 확보하고 기관별 특성에 맞는 인재 선발을 용이하게 하려는 것이다.

○○도는 채용 공고와 원서 접수를 하고 필기시험을 주관한다. 나머지 절차는 ○○도 산하 공공 기관이 주관하여 서류 심사 후 면접시험을 거쳐 합격자를 발표한다. 기존 채용 절차에서 서류 심사에 이어 필기시험을 치던 순서를 맞바꾸었는데, 이는 지원자에게 응시 기회를 확대 제공하기 위해서이다. 절차 변화에 대한 지원자의 혼란을 줄이기 위해 기존의 나머지 채용 절차는 그대로 유지하였다. 또 ○○도는 기존의 필기시험 과목인 영어·한국사·일반상식을 국가직무능력표준 기반 평가로 바꾸어 기존과 달리 실무 능력을 평가해서 인재를 선발할 수 있도록 제도를 보완하였다. ○○도는 이런 통합 채용 절차를 알기 쉽게 기존 채용 절차와 개선 채용 절차를 비교해서 도표로 나타내었다.

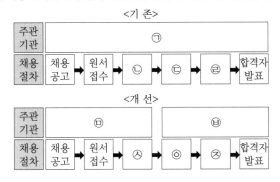

① 개선 이후 ㉠에 해당하는 기관이 주관하는 채용 업무의 양은 이전과 동일할 것이다.

② ㉠과 같은 주관 기관이 들어가는 것은 ㉡이 아니라 ㉢이다.

③ ㉡과 ㉣에는 같은 채용 절차가 들어간다.

④ ㉢과 ㉤에서 지원자들이 평가받는 능력은 같다.

⑤ ㉣을 주관하는 기관과 ㉥을 주관하는 기관은 다르다.

5 다음 글의 흐름에 맞지 않는 곳을 ㈀~㈄에서 찾아 수정할 때, 가장 적절한 것은?

20 민경채 PSAT

경제적 차원에서 가장 불리한 계층, 예컨대 노예와 날품팔이는 ㈀ <u>특정한 종교 세력에 편입되거나 포교의 대상이 된 적이 없었다.</u> 기독교 등 고대 종교의 포교활동은 이들보다는 소시민층, 즉 야심을 가지고 열심히 노동하며 경제적으로 합리적인 생활을 하는 계층을 겨냥하였다. 고대사회의 대농장에서 일하던 노예들에게 관심을 갖는 종교는 없었다.

모든 시대의 하층 수공업자 대부분은 ㈁ <u>독특한 소시민적 종교 경향을 지니고 있었다.</u> 이들은 특히 공인되지 않은 종파적 종교성에 기우는 경우가 매우 흔하였다. 곤궁한 일상과 불안정한 생계 활동에 시달리며 동료의 도움에 의존해야 하는 하층 수공업자층은 공인되지 않은 신흥 종교집단이나 비주류 종교집단의 주된 포교 대상이었다.

근대에 형성된 프롤레타리아트는 ㈂ <u>종교에 우호적이며 관심이 많았다.</u> 이들은 자신의 처지가 자신의 능력과 업적에 의존한다는 의식이 약하고 그 대신 사회적 상황이나 경기 변동, 법적으로 보장된 권력관계에 종속되어 있다는 의식이 강하였다. 이에 반해 자신의 처지가 주술적 힘, 신이나 우주의 섭리와 같은 것에 종속되어 있다는 견해에는 부정적이었다.

프롤레타리아트가 스스로의 힘으로 ㈃ <u>특정 종교 이념을 창출하는 것은 쉽지 않았다.</u> 이들에게는 비종교적인 이념들이 삶을 지배하는 경향이 훨씬 우세했기 때문이다. 물론 프롤레타리아트 가운데 경제적으로 불안정한 최하위 계층과 지속적인 곤궁으로 인해 프롤레타리아트화의 위험에 처한 몰락하는 소시민계층은 ㈄ <u>종교적 포교의 대상이 되기 쉬웠다.</u> 특히 이들을 포섭한 많은 종교는 원초적 주술을 사용하거나, 아니면 주술적·광란적 은총 수여에 대한 대용물을 제공했다. 이 계층에서 종교 윤리의 합리적 요소보다 감정적 요소가 훨씬 더 쉽게 성장할 수 있었다.

① ㈀을 '고대 종교에서는 주요한 세력이자 포섭 대상이었다'로 수정한다.
② ㈁을 '종교나 정치와는 괴리된 삶을 살았다'로 수정한다.
③ ㈂을 '종교에 우호적이지도 관심이 많지도 않았다'로 수정한다.
④ ㈃을 '특정 종교 이념을 창출한 경우가 많았다'로 수정한다.
⑤ ㈄을 '종교보다는 정치집단의 포섭 대상이 되었다'로 수정한다.

약점 보완 해설집 p.17

DAY 08 추론 ④

- 풀이 시간: /10분
- 맞은 문제: /6문제

1 다음 글을 이해한 내용으로 적절하지 <u>않은</u> 것은?   22 평가원 6월 모평

> 글을 읽으려면 글자 읽기, 요약, 추론 등의 읽기 기능, 어휘력, 읽기 흥미나 동기 등이 필요하다. 글 읽는 능력이 발달하려면 읽기에 필요한 이러한 요소를 잘 갖추어야 한다.
>
> 읽기 요소들 중 어휘력 발달에 관한 연구들에서는, 학년이 올라감에 따라 어휘력이 높은 학생들과 어휘력이 낮은 학생들 간의 어휘력 격차가 점점 더 커짐이 보고되었다. 여기서 어휘력 격차는 읽기의 양과 관련된다. 즉 어휘력이 높으면 이를 바탕으로 점점 더 많이 읽게 되고, 많이 읽을수록 글 속의 어휘를 습득할 기회가 많아지며, 이것이 다시 어휘력을 높인다는 것이다. 반대로, 어휘력이 부족하면 읽는 양도 적어지고 어휘 습득의 기회도 줄어 다시 어휘력이 상대적으로 부족하게 됨으로써, 나중에는 커져 버린 격차를 극복하는 데에 많은 노력이 필요하게 된다.
>
> 이렇게 읽기 요소를 잘 갖춘 독자는 점점 더 잘 읽게 되어 그렇지 않은 독자와의 차이가 갈수록 커지게 되는데, 이를 매튜 효과로 설명하기도 한다. 매튜 효과란 사회적 명성이나 물질적 자산이 많을수록 그로 인해 더 많이 가지게 되고, 그 결과 그렇지 않은 사람과의 차이가 점점 커지는 현상을 일컫는다. 이는 주로 사회학에서 사용되었으나 읽기에도 적용된다.
>
> 그러나 글 읽는 능력을 매튜 효과로만 설명하는 데에는 문제가 있다. 우선, 읽기와 관련된 요소들에서 매튜 효과가 항상 나타나는 것은 아니다. 인지나 정서의 발달은 개인마다 다르며, 한 개인 안에서도 그 속도는 시기마다 다르기 때문이다. 예컨대 읽기 흥미나 동기의 경우, 어릴 때는 상승 곡선을 그리며 발달하다가 어느 시기부터 떨어지기도 한다. 또한 읽기 요소들은 상호 간에 영향을 미쳐 매튜 효과와 다른 결과를 낳기도 한다. 가령 읽기 기능이 부족한 독자라 하더라도 읽기 흥미나 동기가 높은 경우 이것이 읽기 기능의 발달을 견인할 수 있다.
>
> 그럼에도 불구하고 읽기를 매튜 효과로 설명하는 연구는 단순히 지능의 차이에 따라 글 읽는 능력이 달라진다고 보던 관점에서 벗어나, 읽기 요소들이 글을 잘 읽도록 하는 중요한 동력임을 인식하게 하는 계기가 되었다.

① 읽기 기능에는 어휘력, 읽기 흥미나 동기 등이 포함된다.

② 매튜 효과에 따르면 읽기 요소를 잘 갖출수록 더 잘 읽게 된다.

③ 매튜 효과는 주로 사회학에서 사용되는 개념이었다.

④ 읽기 요소는 다른 읽기 요소들에 영향을 미치기도 한다.

⑤ 읽기 연구에서 매튜 효과는 읽기 요소의 가치를 인식하게 했다.

2 다음 글에 대한 분석으로 적절한 것만을 <보기>에서 모두 고르면? 20 민경채 PSAT

갑: 우리는 예전에 몰랐던 많은 과학 지식을 가지고 있다. 예를 들어, 과거에는 물이 산소와 수소로 구성된다는 것을 몰랐지만 현재는 그 사실을 알고 있다. 과거에는 어떤 기준 좌표에서 관찰하더라도 빛의 속도가 일정하다는 것을 몰랐지만 현재의 우리는 그 사실을 알고 있다. 이처럼 우리가 알게 된 과학 지식의 수는 누적적으로 증가하고 있으며, 이 점에서 과학은 성장한다고 말할 수 있다.

을: 과학의 역사에서 과거에 과학 지식이었던 것이 더 이상 과학 지식이 아닌 것으로 판정된 사례는 많다. 예를 들어, 과거에 우리는 플로지스톤 이론이 옳다고 생각했지만 현재 그 이론이 옳다고 생각하는 사람은 아무도 없다. 이런 점에서 과학 지식의 수는 누적적으로 증가하고 있지 않다.

병: 그렇다고 해서 과학이 성장한다고 말할 수 없는 것은 아니다. 과학에서 해결해야 할 문제들은 정해져 있으며, 그중 해결된 문제의 수는 증가하고 있다. 예를 들어 과거의 뉴턴 역학은 수성의 근일점 이동을 정확하게 예측할 수 없었지만 현재의 상대성 이론은 정확하게 예측할 수 있다. 따라서 해결된 문제의 수가 증가하고 있다는 이유에서 과학은 성장한다고 말할 수 있다.

정: 그렇게 말할 수 없다. 우리가 어떤 과학 이론을 받아들이냐에 따라서 해결해야 할 문제가 달라지고, 해결된 문제의 수가 증가했는지 판단할 수도 없기 때문이다. 서로 다른 이론을 받아들이는 사람들이 해결한 문제의 수는 서로 비교할 수 없다.

── <보 기> ──

ㄱ. 갑과 병은 모두 과학의 성장 여부를 평가할 수 있는 어떤 기준이 있다는 것을 인정한다.

ㄴ. 을은 과학 지식의 수가 실제로 누적적으로 증가하지 않는다는 이유로 갑을 비판한다.

ㄷ. 정은 과학의 성장 여부를 말할 수 있는 근거의 진위를 판단할 수 없다는 점을 들어 병을 비판한다.

① ㄱ   ② ㄷ   ③ ㄱ, ㄴ   ④ ㄴ, ㄷ   ⑤ ㄱ, ㄴ, ㄷ

3 다음 갑~병의 견해에 대한 분석으로 적절한 것만으로 <보기>에서 모두 고르면?

20 5급 공채 PSAT

갑: 인간과 달리 여타의 동물에게는 어떤 형태의 의식도 없다. 소나 개가 상처를 입었을 때 몸을 움츠리고 신음을 내는 통증 행동을 보이기는 하지만 실제로 통증을 느끼는 것은 아니다. 동물에게는 통증을 느끼는 의식이 없으므로 동물의 행동은 통증에 대한 아무런 느낌 없이 이루어지는 것이다. 우리는 늑대를 피해 도망치는 양을 보고 양이 늑대를 두려워한다고 말한다. 그러나 두려움을 느낀다는 것은 의식적인 활동이므로 양이 두려움을 느끼는 일은 일어날 수 없다. 양의 행동은 단지 늑대의 몸에서 반사된 빛이 양의 눈을 자극한 데 따른 반사작용일 뿐이다.

을: 동물이 통증 행동을 보일 때는 실제로 통증을 의식한다고 보아야 한다. 동물은 통증을 느낄 수 있으나 다만 자의식이 없을 뿐이다. 우리는 통증을 느낄 수 있는 의식과 그 통증을 '나의 통증'이라고 느낄 수 있는 자의식을 구별해야 한다. 의식이 있어야만 자의식이 있지만, 의식이 있다고 해서 반드시 자의식을 갖는 것은 아니다. 세 번의 전기충격을 받은 쥐는 그때마다 통증을 느끼지만, '내'가 전기충격을 세 번 받았다고 느끼지는 못한다. '나의 통증'을 느끼려면 자의식이 필요하며, 통증이 '세 번' 있었다고 느끼기 위해서도 자의식이 필요하다. 자의식이 없으면 과거의 경험을 기억하는 일은 불가능하기 때문이다.

병: 동물이 아무것도 기억할 수 없다는 주장을 인정하고 나면, 동물이 무언가를 학습할 수 있다는 주장은 아예 성립할 수 없을 것이다. 그렇게 되면 동물의 학습에 관한 연구는 무의미해질 것이다. 하지만 어느 이웃에게 한 번 발로 차인 개는 그를 만날 때마다 그 사실을 기억하고 두려움을 느끼며 몸을 피한다. 그렇다면 무언가를 기억하기 위해 자의식이 꼭 필요한 것일까. 그렇지는 않아 보인다. 실은 인간조차도 아무런 자의식 없이 무언가를 기억하여 행동할 때가 있다. 하물며 동물은 말할 것도 없을 것이다. 또한, 과거에 경험한 괴로운 사건은 '나의 것'이라고 받아들이지 않고도 기억될 수 있다.

<보 기>

ㄱ. 갑과 병은 동물에게 자의식이 없다고 여긴다.

ㄴ. 갑과 을은 동물이 의식 없이 행동할 수 있다고 여긴다.

ㄷ. 을에게 기억은 의식의 충분조건이지만, 병에게 기억은 학습의 필요조건이다.

---

① ㄱ   ② ㄷ   ③ ㄱ, ㄴ   ④ ㄴ, ㄷ   ⑤ ㄱ, ㄴ, ㄷ

4 다음 글의 (가)~(다)에 대한 분석으로 적절한 것만을 <보기>에서 모두 고르면? 19 5급 공채 PSAT

다음은 원인으로 추정되는 요인과 결과로 추정되는 질병 사이의 상관관계를 알아본 연구 결과이다.

(가) 아스피린의 복용이 심장병 예방에 효과가 있을 수 있다는 것이 밝혀졌다. 심장병 환자와 심장병이 발병한 적이 없는 기타 환자 총 4,107명에 대한 조사 결과에 따르면, 심장병 환자 중 발병 전에 정기적으로 아스피린을 복용해 온 사람의 비율은 0.9%였지만, 기타 환자 중 정기적으로 아스피린을 복용해 온 사람의 비율은 4.9%였다. 환자 1만 542명을 대상으로 한 후속 연구에서도 유사한 결과가 나타났다. 즉 심장병 환자 중에서 3.5%만이 정기적으로 아스피린을 복용해 왔다고 말한 반면, 기타 환자 중에서 그렇게 말한 사람은 7%였다.

(나) 임신 중 고지방식 섭취가 태어날 자식의 생식기에서 종양의 발생 가능성을 높일 수 있다는 것이 밝혀졌다. 이 결과는 임신한 암쥐 261마리 중 130마리의 암쥐에게는 고지방식을, 131마리의 암쥐에게는 저지방식을 제공한 연구를 통해 얻었다. 실험 결과, 고지방식을 섭취한 암쥐에게서 태어난 새끼 가운데 54%가 생식기에 종양이 생겼지만 저지방식을 섭취한 암쥐가 낳은 새끼 중에서 그러한 종양이 생긴 것은 21%였다.

(다) 사지 중 하나 이상의 절단 수술이 심장병으로 사망할 가능성을 증가시킬 수 있다는 것이 밝혀졌다. 이것은 제2차 세계대전 중에 부상을 당한 9,000명의 군인에 대한 진료 기록을 조사한 결과이다. 이들 중 4,000명은 사지 중 하나 이상의 절단 수술을 받은 사람이었고, 5,000명은 사지 절단 수술을 받지 않았지만 중상을 입은 사람이었다. 이들에 대한 기록을 추적 조사한 결과, 사지 중 하나 이상의 절단 수술을 받은 사람이 심장병으로 사망한 비율은 그렇지 않은 사람의 1.5배였다. 즉 사지 중 하나 이상의 절단 수술을 받은 사람 중 600명은 심장병으로 사망하였고, 그렇지 않은 사람 중 500명이 심장병으로 사망하였다.

— <보 기> —

ㄱ. (가)와 (나)는 원인으로 추정되는 요인이 적용된 집단과 그렇지 않은 집단을 나눈 후 그에 따라 결과로 추정되는 질병의 발생 비율을 비교하는 실험을 했다.

ㄴ. (가)와 (다)에서는 원인으로 추정되는 요인이 적용된 개체들 중 결과로 추정되는 질병의 발생 비율을 알 수 있다.

ㄷ. (나)에서는 연구에 사용된 개체에게 원인으로 추정되는 요인을 적용할 것인지의 여부는 연구자에 의해서 결정되지만, (다)에서는 그렇지 않다.

① ㄱ   ② ㄷ   ③ ㄱ, ㄴ   ④ ㄴ, ㄷ   ⑤ ㄱ, ㄴ, ㄷ

미국의 일부 주에서 판사는 형량을 결정하거나 가석방을 허가하는 판단의 보조 자료로 양형 보조 프로그램 X를 활용한다. X는 유죄가 선고된 범죄자를 대상으로 그 사람의 재범 확률을 추정하여 그 결과를 최저 위험군을 뜻하는 1에서 최고 위험군을 뜻하는 10까지의 위험 지수로 평가한다.

2016년 A는 X를 활용하는 플로리다 주 법정에서 선고받았던 7천여 명의 초범들을 대상으로 X의 예측 결과와 석방 후 2년간의 실제 재범 여부를 조사했다. 이 조사 결과를 토대로 한 ⊙ A의 주장은 X가 흑인과 백인을 차별한다는 것이다. 첫째 근거는 백인의 경우 위험 지수 1로 평가된 사람이 가장 많고 10까지 그 비율이 차츰 감소한 데 비하여 흑인의 위험 지수는 1부터 10까지 고르게 분포되었다는 관찰 결과이다. 즉 고위험군으로 분류된 사람의 비율이 백인보다 흑인이 더 크다는 것이었다. 둘째 근거는 예측의 오류와 관련된 것이다. 2년 이내 재범을 [(가)] 사람 중에서 [(나)] 으로 잘못 분류되었던 사람의 비율은 흑인의 경우 45%인 반면 백인은 23%에 불과했고, 2년 이내 재범을 [(다)] 사람 중에서 [(라)] 으로 잘못 분류되었던 사람의 비율은 흑인의 경우 28%인 반면 백인은 48%로 훨씬 컸다. 종합하자면, 재범을 저지른 사람이든 그렇지 않은 사람이든, 흑인은 편파적으로 고위험군으로 분류된 반면 백인은 편파적으로 저위험군으로 분류된 것이다.

X를 개발한 B는 A의 주장을 반박하는 논문을 발표하였다. B는 X의 목적이 재범 가능성에 대한 예측의 정확성을 높이는 것이며, 그 정확성에는 인종 간에 차이가 나타나지 않는다고 주장했다. B에 따르면, 예측의 정확성을 판단하는 데 있어 중요한 것은 고위험군으로 분류된 사람 중 2년 이내 재범을 저지른 사람의 비율과 저위험군으로 분류된 사람 중 2년 이내 재범을 저지르지 않은 사람의 비율이다. B는 전자의 비율이 백인 59%, 흑인 63%, 후자의 비율이 백인 71%, 흑인 65%라고 분석하고, 이 비율들은 인종 간에 유의미한 차이를 드러내지 않는다고 주장했다. 또 B는 X에 의해서 고위험군 혹은 저위험군으로 분류되기 이전의 흑인과 백인의 재범률, 즉 흑인의 기저 재범률과 백인의 기저 재범률 간에는 이미 상당한 차이가 있었으며, 이런 애초의 차이가 A가 언급한 예측의 오류 차이를 만들어 냈다고 설명한다. 결국 ⓒ B의 주장은 X가 편파적으로 흑인과 백인의 위험 지수를 평가하지 않는다는 것이다.

하지만 기저 재범률의 차이로 인종 간 위험 지수의 차이를 설명하여, X가 인종차별적이라는 주장을 반박하는 것은 잘못이다. 기저 재범률에는 미국 사회의 오래된 인종차별적 특징, 즉 흑인이 백인보다 범죄자가 되기 쉬운 사회 환경이 반영되어 있기 때문이다. 처음 범죄를 저질러서 재판을 받아야 하는 흑인을 생각해 보자. 그의 위험 지수를 판정할 때 사용되는 기저 재범률은 그와 전혀 상관없는 다른 흑인들이 만들어 낸 것이다. 그런 기저 재범률이 전혀 상관없는 사람의 형량이나 가석방 여부에 영향을 주는 것은 잘못이다. 더 나아가 이런 식으로 위험 지수를 평가받아 형량이 정해진 흑인들은 더 오랜 기간 교도소에 있게 될 것이며, 향후 재판받을 흑인들의 위험 지수를 더욱 높이는 결과를 가져오게 될 것이다. 따라서 ⓒ X의 지속적인 사용은 미국 사회의 인종차별을 고착화한다.

5 윗글의 (가)~(라)에 들어갈 말을 적절하게 나열한 것은?

	(가)	(나)	(다)	(라)
①	저지르지 않은	고위험군	저지른	저위험군
②	저지르지 않은	고위험군	저지른	고위험군
③	저지르지 않은	저위험군	저지른	저위험군
④	저지른	고위험군	저지르지 않은	저위험군
⑤	저지른	저위험군	저지르지 않은	고위험군

6 윗글의 ⑤~ⓒ에 대한 평가로 적절한 것만을 <보기>에서 모두 고르면?

─── <보 기> ───

ㄱ. 강력 범죄자 중 위험 지수가 10으로 평가된 사람의 비율이 흑인과 백인 사이에 차이가 없다면, ⑤은 강화된다.

ㄴ. 흑인의 기저 재범률이 높을수록 흑인에 대한 X의 재범 가능성 예측이 더 정확해진다면, ⓒ은 약화된다.

ㄷ. X가 특정 범죄자의 재범률을 평가할 때 사용하는 기저 재범률이 동종 범죄를 저지른 사람들로부터 얻은 것이라면, ⓒ은 강화되지 않는다.

① ㄱ   ② ㄷ   ③ ㄱ, ㄴ   ④ ㄴ, ㄷ   ⑤ ㄱ, ㄴ, ㄷ

약점 보완 해설집 p.20

DAY 09 빈칸 추론

- 풀이 시간: /7분 30초
- 맞은 문제: /5문제

1 다음 글의 빈칸에 들어갈 내용으로 가장 적절한 것은?

20 민경채 PSAT

텔레비전이라는 단어는 '멀리'라는 뜻의 그리스어 '텔레'와 '시야'를 뜻하는 라틴어 '비지오'에서 왔다. 원래 텔레비전은 우리가 멀리서도 볼 수 있도록 해주는 기기로 인식됐다. 하지만 조만간 텔레비전은 멀리에서 우리를 보이게 해줄 것이다. 오웰의 <1984>에서 상상한 것처럼, 우리가 텔레비전을 보는 동안 텔레비전이 우리를 감시할 것이다. 우리는 텔레비전에서 본 내용을 대부분 잊어버리겠지만, 텔레비전에 영상을 공급하는 기업은 우리가 만들어낸 데이터를 기반으로 하여 알고리즘을 통해 우리 입맛에 맞는 영화를 골라 줄 것이다. 나아가 인생에서 중요한 것들, 이를테면 어디서 일해야 하는지, 누구와 결혼해야 하는지도 대신 결정해 줄 것이다.

그들의 답이 늘 옳지는 않을 것이다. 그것은 불가능하다. 데이터 부족, 프로그램 오류, 삶의 근본적인 무질서 때문에 알고리즘은 실수를 범할 수밖에 없다. 하지만 완벽해야 할 필요는 없다. 평균적으로 우리 인간보다 낫기만 하면 된다. 그 정도는 그리 어려운 일이 아니다. 왜냐하면 대부분의 사람은 자신을 잘 모르기 때문이다. 사람들은 인생의 중요한 결정을 내리면서도 끔찍한 실수를 저지를 때가 많다. 데이터 부족, 프로그램 오류, 삶의 근본적인 무질서로 인한 고충도 인간이 알고리즘보다 훨씬 더 크게 겪는다.

우리는 알고리즘을 둘러싼 많은 문제들을 열거하고 나서, 그렇기 때문에 사람들은 결코 알고리즘을 신뢰하지 않을 거라고 결론 내릴 수도 있다. 하지만 그것은 민주주의의 모든 결점들을 나열한 후에 '제정신인 사람이라면 그런 체제는 지지하려 들지 않을 것'이라고 결론짓는 것과 비슷하다. 처칠의 유명한 말이 있지 않은가? "민주주의는 세상에서 가장 나쁜 정치 체제다. 다른 모든 체제를 제외하면." 알고리즘에 대해서도 마찬가지로 다음과 같은 결론을 내릴 수 있다. (   )

① 알고리즘의 모든 결점을 제거하면 최선의 선택이 가능할 것이다.

② 우리는 자신이 무엇을 원하는지를 알기 위해서 점점 더 알고리즘에 의존한다.

③ 데이터를 가진 기업이 다수의 사람을 은밀히 감시하는 사례는 더 늘어날 것이다.

④ 실수를 범하기는 하지만 현실적으로 알고리즘보다 더 신뢰할 만한 대안을 찾기 어렵다.

⑤ 알고리즘이 갖는 결점이 지금은 보이지 않지만, 어느 순간 이 결점 때문에 우리의 질서가 무너질 것이다.

대안적 분쟁해결절차(ADR)는 재판보다 분쟁을 신속하게 해결한다고 알려져 있다. 그러나 재판이 서면 심리를 중심으로 진행되는 반면, ADR은 당사자 의견도 충분히 청취하기 때문에 재판보다 더 많은 시간이 소요된다. 그럼에도 불구하고 ADR이 재판보다 신속하다고 알려진 이유는 법원에 지나치게 많은 사건이 밀려 있어 재판이 더디게 이루어지기 때문이다.

법원행정처는 재판이 너무 더디다는 비난에 대응하기 위해 일선 법원에서도 사법형 ADR인 조정제도를 적극적으로 활용할 것을 독려하고 있다. 그러나 이는 법관이 신속한 조정안 도출을 위해 사건 당사자에게 화해를 압박하는 부작용을 낳을 수 있다. 사법형 ADR 활성화 정책은 법관의 증원 없이 과도한 사건 부담 문제를 해결하려는 미봉책일 뿐이다. 결국, 사법형 ADR 활성화 정책은 사법 불신으로 이어져 재판 정당성에 대한 국민의 인식을 더욱 떨어뜨리게 한다.

또한 사법형 ADR 활성화 정책은 민간형 ADR이 활성화되는 것을 저해한다. 분쟁 당사자들이 민간형 ADR의 조정안을 따르도록 하려면, 재판에서도 거의 같은 결과가 나온다는 확신이 들게 해야 한다. 그러기 위해서는 법원이 확고한 판례를 제시하여야 한다. 그런데 사법형 ADR 활성화 정책은 새롭고 복잡한 사건을 재판보다는 ADR로 유도하게 된다. 이렇게 되면 새롭고 복잡한 사건에 대한 판례가 만들어지지 않고, 민간형 ADR에서 분쟁을 해결할 기준도 마련되지 않게 된다. 결국 판례가 없는 수많은 사건들이 끊임없이 법원으로 밀려들게 된다.

따라서 (   ) 먼저 법원은 본연의 임무인 재판을 통해 당사자의 응어리를 풀어주겠다는 의식으로 접근해야 할 것이다. 그것이 현재 법원의 실정으로 어렵다고 판단되면, 국민의 동의를 구해 예산과 인력을 확충하는 방향으로 나아가는 것이 옳은 방법이다. 법원의 인프라를 확충하고 판례를 충실히 쌓아가면, 민간형 ADR도 활성화될 것이다.

① 분쟁 해결에 대한 사회적 관심을 높이도록 유도해야 한다.

② 재판이 추구하는 목표와 ADR이 추구하는 목표는 서로 다르지 않다.

③ 법원으로 폭주하는 사건 수를 줄이기 위해 시민들의 준법의식을 강화하여야 한다.

④ 법원은 재판에 주력하여야 하며 그것이 결과적으로 민간형 ADR의 활성화에도 도움이 된다.

⑤ 민간형 ADR 기관의 전문성을 제고하여 분쟁 당사자들이 굳이 법원에 가지 않더라도 신속하게 분쟁을 해결할 수 있게 만들어야 한다.

3 다음 글의 빈칸에 들어갈 내용으로 가장 적절한 것은?

20 민경채 PSAT

> A는 말벌이 어떻게 둥지를 찾아가는지 알아내고자 했다. 이에 A는 말벌이 둥지에 있을 때, 둥지를 중심으로 솔방울들을 원형으로 배치했는데, 그 말벌은 먹이를 찾아 둥지를 떠났다가 다시 둥지로 잘 돌아왔다. 이번에는 말벌이 먹이를 찾아 둥지를 떠난 사이, A가 그 솔방울들을 수거하여 둥지 부근 다른 곳으로 옮겨 똑같이 원형으로 배치했다. 그랬더니 돌아온 말벌은 솔방울들이 치워진 그 둥지로 가지 않고 원형으로 배치된 솔방울들의 중심으로 날아갔다.
>
> 이러한 결과를 관찰한 A는 말벌이 방향을 찾을 때 솔방울이라는 물체의 재질에 의존한 것인지 혹은 솔방울들로 만든 모양에 의존한 것인지를 알아내고자 하였다. 그래서 이번에는 말벌이 다시 먹이를 찾아 둥지를 떠난 사이, 앞서 원형으로 배치했던 솔방울들을 치우고 그 자리에 돌멩이들을 원형으로 배치했다. 그리고 거기 있던 솔방울들을 다시 가져와 둥지를 중심으로 삼각형으로 배치했다. 그러자 A는 돌아온 말벌이 원형으로 배치된 돌멩이들의 중심으로 날아가는 것을 관찰할 수 있었다.
>
> 이 실험을 통해 A는 먹이를 찾으러 간 말벌이 둥지로 돌아올 때, (   )는 결론에 이르렀다.

① 물체의 재질보다 물체로 만든 모양에 의존하여 방향을 찾는다

② 물체로 만든 모양보다 물체의 재질에 의존하여 방향을 찾는다

③ 물체의 재질과 물체로 만든 모양 모두에 의존하여 방향을 찾는다

④ 물체의 재질이나 물체로 만든 모양에 의존하지 않고 방향을 찾는다

⑤ 경우에 따라 물체의 재질에 의존하기도 하고 물체로 만든 모양에 의존하기도 하면서 방향을 찾는다

4 다음 글의 ㉠과 ㉡에 들어갈 말을 가장 적절하게 나열한 것은?

축산업은 지난 50여 년 동안 완전히 바뀌었다. 예를 들어, 1967년 미국에는 약 100만 곳의 돼지 농장이 있었지만, 2005년에 들어서면서 전체 돼지 농장의 수는 10만을 조금 넘게 되었다. 이러는 가운데 전체 돼지 사육 두수는 크게 증가하여 (㉠) 밀집된 형태에서 대규모로 돼지를 사육하는 농장이 출현하기 시작하였다. 이러한 농장은 경제적 효율성을 지녔지만, 사육 가축들의 병원균 전염 가능성을 높인다. 이러한 농장에서 가축들이 사육되면, 소규모 가축 사육 농장에 비해 벌레, 쥐, 박쥐 등과의 접촉으로 병원균들의 침입 가능성은 높아진다. 또한 이러한 농장의 가축 밀집 상태는 가축 간 접촉을 늘려 병원균의 전이 가능성을 높임으로써 전염병을 쉽게 확산시킨다.

축산업과 관련된 가축의 가공 과정과 소비 형태 역시 변화하였다. 과거에는 적은 수의 가축을 도축하여 고기 그 자체를 그대로 소비할 수밖에 없었다. 그러나 현대에는 소수의 대규모 육류가공기업이 많은 지역으로부터 수집한 수많은 가축의 고기를 재료로 햄이나 소시지 등의 육류가공제품을 대량으로 생산하여 소비자에 공급한다. 이렇게 되면 오늘날의 개별 소비자들은 적은 양의 육류가공제품을 소비하더라도, 엄청나게 많은 수의 가축과 접촉한 결과를 낳는다. 이는 소비자들이 감염된 가축의 병원균에 노출될 가능성을 높인다.

정리하자면 (㉡) 결과를 야기하기 때문에, 오늘날의 변화된 축산업은 소비자들이 가축을 통해 전염병에 노출될 가능성을 높인다.

① ㉠: 농장당 돼지 사육 두수는 줄고 사육 면적당 돼지의 수도 줄어든
　㉡: 가축 사육량과 육류가공제품 소비량이 증가하는

② ㉠: 농장당 돼지 사육 두수는 줄고 사육 면적당 돼지의 수도 줄어든
　㉡: 가축 간 접촉이 늘고 소비자도 많은 수의 가축과 접촉한

③ ㉠: 농장당 돼지 사육 두수는 늘고 사육 면적당 돼지의 수도 늘어난
　㉡: 가축 사육량과 육류가공제품 소비량이 증가하는

④ ㉠: 농장당 돼지 사육 두수는 늘고 사육 면적당 돼지의 수도 늘어난
　㉡: 가축 간 접촉이 늘고 소비자도 많은 수의 가축과 접촉한

⑤ ㉠: 농장당 돼지 사육 두수는 늘고 사육 면적당 돼지의 수도 늘어난
　㉡: 가축 간 접촉이 늘고 소비자는 적은 수의 가축과 접촉한

5 다음 ㉠과 ㉡에 들어갈 말을 가장 적절하게 나열한 것은?

18 5급 공채 PSAT

우주론자들에 따르면 우주는 빅뱅으로부터 시작되었다고 한다. 빅뱅이란 엄청난 에너지를 가진 아주 작은 우주가 폭발하듯 갑자기 생겨난 사건을 말한다. 그게 사실이라면 빅뱅 이전에는 무엇이 있었느냐는 질문이 나오는 게 당연하다. 아마 아무것도 없었을 것이다. 하지만 빅뱅 이전에 아무것도 없었다는 말은 무슨 뜻일까? 영겁의 시간 동안 단지 진공이었다는 뜻이다. 움직이는 것도, 변화하는 것도 없었다는 것이다.

그런데 이런 식으로 사고하려면, 아무 일도 일어나지 않고 시간만 존재하는 것을 상상할 수 있어야 한다. 그것은 곧 시간을 일종의 그릇처럼 상상하고 그 그릇 안에 담긴 것과 무관하게 여긴다는 뜻이다. 시간을 이렇게 본다면 변화는 일어날 수 없다. 여기서 변화는 시간의 경과가 아니라 사물의 변화를 가리킨다. 이런 전제하에서 우리가 마주하는 문제는 이것이다. 어떤 변화가 생겨나기도 전에 영겁의 시간이 있었다면, (㉠   ) 설명할 수 없다. 단지 지금 설명할 수 없다는 뜻이 아니라 설명 자체가 있을 수 없다는 뜻이다. 어떻게 설명이 가능하겠는가? 수도관이 터진 이유는 그 전에 닥쳐온 추위로 설명할 수 있다. 공룡이 멸종한 이유는 그 전에 지구와 운석이 충돌했을 가능성으로 설명하면 된다. 바꿔 말해서, 우리는 한 사건을 설명하기 위해 그 사건 이전에 일어났던 사건에서 원인을 찾는다. 그러나 빅뱅의 경우에는 그 이전에 아무것도 없었으므로 어떠한 설명도 찾을 수 없는 것이다.

'빅뱅 이전에 아무 일도 없었다'는 말을 달리 해석하는 방법도 있다. 그것은 바로 (㉡   )고 해석하는 것이다. 그 경우 '빅뱅 이전'이라는 개념 자체가 성립하지 않으므로 그 이전에 아무 일도 없었던 것은 당연하다. 그렇게 해석한다면 빅뱅이 일어난 이유도 설명할 수 있게 된다. 즉 빅뱅은 '0년'을 나타내는 것이다. 시간의 시작은 빅뱅의 시작으로 정의되기 때문에 우주가 그 이전이든 이후이든 왜 탄생했느냐고 묻는 것은 이치에 닿지 않는다.

① ㉠: 왜 우주가 탄생하게 되었는지를
　 ㉡: 시간은 변화와 무관하다

② ㉠: 왜 우주가 탄생하게 되었는지를
　 ㉡: 빅뱅 이전에는 시간도 없었다

③ ㉠: 사물의 변화가 어떻게 시간의 경과를 가져왔는지를
　 ㉡: 시간은 변화와 무관하다

④ ㉠: 사물의 변화가 어떻게 시간의 경과를 가져왔는지를
　 ㉡: 빅뱅 이전에는 시간도 없었다

⑤ ㉠: 왜 그토록 긴 시간이 지난 후에야 빅뱅이 생겨났는지를
　 ㉡: 시간은 변화와 무관하다

약점 보완 해설집 p.23

• 풀이 시간: /10분
• 맞은 문제: /6문제

1 다음 단락들을 내용의 흐름에 따라 순서대로 나열한 것은?

09 5급 공채 PSAT

가) 매년 수백만 톤의 황산이 애팔래치아산맥에서 오하이오강으로 흘러들어 간다. 이 황산은 강을 붉게 물들이고 산성으로 변화시킨다. 이렇듯 강이 붉게 물드는 것은 티오바실러스라는 세균으로 인해 생성된 침전물 때문이다. 철2가이온(Fe^{2+})과 철3가이온(Fe^{3+})의 용해도가 이러한 침전물의 생성에 중요한 역할을 한다.

나) 애팔래치아산맥의 석탄 광산에 있는 황철광에는 황화철(FeS_2)이 함유되어 있다. 티오바실러스는 이 황철광에 포함된 황화철을 산화시켜 철2가이온(Fe^{2+})과 강한 산인 황산을 만든다. 이 과정에서 티오바실러스는 일차적으로 에너지를 얻는다. 일단 만들어진 철2가이온은 티오바실러스에 의해 다시 철3가이온(Fe^{3+})으로 산화되는데, 이 과정에서 또다시 티오바실러스는 에너지를 이차적으로 얻는다.

다) 황화철(FeS_2)의 산화는 다음과 같이 가속된다. 티오바실러스에 의해 생성된 황산은 황철광을 녹이게 된다. 황철광이 녹으면 황철광 안에 들어 있던 황화철은 티오바실러스와 공기 중의 산소에 더 노출되어 화학반응이 폭발적으로 증가하게 된다. 티오바실러스의 생장과 번식에는 이와 같이 에너지의 원료가 되는 황화철과 산소 그리고 세포 구성에 필요한 무기질이 꼭 필요하다. 이러한 환경 조건이 자연적으로 완비된 광산지역에서는 일반적인 방법으로 티오바실러스의 생장을 억제하기가 힘들다. 황화철과 무기질이 다량으로 광산에 있으므로 이 경우 오하이오강의 오염을 막기 위한 방법은 광산을 밀폐시켜 산소의 공급을 차단하는 것뿐이다.

라) 철2가이온(Fe^{2+})은 강한 산(pH 3.0 이하)에서 물에 녹은 상태를 유지한다. 그러한 철2가이온은 자연 상태에서 pH 4.0~5.0 사이가 되어야 철3가이온(Fe^{3+})으로 산화된다. 놀랍게도 티오바실러스는 강한 산에서 잘 자라고 강한 산에 있는 철2가이온을 적극적으로 산화시켜 철3가이온을 만든다. 그리고 물에 녹지 않는 철3가이온은 다른 무기 이온과 결합하여 붉은 침전물을 만든다. 환경에 영향을 미칠 정도로 다량의 붉은 침전물을 만들기 위해서는 엄청난 양의 철2가이온과 강한 산이 있어야 한다. 이것들은 어떻게 만들어지는 것일까?

① 가) - 나) - 라) - 다)

② 가) - 라) - 나) - 다)

③ 라) - 가) - 다) - 나)

④ 라) - 나) - 가) - 다)

⑤ 라) - 나) - 다) - 가)

2 한 편의 완결된 글을 작성하려고 할 때, 가장 적절한 문단 배열의 순서는?

08 5급 공채 PSAT

가) 1,000분의 1초(ms) 단위로 안구운동을 측정한 결과 미국 학생은 중국 학생에 비해 180ms 빨리 물체에 주목했으며 눈길이 머문 시간도 42.8% 길었다. 그림을 본 후 처음 300~400ms 동안에는 두 그룹 사이에 별 차이가 없었으나 이후 420~1,100ms 동안 미국 학생은 중국 학생에 비해 '물체'에 주목하는 정도가 더 높았다.

나) 미국 국립과학아카데미(NAS) 회보는 동양인과 서양인이 사물을 보는 방식에 차이가 난다는 실험 결과를 소개했다. 미국 미시간대 심리학과 연구진은 백인 미국인 학생 25명과 중국인 학생 27명에게 호랑이가 정글을 어슬렁거리는 그림 등을 보여주고 눈의 움직임을 관찰했다. 실험 결과 미국 학생의 눈은 호랑이처럼 전면에 두드러진 물체에 빨리 반응하고 오래 쳐다본 반면 중국 학생의 시선은 배경에 오래 머물렀다. 또한 중국 학생은 물체와 배경을 오가며 그림 전체를 보는 것으로 나타났다.

다) 연구를 주도한 리처드 니스벳 교수는 이런 차이가 문화적 변수에 기인하는 것으로 봤다. 그는 "중국문화의 핵심은 조화에 있기 때문에 서양인보다는 타인과의 관계에 많은 신경을 써야 하는 반면 서양인은 타인에게 신경을 덜 쓰고도 일할 수 있는 개인주의적 방식을 발전시켜 왔다"고 말했다.

라) 니스벳 교수는 지각구조의 차이가 서로 다른 문화적 배경에 기인한다는 것은 미국에서 태어나고 자란 아시아계 학생들이 사물을 볼 때 아시아에서 나고 자란 학생들과 백인계 미국인의 중간 정도의 반응을 보이며 때로는 미국인에 가깝게 행동한다는 사실로도 입증된다고 덧붙였다.

마) 고대 중국의 농민들은 관개 농사를 했기 때문에 물을 나눠 쓰되 누군가가 속이지 않는다는 것을 확실히 할 필요가 있었던 반면 서양의 기원인 고대 그리스에는 개별적으로 포도와 올리브를 키우는 농민이 많았고 그들은 오늘날의 개인 사업가처럼 행동했다. 이런 삶의 방식이 지각구조에도 영향을 미쳐 철학자 아리스토텔레스는 바위가 물에 가라앉는 것은 중력 때문이고 나무가 물에 뜨는 것은 부력 때문이라고 분석하면서도 정작 물에 대해서는 아무런 언급을 하지 않았지만, 중국인들은 모든 움직임을 주변 환경과 연관시켜 생각했고 서양인보다 훨씬 전에 조류(潮流)와 자기(磁氣)를 이해했다는 것이다.

① 가) - 나) - 다) - 마) - 라)

② 나) - 가) - 다) - 라) - 마)

③ 나) - 가) - 다) - 마) - 라)

④ 마) - 라) - 나) - 가) - 다)

⑤ 마) - 라) - 다) - 나) - 가)

테레민이라는 악기는 손을 대지 않고 연주하는 악기이다. 이 악기를 연주하기 위해 연주자는 허리 높이쯤에 위치한 상자 앞에 선다. 연주자의 오른손은 상자에 수직으로 세워진 안테나 주위에서 움직인다. 오른손의 엄지와 집게 손가락으로 고리를 만들고 손을 흔들면서 나머지 손가락을 하나씩 펴면 안테나에 손이 닿지 않고서도 음이 들린다. 이때 들리는 음은 피아노 건반을 눌렀을 때 나는 것처럼 정해진 음이 아니고 현악기를 연주하는 것과 같은 연속음이며, 소리는 손과 손가락의 움직임에 따라 변한다. 왼손은 손가락을 펼친 채로 상자에서 수평으로 뻗은 안테나 위에서 서서히 오르내리면서 소리를 조절한다.

오른손으로는 수직 안테나와의 거리에 따라 음고(音高)를 조절하고 왼손으로는 수평 안테나와의 거리에 따라 음량을 조절한다. 따라서 오른손과 수직 안테나는 음고를 조절하는 회로에 속하고 왼손과 수평 안테나는 음량을 조절하는 또 다른 회로에 속한다. 이 두 회로가 하나로 합쳐지면서 두 손의 움직임에 따라 음고와 음량을 변화시킬 수 있다.

어떻게 테레민에서 다른 음고의 음이 발생되는지 알아보자. 음고를 조절하는 회로는 가청주파수 범위 바깥의 주파수를 갖는 서로 다른 두 개의 음파를 발생시킨다. 이 두 개의 음파 사이에 존재하는 주파수의 차이 값에 의해 가청주파수를 갖는 새로운 진동이 발생하는데 그것으로 소리를 만든다. 가청주파수 범위 바깥의 주파수 중 하나는 고정된 주파수를 갖고 다른 하나는 연주자의 손 움직임에 따라 주파수가 바뀐다. 이렇게 발생한 주파수의 변화에 의해 진동이 발생되고 이 진동의 주파수는 가청주파수 범위 내에 있기 때문에 그 진동을 증폭시켜 스피커로 보내면 소리가 들린다.

① 수직 안테나에 손이 닿으면 소리가 발생하는 원리
② 왼손의 손가락의 모양에 따라 음고가 바뀌는 원리
③ 수평 안테나와 왼손 사이의 거리에 따라 음량이 조절되는 원리
④ 음고를 조절하는 회로에서 가청주파수의 진동이 발생하는 원리
⑤ 오른손 손가락으로 가상의 피아노 건반을 눌러 음량을 변경하는 원리

자연에서 발생하는 모든 일은 목적 지향적인가? 자기 몸통보다 더 큰 나뭇가지나 잎사귀를 허둥대며 운반하는 개미들은 분명히 목적을 가진 듯이 보인다. 그런데 가을에 지는 낙엽이나 한밤중에 쏟아지는 우박도 목적을 가질까? 아리스토텔레스는 모든 자연물이 목적을 추구하는 본성을 타고나며, 외적 원인이 아니라 내재적 본성에 따른 운동을 한다는 목적론을 제시한다. 그는 자연물이 단순히 목적을 갖는 데 그치는 것이 아니라 목적을 실현할 능력도 타고나며, 그 목적은 방해받지 않는 한 반드시 실현될 것이고, 그 본성적 목적의 실현은 운동 주체에 항상 바람직한 결과를 가져온다고 믿는다. 아리스토텔레스는 이러한 자신의 견해를 "자연은 헛된 일을 하지 않는다!"라는 말로 요약한다.

근대에 접어들어 모든 사물이 생명력을 갖지 않는 일종의 기계라는 견해가 강조되면서, 아리스토텔레스의 목적론은 비과학적이라는 이유로 많은 비판에 직면한다. 갈릴레이는 목적론적 설명이 과학적 설명으로 사용될 수 없다고 주장하며, 베이컨은 목적에 대한 탐구가 과학에 무익하다고 평가하고, 스피노자는 목적론이 자연에 대한 이해를 왜곡한다고 비판한다. 이들의 비판은 목적론이 인간 이외의 자연물도 이성을 갖는 것으로 의인화한다는 것이다. 그러나 이런 비판과는 달리 아리스토텔레스는 자연물을 생물과 무생물로, 생물을 식물·동물·인간으로 나누고, 인간만이 이성을 지닌다고 생각했다.

일부 현대 학자들은, 근대 사상가들이 당시 과학에 기초한 기계론적 모형이 더 설득력을 갖는다는 일종의 교조적 믿음에 의존했을 뿐, 아리스토텔레스의 목적론을 거부할 충분한 근거를 제시하지 못했다고 비판한다. 이런 맥락에서 볼로틴은 근대 과학이 자연에 목적이 없음을 보이지도 못했고 그렇게 하려는 시도조차 하지 않았다고 지적한다. 또한 우드필드는 목적론적 설명이 과학적 설명은 아니지만, 목적론의 옳고 그름을 확인할 수 없기 때문에 목적론이 거짓이라 할 수도 없다고 지적한다.

17세기의 과학은 실험을 통해 과학적 설명의 참·거짓을 확인할 것을 요구했고, 그런 경향은 생명체를 비롯한 세상의 모든 것이 물질로만 구성된다는 물질론으로 이어졌으며, 물질론 가운데 일부는 모든 생물학적 과정이 물리·화학 법칙으로 설명된다는 환원론으로 이어졌다. 이런 환원론은 살아 있는 생명체가 죽은 물질과 다르지 않음을 함축한다. 하지만 아리스토텔레스는 자연물의 물질적 구성 요소를 알면 그것의 본성을 모두 설명할 수 있다는 엠페도클레스의 견해를 반박했다. 이 반박은 자연물이 단순히 물질로만 이루어진 것이 아니며, 또한 그것의 본성이 단순히 물리·화학적으로 환원되지도 않는다는 주장을 내포한다.

첨단 과학의 발전에도 불구하고 생명체의 존재 원리와 이유를 정확히 규명하는 과제는 아직 진행 중이다. 자연물의 구성 요소에 대한 아리스토텔레스의 탐구는 자연물이 존재하고 운동하는 원리와 이유를 밝히려는 것이었고, 그의 목적론은 지금까지 이어지는 그러한 탐구의 출발점이라 할 수 있다.

① 특정 이론에 대한 비판들을 검토하고 그 이론에 대한 해석을 제시하여 의의를 밝히고 있다.

② 특정 이론에 대한 비판들을 시대순으로 제시하여 그 이론의 부당성을 주장하고 있다.

③ 특정 이론에 대한 다양한 비판의 타당성을 검토한 후 새로운 이론을 도출하고 있다.

④ 특정 이론에 대한 상반된 주장을 제시하여 절충 방안을 모색하고 있다.

⑤ 대립되는 두 이론을 소개하고 각 이론의 장단점을 비교하고 있다.

[5-6] (가)는 학교 신문에 실을 기사문의 초고이고, (나)는 (가)를 수정하기 위한 회의이다. 물음에 답하시오.

19 평가원 수능

(가)

[표제] 성금 마련을 위해 모두가 함께해

[전문] 지난 10월 4일 우리 학교 선생님들과 학생들은 K 군을 돕기 위해 응원 메시지를 달고 사제동행 마라톤 행사를 함께했다.

[본문] 선생님 32명과 학생 174명이 함께 달린 이 행사는 K 군(2학년)의 쾌유를 기원하기 위해 학생회가 주최하였다. 한 달 전 교실에서 쓰러져 입원한 K 군의 소식이 알려지자 학생들이 병원비 모금을 위해 자발적으로 나서서 의미가 컸다. 또한 행사 참가자들은 모두 5천 원씩의 성금을 내고 학교 인근 △△공원 일대 4km 구간을 완주했다. 이날 행사에 참가한 학생들은 평소 마라톤을 즐겼던 K 군을 생각하며 응원 메시지를 가슴에 달고 뛰었다. △△공원을 찾은 많은 시민들은 이 모습을 보고 학생들과 선생님들에게 힘내라며 응원을 보냈다. 이날 많은 시민들이 △△공원을 찾았다. 마라톤이 끝난 뒤, 행사의 취지에 공감하며 성금을 기탁한 시민도 있었다. K 군의 담임 선생님은 "친구를 돕기 위해 학생회가 앞장선 모습이 무척 감동적이었다."라고 말했다.

(나)

학생 1: 사제동행 마라톤 행사를 다룬 기사문을 검토할게.

학생 2: 이 기사문은 네가 작성한 거지?

학생 3: 응, 초고라서 부족한 게 많을 것 같아.

학생 1: 우선 표제와 전문에 대해 논의하자. 표제를 수정하고, 전문은 육하원칙 중 빠진 내용을 추가해야 할 것 같아.

학생 3: 네 말을 들으니 전문은 어떤 내용을 추가해야 할지 알겠는데, 표제는 어떤 문제가 있는지 좀 더 말해 줄래?

학생 1: 표제는 중심 소재를 담고 있어야 하는데 현재 표제에는 어떤 행사가 열렸는지 드러나지 않잖아.

학생 3: 그러게, 표제에 그런 문제가 있었구나.

학생 1: 그리고 행사의 의미를 비유적 표현을 활용해서 써보는 건 어때?

학생 2: 그러면 한눈에 기사 내용을 알아보기 어렵잖아. 대신에 참가 인원수를 적자.

학생 1: 네 말대로 하면 행사 규모에 초점이 맞춰져서 행사의 의미를 드러내려는 기사문의 의도가 살지 않으니, 그렇게 하면 안 될 것 같아.

학생 3: 두 의견을 들어 보니, 네 의견대로 중심 소재를 담고 화합이라는 행사의 의미를 드러낼 수 있도록 비유적 표현을 활용해서 표제를 다시 작성하는 게 좋을 것 같아.

학생 1, 2: 응, 그래.

학생 1: 다음으로 본문에 대해 논의하자.

학생 3: 선생님과 학생이 한마음으로 행사에 참여한 모습이 드러나게 쓰려 했는데, 어때?

학생 2: 응, 그 점은 잘 드러나게 쓴 것 같아. 그런데 선생님들도 응원 메시지를 직접 써서 가슴에 달고 뛰셨는데 본문에 그 내용을 빠뜨린 것 같아. 수정이 필요해.

학생 3: 그 부분은 일부러 그렇게 쓴 건데, 이상해?

학생 2: 왜 그렇게 표현했는지 궁금해.

학생 3: 응원 메시지에 대한 아이디어를 학생들이 제안한 거라 학생의 역할을 강조하면 좋겠다고 생각해서 그랬어.

학생 2: 실제 사실에 대한 부분은 정확히 다뤄야지. 개인적인 관점에 따라 정보를 누락하면 안 돼.

학생 1: 맞아. 정보를 객관적으로 전달해야지.

학생 3: 그러게. 내가 잘못 생각했네. 수정해 올게.

학생 1: 그런데 이번 행사는 그 의미가 중요한 만큼 본문의 마지막 부분에 화합을 드러내는 내용을 담기로 하지 않았어?

학생 3: 아, 맞다. 지난 회의에서 그러자고 했는데 잊었네. 거기에 학생 인터뷰를 넣기로 했었는데 그것도 안 넣고.

학생 1: 응, 학생회장이 행사를 주최하면서 어려웠던 점에 대해 말한 인터뷰 있잖아. 그걸 넣으면 될 것 같아.

학생 2: 행사 이후 결과에 대한 내용도 포함되면 좋겠어.

학생 3: 고마워. 지금까지 나온 의견 모두 반영해서 써 볼게.

학생 1: 그런데 글의 분량도 생각해야 할 것 같아.

학생 2: 기사문이 실릴 지면이 한정되어 있으니까 추가로 작성할 내용은 많지 않아야 하지 않을까?

학생 1: 지금 다시 읽어 보니 본문에 불필요하게 중복된 내용의 문장이 있어. 그걸 삭제하면 글의 분량이 줄어들 것 같아.

학생 3: 지면의 크기도 염두에 두면서 기사를 써야 하는구나. 알겠어. 그렇게 할게.

학생 2: 아, 그리고 성금을 5천 원씩 낸 건 학생이었고, 선생님은 만 원씩 내셨어. 사실에 맞게 본문을 수정해 줘.

학생 3: 그렇게. 처음 써 본 기사문이라 부족한 게 많아.

학생 1, 2: 괜찮아. 기사 쓰느라 고생했어.

5 '학생 3'이 (나)를 참고하여 (가)를 고쳐 쓰기 위해 세운 계획으로 적절하지 **않은** 것은?

- 표제 수정하기
  → '작은 물방울들 하나 되어 희망 만든 사제동행 마라톤'으로 수정해야겠군. . . . . ㉮
- 전문 수정하기
  → '지난 10월 4일 △△공원 일대에서 우리 학교 선생님들과 학생들은 K 군을 돕기 위해 응원 메시지를 달고 사제동행 마라톤 행사를 함께했다.'로 고쳐야겠군. . . . . ㉯
- 본문 수정하기
  → 첫째 문단 마지막 문장을 '또한 행사 참가자들 중 선생님은 1만 원씩, 학생은 5천 원씩의 성금을 내고 학교 인근 △△공원 일대 4km 구간을 완주했다.'로 수정해야겠군. . . . . ㉰
  → 둘째 문단 첫 문장을 '이날 행사에 참가한 학생들은 평소 마라톤을 즐겼던 K 군을 생각하며 응원 메시지를 직접 써서 가슴에 달고 뛰었다.'로 고쳐야겠군. . . . . ㉱
  → 둘째 문단에서 '이날 많은 시민들이 △△공원을 찾았다.'를 삭제해야겠군. . . . . ㉲

① ㉮   ② ㉯   ③ ㉰   ④ ㉱   ⑤ ㉲

6 (나)를 바탕으로 할 때, (가)의 마지막 부분에 추가로 작성할 내용으로 가장 적절한 것은?

① 학생회장은 "어려운 친구를 생각하며 기쁘게 완주했다."라고 밝혔다. 선생님과 학생들이 함께 달리며 뜻을 모을 수 있었던 행사였으며, 학생회에서 성금을 K 군 가족에게 전달했다.

② 학생회장은 "장소 섭외가 힘들었지만 뜻깊은 경험이었다."라고 밝혔다. 선생님과 학생들이 한마음이 되어 성공적으로 행사를 마쳤고, 모금된 성금은 K 군 가족에게 전달됐다.

③ 학생회장이 계획하고 준비한 이번 행사는 선생님과 학생들이 한마음으로 참여한 인상적인 행사였다. 행사 이후 K 군 가족은 성금을 전달받고, 학교에 감사의 뜻을 전했다.

④ 학생회장은 "준비 기간이 짧아서 부족한 점이 있었지만 무사히 마무리되어 기뻤다."라고 밝혔다. 행사에서 모인 성금은 다음 날 학생회장이 대표로 K 군 가족에게 전달됐다.

⑤ 학생회장은 "행사 홍보가 힘들었지만 즐거운 경험이었다."라고 밝혔다. 선생님과 학생 누구도 중도에 포기하지 않고 함께 달린 의미 있는 행사였다.

약점 보완 해설집 p.25

PART 2
지문 유형별 공략

지문 유형별 접근 전략

지문 유형별 **접근 전략**

지문 유형 1 | **설명문**

유형 특징

설명문은 독자가 잘 모르고 있는 사실, 사물, 현상, 사건 등에 대해 잘 알 수 있도록 쉽게 풀어 정보를 전달하는 글로, NCS 의사소통능력에서 출제되는 독해 지문의 상당수가 설명문에 해당한다.

대표 기출 소재

설명문에는 인문, 사회, 과학, 기술, 예술 등과 관련된 소재가 출제된다.
- 인문: 상의어와 하의어, 아동의 언어 습득 이론, 단어의 변화 등
- 사회: 뉴딜정책, 메타인지, 하이퍼텍스트와 Z세대 등
- 과학: 감자의 효능, 아인슈타인 광전효과 등
- 기술: 4차 산업혁명의 변화, 풍력발전기 설치 방법, 에너지 전환, 건설 현장 안전 및 구조 검토 등
- 예술: 예술의 이해 등

빈출 문제 유형

설명문은 다양한 유형의 문제로 출제될 수 있으며, 특히 세부 내용 파악, 추론 유형의 문제가 높은 빈도로 출제된다.
- 세부 내용 파악: 주제나 소재와 관련된 실험 또는 연구 결과, 도입 목적, 변천사 등에 대한 내용과 일치하는 보기를 찾는 문제가 주로 출제되므로 세부 내용이 제시되는 비중이 높은 본문을 중점적으로 읽어 나가야 한다.
- 추론: 글에 제시된 내용을 바탕으로 추론할 수 있는 내용의 선택지를 찾는 문제가 주로 출제되므로 세부 내용이 제시되는 비중이 높은 본문을 중점적으로 읽어 나가야 한다.
- 빈칸 완성: 핵심 개념을 바탕으로 전체 내용을 요약하여 전달하는 전반부 또는 결론이 도출되는 후반부에 빈칸이 제시되는 문제가 주로 출제된다.

설명문의 구성 및 접근 전략

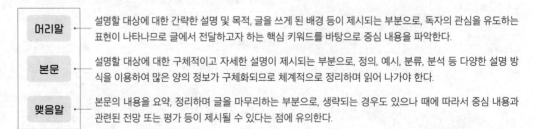

머리말 — 설명할 대상에 대한 간략한 설명 및 목적, 글을 쓰게 된 배경 등이 제시되는 부분으로, 독자의 관심을 유도하는 표현이 나타나므로 글에서 전달하고자 하는 핵심 키워드를 바탕으로 중심 내용을 파악한다.

본문 — 설명할 대상에 대한 구체적이고 자세한 설명이 제시되는 부분으로, 정의, 예시, 분류, 분석 등 다양한 설명 방식을 이용하여 많은 양의 정보가 구체화되므로 체계적으로 정리하며 읽어 나가야 한다.

맺음말 — 본문의 내용을 요약, 정리하며 글을 마무리하는 부분으로, 생략되는 경우도 있으나 때에 따라서 중심 내용과 관련된 전망 또는 평가 등이 제시될 수 있다는 점에 유의한다.

대표 예제 분석

다음 글에서 알 수 있는 것은?

22 민경채 PSAT

질문 파악
세부 내용이 제시되는 비중이 높은 본문을 중점적으로 정리하며 읽어 나가야 함

세종이 즉위한 이듬해 5월에 대마도의 왜구가 충청도 해안에 와서 노략질하는 일이 벌어졌다. 이 왜구는 황해도 해주 앞바다에도 나타나 조선군과 교전을 벌인 후 명의 땅인 요동반도 방향으로 북상했다. 세종에게 왕위를 물려주고 상왕으로 있던 태종은 이종무에게 "북상한 왜구가 본거지로 되돌아가기 전에 대마도를 정벌하라!"라고 명했다. 이에 따라 이종무는 군사를 모아 대마도 정벌에 나섰다.

머리말
글의 화제어인 '대마도 정벌' 제시

남북으로 긴 대마도에는 섬을 남과 북의 두 부분으로 나누는 중간에 아소만이라는 곳이 있는데, 이 만의 초입에 두지포라는 요충지가 있었다. 이종무는 이곳을 공격한 후 귀순을 요구하면 대마도주가 응할 것이라 보았다. 그는 6월 20일 두지포에 상륙해 왜인 마을을 불사른 후 계획대로 대마도주에게 서신을 보내 귀순을 요구했다. 하지만 대마도주는 이에 반응을 보이지 않았다. 분노한 이종무는 대마도주를 사로잡아 항복을 받아내기로 하고, 니로라는 곳에 병력을 상륙시켰다. 하지만 그곳에서 조선군은 매복한 적의 공격으로 크게 패했다. 이에 이종무는 군사를 거두어 거제도 견내량으로 돌아왔다.

본문
대마도주를 사로잡기 위해 노력한 이종무의 노력과 결국 대마도주가 조선에 귀순하기로 한 내용을 시간의 흐름에 따라 설명

이종무가 견내량으로 돌아온 다음 날, 태종은 요동반도로 북상했던 대마도의 왜구가 그곳으로부터 남하하던 도중 충청도에서 조운선을 공격했다는 보고를 받았다. 이 사건이 일어난 지 며칠 지나지 않았음을 알게 된 태종은 왜구가 대마도에 당도하기 전에 바다에서 격파해야 한다고 생각하고, 이종무에게 그들을 공격하라고 명했다. 그런데 이 명이 내려진 후에 새로운 보고가 들어왔다. 대마도의 왜구가 요동반도에 상륙했다가 크게 패배하는 바람에 살아남은 자가 겨우 300여 명에 불과하다는 것이었다. 이 보고를 접한 태종은 대마도주가 거느린 병사가 많이 죽어 그 세력이 꺾였으니 그에게 다시금 귀순을 요구하면 응할 것으로 판단했다. 이에 그는 이종무에게 내린 출진 명령을 취소하고, 측근 중 적임자를 골라 대마도주에게 귀순을 요구하는 사신으로 보냈다. 이 사신을 만난 대마도주는 고심 끝에 조선에 귀순하기로 했다.

정답 선택
1문단에서 왜구가 해주 앞바다에 나타나 조선군과 교전을 벌인 후 요동반도 방향으로 북상했으며, 태종은 이종무에게 왜구가 본거지로 돌아가기 전 정벌하라고 명함에 따라 이종무가 군사를 모아 대마도 정벌에 나섰다고 하였으므로 정답은 ①이다.

☑ **해주 앞바다에 나타나 조선군과 싸운 대마도의 왜구가 요동반도를 향해 북상한 뒤 이종무의 군대가 대마도로 건너갔다.**

② 조선이 왜구의 본거지인 대마도를 공격하기로 하자 명의 군대도 대마도까지 가서 정벌에 참여하였다.

③ 이종무는 세종이 대마도에 보내는 사절단에 포함되어 대마도를 여러 차례 방문하였다.

④ 태종은 대마도 정벌을 준비하였지만, 세종의 반대로 뜻을 이루지 못하였다.

⑤ 조선군이 대마도주를 사로잡기 위해 상륙하였다가 패배한 곳은 견내량이다.

선택지 핵심 키워드
① 해주 앞바다, 대마도 왜구, 요동반도 북상, 이종무 군대, 대마도
② 조선, 대마도, 명 군대, 대마도, 정벌 참여
③ 이종무, 세종, 대마도 사절단
④ 태종, 대마도 정벌 준비, 세종 반대
⑤ 조선군, 대마도주, 상륙, 패배, 견내량

지문 유형 2 | 논설문

유형 특징

논설문은 상대방을 설득하기 위해 논제에 대한 자신의 주장이나 의견을 체계적으로 밝혀 쓴 글로, NCS 의사소통능력에서 출제되는 독해 지문의 상당수가 논설문에 해당한다.

대표 기출 소재

논설문에는 인문, 사회, 과학, 기술 등과 관련된 소재가 출제된다.
- 인문: 차별 문제의 해결 방안, 칸트의 관념론을 둘러싼 철학자들의 논쟁, 보행자 안전과 교통질서 등
- 사회: 외국인의 국내 체류, 전기요금의 세금 세부 내역 공개, 지방정부와 중앙정부 연계 거버넌스 형성의 필요성, 작은 정부에서 큰 정부로의 이행 필요성 등
- 과학: 올바른 다이어트 방법에 대한 조언, 정부의 기초 과학 지원 필요성 등
- 기술: NIS(국가정보원) 및 정보 보호 시스템 혁신의 필요성 등

빈출 문제 유형

논설문은 다양한 유형의 문제로 출제될 수 있으며, 특히 중심 내용 파악, 세부 내용 파악, 빈칸 완성 유형의 문제가 높은 빈도로 출제된다.
- 중심 내용 파악: 글에 제시된 핵심 주장을 추론하거나 글에 나타난 주장과 근거를 비판·반박하는 문제, 두 가지 이상의 입장이나 이론 간의 논리적 관계를 평가하는 문제가 주로 출제되므로 서론과 결론을 먼저 읽고 글의 중심 내용을 파악한다.
- 세부 내용 파악: 글에 제시된 주장이나 근거에 대한 내용과 일치하는 선택지를 찾는 문제, 두 가지 이상의 입장이나 이론 간의 공통점과 차이점을 비교하여 선택지의 옳고 그름을 판단하는 문제가 주로 출제되므로 서론과 결론을 먼저 읽고 중심 소재와 화자의 중심 주장을 파악한 뒤 본론의 구체적인 근거를 파악한다.
- 추론: 글에 제시된 내용을 통해 추론할 수 있는 것으로 옳은 것을 고르는 문제, 주장과 근거에 해당하는 사례를 찾는 문제가 주로 출제되므로 본론에 제시된 주장과 근거를 정확히 파악한다.
- 빈칸 완성: 글의 핵심 주장, 연구 또는 실험 결과, 두 가지 이상의 입장이나 이론 간의 공통점과 차이점, 핵심 소재 또는 이에 대한 핵심 서술어 등 빈칸에 들어갈 내용을 묻는 문제가 주로 출제되므로 서론과 결론을 먼저 읽고 빈칸에 들어갈 내용과 글의 중심 주장의 관계에 유의하며 문제를 풀이한다.

논설문의 구성 및 접근 전략

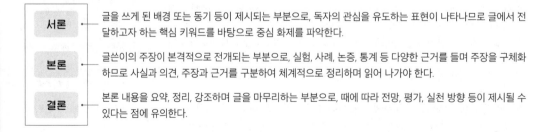

서론	글을 쓰게 된 배경 또는 동기 등이 제시되는 부분으로, 독자의 관심을 유도하는 표현이 나타나므로 글에서 전달하고자 하는 핵심 키워드를 바탕으로 중심 화제를 파악한다.
본론	글쓴이의 주장이 본격적으로 전개되는 부분으로, 실험, 사례, 논증, 통계 등 다양한 근거를 들며 주장을 구체화하므로 사실과 의견, 주장과 근거를 구분하여 체계적으로 정리하며 읽어 나가야 한다.
결론	본론 내용을 요약, 정리, 강조하며 글을 마무리하는 부분으로, 때에 따라 전망, 평가, 실천 방향 등이 제시될 수 있다는 점에 유의한다.

대표 예제 분석

다음 글의 논지를 약화하는 것으로 가장 적절한 것은?

18 5급 공채 PSAT

질문 파악
서론과 결론을 통해 중심 화제와 화자의 논지를 파악하고, 본론에 나타난 구체적인 근거를 정리하여 글의 논지를 약화하는 내용을 찾아야 함

온갖 사물이 뒤섞여 등장하는 사진들에서 고양이를 틀림없이 알아보는 인공지능이 있다고 해보자. 그러한 식별 능력은 고양이 개념을 이해하는 능력과 어떤 관계가 있을까? 고양이를 실수 없이 가려내는 능력이 고양이 개념을 이해하는 능력의 필요충분조건이라고 할 수 있을까?

먼저, 인공지능이든 사람이든 고양이 개념에 대해 이해하면서도 영상 속의 짐승이나 사물이 고양이인지 정확히 판단하지 못하는 경우는 있을 수 있다. 예를 들어, 누군가가 전형적인 고양이와 거리가 먼 희귀한 외양의 고양이를 보고 "좀 이상하게 생긴 족제비로군요."라고 말했다고 해보자. 이것은 틀린 판단이지만, 그렇다고 그가 고양이 개념을 이해하지 못하고 있다고 평가하는 것은 부적절한 일일 것이다.

이번에는 다른 예로 누군가가 영상자료에서 가을에 해당하는 장면들을 실수 없이 가려낸다고 해보자. 그는 가을 개념을 이해하고 있다고 보아야 할까? 그 장면들을 실수 없이 가려낸다고 해도 그가 가을이 적잖은 사람들을 왠지 쓸쓸하게 하는 계절이라든가, 농경문화의 전통에서 수확의 결실이 있는 계절이라는 것, 혹은 가을이 지구 자전축의 기울기와 유관하다는 것 등을 반드시 알고 있는 것은 아니다. 심지어 가을이 지구의 1년을 넷으로 나눈 시간 중 하나를 가리킨다는 사실을 모르고 있을 수도 있다. 만일 가을이 여름과 겨울 사이에 오는 계절이라는 사실조차 모르는 사람이 있다면 우리는 그가 가을 개념을 이해하고 있다고 인정할 수 있을까? 그것은 불합리한 일일 것이다.

가을이든 고양이든 인공지능이 그런 개념들을 충분히 이해하는 것은 영원히 불가능하다고 단언할 이유는 없다. 하지만 우리가 여기서 확인한 점은 개념의 사례를 식별하는 능력이 개념을 이해하는 능력을 함축하는 것은 아니고, 그 역도 마찬가지라는 것이다.

서론
- 화제: 식별 능력이 개념 이해 능력의 필요충분조건인가?

본론
- 근거 1: 개념을 이해하면서도 영상 속 대상이 무엇인지 정확히 식별하지 못하는 경우가 있을 수 있음
- 근거 2: 영상 속 대상을 식별할 수 있다고 하더라도 개념을 이해했다고 볼 수 없음

결론
개념의 사례를 식별하는 능력이 개념을 이해하는 능력을 함축하지 않으며, 그 역도 마찬가지임

① 인간 개념과 관련된 모든 지식을 가진 사람은 아무도 없겠지만 우리는 대개 인간과 인간 아닌 존재를 어렵지 않게 구별할 줄 안다.

② 어느 정도의 훈련을 받은 사람은 병아리의 암수를 정확히 감별하지만 그렇다고 암컷과 수컷 개념을 이해하고 있다고 볼 이유는 없다.

③ 자율주행 자동차에 탑재된 인공지능이 인간 개념을 이해하고 있지 않다면 동물 복장을 하고 횡단보도를 건너는 인간 보행자를 인간으로 식별하지 못한다.

④ 정육면체 개념을 이해할 리가 없는 침팬지도 다양한 형태의 크고 작은 상자들 가운데 정육면체 모양의 상자에만 숨겨둔 과자를 족집게같이 찾아낸다.

⑤ 10월 어느 날 남반구에서 북반구로 여행을 간 사람이 그곳의 계절을 봄으로 오인한다고 해서 그가 봄과 가을의 개념을 잘못 이해하고 있다고 할 수는 없다.

정답 선택
이 글의 논지는 개념을 이해하지 못하더라도 식별할 수 있고, 식별할 수 있더라도 개념을 이해하지 못할 수 있다는 내용이다. 따라서 개념을 이해하지 않으면 식별 불가능하다는 내용은 논지를 약화하므로 정답은 ③이다.

지문 유형 3 | 담화문

유형 특징

담화문은 둘 이상의 사람이 제시된 대상에 대한 의견, 주장, 논증을 대화의 형식으로 구성한 글로, NCS 의사소통능력에서 출제되는 대화, 논쟁, 토론, 토의(회의) 등이 담화문에 해당한다.

대표 기출 소재

담화문에는 사회 등과 관련된 소재가 출제된다.
- 사회: 코로나19 관련 인터뷰, 철도 관련 보도자료를 읽고 나눈 대화 등

빈출 문제 유형

담화문은 글의 형태에 따라 다양한 유형의 문제로 출제될 수 있으며, 특히 중심 내용 파악, 세부 내용 파악, 추론 유형의 문제가 높은 빈도로 출제된다.
- 중심 내용 파악: 화자의 중심 견해를 파악하는 문제, 대상에 대한 특정 관점을 취하여 그 견해를 강화 또는 약화시키는 선택지를 찾는 문제가 주로 출제된다.
- 세부 내용 파악: 글에 제시된 쟁점, 견해, 근거와 일치하는 내용으로 옳은지 그른지 파악하는 문제가 주로 출제된다.
- 추론: 두 가지 이상의 입장이나 견해의 공통점과 차이점, 논리적 관계를 분석하는 문제가 주로 출제된다.

담화문의 구성 및 접근 전략

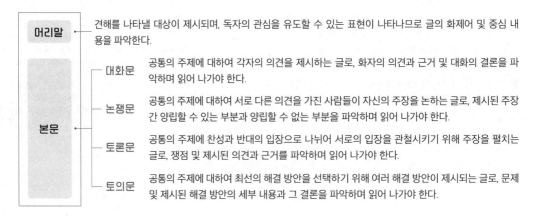

머리말 — 견해를 나타낼 대상이 제시되며, 독자의 관심을 유도할 수 있는 표현이 나타나므로 글의 화제어 및 중심 내용을 파악한다.

본문

대화문 — 공통의 주제에 대하여 각자의 의견을 제시하는 글로, 화자의 의견과 근거 및 대화의 결론을 파악하며 읽어 나가야 한다.

논쟁문 — 공통의 주제에 대하여 서로 다른 의견을 가진 사람들이 자신의 주장을 논하는 글로, 제시된 주장 간 양립할 수 있는 부분과 양립할 수 없는 부분을 파악하며 읽어 나가야 한다.

토론문 — 공통의 주제에 찬성과 반대의 입장으로 나뉘어 서로의 입장을 관철시키기 위해 주장을 펼치는 글로, 쟁점 및 제시된 의견과 근거를 파악하며 읽어 나가야 한다.

토의문 — 공통의 주제에 대하여 최선의 해결 방안을 선택하기 위해 여러 해결 방안이 제시되는 글로, 문제 및 제시된 해결 방안의 세부 내용과 그 결론을 파악하며 읽어 나가야 한다.

다음 글의 A와 B에 대한 평가로 적절한 것만을 <보기>에서 모두 고르면?

19 5급 공채 PSAT

지구중심설을 고수하던 프톨레마이오스의 추종자 A와 B는 '지구가 태양 주위를 1년 주기로 공전하고 있다'는 지구 공전 가설에 대하여 나름의 논증으로 대응한다.

A: 오른쪽 눈을 감고 본 세상과 왼쪽 눈을 감고 본 세상은 사물의 상대적 위치가 미묘하게 다르다. 지구 공전 가설이 옳다면, 지구의 공전 궤도 상에서 서로 가장 멀리 떨어진 두 위치에서 별을 관측한다면 별의 위치가 다르게 보일 것이다. 그러나 별은 늘 같은 위치에 있는 것으로 관측된다. 그러므로 지구 공전 가설은 틀렸다.

B: 바람과 반대 방향으로 빠르게 달리는 마차에서 보면 빗방울은 정지한 마차에서 볼 때보다 더 비스듬하게 떨어지는 것으로 보이지만 마차가 같은 속도로 바람과 같은 방향으로 달릴 때에는 그보다는 덜 비스듬하게 떨어지는 것으로 보인다. 지구 공전 가설이 옳다면 지구의 운동 속도는 상당히 빠를 것이고 반년이 지나면 운동 방향이 반대가 될 것이다. 그러므로 지구의 운동 방향에 따라 별빛이 기울어지는 정도가 변할 것이고 별의 가시적 위치가 달라질 것이다. 그러나 별은 늘 같은 위치에 있는 것으로 관측된다. 그러므로 지구 공전 가설은 틀렸다.

───── <보 기> ─────

ㄱ. A와 B 모두 일상적 경험에 착안하여 얻은 예측과 별을 관측한 결과를 근거로 지구 공전 가설을 평가했다.

ㄴ. A와 B 모두 당시 관측 기술의 한계로 별의 위치 변화가 관측되지 않았을 가능성을 고려하지 않았다.

ㄷ. 지구가 공전하면 별의 위치가 달라져 보일 이유를, A는 관측자의 관측 위치가 달라진 것에서, B는 관측자의 관측 대상에 대한 운동 방향이 뒤바뀐 것에서 찾았다.

① ㄱ   ② ㄷ   ③ ㄱ, ㄴ   ④ ㄴ, ㄷ   ⑤ ㄱ, ㄴ, ㄷ

(측면 주석)

▶ 머리말
지구 공전 가설에 대한 A, B의 견해

▶ A의 견해
주장: 지구 공전 가설은 틀렸음
근거: 지구의 공전 궤도 상에서 서로 가장 멀리 떨어진 두 위치에서 별을 관측할 때, 늘 같은 위치에 있는 것으로 관측됨

▶ B의 견해
주장: 지구 공전 가설은 틀렸음
근거: 지구의 운동 방향에 따라 별빛이 기울어지는 정도가 변해야 하지만, 늘 같은 위치에 있는 것으로 관측됨

▶ 정답 선택
ㄱ. A, B 모두 일상의 경험으로 지구 공전 가설이 틀렸다고 평가함
ㄴ. A, B 모두 관측 기술의 한계를 고려하지 않고 공전 가설을 평가함
ㄷ. A: 떨어진 두 위치에서 별 관측 시, 별의 위치가 다르게 보일 것
B: 지구의 운동 방향에 따라 별빛이 기울어지는 정도가 변하면 별의 가시적 위치가 달라질 것
이에 따라 정답은 ⑤이다.

지문 유형 4 | 실용문

유형 특징

실용문은 실제 생활에 필요에 따라 작성하는 글로, NCS 의사소통능력에서 출제되는 보도자료, 안내문, 보고서, 회의록 등이 실용문에 해당한다.

대표 기출 소재

실용문에는 사회, 과학, 혼합제재 등과 관련된 소재가 출제된다.

- 사회: 제네릭 의약품 약가제도 개편 보도자료, 공공데이터 개방 보도자료, 공공기관 사회적 가치 포럼 보도자료, 원자재 수출 동향 보고서, 장애인 영아 어린이집 지원 안내문 등
- 기술: 교통 수요 SOC 보고서, 하이퍼루프 관련 보도자료 등
- 과학: 블랙아이스 관련 보도자료 등
- 혼합 제재: 하반기 여성 임원 비율 증가 관련 보도자료, 은행 민원 업무 절차 안내문, 열차 출도착 데이터와 교통카드 데이터 관련 연구보고서 등

빈출 문제 유형

실용문은 문서 종류에 따라 다양한 유형의 문제로 출제될 수 있으며, 특히 중심 내용 파악, 세부 내용 파악, 추론 유형의 문제가 높은 빈도로 출제된다.

- 중심 내용 파악: 보도자료의 표제·부제를 추론하는 문제, 주제를 찾는 문제가 주로 출제된다.
- 세부 내용 파악: 문서에 제시된 내용과의 일치 여부를 묻는 문제가 주로 출제된다.
- 추론: 문서에 제시된 정보를 바탕으로 추론할 수 있는 내용의 선택지를 찾는 문제, 제시된 내용이 보고서의 개요에서 몇 장에 해당하는 내용인지 추론하는 문제, 문서에 제시된 특정 개념, 상황 등에 해당하는 사례를 찾는 문제가 주로 출제된다.

실용문의 종류 및 접근 전략

기사문	정확한 정보와 사실을 신속하고 정확하게 전달하는 글로, 표제-부제-전문-본문-해설로 구성되며, 제목 또는 중심 내용을 묻는 문제는 기사의 전체적인 내용을 요약하는 전문을 먼저 확인하여 풀이하고, 세부 내용을 묻는 문제는 선택지에 제시된 내용을 먼저 확인하여 기사의 구체적인 내용을 기술하고 있는 본문과 비교하며 풀이한다.
보고서	특정 주제에 대한 조사·연구 결과를 정리하여 정보를 제공하는 글로, 처음-중간-끝으로 구성되며, 보고서를 읽고 세부 내용을 파악하거나 추론하는 문제 등이 출제되므로 선택지에 제시된 내용과 관련된 내용을 안내문에서 찾아 대조하며 풀이한다.
안내문	타인에게 정보를 안내하는 글로, 안내문을 읽고 세부 내용을 파악하거나 적절한 사례를 찾는 문제, 안내문을 바탕으로 해야 하는 적절한 행동을 찾는 문제 등이 출제되므로 선택지에 제시된 내용과 관련된 내용을 안내문에서 찾아 대조하며 풀이한다.
회의록	특정 안건에 대한 회의의 진행 과정과 논의 내용 등을 적은 기록으로, 회의록을 읽고 세부 내용을 파악하는 문제, 가장 먼저 해야 하는 업무나 업무 진행 순서를 묻는 문제, 다른 자료와 연계하여 회의록 또는 다른 자료에서 올바르게 작성된 내용을 고르는 문제 등이 출제되므로 내용, 담당자, 업무 기한 등의 세부 내용을 주의하며 풀이한다.

다음 보도자료의 내용으로 적절하지 <u>않은</u> 것은? ─────────── 질문 파악
보도자료의 내용과 일치하지 않는 선택지를 찾아야 함

> 앞으로 제네릭 의약품(이하 제네릭)의 가격 제도가 현재 동일제제-동일가격 원칙에서 제네릭 개발 노력에 따른 차등가격 원칙으로 개편된다. 이번 제네릭 의약품 '약가제도 개편방안'은 지난 2월 26일 식품의약품안전처에서 발표한 제네릭 의약품 '허가제도 개편방향' 등과 연계해 추진된다.
>
> 제네릭 의약품에 대한 제약사의 책임성을 강화하고 개발을 위한 시간과 비용
③ 근거 내용
 투자 등의 노력 여부에 따라 보상체계가 다르게 적용되도록 했다. 차등 가격 체계 운영을 통해 제약업계의 우려를 가라 앉히고 제약사에서 신약 개발 동력을 계속 확보할 수 있는 환경을 조성한 것이다.
>
> 이번 제네릭 의약품 약가제도 개편방안을 살펴보면, 의약품 성분별 일정 개
② 근거 내용-1
 수 내에서는 건강보험 등재 순서와 상관없이 2개 기준 요건에 따라 제네릭 의약품 가격이 산정된다. 2개 기준 요건을 모두 충족하면 현재와 같이(제네릭 등재
⑤ 근거 내용
 전) 원조 의약품 가격의 53.55%로 가격이 산정된다. 1개, 0개 등 기준 요건 충족 수준에 따라서는 53.55%에서 0.85씩 각각 곱한 가격으로 산정된다.
>
> 또한 건강보험 등재 순서 21번째부터는 기준 요건 충족 여부와 무관하게 최
② 근거 내용-2
 저가의 85% 수준으로 약가가 산정된다. 예컨대 21번째 제네릭은 20개 내 제품 최저가의 85%로, 22번째 제네릭은 21번째 제네릭 가격의 85%로 산정한다.
>
> 이번 제네릭 의약품 약가제도 개편방안은 관련 규정 개정을 거쳐 이르면 올 하반기부터 시행될 예정이다. 다만, 제약계 및 의료 현장의 혼란을 최소화하기
① 근거 내용
 위해 신규 제네릭과 기존에 등재된 제네릭(현재 건강보험 급여 적용 중인 제네릭)으로 구분해 적용 시점을 다르게 할 계획이다.
>
> 곽○○ 복지부 보험약제과장은 "이번 개편안 시행을 통해 제약사의 제네릭 의약품에 대한 책임성을 높이고 대내외 경쟁력도 강화되도록 하는 한편, 환
④ 근거 내용
 자 안전 관리 강화 등에도 긍정적인 영향을 미칠 것으로 기대한다"고 말했다.

※ 출처: 보건복지부(2019-03-27 보도자료)

✔ ① 개편된 제네릭 의약품 약가제도에 따라 신규 제네릭과 기존 제네릭 모두 일괄 적용될 예정이다.

② 의약품 성분별 일정 개수를 초과하지 않는다면 건강보험 등재 순서에 따라 최저가의 85% 수준의 약가를 받을 수도 있다.

③ 제네릭 의약품 약가제도의 개편 목적은 차등적인 보상체계를 적용하여 지속적인 신약 개발 동력을 얻는 것이다.

④ 제네릭 의약품 약가제도로 인해 제약사와 환자 모두에게 긍정적인 효과가 발생할 것으로 전망된다.

⑤ 제네릭 의약품 약가제도에 따라 약가를 산정하는 경우 제네릭 등재 전 가격을 기준으로 산정된다.

정답 선택
본문에서 제약계 및 의료 현장의 혼란 최소화를 위해 신규 제네릭과 기존 제네릭의 적용 시점을 다르게 할 계획이라고 하였으므로 개편된 제네릭 의약품 약가제도를 신규 제네릭과 기존 제네릭에 일괄 적용할 예정인 것은 아님을 알 수 있다. 따라서 정답은 ①이다.

선택지 핵심 키워드
① 신규 제네릭, 기존 제네릭, 일괄 적용
② 의약품 성분 개수 초과, 건강보험 등재 순서, 최저가의 85%
③ 차등적인 보상체계, 개발 동력
④ 제약사, 환자, 긍정적 효과
⑤ 약가 산정, 제네릭 등재 전 가격

• 풀이 시간: /7분 30초
• 맞은 문제: /5문제

1 다음 글에서 알 수 있는 것은?

20 민경채 PSAT

부처의 말씀을 담은 경장과 그 해설서인 논장, 수행자의 계율을 담은 율장 외에 여러 가지 불교 관련 자료들을 모아 펴낸 것을 대장경이라고 부른다. 고려는 몇 차례 대장경 간행 사업을 벌였는데, 처음 대장경 간행에 돌입한 것은 거란의 침입을 받았던 현종 때 일이다. 당시 고려는 대장경을 만드는 데 필요한 자료들을 확보하지 못해 애를 먹다가 거란에서 만든 대장경을 수입해 분석한 후 선종 때 이를 완성했다. 이 대장경을 '초조대장경'이라고 부른다.

한편 고려는 몽골이 침략해 들어오자 불교 신앙으로 국난을 극복하겠다는 뜻에서 다시 대장경 제작 사업에 돌입했다. 이 대장경은 두 번째로 만든 것이라고 해서 '재조대장경'이라 불렸다. 고려는 재조대장경을 활자로 인쇄하기로 하고, 전국 각지에서 나무를 베어 경판을 만들었다. 완성된 경판의 숫자가 8만여 개에 이르기 때문에 이 대장경을 '팔만대장경'이라고도 부른다. 재조대장경을 찍어내기 위해 만든 경판은 현재까지 남아 있는데, 이는 전 세계에 남아 있는 대장경 인쇄용 경판 가운데 가장 오래된 것이다. 재조대장경판은 그 규모가 무척 커서 제작을 시작한 지 16년 만에 완성할 수 있었다.

재조대장경을 찍어내고자 수많은 경판을 만들었다는 사실에서 알 수 있듯이 한반도에서는 인쇄술이 일찍부터 발달해 있었다. 이를 잘 보여주는 유물이 불국사에서 발견된 <무구정광대다라니경>이다. 분석 결과, 이 유물은 통일신라 경덕왕 때 목판으로 찍어낸 것으로 밝혀졌다. <무구정광대다라니경>은 목판으로 인쇄되어 전하는 자료 가운데 세계에서 가장 오래된 것이다. 금속활자를 이용한 인쇄술도 일찍부터 발달했다. 몽골의 1차 고려 침략이 시작된 해에 세계 최초로 금속활자를 이용한 <상정고금예문>이 고려에서 발간되었다고 알려져 있다. 이처럼 고려 사람들은 선진 인쇄술을 바탕으로 문화를 발전시켜 나갔다.

① 재조대장경판의 제작이 완료되기 전에 금속활자로 <상정고금예문>을 발간한 일이 있었던 것으로 전해진다.

② 재조대장경은 고려 현종 때 외적의 침입을 막고자 거란에서 들여온 대장경을 참고해 만든 것이다.

③ 고려 시대에 만들어진 대장경판으로서 현재 남아있는 것 중 가장 오래된 것은 초조대장경판이다.

④ <무구정광대다라니경>은 목판으로 인쇄되었으며, 재조대장경은 금속활자로 인쇄되었다.

⑤ 불교 진흥을 위해 고려 시대에 만들어진 최초의 대장경은 팔만대장경이다.

중국에서는 기원전 8~7세기 이후 주나라에서부터 청동전이 유통되었다. 이후 진시황이 중국을 통일하면서 화폐를 통일해 가운데 네모난 구멍이 뚫린 원형 청동 엽전이 등장했고, 이후 중국 통화의 주축으로 자리 잡았다. 하지만 엽전은 가치가 낮고 금화와 은화는 아직 주조되지 않았기 때문에 고액 거래를 위해서는 지폐가 필요했다. 결국 11세기경 송나라에서 최초의 법정 지폐인 교자(交子)가 발행되었다. 13세기 원나라에서는 강력한 국가 권력을 통해 엽전을 억제하고 교초(交鈔)라는 지폐를 유일한 공식 통화로 삼아 재정 문제를 해결했다.

아시아와 유럽에서 지폐의 등장과 발달 과정은 달랐다. 우선 유럽에서는 금화가 비교적 자유롭게 사용되어 대중들 사이에서 널리 유통되었다. 반면에 아시아의 통치자들은 금의 아름다움과 금이 상징하는 권력을 즐겼다는 점에서는 서구인들과 같았지만, 비천한 사람들이 화폐로 사용하기에는 금이 너무 소중하다고 여겼다. 대중들 사이에서 유통되도록 금을 방출하면 권력이 약화된다고 본 것이다. 대신에 일찍부터 지폐가 널리 통용되었다.

마르코 폴로는 쿠빌라이 칸이 모든 거래를 지폐로 이루어지게 하는 것을 보고 깊은 인상을 받았다. 사실상 종잇조각에 불과한 지폐가 그렇게 널리 통용되었던 이유는 무엇 때문일까? 칸이 만든 지폐에 찍힌 그의 도장은 금이나 은과 같은 권위가 있었다. 이것은 지폐의 가치를 확립하고 유지하는 데 국가 권력이 핵심 요소라는 사실을 보여준다.

유럽의 지폐는 그 초기 형태가 민간에서 발행한 어음이었으나, 아시아의 지폐는 처음부터 국가가 발행권을 갖고 있었다. 금속 주화와는 달리 내재적 가치가 없는 지폐가 화폐로 받아들여지고 사용되기 위해서는 신뢰가 필수적이다. 중국은 강력한 왕권이 이 신뢰를 담보할 수 있었지만, 유럽에서 지폐가 사람들의 신뢰를 얻기까지는 그보다 오랜 시간과 성숙된 환경이 필요했다. 유럽의 왕들은 종이에 마음대로 숫자를 적어 놓고 화폐로 사용하라고 강제할 수 없었다. 그래서 서로 잘 아는 일부 동업자들끼리 신뢰를 바탕으로 자체 지폐를 만들어 사용해야 했다. 하지만 민간에서 발행한 지폐는 신뢰 확보가 쉽지 않아 주기적으로 금융 위기를 초래했다. 정부가 나서기까지는 오랜 시간이 걸렸고, 17~18세기에 지폐의 법정화와 중앙은행의 설립이 이루어졌다. 중앙은행은 금을 보관하고 이를 바탕으로 금태환(兌換)을 보장하는 증서를 발행해 화폐로 사용하기 시작했고, 그것이 오늘날의 지폐로 이어졌다.

① 유럽에서 금화의 대중적 확산은 지폐가 널리 통용되는 결정적인 계기가 되었다.

② 유럽에서는 민간 거래의 신뢰를 기반으로 지폐가 중국에 비해 일찍부터 통용되었다.

③ 중국에서 청동으로 만든 최초의 화폐는 네모난 구멍이 뚫린 원형 엽전의 형태였다.

④ 중국에서 지폐 거래의 신뢰를 확보할 수 있었던 것은 강력한 국가 권력이 있었기 때문이다.

⑤ 아시아와 유럽에서는 금화의 사용을 권력의 상징으로 여겨 금화의 제한적인 유통이 이루어졌다.

음운은 단어의 뜻을 변별하는 데 사용되는 소리로 언어마다 차이가 있다. 예컨대 국어에서는 음운으로서 'ㅅ'과 'ㅆ'을 구분하지만 영어에서는 구분하지 않는다. 음운이 실제로 발음되기 위해서는 발음의 최소 단위인 음절을 이뤄야 하는데 음절의 구조도 언어마다 다르다. 국어는 한 음절 내에서 모음 앞이나 뒤에 각각 최대 하나의 자음을 둘 수 있지만 영어는 'spring[sprɪŋ]'처럼 한 음절 내에서 자음군이 형성될 수 있다.

음운은 그 자체로는 뜻이 없다. 음운이 하나 이상 모여 뜻을 가지면 의미의 최소 단위인 형태소가 된다. 그리고 우리는 이러한 형태소를 결합하여 단어를 만들고 말을 한다. 이때 형태소와 형태소가 만나는 경계에서 음운이 다양하게 배열되고 발음이 결정되는데, 여기에 음운 규칙이 관여한다. 예컨대 국어에서는 '국물[궁물]'처럼 '파열음 - 비음' 순의 음운 배열이 만들어지면, 파열음은 동일 조음 위치의 비음으로 교체된다. 그런데 이런 음운 규칙도 모든 언어에 적용되는 것은 아니어서 영어에서는 'nickname[nikneim]'처럼 '파열음(k) - 비음(n)'이 배열되어도 비음화가 일어나지 않는다.

이러한 음운, 음절 구조, 음운 규칙은 말을 할 때만이 아니라 말을 들을 때도 작동한다. 이들은 말을 할 때는 발음을 할 수 있게 만드는 재료, 구조, 방법이 되고, 말을 들을 때는 말소리를 분류하고 인식하는 틀이 된다. 예컨대 '국'과 '밥'이 결합한 '국밥'은 된소리되기가 적용되어 늘 [국빱]으로 발음되지만, 우리는 이것을 '빱'이 아니라 '밥'과 관련된 것으로 인식한다. 그 이유는 [국빱]을 들을 때 된소리되기가 인식의 틀로 작동하여 된소리되기 이전의 음운 배열인 '국밥'으로 복원되기 때문이다. 더불어 외국어를 듣는 상황을 생각해 보자. 국어의 음절 구조와 맞지 않는 소리를 듣는다면 국어의 음절 구조에 맞게 바꾸고, 국어에 없는 소리를 듣는다면 국어에서 가장 가까운 음운으로 바꾸어 인식하게 된다. 영어 단어 'bus'를 우리말 음절 구조에 맞게 2음절로 바꾸고, 'b'를 'ㅂ' 또는 'ㅃ'으로 바꾸어 [버쓰]나 [뻐쓰]로 인식하는 것이 그 예이다.

① 국어 음절 구조의 특징을 고려하면 '몫[목]'의 발음에서 음운이 탈락하는 것을 이해할 수 있겠군.

② 국어 음운 'ㄹ'은 그 자체에는 뜻이 없지만, '갈 곳'의 'ㄹ'은 어미로 쓰이고 있으므로 뜻을 가진 최소 단위가 되겠군.

③ 국어에서 '밥만 있어'의 '밥만[밤만]'을 듣고 '밤만'으로 알았다면 그 과정에서 비음화 규칙이 인식의 틀로 작동했겠군.

④ 영어의 'spring'이 국어에서 3음절 '스프링'으로 인식되는 것은 국어 음절 구조 인식의 틀이 제대로 작동한 결과이겠군.

⑤ 영어의 'vocal'이 국어에서 '보컬'로 인식되는 것은 영어 'v'와 가장 비슷한 국어 음운이 'ㅂ'이기 때문이겠군.

조선 시대에는 국왕의 부모에 대한 제사를 국가의례로 거행했다. 하지만 국왕의 생모가 후궁이라면, 아무리 왕을 낳았다고 해도 그에 대한 제사를 국가의례로 간주하지 않는 것이 원칙이었다. 그런데 이 원칙은 영조 때부터 무너지기 시작했다. 영조는 왕이 된 후에 자신의 생모인 숙빈 최씨를 위해 육상궁이라는 사당을 세웠다. 또 국가의례에 관한 규례가 담긴 <국조속오례의>를 편찬할 때, 육상궁에 대한 제사를 국가의례로 삼아 그 책 안에 수록해 두었다. 영조는 선조의 후궁이자, 추존왕 원종을 낳은 인빈 김씨의 사당도 매년 방문했다. 이 사당의 이름은 저경궁이다. 원종은 인조의 생부로서, 아들 인조가 국왕이 되었으므로 사후에 왕으로 추존된 인물이다. 한편 영조의 선왕이자 이복형인 경종도 그 생모 희빈 장씨를 위해 대빈궁이라는 사당을 세웠지만, 영조는 단 한 번도 대빈궁을 방문하지 않았다.

영조의 뒤를 이은 국왕 정조는 효장세자의 생모인 정빈 이씨의 사당을 만들어 연호궁이라 불렀다. 잘 알려진 바와 같이 정조는 사도세자의 아들이다. 그런데 영조는 아들인 사도세자를 죽인 후, 오래전 사망한 자기 아들인 효장세자를 정조의 부친으로 삼겠다고 공포했다. 이런 연유로 정조는 정빈 이씨를 조모로 대우하고 연호궁에서 매년 제사를 지냈다. 정조는 연호궁 외에도 사도세자의 생모인 영빈 이씨의 사당도 세워 선희궁이라는 이름을 붙이고 제사를 지냈다. 정조의 아들로서, 그 뒤를 이어 왕이 된 순조 역시 자신의 생모인 수빈 박씨를 위해 경우궁이라는 사당을 세워 제사를 지냈다.

이처럼 후궁의 사당이 늘어났으나 그 위치가 제각각이어서 관리하기가 어려웠다. 이에 순종은 1908년에 대빈궁, 연호궁, 선희궁, 저경궁, 경우궁을 육상궁 경내로 모두 옮겨 놓고 제사를 지내게 했다. 1910년에 일본이 대한제국의 국권을 강탈했으나, 이 사당들에 대한 제사는 유지되었다. 일제 강점기에는 고종의 후궁이자 영친왕 생모인 엄씨의 사당 덕안궁도 세워졌는데, 이것도 육상궁 경내에 자리 잡게 되었다. 이로써 육상궁 경내에는 육상궁을 포함해 후궁을 모신 사당이 모두 7개에 이르게 되었으며, 이때부터 그곳을 칠궁이라 부르게 되었다.

① 경종은 선희궁과 연호궁에서 거행되는 제사에 매년 참석했다.

② <국조속오례의>가 편찬될 때 대빈궁, 연호궁, 선희궁, 경우궁에 대한 제사가 국가의례에 처음 포함되었다.

③ 영빈 이씨는 영조의 후궁이었던 사람이며, 수빈 박씨는 정조의 후궁이었다.

④ 고종이 대빈궁, 연호궁, 선희궁, 저경궁, 경우궁을 육상궁 경내로 이전해 놓음에 따라 육상궁은 칠궁으로 불리게 되었다.

⑤ 조선 국왕으로 즉위해 실제로 나라를 다스린 인물의 생모에 해당하는 후궁으로서 일제 강점기 때 칠궁에 모셔져 있던 사람은 모두 5명이었다.

5 다음 글에서 알 수 있는 것은?

1883년에 조선과 일본이 맺은 조일통상장정 제41관에는 "일본인이 조선의 전라도, 경상도, 강원도, 함경도 연해에서 어업 활동을 할 수 있도록 허용한다."라는 내용이 있다. 당시 양측은 이 조항에 적시되지 않은 지방 연해에서 일본인이 어업 활동을 하는 것은 금하기로 했다. 이 장정 체결 직후에 일본은 자국의 각 부·현에 조선해통어조합을 만들어 조선 어장에 대한 정보를 제공하기 시작했다. 이러한 지원으로 조선 연해에서 조업하는 일본인이 늘었는데, 특히 제주도에는 일본인들이 많이 들어와 전복을 마구 잡는 바람에 주민들의 전복 채취량이 급감했다. 이에 제주목사는 1886년 6월에 일본인의 제주도 연해 조업을 금했다. 일본은 이 조치가 조일통상장정 제41관을 위반한 것이라며 항의했고, 조선도 이를 받아들여 조업 금지 조치를 철회하게 했다. 이후 조선은 일본인이 아무런 제약 없이 어업 활동을 하게 해서는 안 된다고 여기게 되었으며, 일본과 여러 차례 협상을 벌여 1889년에 조일통어장정을 맺었다.

조일통어장정에는 일본인이 조일통상장정 제41관에 적시된 지방의 해안선으로부터 3해리 이내 해역에서 어업 활동을 하고자 할 때는 조업하려는 지방의 관리로부터 어업준단을 발급받아야 한다는 내용이 있다. 어업준단의 유효기간은 발급일로부터 1년이었으며, 이를 받고자 하는 자는 소정의 어업세를 먼저 내야 했다. 이 장정 체결 직후에 일본은 조선해통어조합연합회를 만들어 자국민의 어업준단 발급 신청을 지원하게 했다. 이후 일본은 1908년에 '어업에 관한 협정'을 강요해 맺었다. 여기에는 앞으로 한반도 연해에서 어업 활동을 하려는 일본인은 대한제국 어업 법령의 적용을 받도록 한다는 조항이 있다. 대한제국은 이듬해에 한반도 해역에서 어업을 영위하고자 하는 자는 먼저 어업 면허를 취득해야 한다는 내용의 어업법을 공포했고, 일본은 자국민도 이 법의 적용을 받게 해야 한다는 입장을 관철했다. 일본은 1902년에 조선해통어조합연합회를 없애고 조선해수산조합을 만들었는데, 이 조합은 어업법 공포 후 일본인의 어업 면허 신청을 대행하는 등의 일을 했다.

① 조선해통어조합은 '어업에 관한 협정'에 따라 일본인의 어업 면허 신청을 대행하는 업무를 보았다.

② 조일통어장정에는 제주도 해안선으로부터 3해리 밖에서 조선인이 어업 활동을 하는 것을 모두 금한다는 조항이 있다.

③ 조선해통어조합연합회가 만들어져 활동하던 당시에 어업준단을 발급받고자 하는 일본인은 어업세를 내도록 되어 있었다.

④ 조일통상장정에는 조선해통어조합연합회를 조직해 일본인이 한반도 연해에서 조업할 수 있도록 지원한다는 내용이 있다.

⑤ 한반도 해역에서 조업하는 일본인은 조일통상장정 제41관에 따라 조선해통어조합으로부터 어업 면허를 발급받아야 하였다.

약점 보완 해설집 p.28

DAY 12 설명문 ②

• 풀이 시간: /10분
• 맞은 문제: /6문제

1 다음 글에서 알 수 있는 것은?

20 5급 공채 PSAT

19세기 후반 독일의 복지 제도를 주도한 비스마르크는 보수파였다. 그는 노령연금과 의료보험 정책을 통해 근대 유럽 복지 제도의 기반을 조성하였는데 이 정책의 일차적 목표는 당시 노동자를 대변하는 사회주의자들을 견제하면서 독일 노동자들이 미국으로 이탈하는 것을 방지하는 데 있었다. 그의 복지 정책은 노동자뿐 아니라 노인과 약자 등 사회의 다양한 계층으로부터 광범위한 지지를 얻을 수 있었지만, 이러한 정책을 실행하는 과정에서 각 정파들 간에 논쟁과 갈등이 발생했다. 복지 제도는 모든 국민에게 그들의 공과와는 관계없이 일정 수준 이상의 삶을 영위할 수 있도록 사회적 최소치를 보장하는 것이고 이를 위해선 지속적인 재원이 필요했다. 그런데 그 재원을 확보하고자 국가가 세금과 같은 방법을 동원할 경우 그 비용을 강제로 부담하고 있다고 생각하는 국민들의 불만은 말할 것도 없고, 실제 제공되는 복지 수준이 기대치와 다를 경우 그 수혜자들로부터도 불만을 살 우려가 있었다.

공동체적 가치를 중요시해 온 독일의 사회주의자들이나 보수주의자들은 복지 정책을 입안하고 그 집행과 관련된 각종 조세 정책을 수립하는 데에 적극적이었다. 이들은 보편적 복지를 시행하기 위한 재원을 국가가 직접 나서서 마련하는 데 찬성했다. 반면 개인주의에 기초하여 외부로부터 간섭받지 않을 권리와 자유를 최상의 가치로 간주하는 독일 자유주의자들은 여기에 소극적이었다. 이 자유주의자들은 모두를 위한 기본적인 복지보다는 개인의 사유재산권이나 절차상의 공정성을 강조하였다. 이들은 장애인이나 가난한 이들에 대한 복지를 구휼 정책이라고 간주해 찬성하지 않았다. 이들에 따르면 누군가가 선천적인 장애나 사고로 인해 매우 어려운 상황에 처해 있다고 내가 그 사람을 도와야 할 의무는 없는 것이다. 따라서 자신이 원하지도 않는 상황에서 다른 사람을 돕는다는 명목으로 국가가 강제로 개인에게 세금을 거두고자 한다면 이는 자유의 침해이자 강요된 노동이 될 수 있다. 물론 독일 자유주의자들은 개인이 자발적으로 사회적 약자들을 돕는 것에는 반대하지 않고 적극 권장하는 입장을 취했다. 19세기 후반 독일의 보수파를 통해 도입된 복지 정책들은 이후 유럽 각국의 복지 제도 확립에 영향을 미쳤다. 그렇지만 개인의 자율성을 강조하는 자유주의자들과의 갈등들은 현재까지도 지속되고 있다.

① 독일 자유주의자들은 구휼 정책에는 반대했지만 개인적 자선활동에는 찬성하였다.
② 독일 보수주의자들은 복지 정책에 드는 재원을 마련하면서 그 부담을 특정 계층에게 전가하였다.
③ 독일 보수주의자들이 집권한 당시 독일 국민의 노동 강도는 높아졌고 개인의 자율성은 침해되었다.
④ 공동체적 가치를 강조하는 사회주의적 전통이 확립될수록 복지 정책에 대한 독일 국민들의 불만은 완화되었다.
⑤ 독일 사회주의자들이 제안한 노동자를 위한 사회 보장 정책은 독일 보수주의자들에 의해 전 국민에게로 확대되었다.

2 다음 글에서 알 수 <u>없는</u> 것은?

1859년에 프랑스의 수학자인 르베리에는 태양과 수성 사이에 미지의 행성이 존재한다는 가설을 세웠고, 그 미지의 행성을 '불칸'이라고 이름 붙였다. 당시의 천문학자들은 르베리에를 따라 불칸의 존재를 확신하고 그 첫 번째 관찰자가 되기 위해서 노력했다. 이렇게 확신한 이유는 르베리에가 불칸을 예측하는 데 사용한 방식이 해왕성을 성공적으로 예측하는 데 사용한 방식과 동일했기 때문이다. 해왕성 예측의 성공으로 인해 르베리에에 대한, 그리고 불칸의 예측 방법에 대한 신뢰가 높았던 것이다.

르베리에 또한 죽을 때까지 불칸의 존재를 확신했는데, 그가 그렇게 확신할 수 있었던 것 역시 해왕성 예측의 성공 덕분이었다. 1781년에 천왕성이 처음 발견된 뒤, 천문학자들은 천왕성보다 더 먼 위치에 다른 행성이 존재할 경우에만 천왕성의 궤도에 대한 관찰 결과가 뉴턴의 중력 법칙에 따라 설명될 수 있다고 생각했다. 이에 르베리에는 관찰을 통해 얻은 천왕성의 궤도와 뉴턴의 중력 법칙에 따라 산출한 궤도 사이의 차이를 수학적으로 계산하여 해왕성의 위치를 예측했다. 천문학자인 갈레는 베를린 천문대에서 르베리에의 편지를 받은 그날 밤, 르베리에가 예측한 바로 그 위치에 해왕성이 존재한다는 사실을 확인하였다.

르베리에는 수성의 운동에 대해서도 일찍부터 관심을 가지고 있었다. 르베리에는 수성의 궤도에 대한 관찰 결과 역시 뉴턴의 중력 법칙으로 예측한 궤도와 차이가 있음을 제일 먼저 밝힌 뒤, 1859년에 그 이유를 천왕성 - 해왕성의 경우와 마찬가지로 수성의 궤도에 미지의 행성이 영향을 끼치기 때문이라는 가설을 세운다. 르베리에는 이 미지의 행성에 '불칸'이라는 이름까지 미리 붙였던 것이며, 마침 르베리에의 가설에 따라 이 행성을 발견했다고 주장하는 천문학자까지 나타났던 것이다. 하지만 불칸의 존재에 대해 의심하는 천문학자들 또한 있었고, 이후 아인슈타인의 상대성이론을 이용해 수성의 궤도를 정확하게 설명하는 데 성공함으로써 가상의 행성인 불칸을 상정해야 할 이유는 사라졌다.

① 르베리에에 의하면 수성의 궤도를 정확하게 설명하기 위해서는 뉴턴의 중력 법칙을 대신할 다른 법칙이 필요하지 않다.

② 르베리에에 의하면 천왕성의 궤도를 정확하게 설명하기 위해서는 뉴턴의 중력 법칙을 대신할 다른 법칙이 필요하다.

③ 수성의 궤도에 대한 르베리에의 가설에 기반하여 연구한 천문학자가 있었다.

④ 르베리에는 해왕성의 위치를 수학적으로 계산하여 추정하였다.

⑤ 르베리에는 불칸의 존재를 수학적으로 계산하여 추정하였다.

에르고딕 이론에 따르면 그룹의 평균을 활용해 개인에 대한 예측치를 이끌어낼 수 있는데, 이를 위해서는 다음의 두 가지 조건을 먼저 충족해야 한다. 첫째는 그룹의 모든 구성원이 ㉠ 질적으로 동일해야 하며, 둘째는 그 그룹의 모든 구성원이 미래에도 여전히 동일해야 한다는 것이다. 특정 그룹이 이 두 가지 조건을 충족하면 해당 그룹은 '에르고딕'으로 인정되면서, ㉡ 그룹의 평균적 행동을 통해 해당 그룹에 속해 있는 개인에 대한 예측을 이끌어낼 수 있다.

그런데 이 이론에 대해 심리학자 몰레나는 다음과 같은 설명을 덧붙였다. "그룹 평균을 활용해 개인을 평가하는 것은 인간이 모두 동일하고 변하지 않는 냉동 클론이어야만 가능하겠지요? 그런데 인간은 냉동 클론이 아닙니다." 그런데도 등급화와 유형화 같은 평균주의의 결과물들은 정책 결정의 과정에서 중요한 근거로 쓰였다. 몰레나는 이와 같은 위험한 가정을 '에르고딕 스위치'라고 명명했다. 이는 평균주의의 유혹에 속아 집단의 평균에 의해 개인을 파악함으로써 ㉢ 실재하는 개인적 특성을 모조리 무시하게 되는 것을 의미한다.

지금 타이핑 실력이 뛰어나지 않은 당신이 타이핑 속도의 변화를 통해 오타를 줄이고 싶어 한다고 가정해 보자. 평균주의식으로 접근할 경우 여러 사람의 타이핑 실력을 측정한 뒤에 평균 타이핑 속도와 평균 오타 수를 비교하게 된다. 그 결과 평균적으로 타이핑 속도가 더 빠를수록 오타 수가 더 적은 것으로 나타났다고 하자. 이때 평균주의자는 당신이 타이핑의 오타 수를 줄이고 싶다면 ㉣ 타이핑을 더 빠른 속도로 해야 한다고 말할 것이다. 바로 여기가 '에르고딕 스위치'에 해당하는 지점인데, 사실 타이핑 속도가 빠른 사람들은 대체로 타이핑 실력이 뛰어난 편이며 그만큼 오타 수는 적을 수밖에 없다. 더구나 ㉤ 타이핑 실력이라는 요인이 통제된 상태에서 도출된 평균치를 근거로 당신에게 내린 처방은 적절하지 않을 가능성이 높다.

① ㉠을 '질적으로 다양해야 하며'로 고친다.
② ㉡을 '개인의 특성을 종합하여 집단의 특성에 대한 예측'으로 고친다.
③ ㉢을 '실재하는 그룹 간 편차를 모조리 무시'로 고친다.
④ ㉣을 '타이핑을 더 느린 속도로 해야 한다'로 고친다.
⑤ ㉤을 '타이핑 실력이라는 요인이 통제되지 않은 상태에서'로 고친다.

4 다음 글의 내용과 부합하지 <u>않는</u> 것은?

한국어 계통 연구 분야에서 널리 알려진 학설인 한국어의 알타이어족 설은 한국어가 알타이 어군인 튀르크어, 몽고어, 만주·퉁구스어와 함께 알타이어족에 속한다는 것이다. 이 학설은 알타이 어군과 한국어 간에는 모음조화, 어두자음군의 제약, 관계 대명사와 접속사의 부재 등에서 공통점이 있다는 비교언어학 분석에 근거하고 있다. 하지만 기초 어휘와 음운 대응의 규칙성에서는 세 어군과 한국어 간에 차이가 있어 이 학설의 비교언어학적 근거는 한계를 가지고 있다. 이 때문에, 한국어의 알타이어족 설은 알타이 어군과 한국어 사이의 친족 관계 및 공통 조상어로부터의 분화 과정을 설명하기 어렵다.

최근 한국어 계통 연구는 비교언어학 분석과 더불어, 한민족 형성 과정에 대한 유전학적 연구, 한반도에 공존했던 여러 유형의 건국 신화와 관련된 인류학적 연구를 이용하고 있다. 가령, 우리 민족의 유전 형질에는 북방계와 남방계의 특성이 모두 존재한다는 점과 북방계의 천손 신화와 남방계의 난생 신화가 한반도에서 모두 발견된다는 점은 한국어가 북방적 요소와 남방적 요소를 함께 지니고 있음을 시사해준다. 이런 연구들은 한국어 자료가 근본적으로 부족한 상황에서 비롯된 문제점을 극복하여 한국어의 조상어를 밝히는 데 일정한 실마리를 던져준다.

하지만 선사 시대의 한국어와 친족 관계를 맺고 있는 모든 어군들을 알 수는 없으며, 있다고 하더라도 그들과 한국어의 공통 조상어를 밝히기란 쉽지 않다. 지금까지의 연구에 따르면, 고대에는 고구려어, 백제어, 신라어로 나뉘어 있었다. 하지만 이들 세 언어가 서로 다른 언어인지, 아니면 방언적 차이만을 지닌 하나의 언어인지에 대해서는 이견이 있다. 고구려어가 원시 부여어에 소급되는 것과 달리 백제어와 신라어는 모두 원시 한어(韓語)로부터 왔다는 것은 이들 언어의 차이가 방언적 차이 이상이었음을 보여 준다. 이들 세 언어가 고려의 건국으로 하나의 한국어인 중세 국어로 수렴되었다는 것에 대해서는 남한과 북한의 학계가 대립된 입장을 보이지 않지만, 중세 국어가 신라어와 고구려어 중 어떤 언어로부터 분화된 것인지와 관련해서는 두 학계의 입장은 대립된다. 한편, 중세 국어가 조선 시대를 거쳐 근대 한국어로 변모하여 오늘날 우리가 사용하는 현대 한국어가 되는 과정에 대해서는 두 학계의 견해가 일치한다.

① 비교언어학적 근거의 한계로 인해 한국어의 알타이어족 설은 알타이 어군과 한국어 간의 친족 관계를 설명하기 어렵다.

② 한반도의 천손 신화에 대한 인류학적 연구는 한국어에 북방적 요소가 있음을 시사한다.

③ 최근 한국어 계통 연구는 부족한 한국어 자료를 보완하기 위해 한민족의 유전 형질에 대한 정보와 한반도에 공존한 건국 신화들을 이용한다.

④ 최근 한국어 계통 연구에서 백제어와 고구려어는 방언적 차이로 인해 서로 다른 계통으로 분류된다.

⑤ 중세 국어에서 현대 한국어에 이르는 한국어 형성 과정에 대한 남북한 학계의 견해는 일치한다.

미술관에서 오랫동안 움직이지 않고 서 있는 관광객 차림의 부부를 본다면 사람들은 다시 한번 바라볼 것이다. 그리고 그것이 미술 작품이라는 것을 알면 놀랄 것이다. 이처럼 현실에 존재하는 것을 실재라고 믿을 수 있도록 재현하는 유파를 하이퍼리얼리즘이라고 한다.

관광객처럼 우리 주변에서 흔히 볼 수 있는 것을 대상으로 고르면 ⊙ 현실성이 높다고 하고, 그 대상을 시각적 재현에 기대어 실재와 똑같이 표현하면 ⓒ 사실성이 높다고 한다. 대상의 현실성과 표현의 사실성을 모두 추구한 하이퍼리얼리즘은 같은 리얼리즘 경향에 드는 팝아트와 비교하면 그 특성이 잘 드러난다. 이들은 1960년대 미국에서 발달하여 현재까지 유행하고 있는 유파로, 당시 자본주의 사회의 일상의 모습을 대상으로 삼은 점에서는 공통적이다. 팝아트는 대상을 함축적으로 변형했지만 하이퍼리얼리즘은 대상을 정확하게 재현하려고 하였다. 그래서 팝아트는 주로 대상의 현실성을 추구하지만, 하이퍼리얼리즘은 대상의 현실성뿐만 아니라 트롱프뢰유의 흐름을 이어 표현의 사실성도 추구한다. 팝아트는 대상의 정확한 재현보다는 대중과 쉽게 소통할 수 있는 인쇄 매체를 주로 활용한 반면에, 하이퍼리얼리즘은 새로운 재료나 기계적인 방식을 적극 사용하여 대상을 정확히 재현하는 방법을 추구하였다.

자본주의 일상을 사실적으로 표현한 하이퍼리얼리즘의 대표적인 작가에는 핸슨이 있다. 그의 작품 ⓒ <쇼핑 카트를 밀고 가는 여자>(1969)는 물질적 풍요 속에 매몰되어 살아가는 당시 현대인을 비판적 시각에서 표현한 작품으로 해석할 수 있다. 이 작품의 대상은 상품이 가득한 쇼핑 카트와 여자이다. 그녀는 욕망의 주체이며 물질에 대한 탐욕을 상징하고 있고, 상품이 가득한 쇼핑 카트는 욕망의 객체이며 물질을 상징하고 있다. 그래서 여자가 상품이 넘칠 듯이 가득한 쇼핑 카트를 밀고 있는 구도는 물질적 풍요 속에서의 과잉 소비 성향을 보여 준다.

이 작품의 기법을 보면, 생활공간에 전시해도 자연스럽도록 작품을 전시 받침대 없이 제작하였다. 사람을 보고 찰흙으로 형태를 만드는 방법 대신 사람에게 직접 석고를 덧발라 형태를 뜨는 실물 주형 기법을 사용하여 사람의 형태와 크기를 똑같이 재현하였다. 또한 기존 입체 작품의 재료인 청동의 금속재 대신에 합성수지, 폴리에스터, 유리 섬유 등을 사용하고 에어브러시로 채색하여 사람 피부의 질감과 색채를 똑같이 재현하였다. 여기에 오브제인 가발, 목걸이, 의상 등을 덧붙이고 쇼핑 카트, 식료품 등을 그대로 사용하여 사실성을 높였다.

리얼리즘 미술의 가장 큰 목적은 현실을 포착하고 그것을 효과적으로 전달하는 것이다. 작가가 포착한 현실을 전달하는 표현 방법은 다양하다. 하이퍼리얼리즘과 팝아트 등의 리얼리즘 작가들은 대상들을 그대로 재현하거나 함축적으로 변형하는 등 자신만의 방법으로 현실을 전달하여 감상자와 소통하고 있다.

5 ⊙과 ⓒ을 중심으로 윗글을 이해한 내용으로 적절한 것은?

① 팝아트와 하이퍼리얼리즘은 모두 당시 자본주의의 일상을 대상으로 삼아 ⊙을 높였다.

② 팝아트는 대상을 함축적으로 변형했다는 점에서 하이퍼리얼리즘과 달리 ⓒ이 높다고 할 수 있다.

③ 하이퍼리얼리즘이 팝아트와 달리 트롱프뢰유의 전통을 이은 것은 ⊙을 추구하기 위해서이다.

④ 팝아트와 하이퍼리얼리즘이 주로 인쇄 매체를 활용한 것은 ⓒ을 추구하기 위한 것이다.

⑤ 팝아트와 하이퍼리얼리즘은 모두 ⊙과 ⓒ을 동시에 추구한다는 점에서 리얼리즘 유파에 해당한다.

6 ⓒ에 대한 설명으로 적절하지 않은 것은?

① 재현한 인체에 실제 사물인 오브제를 덧붙이고 받침대 없이 전시하여 실재처럼 보이게 하였다.

② 찰흙으로 원형을 만들지 않고 사람에게 석고를 덧발라 외형을 뜨는 기법을 사용하여 형태를 정확히 재현하였다.

③ 현실을 효과적으로 전달하기 위해 욕망의 주체는 실물과 똑같은 크기로, 욕망의 객체는 실재 그대로 제시하였다.

④ 인체의 피부 질감을 재현할 수 있었던 것은 합성수지, 폴리에스터, 유리 섬유 따위의 신재료를 사용했기 때문이다.

⑤ 당시 자본주의 사회의 합리적인 소비 성향을 반영하고자 주변에서 흔히 보이는 소비자와 상품을 제시하였다.

약점 보완 해설집 p.31

• 풀이 시간: /10분
• 맞은 문제: /6문제

1 다음 글에서 알 수 없는 것은?

20 5급 공채 PSAT

WTO 설립협정은 GATT 체제에서 관행으로 유지되었던 의사결정 방식인 총의 제도를 명문화하였다. 동 협정은 의사결정 회의에 참석한 회원국 중 어느 회원국도 공식적으로 반대하지 않는 한, 검토를 위해 제출된 사항은 총의에 의해 결정되었다고 규정하고 있다. 또한 이에 따르면 회원국이 의사결정 회의에 불참하더라도 그 불참은 반대가 아닌 찬성으로 간주된다.

총의 제도는 회원국 간 정치·경제적 영향력의 차이를 보완하기 위하여 도입되었다. 그러나 회원국 수가 확대되고 이해관계가 첨예화되면서 현실적으로 총의가 이루어지기 쉽지 않았다. 이로 인해 WTO 체제 내에서 모든 회원국이 참여하는 새로운 무역협정이 체결되는 것이 어려웠고 결과적으로 무역자유화 촉진 및 확산이 저해되고 있다. 이러한 문제의 해결 방안으로 '부속서 4 복수국간 무역협정 방식'과 '임계질량 복수국간 무역협정 방식'이 모색되었다.

'부속서 4 복수국간 무역협정 방식'은 WTO 체제 밖에서 복수국간 무역협정을 체결하고 이를 WTO 설립협정 부속서 4에 포함하여 WTO 체제로 편입하는 방식이다. 복수국간 무역협정이 부속서 4에 포함되기 위해서는 모든 WTO 회원국 대표로 구성되는 각료회의의 승인이 있어야 한다. 현재 부속서 4에의 포함 여부가 논의 중인 전자상거래협정은 협정 당사국에만 전자상거래시장을 개방하고 기술 이전을 허용한다. '부속서 4 복수국간 무역협정 방식'은 협정상 혜택을 비당사국에 허용하지 않음으로써 해당 무역협정의 혜택을 누리고자 하는 회원국들의 협정 참여를 촉진하여 결과적으로 자유무역을 확산하는 기능을 한다.

'임계질량 복수국간 무역협정 방식'은 WTO 체제 밖에서 일부 회원국 간 무역협정을 채택하되 해당 협정의 혜택을 보편적으로 적용하여 무역자유화를 촉진하는 방식이다. 즉, 채택된 협정의 혜택은 최혜국대우원칙에 따라 협정 당사국뿐 아니라 모든 WTO 회원국에 적용되는 반면, 협정의 의무는 협정 당사국에만 부여된다. 다만, 해당 협정이 발효되기 위해서는 협정 당사국들의 협정 적용대상 품목의 무역량이 해당 품목의 전 세계 무역량의 90% 이상을 차지하여야 한다. '임계질량 복수국간 무역협정 방식'의 대표적인 사례는 정보통신기술(ICT) 제품의 국제무역 활성화를 위해 1996년 채택되어 1997년 발효된 정보기술협정이다.

① '임계질량 복수국간 무역협정 방식'에 따라 채택된 협정의 혜택을 받는 국가는 해당 협정의 의무를 부담하는 국가보다 적을 수 없다.

② WTO의 의사결정 회의에 제안된 특정 안건을 지지하는 경우, 총의 제도에 따르면 그 회의에 불참하더라도 해당 안건에 대한 찬성의 뜻을 유지할 수 있다.

③ WTO 회원국은 전자상거래협정에 가입하지 않는다면 동 협정의 법적 지위에 영향을 미칠 수 없다.

④ WTO 각료회의가 총의 제도를 유지한다면 '부속서 4 복수국간 무역협정 방식'의 도입 목적은 충분히 달성하기 어렵다.

⑤ 1997년 발효 당시 정보기술협정 당사국의 ICT 제품 무역 규모량의 총합은 해당 제품의 전 세계 무역량의 90% 이상일 것으로 추정할 수 있다.

정책 네트워크는 다원주의 사회에서 정책 영역에 따라 실질적인 정책 결정권을 공유하고 있는 집합체이다. 정책 네트워크는 구성원 간의 상호 의존성, 외부로부터 다른 사회 구성원들의 참여 가능성, 의사결정의 합의 효율성, 지속성의 특징을 고려할 때 다음 세 가지 모형으로 분류될 수 있다.

모형 \ 특징	상호 의존성	외부 참여 가능성	합의 효율성	지속성
A	높음	낮음	높음	높음
B	보통	보통	보통	보통
C	낮음	높음	낮음	낮음

A는 의회의 상임위원회, 행정 부처, 이익집단이 형성하는 정책 네트워크로서 안정성이 높아 마치 소정부와 같다. 행정부 수반의 영향력이 작은 정책 분야에서 집중적으로 나타나는 형태이다. A에서는 참여자 간의 결속과 폐쇄적 경계를 강조하며, 배타성이 매우 강해 다른 이익집단의 참여를 철저하게 배제하는 것이 특징이다.

B는 특정 정책과 관련해 이해관계를 같이하는 참여자들로 구성된다. B가 특정 이슈에 대해 유기적인 연계 속에서 기능하면, 전통적인 관료제나 A의 방식보다 더 효과적으로 정책 목표를 달성할 수 있다. B의 주요 참여자는 정치인, 관료, 조직화된 이익집단, 전문가 집단이며, 정책 결정은 주요 참여자 간의 합의와 협력에 의해 일어난다.

C는 특정 이슈를 중심으로 이해관계나 전문성을 가진 이익집단, 개인, 조직으로 구성되고, 참여자는 매우 자율적이고 주도적인 행위자이며 수시로 변경된다. 배타성이 강한 A만으로 정책을 모색하면 정책 결정에 영향을 미칠 수 있는 C와 같은 개방적 참여자들의 네트워크를 놓치기 쉽다. C는 관료제의 영향력이 작고 통제가 약한 분야에서 주로 작동하는데, 참여자가 많아 합의가 어려워 결국 정부가 위원회나 청문회를 활용하여 의견을 조정하려는 경우가 종종 발생한다.

① 외부 참여 가능성이 높은 모형은 관료제의 영향력이 작고 통제가 약한 분야에서 나타나기 쉽다.

② 상호 의존성이 보통인 모형에서는 배타성이 강해 다른 이익집단의 참여를 철저하게 배제한다.

③ 합의 효율성이 높은 모형이 가장 효과적으로 정책 목표를 달성할 수 있다.

④ A에 참여하는 이익집단의 정책 결정 영향력이 B에 참여하는 이익집단의 정책 결정 영향력보다 크다.

⑤ C에서는 참여자의 수가 많아질수록 네트워크의 지속성이 높아진다.

3 다음 글의 ㉠과 ㉡에 들어갈 말을 적절하게 나열한 것은?

서양 사람들은 옛날부터 신이 자연 속에 진리를 감추어 놓았다고 믿고 그 진리를 찾기 위해 노력했다. 그들은 숨겨진 진리가 바로 수학이며 자연물 속에 비례의 형태로 숨어 있다고 생각했다. 또한 신이 자연물에 숨겨 놓은 수많은 진리 중에서도 인체 비례야말로 가장 아름다운 진리의 정수로 여겼다. 그래서 서양 사람들은 예로부터 이러한 신의 진리를 드러내기 위해서 완벽한 인체를 구현하는 데 몰두했다. 레오나르도 다빈치의 <인체 비례도>를 보면, 원과 정사각형을 배치하여 사람의 몸을 표현하고 있다. 가장 기본적인 기하 도형이 인체 비례와 관련 있다는 점에 착안하였던 것이다. 르네상스 시대 건축가들은 이러한 기본 기하 도형으로 건축물을 디자인하면 (㉠   ) 위대한 건물을 지을 수 있다고 생각했다.

건축에서 미적 표준으로 인체 비례를 활용하는 조형적 안목은 서양뿐 아니라 동양에서도 찾을 수 있다. 고대부터 중국이나 우리나라에서도 인체 비례를 건축물 축조에 활용하였다. 불국사의 청운교와 백운교는 3:4:5 비례의 직각삼각형으로 이루어져 있다. 이와 같은 비례로 건축하는 것을 '구고현(勾股弦)법'이라 한다. 뒤꿈치를 바닥에 대고 무릎을 직각으로 구부린 채 누우면 바닥과 다리 사이에 삼각형이 이루어지는데, 이것이 구고현법의 삼각형이다. 짧은 변인 구(勾)는 넓적다리에, 긴 변인 고(股)는 장딴지에 대응하고, 빗변인 현(弦)은 바닥의 선에 대응한다. 이 삼각형은 고대 서양에서 신성불가침의 삼각형이라 불렸던 것과 동일한 비례를 가지고 있다. 동일한 비례를 아름다움의 기준으로 삼았다는 점에서 (㉡   )는 것을 알 수 있다.

① ㉠: 인체 비례에 숨겨진 신의 진리를 구현한
　㉡: 조형미에 대한 동서양의 안목이 유사하였다

② ㉠: 신의 진리를 넘어서는 인간의 진리를 구현한
　㉡: 인체 실측에 대한 동서양의 계산법이 동일하였다

③ ㉠: 인체 비례에 숨겨진 신의 진리를 구현한
　㉡: 건축물에 대한 동서양의 공간 활용법이 유사하였다

④ ㉠: 신의 진리를 넘어서는 인간의 진리를 구현한
　㉡: 조형미에 대한 동서양의 안목이 유사하였다

⑤ ㉠: 인체 비례에 숨겨진 신의 진리를 구현한
　㉡: 인체 실측에 대한 동서양의 계산법이 동일하였다

수사 기관이 피의자를 체포할 때 피의자에게 묵비권을 행사할 수 있고 불리한 진술을 하지 않을 권리가 있으며 변호사를 선임할 권리가 있음을 알려야 한다. 이를 '미란다 원칙'이라고 하는데, 이는 피의자로 기소되어 법정에 선 미란다에 대한 재판을 통해 확립되었다. 미란다의 변호인은 "경찰관이 미란다에게 본인의 진술이 법정에서 불리하게 쓰인다는 사실과 변호인을 선임할 권리가 있다는 사실을 말해주지 않았으므로 미란다의 자백은 공정하지 않고, 따라서 미란다의 자백을 재판 증거로 삼을 수 없다."라고 주장했다. 미국 연방대법원은 이를 인정하여, 미란다가 자신에게 묵비권과 변호사 선임권을 갖고 있다는 사실을 안 상태에서 분별력 있게 자신의 권리를 포기하고 경찰관의 신문에 진술했어야 하므로, 경찰관이 이러한 사실을 고지하였다는 것이 입증되지 않는 한, 신문 결과만으로 얻어진 진술은 그에게 불리하게 사용될 수 없다고 판결하였다.

미란다 판결 전에는 전체적인 신문 상황에서 피의자가 임의적으로 진술했다는 점이 인정되면, 즉 임의성의 원칙이 지켜졌다면 재판 증거로 사용되었다. 이때 수사 기관이 피의자에게 헌법상 권리를 알려주었는지 여부는 문제 되지 않았다. 경찰관이 고문과 같은 가혹 행위로 받아낸 자백은 효력이 없지만, 회유나 압력을 행사했더라도 제때에 음식을 주고 밤에 잠을 자게 하면서 받아낸 자백은 전체적인 상황이 강압적이지 않았다면 증거로 인정되었다. 그런데 이러한 기준은 사건마다 다르게 적용되었으며 수사 기관으로 하여금 강압적인 분위기를 조성하도록 유도했으므로, 구금되어 조사받는 상황에서의 잠재적 위협으로부터 피의자를 보호해야 할 수단이 필요했다.

수사 절차는 본질적으로 강제성을 띠기 때문에, 수사 기관과 피의자 사이에 힘의 균형은 이루어지기 어렵다. 이런 상황에서 미란다 판결이 제시한 원칙은 수사 절차에서 수사 기관과 피의자가 대등한 지위에서 법적 다툼을 해야 한다는 원칙을 구현하는 첫출발이었다. 기존의 수사 관행을 전면적으로 부정하는 미란다 판결은 자백의 증거 능력에 대해 종전의 임의성의 원칙을 버리고 절차의 적법성을 채택하여, 수사 절차를 피의자의 권리를 보호하는 방향으로 전환하는 데에 크게 기여했다.

① 미란다 원칙을 확립한 재판에서 미란다는 무죄 판정을 받았다.

② 미란다 판결은 피해자의 권리에 있어 임의성의 원칙보다는 절차적 적법성이 중시되어야 한다는 점을 부각시켰다.

③ 미란다 판결은 법원이 수사 기관이 행하는 고문과 같은 가혹 행위에 대해 수사 기관의 법적 책임을 묻는 시초가 되었다.

④ 미란다 판결 전에는 수사 과정에 강압적인 요소가 있었더라도 피의자가 임의적으로 진술한 자백의 증거 능력이 인정될 수 있었다.

⑤ 미란다 판결에서 연방대법원은 피의자가 변호사 선임권이나 묵비권을 알고 있었다면 경찰관이 이를 고지하지 않아도 피의자의 자백은 효력이 있다고 판단하였다.

ⓐ 논리실증주의자와 포퍼는 지식을 수학적 지식이나 논리학 지식처럼 경험과 무관한 것과 과학적 지식처럼 경험에 의존하는 것으로 구분한다. 그중 과학적 지식은 과학적 방법에 의해 누적된다고 주장한다. 가설은 과학적 지식의 후보가 되는 것인데, 그들은 가설로부터 논리적으로 도출된 예측을 관찰이나 실험 등의 경험을 통해 맞는지 틀리는지 판단함으로써 그 가설을 시험하는 과학적 방법을 제시한다. 논리실증주의자는 예측이 맞을 경우에, 포퍼는 예측이 틀리지 않는 한, 그 예측을 도출한 가설이 하나씩 새로운 지식으로 추가된다고 주장한다.

하지만 ⓑ 콰인은 가설만 가지고서 예측을 논리적으로 도출할 수 없다고 본다. 예를 들어 새로 발견된 금속 M은 열을 받으면 팽창한다는 가설만 가지고는 열을 받은 M이 팽창할 것이라는 예측을 이끌어낼 수 없다. 먼저 지금까지 관찰한 모든 금속은 열을 받으면 팽창한다는 기존의 지식과 M에 열을 가했다는 조건 등이 필요하다. 이렇게 예측은 가설, 기존의 지식들, 여러 조건 등을 모두 합쳐야만 논리적으로 도출된다는 것이다. 그러므로 예측이 거짓으로 밝혀지면 정확히 무엇 때문에 예측에 실패한 것인지 알 수 없다는 것이다. 이로부터 콰인은 개별적인 가설뿐만 아니라 기존의 지식들과 여러 조건 등을 모두 포함하는 전체 지식이 경험을 통한 시험의 대상이 된다는 총체주의를 제안한다.

논리실증주의자와 포퍼는 수학적 지식이나 논리학 지식처럼 경험과 무관하게 참으로 판별되는 분석 명제와, 과학적 지식처럼 경험을 통해 참으로 판별되는 종합 명제를 서로 다른 종류라고 구분한다. 그러나 콰인은 총체주의를 정당화하기 위해 이 구분을 부정하는 논증을 다음과 같이 제시한다. 논리실증주의자와 포퍼의 구분에 따르면 "총각은 총각이다." 와 같은 동어 반복 명제와, "총각은 미혼의 성인 남성이다."처럼 동어 반복 명제로 환원할 수 있는 것은 모두 분석 명제이다. 그런데 후자가 분석 명제인 까닭은 전자로 환원할 수 있기 때문이다. 이러한 환원이 가능한 것은 '총각'과 '미혼의 성인 남성'이 동의적 표현이기 때문인데 그게 왜 동의적 표현인지 물어보면, 이 둘을 서로 대체하더라도 명제의 참 또는 거짓이 바뀌지 않기 때문이라고 할 것이다. 하지만 이것만으로는 두 표현의 의미가 같다는 것을 보장하지 못해서, 동의적 표현은 언제나 반드시 대체 가능해야 한다는 필연성 개념에 다시 의존하게 된다. 이렇게 되면 동의적 표현이 동어 반복 명제로 환원 가능하게 하는 것이 되어, 필연성 개념은 다시 분석 명제 개념에 의존하게 되는 순환론에 빠진다. 따라서 콰인은 종합 명제와 구분되는 분석 명제가 존재한다는 주장은 근거가 없다는 결론에 도달한다.

콰인은 분석 명제와 종합 명제로 지식을 엄격히 구분하는 대신, 경험과 직접 충돌하지 않는 중심부 지식과, 경험과 직접 충돌할 수 있는 주변부 지식을 상정한다. 경험과 직접 충돌하여 참과 거짓이 쉽게 바뀌는 주변부 지식과 달리 주변부 지식의 토대가 되는 중심부 지식은 상대적으로 견고하다. 그러나 이 둘의 경계를 명확히 나눌 수 없기 때문에, 콰인은 중심부 지식과 주변부 지식을 다른 종류라고 하지 않는다. 수학적 지식이나 논리학 지식은 중심부 지식의 한가운데에 있어 경험에서 가장 멀리 떨어져 있지만 그렇다고 경험과 무관한 것은 아니라는 것이다. 그런데 주변부 지식이 경험과 충돌하여 거짓으로 밝혀지면 전체 지식의 어느 부분을 수정해야 할지 고민하게 된다. 주변부 지식을 수정하면 전체 지식의 변화가 크지 않지만 중심부 지식을 수정하면 관련된 다른 지식이 많기 때문에 전체 지식도 크게 변화하게 된다. 그래서 대부분의 경우에는 주변부 지식을 수정하는 쪽을 선택하겠지만 실용적 필요 때문에 중심부 지식을 수정하는 경우도 있다. 그리하여 콰인은 중심부 지식과 주변부 지식이 원칙적으로 모두 수정의 대상이 될 수 있고, 지식의 변화도 더 이상 개별적 지식이 단순히 누적되는 과정이 아니라고 주장한다.

총체주의는 특정 가설에 대해 제기되는 반박이 결정적인 것처럼 보이더라도 그 가설이 실용적으로 필요하다고 인정되면 언제든 그와 같은 반박을 피하는 방법을 강구하여 그 가설을 받아들일 수 있다. 그러나 총체주의는 "A이면서 동시에 A가 아닐 수는 없다."와 같은 논리학의 법칙처럼 아무도 의심하지 않는 지식은 분석 명제로 분류해야 하는 것이 아니냐는 비판에 답해야 하는 어려움이 있다.

5 윗글을 바탕으로 할 때, ⊙과 ⓒ이 모두 '아니요'라고 답변할 질문은?

① 수학적 지식과 과학적 지식은 종류가 다른 것인가?

② 예측은 가설로부터 논리적으로 도출될 수 있는가?

③ 경험과 무관하게 참이 되는 지식이 존재하는가?

④ 경험을 통하지 않고 가설을 시험할 수 있는가?

⑤ 과학적 지식은 개별적으로 누적되는가?

6 윗글에 대해 이해한 내용으로 가장 적절한 것은?

① 포퍼가 제시한 과학적 방법에 따르면, 예측이 틀리지 않았을 경우보다는 맞을 경우에 그 예측을 도출한 가설이 지식으로 인정된다.

② 논리실증주의자에 따르면, "총각은 미혼의 성인 남성이다."가 분석 명제인 것은 총각을 한 명 한 명 조사해 보니 모두 미혼의 성인 남성으로 밝혀졌기 때문이다.

③ 콰인은 관찰과 실험에 의존하는 지식이 관찰과 실험에 의존하지 않는 지식과 근본적으로 다르다고 한다.

④ 콰인은 분석 명제가 무엇인지는 동의적 표현이란 무엇인지에 의존하고, 다시 이는 필연성 개념에, 필연성 개념은 다시 분석 명제 개념에 의존한다고 본다.

⑤ 콰인은 어떤 명제에, 의미가 다를 뿐만 아니라 서로 대체할 경우 그 명제의 참 또는 거짓이 바뀌는 표현을 사용할 수 있으면, 그 명제는 동어 반복 명제라고 본다.

약점 보완 해설집 p.34

- 풀이 시간: /12분
- 맞은 문제: /7문제

1 다음 글에서 알 수 있는 것은?

20 5급 공채 PSAT

고려 시대에는 불경에 나오는 장면이나 부처, 또는 보살의 형상을 그림으로 표현하는 일이 드물지 않았는데, 그러한 그림을 '불화'라고 부른다. 고려의 귀족들은 불화를 사들여 후손들에게 전해주면 대대로 복을 받는다고 믿었다. 이 때문에 귀족들 사이에서는 그림을 전문으로 그리는 승려로부터 불화를 구입해 자신의 개인 기도처인 원당에 걸어두는 행위가 유행처럼 번졌다.

고려의 귀족들이 승려들에게 주문한 불화는 다양했다. 극락의 모습을 표현한 불화도 있었고, 깨달음에 이르렀지만 중생의 고통을 덜어주기 위해 열반에 들어가기를 거부했다는 보살을 그린 것도 있었다. 부처를 소재로 한 불화도 많았다. 그런데 부처를 그리는 승려들은 대개 부처만 단독으로 그리지 않았다. 부처를 소재로 한 불화에는 거의 예외 없이 관음보살이나 지장보살 등과 같은 보살이 부처와 함께 등장했다. 잘 알려진 바와 같이 불교에서 신앙하는 부처는 한 분이 아니라 석가여래, 아미타불, 미륵불 등 다양하다. 이 부처들이 그려진 불화는 보통 위아래 2단으로 구성되어 있는데, 윗단에는 부처가 그려져 있고 아랫단에 보살이 그려져 있다. 어떤 미술사학자들은 이러한 배치 구도를 두고 신분을 구별하던 고려 사회의 분위기가 반영된 것이 아닌가 생각하기도 한다.

고려 불화의 크기는 다소 큰 편이다. 일례로 충선왕의 후궁인 숙창원비는 관음보살을 소재로 한 불화인 수월관음도를 주문 제작한 적이 있는데, 그 화폭이 세로 420cm, 가로 255cm에 달할 정도로 컸다. 그런데 관음보살을 그린 이 그림에도 아랫단에 보살을 우러러보는 중생이 작게 그려져 있다. 이렇게 윗단에는 보살을 배치하고 그 아래에 중생을 작게 그려 넣는 방식 역시, 신분을 구별하던 고려 사회의 분위기가 반영된 결과라고 보는 연구자가 적지 않다.

① 충선왕 때 숙창원비는 관음보살과 아미타불이 함께 등장하는 불화를 주문 제작해 왕궁에 보관했다.

② 고려 시대에는 승려들이 귀족의 주문을 받아 불화를 사찰에 걸어두고 그 후손들이 내세에 복을 받게 해달라고 기원했다.

③ 고려 시대에 그려진 불화에는 귀족으로 묘사된 석가여래가 그림의 윗단에 배치되어 있고, 아랫단에 평민 신분의 인물이 배치되어 있다.

④ 고려 시대에 그려진 불화의 크기가 큰 것은 당시 화가들 사이에 여러 명의 등장인물을 하나의 그림 안에 동시에 표현하는 관행이 자리 잡았기 때문이다.

⑤ 고려 시대의 불화 중 부처가 윗단에 배치되고 보살이 아랫단에 배치된 구도를 지닌 그림에는 신분을 구별하던 고려 사회의 분위기가 반영되어 있다고 보는 학자들이 있다.

2 다음 글에서 추론할 수 있는 것만을 <보기>에서 모두 고르면?

19 민경채 PSAT

생산자가 어떤 자원을 투입물로 사용해서 어떤 제품이나 서비스 등의 산출물을 만드는 생산과정을 생각하자. 산출물의 가치에서 생산하는 데 소요된 모든 비용을 뺀 것이 '순생산가치'이다. 생산자가 생산과정에서 투입물 1단위를 추가할 때 순생산가치의 증가분이 '한계순생산가치'이다. 경제학자 P는 이를 ⓐ '사적(私的) 한계순생산가치'와 ⓑ '사회적 한계순생산가치'로 구분했다.

사적 한계순생산가치란 한 기업이 생산과정에서 투입물 1단위를 추가할 때 그 기업에 직접 발생하는 순생산가치의 증가분이다. 사회적 한계순생산가치란 한 기업이 투입물 1단위를 추가할 때 발생하는 사적 한계순생산가치에 그 생산에 의해 부가적으로 발생하는 사회적 비용을 빼고 편익을 더한 것이다. 여기서 이 생산과정에서 부가적으로 발생하는 사회적 비용이나 편익에는 그 기업의 사적 한계순생산가치가 포함되지 않는다.

─── <보 기> ───

ㄱ. ⓐ의 크기는 기업의 생산이 사회에 부가적인 편익을 발생시키는지의 여부와 무관하게 결정된다.

ㄴ. 어떤 기업이 투입물 1단위를 추가할 때 사회에 발생하는 부가적인 편익이나 비용이 없는 경우, 이 기업이 야기하는 ⓐ와 ⓑ의 크기는 같다.

ㄷ. 기업 A와 기업 B가 동일한 투입물 1단위를 추가했을 때 각 기업에 의해 사회에 부가적으로 발생하는 비용이 같을 경우, 두 기업이 야기하는 ⓑ의 크기는 같다.

① ㄱ 　　　　② ㄷ 　　　　③ ㄱ, ㄴ 　　　　④ ㄴ, ㄷ 　　　　⑤ ㄱ, ㄴ, ㄷ

조선 시대에는 지체 높은 관리의 행차 때 하인들이 그 앞에 서서 꾸짖는 소리를 크게 내어 행차에 방해되는 사람을 물리쳤다. 이런 행위를 '가도'라 한다. 국왕의 행차 때 하는 가도는 특별히 '봉도'라고 불렸다. 가도는 잡인들의 통행을 막는 것이기도 했기 때문에 '벽제'라고도 했으며, 이때 하는 행위를 '벽제를 잡는다.'라고 했다. 가도를 할 때는 대체로 '물렀거라', '에라, 게 들어 섰거라'고 외쳤고, 왕이 행차할 때는 '시위~'라고 소리치는 것이 정해진 법도였다. <경도잡지>라는 문헌을 보면, 정1품관인 영의정, 좌의정, 우의정의 행차 때 내는 벽제 소리는 그리 크지 않았고, 그 행차 속도도 여유가 있었다고 한다. 행차를 느리게 하는 방식으로 그 벼슬아치의 위엄을 차렸다는 것이다. 그런데 삼정승 아래 벼슬인 병조판서의 행차 때 내는 벽제 소리는 날래고 강렬했다고 한다. 병조판서의 행차답게 소리를 크게 냈다는 것이다.

애초에 가도는 벼슬아치가 행차하는 길 앞에 있는 위험한 것을 미리 치우기 위한 행위였다. 그런데 나중에는 행차 앞에 방해되는 자가 없어도 위엄을 과시하는 관례로 굳어졌다. 가도 소리를 들으면 지나가는 사람은 멀리서도 냉큼 꿇어앉아야 했다. 그 소리를 듣고도 모른 척하면 엄벌을 면치 못했다. 벼슬아치를 경호하는 관원들은 행차가 지나갈 때까지 이런 자들을 눈에 띄지 않는 곳에 가둬 두었다가 행차가 지나간 뒤 몽둥이로 마구 때렸다. 그러니 서민들로서는 벼슬아치들의 행차를 피해 다른 길로 통행하는 것이 상책이었다.

서울 종로의 피맛골은 바로 조선 시대 서민들이 종로를 오가는 벼슬아치들의 행차를 피해 오가던 뒷골목이었다. 피맛골은 서울의 숱한 서민들이 종로 근방에 일이 있을 때마다 오가던 길이었고, 그 좌우에는 허름한 술집과 밥집도 많았다. 피마란 원래 벼슬아치들이 길을 가다가 자기보다 높은 관리를 만날 때, 말에서 내려 길옆으로 피해 경의를 표하는 행위를 뜻하는 말이다. 그런데 신분이 낮은 서민들은 벼슬아치들의 행차와 그 가도를 피하기 위해 뒷골목으로 다니는 행위를 '피마'라 불렀다. 피맛골은 서민들의 입장에서 볼 때 자유롭게 통행할 수 있는 일종의 해방구였던 셈이다.

① 삼정승 행차보다 병조판서 행차 때의 벽제 소리가 더 컸다.

② 봉도란 국왕이 행차한다는 소리를 듣고 꿇어앉는 행위를 뜻한다.

③ 벼슬아치가 행차할 때 잡인들의 통행을 막으면서 서민들에 대한 감시가 증가했다.

④ 조선 시대에 신분이 낮은 서민들은 피마라는 용어를 말에서 내려 길을 피한다는 의미로 바꿔 썼다.

⑤ 가도는 주로 서울을 중심으로 행해졌기 때문에 벼슬아치들의 행차를 피하기 위해 형성된 장소도 서울에만 있다.

4 다음 글에서 알 수 있는 것은?

조선 왕조가 개창될 당시에는 승려에게 군역을 부과하지 않는 것이 상례였는데, 이를 노리고 승려가 되어 군역을 피하는 자가 많았다. 태조 이성계는 이를 막기 위해 국왕이 되자마자 앞으로 승려가 되려는 자는 빠짐없이 일종의 승려 신분증인 도첩을 발급받으라고 명했다. 그는 도첩을 받은 자만 승려가 될 수 있으며 도첩을 신청할 때는 반드시 면포 150필을 내야 한다는 규정을 공포했다. 그런데 평범한 사람이 면포 150필을 마련하기란 쉽지 않았다. 이 때문에 도첩을 위조해 승려 행세하는 자들이 생겨났다.

태종은 이 문제를 해결하고자 즉위한 지 16년째 되는 해에 담당 관청으로 하여금 도첩을 위조해 승려 행세하는 자를 색출하게 했다. 이처럼 엄한 대응책 탓에 도첩을 위조해 승려 행세하는 사람은 크게 줄어들었다. 하지만 정식으로 도첩을 받은 후 승려 명부에 이름만 올려놓고 실제로는 승려 생활을 하지 않는 부자가 많은 것이 드러났다. 이런 자들은 불교 지식도 갖추지 않은 것으로 나타났다. 태종과 태종의 뒤를 이은 세종은 태조가 세운 방침을 준수할 뿐 이 문제에 대해 특별한 대책을 내놓지 않았다.

세조는 이 문제를 해결하기 위해 즉위하자마자 담당 관청에 대책을 세우라고 명했다. 그는 수년 후 담당 관청이 작성한 방안을 바탕으로 새 규정을 시행하였다. 이 방침에는 도첩을 신청한 자가 내야 할 면포 수량을 30필로 낮추되 불교 경전인 심경, 금강경, 살달타를 암송하는 자에게만 도첩을 준다는 내용이 있었다. 세조의 뒤를 이은 예종은 규정을 고쳐 도첩 신청자가 납부해야 할 면포 수량을 20필 더 늘리고, 암송할 불경에 법화경을 추가하였다. 이처럼 기준이 강화되자 도첩 신청자 수가 줄어들었다. 이에 성종 때에는 세조가 정한 규정으로 돌아가자는 주장이 나왔다. 하지만 성종은 이를 거부하고, 예종 때 만들어진 규정을 그대로 유지했다.

① 태종은 도첩을 위조해 승려가 된 자를 색출한 후 면포 30필을 내게 했다.

② 태조는 자신이 국왕이 되기 전부터 승려였던 자들에게 면포 150필을 일괄적으로 거두어들였다.

③ 세조가 즉위한 해부터 심경, 금강경, 살달타를 암송한 자에게만 도첩을 발급한다는 규정이 시행되었다.

④ 성종은 법화경을 암송할 수 있다는 사실을 인정받은 자가 면포 20필을 납부할 때에만 도첩을 내주게 했다.

⑤ 세종 때 도첩 신청자가 내도록 규정된 면포 수량은 예종 때 도첩 신청자가 내도록 규정된 면포 수량보다 많았다.

능숙한 독자는 어떤 능력과 태도를 지니고 있을까? 능숙한 독자는 글의 의미를 이해하고 재구성하기 위해 배경지식을 효과적으로 활용하는 능력을 지닌다. 배경지식은 독자의 기억 속에 존재하는 구조화된 경험과 지식의 총체이다. 능숙한 독자는 읽을 글과 관련한 배경지식을 활성화한 후, 이를 활용해 글의 내용을 정확히 이해한다. 그런데 능숙한 독자라도 배경지식이 부족해 내용이 잘 이해되지 않는 부분을 만날 수 있다. 이 경우 능숙한 독자는 글의 읽기를 중단하지 않고 글의 전후 맥락을 고려해 글의 의미를 구성한다. 그리고 필요하면 참고 자료를 찾아 관련 부분에 대한 이해를 확충한다.

능숙한 독자는 독서를 준비할 때 읽을 글의 특성을 분석하고 자신의 독서 역량을 점검하는 태도를 지닌다. 그리고 독서 목적의 달성에 필요한 독서 전략을 세운다. 그런데 막상 독서를 하다 보면 글의 특성이 예상과 다를 수 있고, 독서 환경이 변할 수도 있다. 능숙한 독자는 달라진 독서 상황을 파악하여 그에 적합한 새로운 독서 전략을 적용하고 독서 행위를 조절한다. 그리고 독서 후에는 자신이 독서의 목적과 글의 특성에 맞게 독서를 했는지를 성찰하여 평가한다.

[A] ┌ 우리 선조들도 경서를 읽으려는 독자에게 일정한 능력과 태도를 지녀야 한다고 강조했다. 경서를 읽는 목적은 글
　　│ 에 담긴 이치를 통해 모든 일의 섭리를 깨우칠 수 있는 경지에 이르는 것인데, 경서는 필자가 전달하려는 내용이 압
　　│ 축되어 있어 그 속에 담긴 의미를 쉽게 파악하기 어렵다. 따라서 일단 글의 내용에 익숙해지기 위해 반복적으로 읽
　　│ 는 독서 전략을 운용했다. 그 후에 독자는 이전과는 달라진 자신의 상태를 고려하여 새로운 독서 방법을 적용했고,
　　└ 적극적으로 배경지식을 활용하는 등의 새로운 전략을 운용했다.

능숙한 독자는 한 편의 글을 완전하게 이해하는 데 그치지 않고 지속적인 독서 활동을 지향한다. 꾸준히 자신의 독서 이력을 점검하고 앞으로 읽을 독서 목록을 정리하여 자발적이고 균형 있는 독서를 생활화한다. 그리고 독서 경험을 통해 얻은 지식과 지혜를 자신과 사회 문제의 해결에 적극적으로 활용한다.

5 윗글의 능숙한 독자에 대한 설명으로 적절하지 <u>않은</u> 것은?

① 글을 읽기 전에 읽을 글의 특성을 파악하고 자신의 독서 능력을 점검한다.

② 글을 읽는 도중에 글과 관련한 배경지식을 활용하여 글의 내용을 정확히 이해한다.

③ 글을 읽는 도중에 독서 환경이 변했다면 변한 환경에 어울리는 독서 전략으로 수정한다.

④ 글을 읽는 도중에 글의 내용이 이해되지 않는 부분에서는 전후 맥락을 고려한 글 읽기를 지양한다.

⑤ 글 읽기를 마친 후에 독서 목적과 글의 특성에 맞는 독서를 했는지 평가한다.

6 [A]와 관련하여 <보기>를 이해한 내용으로 적절하지 <u>않은</u> 것은?

<보 기>

너는 모쪼록 지금부터 경전을 읽되 미리 의심을 일으키지 말고 오직 많이 읽도록 노력하고, 읽기가 이미 완숙하게 되면 또 반드시 활법*을 써서 마음을 활발한 경지에 두어 모든 선입견을 놓아 버린 평정한 상태로 조금의 고집이 없도록 해야 한다. 그런 다음 비로소 이미 알고 있는 것에 따라 더욱 궁구하여, 오늘 하나의 문제가 시원하게 뚫리고 내일 하나의 문제가 부드럽게 풀리게 될 것이다.

- 정조, 「고식」-

※ 활법(活法): 독창적인 생각으로 유연하게 변화시키는 것

① '오직 많이 읽도록 노력하'여야 한다는 것은 글의 내용에 익숙해지기 위해 운용해야 할 독서 전략을 밝힌 것이로군.

② '반드시 활법을 써'야 한다는 것은 독자가 이전과 달라진 자신의 상태를 고려하여 새롭게 적용할 독서 방법을 제시한 것이로군.

③ '조금의 고집이 없도록 해'야 한다는 것은 자신의 독서 방법을 고수하기보다 기존의 해석에 따라서만 글의 의미를 이해하라고 제안한 것이로군.

④ '이미 알고 있는 것에 따라 더욱 궁구하'라는 것은 적극적으로 배경지식을 활용하여 글에 담긴 이치를 깨달으라고 권유한 것이로군.

⑤ '오늘 하나의 문제가 시원하게 뚫리고 내일 하나의 문제가 부드럽게 풀리'게 되는 것은 독서 목적을 달성했을 때 얻을 수 있는 효과를 나타낸 것이로군.

7 다음은 윗글을 읽은 학생의 반응이다. 이에 대한 설명으로 가장 적절한 것은?

'독서 교육 종합 지원 시스템'에 접속하여 지금까지 읽었던 책을 분야별로 정리해 보았어. 다양한 분야의 책을 꾸준히 읽었다고 생각했는데, 대부분이 과학이나 기술 관련 책이었어. 앞으로는 그동안 읽지 않았던 분야인 인문이나 사회 관련 책도 열심히 읽어야겠어.

① 자신의 독서 이력을 점검하고 균형 있는 독서를 계획하고 있다.

② 독서 목적의 달성을 위해 전문가의 조언을 구하려 하고 있다.

③ 지금까지의 독서 생활이 지속적이지 않음을 반성하며 독서의 생활화 방안을 모색하고 있다.

④ 독서를 통해 얻은 지식의 유용성을 파악하여 자신과 사회의 문제를 해결하는 데 활용하고 있다.

⑤ 독서 경험이 자신의 독서 역량에 미친 긍정적 영향을 분석하여 새로운 독서 목록을 작성하고 있다.

약점 보완 해설집 p.37

• 풀이 시간: /12분
• 맞은 문제: /7문제

1 다음 글에서 알 수 있는 것은?

20 민경채 PSAT

도덕에 관한 이론인 정서주의는 언어 사용의 세 가지 목적에 주목한다. 첫째, 화자가 청자에게 정보를 전달하는 목적이다. 예를 들어, "세종대왕은 조선의 왕이다."라는 문장은 참 혹은 거짓을 판단할 수 있는 정보를 전달하고 있다. 둘째, 화자가 청자에게 행위를 하도록 요구하는 목적이다. "백성을 사랑하라."라는 명령문 형식의 문장은 청자에게 특정한 행위를 요구한다. 셋째, 화자의 태도를 청자에게 표현하는 목적이다. "세종대왕은 정말 멋져!"라는 감탄문 형식의 문장은 세종대왕에 대한 화자의 태도를 표현하고 있다.

정서주의자들은 도덕적 언어를 정보 전달의 목적으로 사용하는 것이 아니라, 사람의 행위에 영향을 주거나 자신의 태도를 표현하는 목적으로 사용한다고 말한다. "너는 거짓말을 해서는 안 된다."라고 말한다면, 화자는 청자가 그러한 행위를 하지 못하게 하려는 것이다. 따라서 이러한 진술은 정보를 전달하는 것이 아니라, "거짓말을 하지 마라."라고 명령하는 것이다.

정서주의자들에 따르면 태도를 표현하는 목적으로 도덕적 언어를 사용하는 것은 태도를 보고하는 것이 아니다. 만약 "나는 세종대왕을 존경한다."라고 말한다면 이 말은 화자가 세종대왕에 대해 긍정적인 태도를 지니고 있다는 사실을 보고하는 것이다. 즉, 이는 참 혹은 거짓을 판단할 수 있는 정보를 전달하는 문장이다. 반면, "세종대왕은 정말 멋져!"라고 외친다면 화자는 결코 어떤 종류에 관한 사실을 전달하거나, 태도를 갖고 있다고 보고하는 것이 아니다. 이는 화자의 세종대왕에 대한 태도를 표현하고 있는 것이다.

① 정서주의에 따르면 화자의 태도를 표현하는 문장은 참이거나 거짓이다.

② 정서주의에 따르면 도덕적 언어는 화자의 태도를 보고하는 데 사용된다.

③ 정서주의에 따르면 "세종대왕은 한글을 창제하였다."는 참도 거짓도 아니다.

④ 정서주의에 따르면 언어 사용의 가장 중요한 목적은 정보를 전달하는 것이다.

⑤ 정서주의에 따르면 도덕적 언어의 사용은 명령을 하거나 화자의 태도를 표현하기 위한 것이다.

2 다음 글에서 알 수 있는 것은?

> 1996년 미국, EU 및 캐나다는 일본에서 위스키의 주세율이 소주에 비해 지나치게 높다는 이유로 일본을 WTO에 제소했다. WTO 패널은 제소국인 미국, EU 및 캐나다의 손을 들어주었다. 이 판정을 근거로 미국과 EU는 한국에 대해서도 소주와 위스키의 주세율을 조정해줄 것을 요구했는데, 받아들여지지 않자 한국을 WTO에 제소했다. 당시 소주의 주세율은 증류식이 50%, 희석식이 35%였는데, 위스키의 주세율은 100%로 소주에 비해 크게 높았다. 한국에 위스키 원액을 수출하던 EU는 1997년 4월에 한국을 제소했고, 5월에는 미국도 한국을 제소했다. 패널은 1998년 7월에 한국의 패소를 결정했다.
>
> 패널의 판정은, 소주와 위스키가 직접적인 경쟁 관계에 있고 동시에 대체 관계가 존재하므로 국산품인 소주에 비해 수입품인 위스키에 높은 주세율을 적용하고 있는 한국의 주세 제도가 WTO 협정의 내국민대우 조항에 위배된다는 것이었다. 그리고 3개월 후 한국이 패널의 판정에 대해 상소했으나 상소 기구에서 패널의 판정이 그대로 인정되었다. 따라서 한국은 소주와 위스키 간 주세율의 차이를 해소해야 했는데, 그 방안은 위스키의 주세를 낮추거나 소주의 주세를 올리는 것이었다. 당시 어느 것이 옳은가에 대한 논쟁이 적지 않았다. 결국 소주의 주세율은 올리고 위스키의 주세율은 내려서, 똑같이 72%로 맞추는 방식으로 2000년 1월 주세법을 개정하여 차이를 해소했다.

① WTO 협정에 따르면, 제품 간 대체 관계가 존재하면 세율이 같아야 한다.

② 2000년 주세법 개정 결과 희석식 소주가 증류식 소주보다 주세율 상승폭이 컸다.

③ 2000년 주세법 개정 이후 소주와 위스키의 세금 총액은 개정 전에 비해 증가하였다.

④ 미국, EU 및 캐나다는 일본과의 WTO 분쟁 판정 결과를 근거로 한국에서도 주세율을 조정하고자 했다.

⑤ 한국의 소주와 위스키의 주세율을 일본과 동일하게 하라는 권고가 WTO 패널의 판정에 포함되어 있다.

조선왕조실록은 조선 시대 국왕의 재위 기간에 있었던 중요 사건들을 정리한 기록물로 역사적인 가치가 크다. 이에 유네스코는 태조부터 철종까지의 시기에 있었던 사건들이 담긴 조선왕조실록 총 1,893권, 888책을 세계 기록 유산으로 등재하였다.

실록의 간행 과정은 상당히 길고 복잡했다. 먼저, 사관이 국왕의 공식적 언행과 주요 사건을 매일 기록하여 사초를 만들었다. 그 국왕의 뒤를 이어 즉위한 새 왕은 전왕(前王)의 실록을 만들기 위해 실록청을 세웠다. 이 실록청은 사초에 담긴 내용을 취사선택해 실록을 만든 후 해산하였다. 이렇게 만들어진 실록은 전왕의 묘호(廟號)를 붙여 '○○실록'이라고 불렀다. 이런 식으로 일이 진행되다 보니 철종실록이 고종 때에 간행되었던 것이다.

한편 정변으로 왕이 바뀌었을 때에는 그 뒤를 이은 국왕이 실록청 대신 일기청을 설치하여 물러난 왕의 재위 기간에 있었던 일을 '○○○일기(日記)'라는 명칭으로 정리해 간행했다. 인조 때 광해군실록이 아니라 광해군일기가 간행된 것은 바로 이 때문이다. '일기'는 명칭만 '실록'이라고 부르지 않을 뿐 간행 과정은 그와 동일했다. 그렇기 때문에 '일기'도 세계 기록 유산으로 등재된 조선왕조실록에 포함된 것이다. 단종실록은 특이한 사례에 해당된다. 단종은 계유정난으로 왕위에서 쫓겨난 후에 노산군으로 불렸고, 그런 이유로 세조 때 노산군일기가 간행되었다. 그런데 숙종 24년(1698)에 노산군이 단종으로 복위된 후로 노산군일기를 단종실록으로 고쳐 부르게 되었다.

조선 후기 붕당 간의 대립은 실록 내용에도 영향을 미쳤다. 선조 때 동인과 서인이라는 붕당이 등장한 이래, 선조의 뒤를 이은 광해군과 인조 때까지만 해도 붕당 간 대립이 심하지 않았다. 그러나 인조의 뒤를 이어 효종, 현종, 숙종이 연이어 왕위에 오르는 과정에서 붕당 간 대립이 심해졌다. 효종 때부터는 집권 붕당이 다른 붕당을 폄훼하기 위해 이미 만들어져 있는 실록을 수정해 간행하는 일이 벌어졌다. 수정된 실록에는 원래의 실록과 구분해 '○○수정실록'이라는 명칭을 따로 붙였다.

① 효종실록은 현종 때 설치된 실록청이 간행했을 것이다.

② 노산군일기는 숙종 때 설치된 일기청이 간행했을 것이다.

③ 선조수정실록은 광해군 때 설치된 실록청이 간행했을 것이다.

④ 고종실록은 세계 기록 유산으로 등재된 조선왕조실록에 포함되어 있을 것이다.

⑤ 광해군일기는 세계 기록 유산으로 등재된 조선왕조실록에 포함되어 있지 않을 것이다.

4 다음 글에서 알 수 <u>없는</u> 것은?

생체에서 신호물질로 작용하는 것에는 기체 형태의 신호물질이 있다. 이 신호물질이 작용하는 표적세포는 신호물질을 만든 세포에 인접한 세포 중 신호물질에 대한 수용체를 가지고 있는 것이다. 이 신호물질과 수용체의 결합은 표적세포의 구조적 상태를 변화시키고 결국 이 세포가 있는 표적조직의 상태를 변화시켜 생리적 현상을 유도한다.

대표적인 기체 형태의 신호물질인 산화질소는 다음과 같은 경로를 통해 작용한다. 먼저 표적조직의 상태를 변화시켜 생리적 현상을 유도하는 자극이 '산화질소 합성효소'를 가지고 있는 세포에 작용한다. 이에 그 세포 안에 있는 산화질소 합성효소가 활성화된다. 활성화된 산화질소 합성효소는 그 세포 내에 있는 아르기닌과 산소로부터 산화질소를 생성하는 화학반응을 일으킨다. 만들어진 산화질소는 인접한 표적세포에 있는 수용체와 결합하여 표적세포 안에 있는 'A 효소'를 활성화시킨다. 활성화된 A 효소는 표적세포 안에서 cGMP를 생성하고, cGMP는 표적세포의 상태를 변하게 한다. 결국 표적세포의 구조적 상태가 변함에 따라 표적세포를 가지고 있는 조직의 상태가 변하게 된다.

혈관의 팽창은 산화질소에 의해 일어나는 대표적인 생리적 현상이다. 혈관에서 혈액이 흐르는 공간은 내피세포로 이루어진 내피세포층이 감싸고 있다. 이 내피세포층의 바깥쪽은 혈관 평활근세포로 된 혈관 평활근육 조직이 감싸고 있다. 혈관이 팽창되기 위해 먼저 혈관의 내피세포는 혈관의 팽창을 유도하는 자극을 받는다. 이 내피세포에서는 산화질소가 만들어지고, 산화질소는 혈관 평활근세포에 작용하여 세포 내에서 cGMP를 생성한다. cGMP의 작용으로 수축되어 있던 혈관 평활근세포가 이완되고 결국에 혈관 평활근육 조직이 이완되면서 혈관이 팽창하게 된다. 이와 같은 산화질소의 기능 때문에 산화질소를 내피세포 - 이완인자라고도 한다.

① cGMP는 혈관 평활근육 조직의 상태를 변화시킨다.

② 혈관의 내피세포는 산화질소 합성효소를 가지고 있다.

③ 혈관 평활근세포에서 A 효소가 활성화되면 혈관 팽창이 일어난다.

④ A 효소는 표적세포에서 아르기닌과 산소로부터 산화질소를 생성시킨다.

⑤ 혈관 평활근세포는 내피세포 - 이완인자에 대한 수용체를 가지고 있다.

(가)

　한국, 중국 등 동아시아 사회에서 오랫동안 유지되었던 과거제는 세습적 권리와 무관하게 능력주의적인 시험을 통해 관료를 선발하는 제도라는 점에서 합리성을 갖추고 있었다. 정부의 관직을 두고 정기적으로 시행되는 공개 시험인 과거제가 도입되어, 높은 지위를 얻기 위해서는 신분이나 추천보다 시험 성적이 더욱 중요해졌다.

　명확하고 합리적인 기준에 따른 관료 선발 제도라는 공정성을 바탕으로 과거제는 보다 많은 사람들에게 사회적 지위 획득의 기회를 줌으로써 개방성을 제고하여 사회적 유동성 역시 증대시켰다. 응시 자격에 일부 제한이 있었다 하더라도, 비교적 공정한 제도였음은 부정하기 어렵다. 시험 과정에서 ㉠ 익명성의 확보를 위한 여러 가지 장치를 도입한 것도 공정성 강화를 위한 노력을 보여 준다.

　과거제는 여러 가지 사회적 효과를 가져왔는데, 특히 학습에 강력한 동기를 제공함으로써 교육의 확대와 지식의 보급에 크게 기여했다. 그 결과 통치에 참여할 능력을 갖춘 지식인 집단이 폭넓게 형성되었다. 시험에 필요한 고전과 유교 경전이 주가 되는 학습의 내용은 도덕적인 가치 기준에 대한 광범위한 공유를 이끌어 냈다. 또한 최종 단계까지 통과하지 못한 사람들에게도 국가가 여러 특권을 부여하고 그들이 지방 사회에 기여하도록 하여 경쟁적 선발 제도가 가져올 수 있는 부작용을 완화하고자 노력했다.

　동아시아에서 과거제가 천 년이 넘게 시행된 것은 과거제의 합리성이 사회적 안정에 기여했음을 보여 준다. 과거제는 왕조의 교체와 같은 변화에도 불구하고 동질적인 엘리트층의 연속성을 가져왔다. 그리고 이러한 연속성은 관료 선발 과정뿐 아니라 관료제에 기초한 통치의 안정성에도 기여했다.

　과거제를 장기간 유지한 것은 세계적으로 드문 현상이었다. 과거제에 대한 정보는 선교사들을 통해 유럽에 전해져 많은 관심을 불러일으켰다. 일군의 유럽 계몽사상가들은 학자의 지식이 귀족의 세습적 지위보다 우위에 있는 체제를 정치적인 합리성을 갖춘 것으로 보았다. 이러한 관심은 사상적 동향뿐 아니라 실질적인 사회 제도에까지 영향을 미쳐서, 관료 선발에 시험을 통한 경쟁이 도입되기도 했다.

(나)

　조선 후기의 대표적인 관료 선발 제도 개혁론인 유형원의 공거제 구상은 능력주의적, 결과주의적 인재 선발의 약점을 극복하려는 의도와 함께 신분적 세습의 문제점도 의식한 것이었다. 중국에서는 17세기 무렵 관료 선발에서 세습과 같은 봉건적인 요소를 부분적으로 재도입하려는 개혁론이 등장했다. 고염무는 관료제의 상층에는 능력주의적 제도를 유지하되, 지방관인 지현들은 어느 정도의 검증 기간을 거친 이후 그 지위를 평생 유지시켜 주고 세습의 길까지 열어 놓는 방안을 제안했다. 황종희는 지방의 관료가 자체적으로 관리를 초빙해서 시험한 후에 추천하는 '벽소'와 같은 옛 제도를 되살리는 방법으로 과거제를 보완하자고 주장했다.

　이러한 개혁론은 갑작스럽게 등장한 것이 아니었다. 과거제를 시행했던 국가들에서는 수백 년에 걸쳐 과거제를 개선하라는 압력이 있었다. 시험 방식이 가져오는 부작용들은 과거제의 중요한 문제였다. 치열한 경쟁은 학문에 대한 깊이 있는 학습이 아니라 합격만을 목적으로 하는 형식적 학습을 하게 만들었고, 많은 인재들이 수험 생활에 장기간 매달리면서 재능을 낭비하는 현상도 낳았다. 또한 학습 능력 이외의 인성이나 실무 능력을 평가할 수 없다는 이유로 시험의 ㉡ 익명성에 대한 회의도 있었다.

　과거제의 부작용에 대한 인식은 과거제를 통해 임용된 관리들의 활동에 대한 비판적 시각으로 연결되었다. 능력주의적 태도는 시험뿐 아니라 관리의 업무에 대한 평가에도 적용되었다. 세습적이지 않으면서 몇 년의 임기마다 다른 지역으로 이동하는 관리들은 승진을 위해서 빨리 성과를 낼 필요가 있었기에, 지역 사회를 위해 장기적인 전망을 가지고 정책을 추진하기보다 가시적이고 단기적인 결과만을 중시하는 부작용을 가져왔다. 개인적 동기가 공공성과 상충되는 현상이 나타났던 것이다. 공동체 의식의 약화 역시 과거제의 부정적 결과로 인식되었다. 과거제 출신의 관리들이 공동체에 대한 소속감이 낮고 출세 지향적이기 때문에 세습 엘리트나 지역에서 천거된 관리에 비해 공동체에 대한 충성심이 약했던 것이다.

과거제가 지속되는 시기 내내 과거제 이전에 대한 향수가 존재했던 것은 그 외의 정치 체제를 상상하기 어려웠던 상황에서, 사적이고 정서적인 관계에서 볼 수 있는 소속감과 충성심을 과거제로 확보하기 어렵다는 판단 때문이었다. 봉건적 요소를 도입하여 과거제를 보완하자는 주장은 단순히 복고적인 것이 아니었다. 합리적인 제도가 가져온 역설적 상황을 역사적 경험과 주어진 사상적 자원을 활용하여 보완하고자 하는 시도였다.

5 (가)와 (나)의 서술 방식으로 가장 적절한 것은?

① (가)와 (나) 모두 특정 제도가 사회에 미친 영향을 인과적으로 서술하고 있다.

② (가)와 (나) 모두 특정 제도를 분석하는 두 가지 이론을 구분하여 소개하고 있다.

③ (가)는 (나)와 달리 구체적 사상가들의 견해를 언급하며 특정 제도에 대한 관점을 드러내고 있다.

④ (나)는 (가)와 달리 특정 제도에 대한 선호와 비판의 근거들을 비교하면서 특정 제도의 특징을 제시하고 있다.

⑤ (가)는 특정 제도의 발전을 통시적으로, (나)는 특정 제도에 대한 학자들의 상반된 입장을 공시적으로 언급하고 있다.

6 (가)의 내용과 일치하지 <u>않는</u> 것은?

① 시험을 통한 관료 선발 제도는 동아시아뿐만 아니라 유럽에서도 실시되었다.

② 과거제는 폭넓은 지식인 집단을 형성하여 관료제에 기초한 통치에 기여했다.

③ 과거 시험의 최종 단계까지 통과하지 못한 사람도 국가로부터 혜택을 받을 수 있었다.

④ 경쟁을 바탕으로 한 과거제는 더 많은 사람들이 지방의 관료에 의해 초빙될 기회를 주었다.

⑤ 귀족의 지위보다 학자의 지식이 우위에 있는 체제가 합리적이라고 여긴 계몽사상가들이 있었다.

7 (가)와 (나)를 참고하여 ㉠과 ㉡을 이해한 내용으로 가장 적절한 것은?

① ㉠은 모든 사람에게 응시 기회를 보장했지만, ㉡은 결과주의의 지나친 확산에서 비롯되었다.

② ㉠은 정치적 변화에도 사회적 안정을 보장했지만, ㉡은 대대로 관직을 물려받는 문제에서 비롯되었다.

③ ㉠은 지역 공동체의 전체 이익을 증진시켰지만, ㉡은 지나친 경쟁이 유발한 국가 전체의 비효율성에서 비롯되었다.

④ ㉠은 사회적 지위 획득의 기회를 확대하는 데 기여했지만, ㉡은 관리 선발 시 됨됨이 검증의 곤란함에서 비롯되었다.

⑤ ㉠은 관료들이 지닌 도덕적 가치 기준의 다양성을 확대했지만, ㉡은 사적이고 정서적인 관계 확보의 어려움에서 비롯되었다.

약점 보완 해설집 p.40

• 풀이 시간: /10분
• 맞은 문제: /6문제

1 다음 글에서 알 수 <u>없는</u> 것은?

19 5급 공채 PSAT

개항 이후 나타난 서양식 건축물은 양관(洋館)이라고 불렸다. 양관은 우리의 전통 건축 양식보다는 서양식 건축 양식에 따라 만들어진 건축물이었다. 정관헌(靜觀軒)은 대한제국 정부가 경운궁에 지은 대표적인 양관이다. 이 건축물은 고종의 연희와 휴식 장소로 쓰였는데, 한때 태조와 고종 및 순종의 영정을 이곳에 모셨다고 한다.

정관헌은 중앙의 큰 홀과 부속실로 구성되어 있으며 중앙홀 밖에는 회랑이 설치되어 있다. 이 건물의 외형은 다음과 같은 점에서 상당히 이국적이다. 우선 처마가 밖으로 길게 드러나 있지 않다. 또한 바깥쪽의 서양식 기둥과 함께 붉은 벽돌이 사용되었고, 회랑과 바깥 공간을 구분하는 난간은 화려한 색채를 띠며 내부에는 인조석으로 만든 로마네스크풍의 기둥이 위치해 있다.

그럼에도 불구하고 이 건물에서 우리 건축의 맛이 느껴지는 것은 서양에서 사용하지 않는 팔작지붕의 건물이라는 점과 회랑의 난간에 소나무와 사슴, 그리고 박쥐 등의 형상이 보이기 때문이다. 소나무와 사슴은 장수를, 박쥐는 복을 상징하기에 전통적으로 즐겨 사용되는 문양이다. 비록 서양식 정자이지만 우리의 문화와 정서가 녹아들어 있는 것이다. 물론 이 건물에는 이국적인 요소가 많다. 회랑을 덮고 있는 처마를 지지하는 바깥 기둥은 전형적인 서양식 기둥의 모습이다. 이 기둥은 19세기 말 서양의 석조 기둥이 철제 기둥으로 바뀌는 과정에서 갖게 된 날렵한 비례감을 지니고 있다. 이 때문에 그리스의 도리아, 이오니아, 코린트 기둥의 안정감 있는 비례감에 익숙한 사람들에게는 다소 어색해 보이기도 한다.

그런데 정관헌에는 서양과 달리 철이 아닌 목재가 바깥 기둥의 재료로 사용되었다. 이는 당시 정부가 철을 자유롭게 사용할 수 있을 정도의 재정적 여력을 갖지 못했기 때문이다. 정관헌의 바깥 기둥 윗부분에는 대한제국을 상징하는 오얏꽃 장식이 선명하게 자리 잡고 있다. 정관헌은 건축적 가치가 큰 궁궐 건물이었지만 규모도 크지 않고 가벼운 용도로 지어졌기 때문에 그동안 소홀히 취급되어 왔다.

① 정관헌의 바깥 기둥은 서양식 철 기둥 모양을 하고 있지만 우리 문화와 정서를 반영하기 위해 목재를 사용하였다.

② 정관헌의 난간에 보이는 동식물과 바깥 기둥에 보이는 꽃 장식은 상징성을 지니고 있다.

③ 정관헌은 그 규모와 용도 때문에 건축물로서 지닌 가치에 걸맞은 취급을 받지 못했다.

④ 정관헌에 사용된 서양식 기둥과 붉은 벽돌은 정관헌을 이국적으로 보이게 한다.

⑤ 정관헌은 동서양의 건축적 특징이 조합된 양관으로서 궁궐 건물이었다.

인간이 부락집단을 형성하고 인간의 삶 전체가 반영된 이야기가 시작되었을 때부터 설화가 존재하였다. 설화에는 직설적인 표현도 있지만, 풍부한 상징성을 가진 것이 많다. 이 이야기들에는 민중이 믿고 숭상했던 신들에 관한 신성한 이야기인 신화, 현장과 증거물을 중심으로 엮은 역사적인 이야기인 전설, 민중의 욕망과 가치관을 보여주는 허구적 이야기인 민담이 있다. 설화 속에는 원(願)도 있고 한(恨)도 있으며, 아름답고 슬픈 사연도 있다. 설화는 한 시대의 인간들의 삶과 문화이며 바로 그 시대에 살았던 인간의식 그 자체이기에 설화 수집은 중요한 일이다.

상주지방에 전해오는 '공갈못설화'를 놓고 볼 때 공갈못의 생성은 과거 우리의 농경사회에서 중요한 역사적 사건으로서 구전되고 인식되었지만, 이에 관한 당시의 문헌 기록은 단 한 줄도 전해지지 않고 있다. 이는 당시 신라의 지배층이나 관의 입장에서 공갈못 생성에 관한 것이 기록할 가치가 있는 정치적 사건은 아니라는 인식을 보여준다. 공갈못 생성은 다만 농경생활에 필요한 농경민들의 사건이었던 것이다.

공갈못 관련 기록은 조선 시대에 와서야 발견된다. 이에 따르면 공갈못은 삼국시대에 형성된 우리나라 3대 저수지의 하나로 그 중요성이 인정되었다. 당대에 기록되지 못하고 한참 후에서야 단편적인 기록들만이 전해진 것이다. 일본은 고대 역사를 제대로 정리한 기록이 없는데도 주변에 흩어진 기록과 구전(口傳)을 모아 <일본서기>라는 그럴싸한 역사책을 완성하였다. 이 점을 고려할 때 역사성과 현장성이 있는 전설을 가볍게 취급해서는 결코 안 된다. 이러한 의미에서 상주지방에 전하는 지금의 공갈못에 관한 이야기도 공갈못 생성의 증거가 될 수 있는 역사성을 가진 귀중한 자료인 것이다.

① 공갈못설화는 전설에 해당한다.

② 설화가 기록되기 위해서는 원이나 한이 배제되어야 한다.

③ 삼국의 사서에는 농경생활 관련 사건이 기록되어 있지 않다.

④ 한국의 3대 저수지 생성 사건은 조선 시대에 처음 기록되었다.

⑤ 조선과 일본의 역사기술 방식의 차이는 전설에 대한 기록 여부에 있다.

　　함경도 경원부의 두만강 건너편 북쪽에 살던 여진족은 조선을 자주 침략하다가 태종 때 서쪽으로 이동해 명이 다스리는 요동의 봉주라는 곳까지 갔다. 그곳에 정착한 여진족은 한동안 조선을 침략하지 않았다. 한편 명은 봉주에 나타난 여진족을 통제하고자 건주위라는 행정단위를 두고, 여진족 추장을 책임자로 임명했다. 그런데 1424년에 봉주가 북쪽의 이민족에 의해 침략받는 일이 벌어졌다. 이에 건주위 여진족은 동쪽으로 피해 아목하라는 곳으로 이동했다. 조선의 국왕 세종은 이들이 또 조선을 침입할 가능성이 있다고 생각하고, 그 침입에 대비하고자 압록강 변 중에서 방어에 유리한 곳을 골라 여연군이라는 군사 거점을 설치했다.

　　세종의 예상대로 건주위 여진족은 1432년 12월에 아목하로부터 곧바로 동쪽으로 진격해 압록강을 건너 여연군을 침략했다. 이 소식을 들은 세종은 최윤덕을 지휘관으로 삼아 이듬해 3월, 건주위 여진족을 정벌하게 했다. 최윤덕의 부대는 여연군에서 서남쪽으로 수백 리 떨어진 지점에 있는 만포에서 압록강을 건넌 후 아목하까지 북진해 건주위 여진족을 토벌했다. 이후에 세종은 만포와 여연군 사이의 거리가 지나치게 멀어 여진족이 그 중간 지점에서 압록강을 건너올 경우, 막기 힘들다고 판단했다. 이에 만포의 동북쪽에 자성군을 두어 압록강을 건너오는 여진에 대비하도록 했다. 이로써 여연군의 서남쪽에 군사 거점이 하나 더 만들어지게 되었다. 자성군은 상류로부터 여연군을 거쳐 만포 방향으로 흘러가는 압록강이 보이는 요충지에 자리 잡고 있다. 세종은 자성군의 지리적 이점을 이용해 강을 건너오는 적을 공격하기 좋은 위치에 군사 기지를 만들도록 했다.

　　국경 방비가 이처럼 강화되었으나, 건주위 여진족은 다시 강을 넘어 여연군을 침략했다. 이에 세종은 1437년에 이천이라는 장수를 보내 재차 여진 정벌에 나섰다. 이천의 부대는 만포에서 압록강을 건너 건주위 여진족을 토벌했다. 이후 세종은 국경 방비를 더 강화하고자 여연군과 자성군 사이의 중간 지점에 우예군을 설치했으며, 여연군에서 동남쪽으로 멀리 떨어진 곳에 무창군을 설치했다. 이 네 개의 군은 4군이라 불렸으며, 조선이 북쪽 변경에 대한 방비를 강화하는 데 중요한 역할을 했다.

① 여연군이 설치되어 있던 곳에서 동쪽 방면으로 곧장 나아가면 아목하에 도착할 수 있었다.

② 최윤덕은 여연군과 무창군을 잇는 직선거리의 중간 지점에서 강을 건너 여진족을 정벌했다.

③ 이천의 두 번째 여진 정벌이 끝난 직후에 조선은 북쪽 국경의 방비를 강화하고자 자성군과 우예군, 무창군을 신설했다.

④ 세종은 여진의 침입에 대비하기 위해 경원부를 여연군으로 바꾸고, 최윤덕을 파견해 그곳 인근에 3개 군을 더 설치하게 했다.

⑤ 4군 중 하나인 여연군으로부터 압록강 물줄기를 따라 하류로 이동하면 이천의 부대가 왕명에 따라 여진을 정벌하고자 압록강을 건넜던 지역에 이를 수 있었다.

4 다음 글의 ㉠과 ㉡에 대한 분석으로 적절한 것은?

제1차 세계대전 이후 심리적 외상의 실재가 인정되었다. 참호 안에서 공포에 시달린 남성들은 무력감에 사로잡히고, 전멸될지 모른다는 위협에 억눌렸으며 동료들이 죽고 다치는 것을 지켜보며 히스테리 증상을 보였다. 그들은 울며 비명을 질러대고 얼어붙어 말이 없어졌으며, 자극에 반응을 보이지 않고 기억을 잃으며 감정을 느끼지 못했다. 이러한 정신적 증후군의 발병은 신체적 외상이 아니라 심리적 외상을 계기로 발생한다는 것을 알게 되었다. 폭력적인 죽음에 지속적으로 노출되어 받는 심리적 외상은 히스테리에 이르게 하는 신경증적 증후군을 유발하기에 충분했다.

전쟁에서 폭력적인 죽음에 지속적으로 노출되어 받는 심리적 외상을 계기로 발생하는 '전투 신경증'이 정신적 증후군의 하나로 실재한다는 사실을 부정할 수 없게 되었을 때, 의학계의 전통주의자들과 진보주의자들 간의 의학적 논쟁은 이제 환자의 의지력을 중심으로 이루어졌다. ㉠ 전통주의자들은 전쟁에서 영광을 누려야 할 군인이 정서적인 증세를 드러내서는 안 된다고 보았다. 이들에 따르면, 전투 신경증을 보이는 군인은 체질적으로 열등한 존재에 해당한다. 전통주의자들은 이 환자들을 의지박약자라고 기술하면서 모욕과 위협, 처벌을 중심으로 하는 치료를 옹호하였다. 반면 ㉡ 진보주의자들은 전투 신경증이 의지력 높은 군인에게도 나타날 수 있다고 주장하였다. 이들은 정신분석 원칙에 입각하여 대화를 통한 인도적 치료를 옹호하였다. 그들은 전투 신경증을 히스테리의 한 유형으로 보았지만, 히스테리라는 용어가 담고 있는 경멸적인 의미가 환자들에게 낙인을 찍는다는 사실을 깨닫고 이를 대체할 수 있는 명명법에 대한 고민을 거듭했다. 인도적 치료를 추구했던 진보주의자들은 두 가지 원칙을 확립하였다. 첫째, 용맹한 남성이라도 압도적인 두려움에는 굴복하게 된다. 둘째, 두려움을 극복할 수 있는 동기는 애국심이나 적에 대한 증오보다 강한 전우애다.

① ㉠과 ㉡의 히스테리 치료 방식은 같다.

② ㉠과 ㉡은 모두 전투 신경증의 증세가 실재한다고 본다.

③ ㉠과 ㉡은 전투 신경증이 어떤 계기로 발생하는가에 대해 서로 다른 견해를 보인다.

④ ㉠과 ㉡은 모두 환자들에게 히스테리라는 용어를 사용하는 것이 부정적인 낙인을 찍는다고 본다.

⑤ ㉡은 ㉠보다 전투 신경증에 의한 히스테리 증상이 더 다양한 형태로 나타난다고 본다.

　　⊙멈춰 있는 흰 공에 빨간 공이 부딪쳐 흰 공이 움직였다고 하자. 흄은 빨간 공이 흰 공에 부딪힌 사건과 흰 공이 움직인 사건 사이에 인과 관계가 성립하기 위한 세 가지 요건을 제시했다. 원인이 결과보다 시간적으로 앞서 있어야 하고, 원인과 결과가 시공간적으로 이어서 나타나야 하며, 원인과 결과 사이에 '항상적 결합'이 있어야 한다는 것이다. 항상적 결합이란 비슷한 상황에서 같은 방식으로 공이 움직여 부딪친다면, 같은 식으로 공들의 움직임이 나타나는 것을 의미한다. 그러나 리드는 위 사례와 같이 흄이 말하는 세 가지 조건이 성립하는 경우에도 인과 관계가 성립하지 않는다고 보았다. 그는 오직 자유 의지를 가진 행위자만이 원인이 될 수 있다고 보았다.

　　행위자 인과 이론에서 리드는 원인을 '양면적 능력'을 지녔으며 그 변화에 대한 책임이 있는 존재로 규정하였다. 양면적 능력은 변화를 산출하거나 산출하지 않을 수 있는 능동적인 능력이다. 그리고 행위자는 결과를 산출할 능력을 소유하여 그 능력을 발휘할 수 있고, 그 변화에 대해 책임을 질 수 있는 주체이다. 리드는 진정한 원인은 행위자라고 주장한다. 이에 따르면 빨간 공이 흰 공에 부딪혔을 때 흰 공은 움직일 수만 있을 뿐 움직이지 않을 수는 없기 때문에 빨간 공은 행위자일 수 없다.

　　경험론자인 리드의 관점에서 보면 관찰의 범위 내에서 행위자는 오직 인간뿐이다. 만일 어떤 사람이 흰 공을 움직이게 하기 위해 빨간 공을 굴렸고 흰 공이 움직였다면 그 사람은 행위자이고 흰 공이 움직인 것은 결과에 해당한다. 리드는 이와 같이 결과가 발생하기 위해서는 행위자가 양면적 능력을 발휘해야 하며, 행위자의 의욕이 항상적으로 결합해야 한다고 보았다. 리드는 의욕이 정신에서 일어나는 하나의 사건이라고 보았다. 이와 관련해 결과를 발생시킨 양면적 능력의 발휘에 결합한 의욕이 또 다른 양면적 능력의 발휘로 나타난 것이며 그것은 또 다른 의욕을 필요로 한다는 주장이 있을 수 있다. 이러한 주장과 관련해 리드는, 의욕과 같은 정신의 내재적 활동은 행위자의 양면적 능력의 발휘인 '의욕을 일으킴'과 그것의 결과인 의욕 자체를 구별할 수 없는 것이라고 보았다. 이는 의욕을 일으킴의 경우에는 행위자의 능력 발휘 자체가 의욕이므로 또 다른 의욕이 필요치 않음을 나타낸다. 그런데 의욕과 사건이 항상적으로 결합한다고 보는 리드의 견해에 대해서는 사건의 원인이 행위자가 아니라 의욕이라는 반론이 가능할 수 있다. 이에 대해 리드는 항상적 결합만으로는 인과의 필연성을 정당화하지 못한다는 논리로 자신의 이론을 뒷받침했다.

　　리드는 '기회 원인'의 문제도 해결해야 했다. 당시에는 중세 철학의 영향으로 어떤 철학자들은 인간의 행동을 비롯한 사건들의 진정한 원인은 오직 신뿐이며, 행위자는 기회 원인에 불과하다고 생각했다. 기회 원인은 일상적으로는 마치 원인인 듯 보이지만 실제로는 진정한 원인이 아닌 것이다. 리드는 이러한 입장을 경험주의 관점에서 배격했다. 그는 우리가 경험할 수 있는 것은 행위자의 의욕과 행위뿐이며 행위에 신이 개입하는 것은 경험할 수 없는 것이기 때문에 신이 사건의 진정한 원인이 될 수 없다고 주장했다. 리드는 궁극적으로 결정을 내리는 것이 행위자에게 달려 있다고 주장함으로써 인간의 주체적 결단이 갖는 의미를 강조했다.

5 윗글에 나타난 리드의 견해로 적절하지 <u>않은</u> 것은?

① 인간은 자유 의지를 지닌 존재로 행위자가 될 수 있다.

② 변화를 산출하는 능력을 가진 모든 존재는 행위자이다.

③ 인간의 의욕은 정신에서 일어나는 하나의 사건이라고 할 수 있다.

④ 항상적 결합이 존재하더라도 행위자가 존재하지 않는 경우에서는 원인을 발견할 수 없다.

⑤ 흄이 제시한 세 가지 조건이 모두 충족되는 경우라도 인과 관계가 성립하지 않을 수 있다.

6 윗글을 바탕으로 ㉠을 이해한 내용으로 적절하지 <u>않은</u> 것은?

① 리드는 빨간 공과 흰 공에는 양면적 능력이 존재하지 않는다고 보겠군.

② 리드는 빨간 공과 흰 공의 움직임에는 시공간이 이어지지 않는다고 보겠군.

③ 리드는 빨간 공이 흰 공에 부딪힌 사건은 다른 사건의 원인이 될 수 없다고 보겠군.

④ 흄은 빨간 공과 흰 공의 움직임에서 항상적 결합을 발견할 수 있다고 보겠군.

⑤ 흄은 빨간 공과 흰 공이 부딪힌 사건이 흰 공이 움직인 사건의 원인이라면 두 사건은 동시에 일어난 것일 수 없다고 보겠군.

약점 보완 해설집 p.44

• 풀이 시간: /15분 20초
• 맞은 문제: /9문제

1 다음 글의 문맥에 맞지 않는 곳을 ㉠~㉤에서 찾아 수정하려고 할 때, 가장 적절한 것은?　　19 5급 공채 PSAT

'단일환자방식'은 숫자가 아닌 문자를 암호화하는 가장 기본적인 방법이다. 이는 문장에 사용된 문자를 일정한 규칙에 따라 일대일 대응으로 재배열하여 문장을 암호화하는 방법이다. 예를 들어, 철수가 이 방법에 따라 영어 문장 'I LOVE YOU'를 암호화하여 암호문으로 만든다고 해보자. 철수는 먼저 알파벳을 일대일 대응으로 재배열하는 규칙을 정하고, 그 규칙에 따라 'I LOVE YOU'를 'Q RPDA LPX'와 같이 암호화하게 될 것이다. 이때 철수가 사용한 규칙에는 ㉠ <u>'I를 Q로 변경한다'</u>, 'L을 R로 변경한다' 등이 포함되어 있는 셈이다.

우리가 단일환자방식에 따라 암호화한 영어 문장을 접한다고 해보자. 그 암호문을 어떻게 해독할 수 있을까? ㉡ <u>우리가 그 암호문에 단일환자방식의 암호화 규칙이 적용되어 있다는 것을 알고 있다면 문제가 쉽게 해결될 수도 있다.</u> 알파벳의 사용 빈도를 파악하여 일대일 대응의 암호화 규칙을 추론해낼 수 있기 때문이다. 이제 통계 자료를 통해 영어에서 사용되는 알파벳의 사용 빈도를 조사해 보니 E가 12.51%로 가장 많이 사용되었고 그다음 빈도는 T, A, O, I, N, S, R, H의 순서라는 것이 밝혀졌다고 하자. ㉢ <u>물론 이러한 통계 자료를 확보했다고 해도 암호문이 한두 개밖에 없다면 암호화 규칙을 추론하기는 힘들 것이다.</u> 그러나 암호문을 많이 확보하면 할수록 암호문을 해독할 수 있는 가능성이 높아질 것이다.

이제 누군가가 어떤 영자 신문에 포함되어 있는 모든 문장을 단일환자방식의 암호화 규칙 α에 따라 암호문들로 만들었다고 해보자. 그 신문 전체에 사용된 알파벳 수는 충분히 많기 때문에 우리는 암호문들에 나타난 알파벳 빈도의 순서에 근거하여 규칙 α가 무엇인지 추론할 수 있다. ㉣ <u>만일 규칙 α가 앞서 예로 든 철수가 사용한 규칙과 동일하다면, 암호문들에 가장 많이 사용된 알파벳은 E일 가능성이 높을 것이다.</u> 그런데 조사 결과 암호문들에는 영어 알파벳 26자가 모두 사용되었는데 그중 W가 25,021자로 가장 많이 사용되었고, 이후의 빈도는 P, F, C, H, Q, T, N의 순서라는 것이 밝혀졌다. 따라서 우리는 철수가 정한 규칙은 규칙 α가 아니라고 추론할 수 있다. 또한 규칙 α에 대해 추론하면서 암호문들을 해독할 수 있다. 예를 들어, ㉤ <u>암호문 'H FPW HP'는 'I ATE IT'를 암호화한 것</u>이라는 사실을 알 수 있게 될 것이다.

① ㉠을 "Q를 I로 변경한다', 'R을 L로 변경한다"로 수정한다.

② ㉡을 '우리가 그 암호문에 단일환자방식의 암호화 규칙이 적용되어 있지 않다고 생각한다 해도 문제는 쉽게 해결될 수 있다'로 수정한다.

③ ㉢을 '이러한 통계 자료를 확보하게 되면 자동적으로 암호화 규칙을 추론할 수 있게 될 것이다'로 수정한다.

④ ㉣을 '만일 규칙 α가 앞서 철수가 사용한 규칙과 동일하다면, 암호문들에 가장 많이 사용된 알파벳은 A일 가능성이 높을 것이다'로 수정한다.

⑤ ㉤을 '암호문 'I ATE IT'는 'H FPW HP'를 암호화한 것이라는 사실을 알 수 있게 될 것이다'로 수정한다.

　　비정규직 근로자들이 늘어나면서 '프레카리아트'라고 불리는 새로운 계급이 형성되고 있다. 프레카리아트란 '불안한(precarious)'이라는 단어와 '무산계급(proletariat)'이라는 단어를 합친 용어로 불안정한 고용 상태에 놓여 있는 사람들을 의미한다. 프레카리아트에 속한 사람들은 직장 생활을 하다가 쫓겨나 실업자가 되었다가 다시 직장에 복귀하기를 반복한다. 이들은 고용 보장, 직무 보장, 근로안전 보장 등 노동 보장을 받지 못하며, 직장 소속감도 없을 뿐만 아니라, 자신의 직업에 대한 전망이나 직업 정체성도 결여되어있다. 프레카리아트는 분노, 무력감, 걱정, 소외를 경험할 수밖에 없는 '위험한 계급'으로 전락한다. 이는 의미 있는 삶의 길이 막혀 있다는 좌절감과 상대적 박탈감, 계속된 실패의 반복 때문이다. 이러한 사람들이 늘어나면 자연히 갈등, 폭력, 범죄와 같은 사회적 병폐들이 성행하여 우리 사회는 점점 더 불안해지게 된다.

　　프레카리아트와 비슷하지만 약간 다른 노동자 집단이 있다. 이른바 '긱 노동자'다. '긱(gig)'이란 기업들이 필요에 따라 단기 계약 등을 통해 임시로 인력을 충원하고 그때그때 대가를 지불하는 것을 의미한다. 예를 들어 방송사에서는 드라마를 제작할 때마다 적합한 사람들을 섭외하여 팀을 꾸리고 작업에 착수한다. 긱 노동자들은 고용주가 누구든 간에 자신이 보유한 고유의 직업 역량을 고용주에게 판매하면서, 자신의 직업을 독립적인 '프리랜서' 또는 '개인 사업자' 형태로 인식한다. 정보통신 기술의 발달은 긱을 더욱더 활성화한다. 정보통신 기술을 이용하면 긱 노동자의 모집이 아주 쉬워진다. 기업은 사업 아이디어만 좋으면 인터넷을 이용하여 필요한 긱 노동자를 모집할 수 있다. 기업이 긱을 잘 활용하면 경쟁력을 높여 정규직 위주의 기존 기업들을 앞서나갈 수 있다.

① 긱 노동자가 자신의 직업 형태에 대해 갖는 인식은 자신을 고용한 기업에 따라 달라지지 않는다.

② 정보통신 기술의 발달은 프레카리아트 계급과 긱 노동자 집단을 확산시킨다.

③ 긱 노동자 집단이 확산하면 프레카리아트 계급은 축소된다.

④ '위험한 계급'이 겪는 부정적인 경험이 적은 프레카리아트일수록 정규직 근로자로 변모할 가능성이 크다.

⑤ 비정규직 근로자에 대한 노동 보장의 강화는 프레카리아트 계급을 축소시키고 긱 노동자 집단을 확산시킨다.

1950년 국회의원 선거법 개정부터 1969년 국회의원 선거법 개정까지는 투표용지상의 기호가 후보자들의 추첨으로 배정되는 A 방식이 사용되었다. 이때에는 투표용지에 오늘날과 같은 '1, 2, 3' 등의 아라비아 숫자 대신 'Ⅰ, Ⅱ, Ⅲ' 등의 로마자 숫자를 사용하였다. 다만 1963년 제3공화국의 출범 후에는 '선거구별 추첨제'가 '전국 통일 추첨제'로 변경되었다. 즉, 선거구별로 후보자 기호를 추첨하던 것을 정당별로 추첨하는 제도로 바꾸어, 동일 정당의 후보자들이 전국 모든 선거구에서 동일한 기호를 배정받도록 하였다.

이러한 방식은 1969년 관련법이 개정되면서 국회에서 다수 의석을 가진 정당 순으로 '1, 2, 3' 등의 아라비아 숫자로 기호를 배정하는 B 방식으로 변화하였다. 현재와 같이 거대 정당에게 유리한 투표용지 관련 제도가 처음 선을 보인 것이다. 다만, 당시 '원내 의석을 가진 정당의 의석 순위'라는 기준은 2개의 정당에게만 적용되었다. 원내 의석이 3순위 이하인 기타 정당의 후보자에게는 정당 명칭의 가나다순에 의해 순서가 부여되었다. 이러한 순서 부여는 의석수 상위 2개 정당 소속 후보자와 나머지 후보자를 차별한다는 점에서 문제를 안고 있었다.

1981년 개정된 선거법에서는 다시 추첨을 통해 후보자의 게재 순위를 결정하는 C 방식이 도입되었다. 이때 순위 결정은 전국 통일 추첨제가 아닌 선거구별 추첨제를 따랐다. 하지만 정당의 공천을 받은 후보자들은 무소속 후보자들에 비해 우선적으로 앞 번호를 배정받았다. 이 방식에는 정당 소속 후보자와 무소속 후보자를 차별하는 구조적 문제가 있었다.

현행 공직선거법은 현재 국회에서 의석을 가진 정당의 추천을 받은 후보자, 국회에서 의석이 없는 정당의 추천을 받은 후보자, 무소속 후보자의 순으로 후보자의 게재 순위를 결정하는 D 방식을 채택하고 있다. 국회에서 의석을 가진 정당의 게재 순위는 국회에서의 다수 의석순(다만, 같은 의석을 가진 정당이 둘 이상인 때에는 최근에 실시된 비례대표 국회의원선거에서의 득표수순)으로 정하고, 현재 국회에 의석이 없는 정당의 추천을 받은 후보자 사이의 게재 순위는 그 정당 명칭의 가나다순으로 정한다. 그리고 무소속 후보자 사이의 게재 순위는 관할 선거구선거관리위원회에서 추첨하여 결정한다.

① A 방식에서 '가'씨 성을 가진 후보자는 'Ⅰ'로 표기된 기호를 배정받는다.

② B 방식에서 원내 의석수가 2순위인 정당의 후보자라 하더라도 정당 명칭에 따라 기호 '1'을 배정받을 수 있다.

③ C 방식에서 원내 의석수가 3순위인 정당의 후보자들은 동일한 기호를 배정받는다.

④ B 방식과 D 방식에서 원내 의석수가 4순위인 정당의 후보자가 배정받는 기호는 동일하다.

⑤ C 방식과 D 방식에서 원내 의석이 없는 정당의 후보자는 무소속 후보자에 비해 앞 번호 기호를 배정받는다.

혈액은 세포에 필요한 물질을 공급하고 노폐물을 제거한다. 만약 혈관 벽이 손상되어 출혈이 생기면 손상 부위의 혈액이 응고되어 혈액 손실을 막아야 한다. 혈액 응고는 섬유소 단백질인 피브린이 모여 형성된 섬유소 그물이 혈소판이 응집된 혈소판 마개와 뭉쳐 혈병이라는 덩어리를 만드는 현상이다. 혈액 응고는 혈관 속에서도 일어나는데, 이때의 혈병을 혈전이라 한다. 이물질이 쌓여 동맥 내벽이 두꺼워지는 동맥 경화가 일어나면 그 부위에 혈전 침착, 혈류 감소 등이 일어나 혈관 질환이 발생하기도 한다. 이러한 혈액의 응고 및 원활한 순환에 비타민 K가 중요한 역할을 한다.

비타민 K는 혈액이 응고되도록 돕는다. 지방을 뺀 사료를 먹인 병아리의 경우, 지방에 녹는 어떤 물질이 결핍되어 혈액 응고가 지연된다는 사실을 발견하고 그 물질을 비타민 K로 명명했다. 혈액 응고는 단백질로 이루어진 다양한 인자들이 관여하는 연쇄 반응에 의해 일어난다. 우선 여러 혈액 응고 인자들이 활성화된 이후 프로트롬빈이 활성화되어 트롬빈으로 전환되고, 트롬빈은 혈액에 녹아 있는 피브리노겐을 불용성인 피브린으로 바꾼다. 비타민 K는 프로트롬빈을 비롯한 혈액 응고 인자들이 간세포에서 합성될 때 이들의 활성화에 관여한다. 활성화는 칼슘 이온과의 결합을 통해 이루어지는데, 이들 혈액 단백질이 칼슘 이온과 결합하려면 카르복실화되어 있어야 한다. 카르복실화는 단백질을 구성하는 아미노산 중 글루탐산이 감마-카르복시글루탐산으로 전환되는 것을 말한다. 이처럼 비타민 K에 의해 카르복실화되어야 활성화가 가능한 표적 단백질을 비타민 K-의존성 단백질이라 한다.

비타민 K는 식물에서 합성되는 ㉠비타민 K_1과 동물 세포에서 합성되거나 미생물 발효로 생성되는 ㉡비타민 K_2로 나뉜다. 녹색 채소 등은 비타민 K_1을 충분히 함유하므로 일반적인 권장 식단을 따르면 혈액 응고에 차질이 생기지 않는다.

그런데 혈관 건강과 관련된 비타민 K의 또 다른 중요한 기능이 발견되었고, 이는 칼슘의 역설과도 관련이 있다. 나이가 들면 뼈조직의 칼슘 밀도가 낮아져 골다공증이 생기기 쉬운데, 이를 방지하고자 칼슘 보충제를 섭취한다. 하지만 칼슘 보충제를 섭취해서 혈액 내 칼슘 농도는 높아지나 골밀도는 높아지지 않고, 혈관 벽에 칼슘염이 침착되는 혈관 석회화가 진행되어 동맥 경화 및 혈관 질환이 발생하는 경우가 생긴다. 혈관 석회화는 혈관 근육 세포 등에서 생성되는 MGP라는 단백질에 의해 억제되는데, 이 단백질이 비타민 K-의존성 단백질이다. 비타민 K가 부족하면 MGP 단백질이 활성화되지 못해 혈관 석회화가 유발된다는 것이다. 비타민 K_1과 K_2는 모두 비타민 K-의존성 단백질의 활성화를 유도하지만 K_1은 간세포에서, K_2는 그 외의 세포에서 활성이 높다. 그러므로 혈액 응고 인자의 활성화는 주로 K_1이, 그 외의 세포에서 합성되는 단백질의 활성화는 주로 K_2가 담당한다. 이에 따라 일부 연구자들은 비타민 K의 권장량을 K_1과 K_2로 구분하여 설정해야 하며, K_2가 함유된 치즈, 버터 등의 동물성 식품과 발효 식품의 섭취를 늘려야 한다고 권고한다.

4 윗글에서 알 수 있는 내용으로 적절하지 <u>않은</u> 것은?

① 혈전이 형성되면 섬유소 그물이 뭉쳐 혈액의 손실을 막는다.

② 혈액의 응고가 이루어지려면 혈소판 마개가 형성되어야 한다.

③ 혈관 손상 부위에 혈병이 생기려면 혈소판이 응집되어야 한다.

④ 혈관 경화를 방지하려면 이물질이 침착되지 않게 해야 한다.

⑤ 혈관 석회화가 계속되면 동맥 내벽과 혈류에 변화가 생긴다.

5 칼슘의 역설 에 대한 이해로 가장 적절한 것은?

① 칼슘 보충제를 섭취하면 오히려 비타민 K_1의 효용성이 감소된다는 것이겠군.

② 칼슘 보충제를 섭취해도 뼈조직에서는 칼슘이 여전히 필요하다는 것이겠군.

③ 칼슘 보충제를 섭취해도 골다공증은 막지 못하나 혈관 건강은 개선되는 경우가 있다는 것이겠군.

④ 칼슘 보충제를 섭취하면 혈액 내 단백질이 칼슘과 결합하여 혈관 벽에 칼슘이 침착된다는 것이겠군.

⑤ 칼슘 보충제를 섭취해도 혈액으로 칼슘이 흡수되지 않아 골다공증 개선이 안 되는 경우가 있다는 것이겠군.

6 ㉠과 ㉡에 대한 설명으로 가장 적절한 것은?

① ㉠은 ㉡과 달리 우리 몸의 간세포에서 합성된다.

② ㉡은 ㉠과 달리 지방과 함께 섭취해야 한다.

③ ㉡은 ㉠과 달리 표적 단백질의 아미노산을 변형하지 않는다.

④ ㉠과 ㉡은 모두 표적 단백질의 활성화 이전 단계에 작용한다.

⑤ ㉠과 ㉡은 모두 일반적으로는 결핍이 발생해 문제가 되는 경우는 없다.

근대 도시의 삶의 양식은 많은 학자들의 관심을 끌어왔다. 오랫동안 지배적인 관점으로 받아들여진 것은 삶의 양식 중 노동 양식에 주목하는 ⊙ 생산학파의 견해였다. 생산학파는 산업혁명을 통해 근대 도시 특유의 노동 양식이 형성되는 점에 관심을 기울였다. 그들은 우선 새로운 테크놀로지를 갖춘 근대 생산 체제가 대규모의 노동력을 각지로부터 도시로 끌어모으는 현상에 주목했다. 또한 다양한 습속을 지닌 사람들이 어떻게 대규모 기계의 리듬에 맞추어 획일적으로 움직이는 노동자가 되는지 탐구했다. 예를 들어, 미셸 푸코는 노동자를 집단 규율에 맞춰 금욕 노동을 하는 유순한 몸으로 만들어 착취하기 위해 어떤 훈육 전략이 동원되었는지 연구하였다. 또한 생산학파는 노동자가 기계화된 노동으로 착취당하는 동안 감각과 감성으로 체험하는 내면세계를 상실하고 사물로 전락했다고 고발하였다. 이렇게 보면 근대 도시는 어떠한 쾌락과 환상도 끼어들지 못하는 거대한 생산 기계인 듯하다.

이에 대하여 ⓒ 소비학파는 근대 도시인이 내면세계를 상실한 사물로 전락한 것은 아니라고 하면서 생산학파를 비판하기 시작했다. 예를 들어, 콜린 캠벨은 금욕주의 정신을 지닌 청교도들조차 소비 양식에서 자기 환상적 쾌락주의를 가지고 있었다고 주장하였다. 결핍을 충족시키려는 욕망과 실제로 욕망이 충족된 상태 사이에는 시간적 간극이 존재할 수밖에 없다. 그런데 근대 도시에서는 이 간극이 좌절이 아니라 오히려 욕망이 충족된 미래 상태에 대한 주관적 환상을 자아낸다. 생산학파와 달리 캠벨은 새로운 테크놀로지의 발달 덕분에 이런 환상이 단순한 몽상이 아니라 실현 가능한 현실이 될 것이라는 기대를 불러일으킨다고 보았다. 그는 이런 기대가 쾌락을 유발하여 근대 소비정신을 북돋웠다고 긍정적으로 평가했다.

근래 들어 노동 양식에 주목한 생산학파와 소비 양식에 주목한 소비학파의 입장을 아우르려는 연구가 진행되고 있다. 일찍이 근대 도시의 복합적 특성에 주목했던 발터 벤야민은 이러한 연구의 선구자 중 한 명으로 재발견되었다. 그는 새로운 테크놀로지의 도입이 노동의 소외를 심화한다는 점은 인정하였다. 하지만 소비 행위의 의미가 자본가에게 이윤을 가져다주는 구매 행위로 축소될 수는 없다고 생각했다. 소비는 그보다 더 복합적인 체험을 가져다주기 때문이다. 벤야민은 이런 사실을 근대 도시에 대한 탐구를 통해 설명한다. 근대 도시에서는 옛것과 새것, 자연적인 것과 인공적인 것 등 서로 다른 것들이 병치되고 뒤섞이며 빠르게 흘러간다. 환상을 자아내는 다양한 구경거리도 근대 도시 곳곳에 등장했다. 철도 여행은 근대 이전에는 정지된 이미지로 체험되었던 풍경을 연속적으로 이어지는 파노라마로 체험하게 만들었다. 또한 유리와 철을 사용하여 만든 상품 거리인 아케이드는 안과 밖, 현실과 꿈의 경계가 모호해지는 체험을 가져다주었다. 벤야민은 이러한 체험이 근대 도시인에게 충격을 가져다준다고 보았다. 또한 이러한 충격 체험을 통해 새로운 감성과 감각이 일깨워진다고 말했다.

벤야민은 근대 도시의 복합적 특성이 영화라는 새로운 예술형식에 드러난다고 주장했다. 19세기 말에 등장한 신기한 구경거리였던 영화는 벤야민에게 근대 도시의 작동 방식과 리듬에 상응하는 매체다. 영화는 조각난 필름들이 일정한 속도로 흘러가면서 움직임을 만들어 낸다는 점에서 공장에서 컨베이어 벨트가 만들어 내는 기계의 리듬을 떠올리게 한다. 또한 관객이 아닌 카메라라는 기계 장치 앞에서 연기를 해야 하는 배우나 자신의 전문 분야에만 참여하는 스태프는 작품의 전체적인 모습을 파악하기 어렵다. 분업화로 인해 노동으로부터 소외되는 근대 도시인의 모습이 영화 제작 과정에서도 드러나는 것이다. 하지만 동시에 영화는 일종의 충격 체험을 통해 근대 도시인에게 새로운 감성과 감각을 불러일으키는 매체이기도 하다. 예측 불가능한 이미지의 연쇄로 이루어진 영화를 체험하는 것은 이질적인 대상들이 복잡하고 불규칙하게 뒤섞인 근대 도시의 일상 체험과 유사하다. 서로 다른 시·공간의 연결, 카메라가 움직일 때마다 변화하는 시점, 느린 화면과 빠른 화면의 교차 등 영화의 형식 원리는 ㉠ 정신적 충격을 발생시킨다. 영화는 보통 사람의 육안이라는 감각적 지각의 정상적 범위를 넘어선 체험을 가져다준다. 벤야민은 이러한 충격 체험을 환각, 꿈의 체험에 빗대어 '시각적 무의식'이라고 불렀다. 관객은 영화가 제공하는 시각적 무의식을 체험함으로써 일상적 공간에 대해 새로운 의미를 발견하게 된다. 영화관에 모인 관객은 이런 체험을 집단적으로 공유하면서 동시에 개인적인 꿈의 세계를 향유한다.

근대 도시와 영화의 체험에 대한 벤야민의 견해는 생산학파와 소비학파를 포괄할 수 있는 이론적 단초를 제공한다. 벤야민은 근대 도시인이 사물화된 노동자이지만 그 자체로 내면세계를 지닌 꿈꾸는 자이기도 하다는 사실을 보여 준다. 벤야민이 말한 근대 도시는 착취의 사물 세계와 꿈의 주체 세계가 교차하는 복합 공간이다. 이렇게 벤야민의 견해는 근대 도시에 대한 일면적인 시선을 바로잡는 데 도움을 준다.

7 윗글의 내용 전개 방식으로 가장 적절한 것은?

① 근대 도시의 삶의 양식에 대한 벤야민의 주장을 기준으로, 근대 도시의 산물인 영화를 유형별로 분류하고 있다.

② 근대 도시와 영화의 개념을 정의한 후, 근대 도시의 복합적 특성을 밝힌 벤야민의 견해에 대해 그 의의와 한계를 평가하고 있다.

③ 근대 도시의 삶의 양식에 대한 벤야민의 관점을 활용하여, 근대 도시의 기원과 영화의 탄생 간에 공통점과 차이점을 비교하고 있다.

④ 근대 도시의 복합적 특성에 따른 영화의 변화 양상을 통시적으로 살펴본 후, 근대 도시와 영화의 체험에 대한 벤야민의 주장을 비판하고 있다.

⑤ 근대 도시의 삶의 양식에 대한 서로 다른 견해를 소개한 후, 근대 도시와 영화에 대한 벤야민의 견해가 근대 도시의 복합적 특성을 드러냄을 밝히고 있다.

8 ㉠, ㉡에 대한 이해로 가장 적절한 것은?

① ㉠은 근대 도시를 근대 도시인이 지닌 환상에 의해 작동되는 생산 기계라고 본다.

② ㉠은 새로운 테크놀로지의 발달로 성립된 근대 생산 체제가 욕망과 충족의 간극을 해소할 수 있다고 본다.

③ ㉡은 근대 도시인의 소비 정신이 금욕주의 정신에 의해 만들어졌다고 본다.

④ ㉡은 근대 도시인이 사물로 전락한 대상이 아니라 실현 가능한 미래에 대한 기대를 가진 존재라고 본다.

⑤ ㉠과 ㉡은 모두 소비가 노동자에 대한 집단 규율을 완화하여 유순한 몸을 만든다고 본다.

9 ㉮에 대한 이해로 적절하지 <u>않은</u> 것은?

① 관객에게 새로운 감성과 감각을 불러일으킨다.

② 영화가 다루고 있는 독특한 주제에서 발생한다.

③ 근대 도시의 일상 체험에서 유발되는 충격과 유사하다.

④ 촬영 기법이나 편집 등 영화의 형식적 요소에 의해 관객에게 유발된다.

⑤ 육안으로 지각 가능한 범위를 넘어서는 영화적 체험으로부터 발생한다.

약점 보완 해설집 p.47

설명문 ⑧

• 풀이 시간: /10분
• 맞은 문제: /6문제

1 다음 글의 ⑦~⑩에서 문맥에 맞지 않는 곳을 찾아 적절하게 수정한 것은?   22 민경채 PSAT

반세기 동안 지속되던 냉전 체제가 1991년을 기점으로 붕괴되면서 동유럽 체제가 재편되었다. 동유럽에서는 연방에서 벗어나 많은 국가들이 독립하였다. 이 국가들은 자연스럽게 자본주의 시장경제를 받아들였는데, 이후 몇 년 동안 공통적으로 극심한 경제 위기를 경험하게 되었다. 급기야 IMF(국제통화기금)의 자금 지원을 받게 되는데, 이는 ⑦ 갑작스럽게 외부로부터 도입한 자본주의 시스템에 적응하는 일이 결코 쉽지 않다는 점을 보여준다.

이 과정에서 해당 국가 국민의 평균 수명이 급격하게 줄어들었는데, 이는 같은 시기 미국, 서유럽 국가들의 평균 수명이 꾸준히 늘었다는 것과 대조적이다. 이러한 현상에 대해 ⑥ 자본주의 시스템 도입을 적극적으로 지지했던 일부 경제학자들은 오래전부터 이어진 ⑥ 동유럽 지역 남성들의 과도한 음주와 흡연, 폭력과 살인 같은 비경제적 요소를 주된 원인으로 꼽았다. 즉 경제 체제의 변화와는 관련이 없다는 것이다.

이러한 주장에 의문을 품은 영국의 한 연구자는 해당 국가들의 건강 지표가 IMF의 자금 지원 전후로 어떻게 달라졌는지를 살펴보았다. 여러 사회적 상황을 고려하여 통계 모형을 만들고, ⑩ IMF의 자금 지원을 받은 국가와 다른 기관에서 자금 지원을 받은 국가를 비교하였다. 같은 시기 독립한 동유럽 국가 중 슬로베니아만 유일하게 IMF가 아닌 다른 기관에서 돈을 빌렸다. 이때 두 곳의 차이는, IMF는 자금을 지원받은 국가에게 경제와 관련된 구조조정 프로그램을 실시하게 한 반면, 슬로베니아를 지원한 곳은 그렇게 하지 않았다는 점이다. IMF 구조조정 프로그램을 실시한 국가들은 ⑪ 실시 이전부터 결핵 발생률이 크게 증가했던 것으로 나타났다. 그러나 슬로베니아는 같은 기간에 오히려 결핵 사망률이 감소했다. IMF 구조조정 프로그램의 실시 여부는 국가별 결핵 사망률과 일정한 상관관계가 있었던 것이다.

① ⑦을 "자본주의 시스템을 갖추지 않고 지원을 받는 일"로 수정한다.

② ⑥을 "자본주의 시스템 도입을 적극적으로 반대했던"으로 수정한다.

③ ⑥을 "수출입과 같은 국제 경제적 요소"로 수정한다.

④ ⑩을 "IMF의 자금 지원 직후 경제 성장률이 상승한 국가와 하락한 국가"로 수정한다.

⑤ ⑪을 "실시 이후부터 결핵 사망률이 크게 증가했던 것"으로 수정한다.

A 효과란 기업이 시장에 최초로 진입하여 무형 및 유형의 이익을 얻는 것을 의미한다. 반면 뒤늦게 뛰어든 기업이 앞서 진출한 기업의 투자를 징검다리로 이용하여 성공적으로 시장에 안착하는 것을 B 효과라고 한다. 물론 B 효과는 후발진입기업이 최초진입기업과 동등한 수준의 기술 및 제품을 보다 낮은 비용으로 개발할 수 있을 때만 가능하다.

생산량이 증가할수록 평균 생산비용이 감소하는 규모의 경제 효과 측면에서, 후발진입기업에 비해 최초진입기업이 유리하다. 즉, 대량 생산, 인프라 구축 등에서 우위를 조기에 확보하여 효율성 증대와 생산성 향상을 꾀할 수 있다. 반면 후발진입기업 역시 연구개발 투자 측면에서 최초진입기업에 비해 상대적으로 유리한 면이 있다. 후발진입기업의 모방 비용은 최초진입기업이 신제품 개발에 투자한 비용 대비 65% 수준이기 때문이다. 최초진입기업의 경우, 규모의 경제 효과를 얼마나 단기간에 이룰 수 있는가가 성공의 필수 요건이 된다. 후발진입기업의 경우, 절감된 비용을 마케팅 등에 효과적으로 투자하여 최초진입기업의 시장 점유율을 단기간에 빼앗아 오는 것이 성공의 핵심 조건이다.

규모의 경제 달성으로 인한 비용상의 이점 이외에도 최초진입기업이 누릴 수 있는 강점은 강력한 진입 장벽을 구축할 수 있다는 것이다. 시장에 최초로 진입했기에 소비자에게 우선적으로 인식된다. 그로 인해 후발진입기업에 비해 적어도 인지도 측면에서는 월등한 우위를 확보한다. 또한 기술적 우위를 확보하여 라이선스, 특허 전략 등을 통해 후발진입기업의 시장 진입을 방해하기도 한다. 뿐만 아니라 소비자들이 후발진입기업의 브랜드로 전환하려고 할 때 발생하는 노력, 비용, 심리적 위험 등을 마케팅에 활용하여 후발진입기업이 시장에 진입하기 어렵게 할 수도 있다. 결국 A 효과를 극대화할 수 있는지는 규모의 경제 달성 이외에도 얼마나 오랫동안 후발주자가 진입하지 못하도록 할 수 있는가에 달려 있다.

① 최초진입기업은 후발진입기업에 비해 매년 더 많은 마케팅 비용을 사용한다.

② 후발진입기업의 모방 비용은 최초진입기업이 신제품 개발에 투자한 비용보다 적다.

③ 최초진입기업이 후발진입기업에 비해 인지도 측면에서 우위에 있다는 것은 A 효과에 해당한다.

④ 후발진입기업이 성공하려면 절감된 비용을 효과적으로 투자하여 최초진입기업의 시장 점유율을 단기간에 빼앗아 와야 한다.

⑤ 후발진입기업이 최초진입기업과 동등한 수준의 기술 및 제품을 보다 낮은 비용으로 개발할 수 없다면 B 효과를 얻을 수 없다.

3 다음 글에서 알 수 있는 것은?

대부분의 미국 경찰관은 총격 사건을 경험하지 않고 은퇴하지만, 그럼에도 매년 약 600명이 총에 맞아 사망하고, 약 200명은 부상당한다. 미국에서 총격 사건 중 총기 발사 경험이 있는 경찰관 대부분이 심리적 문제를 보인다.

총격 사건을 겪은 경찰관을 조사한 결과, 총격 사건이 일어나는 동안 발생하는 중요한 심리현상 중의 하나가 시간·시각·청각왜곡을 포함하는 지각왜곡이었다. 83%의 경찰관이 총격이 오가는 동안 시간왜곡을 경험했는데, 그들 대부분은 한 시점에서 시간이 감속하여 모든 것이 느려진다고 느꼈다. 또한 56%가 시각왜곡을, 63%가 청각왜곡을 겪었다. 시각왜곡 중에서 가장 빈번한 증상은 한 가지 물체에만 주의가 집중되고 그 밖의 장면은 무시되는 것이다. 청각왜곡은 권총 소리, 고함 소리, 지시 사항 등의 소리를 제대로 듣지 못하는 것이다.

총격 사건에서 총기를 발사한 경찰관은 사건 후 수많은 심리증상을 경험한다. 가장 일반적인 심리증상은 높은 위험 지각, 분노, 불면, 고립감 등인데, 이러한 반응은 특히 총격 피해자 사망 시에 잘 나타난다. 총격 사건을 겪은 경찰관은 이전에 생각했던 것보다 자신의 직업이 더욱 위험하다고 지각하게 된다. 그들은 총격 피해자, 부서, 동료, 또는 사회에 분노를 느끼기도 하는데, 이는 자신을 누군가에게 총을 쏴야만 하는 상황으로 몰아넣었다는 생각 때문에 발생한다. 이러한 심리증상은 그 정도에서 큰 차이를 보였다. 37%의 경찰관은 심리증상이 경미했고, 35%는 중간 정도이며, 28%는 심각했다. 이러한 심리증상의 정도는 총격 사건이 발생한 상황에서 경찰관 자신의 총기 사용이 얼마나 정당했는가와 반비례하는 것으로 보인다. 수적으로 열세인 것, 권총으로 강력한 자동화기를 상대해야 하는 것 등의 요소가 총기 사용의 정당성을 높여준다.

① 총격 사건 중에 경험하는 지각왜곡 중에서 청각왜곡이 가장 빈번하게 나타난다.

② 전체 미국 경찰관 중 총격 사건을 경험하는 사람이 경험하지 않는 사람보다 많다.

③ 총격 피해자가 사망했을 경우 경찰관이 경험하는 청각왜곡은 그렇지 않은 경우보다 심각할 것이다.

④ 총격 사건 후 경찰관이 느끼는 높은 위험 지각, 분노 등의 심리증상은 지각왜곡의 정도에 의해 영향을 받는다.

⑤ 범죄자가 경찰관보다 강력한 무기로 무장했을 경우 경찰관이 총격 사건 후 경험하는 심리증상은 반대의 경우보다 약할 것이다.

조선 시대에 설악산이라는 지명이 포함하는 영역은 오늘날의 그것과 달랐다. 오늘날에는 대청봉, 울산바위가 있는 봉우리, 한계령이 있는 봉우리를 하나로 묶어 설악산이라고 부른다. 그런데 조선 시대의 자료 중에는 현재의 대청봉만 설악산이라고 표시하고 울산바위가 있는 봉우리는 천후산으로, 그리고 한계령이 있는 봉우리는 한계산으로 표시한 것이 많다.

요즘 사람들은 설악산이나 계룡산과 같이 잘 알려진 산에 수많은 봉우리가 포함되어 있는 것이 당연하다고 생각하는데, 고려 시대까지만 해도 하나의 봉우리는 다른 봉우리와 구별된 별도의 산이라는 인식이 강했다. 이런 생각은 조선 전기에도 이어졌다. 그러나 조선 후기에 해당하는 18세기에는 그 인식에 변화가 나타나기 시작했다. 18세기 중엽에 제작된 지도인 <여지도>에는 오늘날 설악산이라는 하나의 지명으로 포괄되어 있는 범위가 한계산과 설악산이라는 두 개의 권역으로 구분되어 있다. 이 지도에 표시된 설악산의 범위와 한계산의 범위를 합치면 오늘날 설악산이라고 부르는 범위와 동일해진다. 그런데 같은 시기에 제작된 <비변사인 방안지도 양양부 도엽>이라는 지도에는 설악산, 천후산, 한계산의 범위가 모두 따로 표시되어 있고, 이 세 산의 범위를 합치면 오늘날의 설악산 범위와 같아진다.

한편 18세기 중엽에 만들어진 <조선팔도지도>에는 오늘날과 동일하게 설악산의 범위가 표시되어 있고, 그 범위 안에 '설악산'이라는 명칭만 적혀 있다. 이 지도에는 한계산과 천후산이라는 지명이 등장하지 않는다. 김정호는 <대동지지>라는 책에서 "옛날 사람들 중에는 한계령이 있는 봉우리를 한계산이라고 부른 이도 있었으나, 사실 한계산은 설악산에 속한 봉우리에 불과하다."라고 설명하였다. 현종 때 만들어진 <동국여지지>에는 "설악산 아래에 사는 사람들은 다른 지역 사람들이 한계산이라 부르는 봉우리를 설악산과 떨어져 있는 별도의 산이라고 생각하지 않고, 설악산 안에 있는 봉우리라고 생각한다."라는 내용이 나온다. 김정호는 이를 참고해 <대동지지>에 위와 같이 썼던 것으로 보인다. <조선팔도지도>에는 천후산이라는 지명이 표시되어 있지 않은데, 이는 이 지도를 만든 사람이 조선 전기에 천후산이라고 불리던 곳을 대청봉과 동떨어진 별도의 산이라고 생각하지 않았음을 뜻한다.

① <여지도>에 표시된 설악산의 범위와 <대동지지>에 그려져 있는 설악산의 범위는 동일하다.

② <동국여지지>에 그려져 있는 설악산의 범위와 <조선팔도지도>에 표시된 설악산의 범위는 동일하다.

③ <조선팔도지도>에 표시된 대로 설악산의 범위를 설정하면 그 안에 한계령이 있는 봉우리가 포함된다.

④ <대동지지>와 <비변사인 방안지도 양양부 도엽>에는 천후산과 한계산이 서로 다른 산이라고 적혀 있다.

⑤ <여지도>에 표시된 천후산의 범위와 <비변사인 방안지도 양양부 도엽>에 표시된 천후산의 범위는 동일하다.

전통적인 통화 정책은 정책 금리를 활용하여 물가를 안정시키고 경제 안정을 도모하는 것을 목표로 한다. 중앙은행은 경기가 과열되었을 때 정책 금리 인상을 통해 경기를 진정시키고자 한다. 정책 금리 인상으로 시장 금리도 높아지면 가계 및 기업에 대한 대출 감소로 신용 공급이 축소된다. 신용 공급의 축소는 경제 내 수요를 줄여 물가를 안정시키고 경기를 진정시킨다. 반면 경기가 침체되었을 때는 반대의 과정을 통해 경기를 부양시키고자 한다.

금융을 통화 정책의 전달 경로로만 보는 전통적인 경제학에서는 금융감독 정책이 개별 금융 회사의 건전성 확보를 통해 금융 안정을 달성하고자 하는 ㉠ 미시 건전성 정책에 집중해야 한다고 보았다. 이러한 관점은 금융이 직접적인 생산 수단이 아니므로 단기적일 때와는 달리 장기적으로는 경제 성장에 영향을 미치지 못한다는 인식과, 자산 시장에서는 가격이 본질적 가치를 초과하여 폭등하는 버블이 존재하지 않는다는 효율적 시장 가설에 기인한다. 미시 건전성 정책은 개별 금융 회사의 건전성에 대한 예방적 규제 성격을 가진 정책 수단을 활용하는데, 그 예로는 향후 손실에 대비하여 금융 회사의 자기자본 하한을 설정하는 최저 자기자본 규제를 들 수 있다.

이처럼 전통적인 경제학에서는 금융감독 정책을 통해 금융 안정을, 통화 정책을 통해 물가 안정을 달성할 수 있다고 보는 이원적인 접근 방식이 지배적인 견해였다. 그러나 글로벌 금융 위기 이후 금융 시스템이 와해되어 경제 불안이 확산되면서 기존의 접근 방식에 대한 자성이 일어났다. 이 당시 경기 부양을 목적으로 한 중앙은행의 저금리 정책이 자산 가격 버블에 따른 금융 불안을 야기하여 경제 안정이 훼손될 수 있다는 데 공감대가 형성되었다. 또한 금융 회사가 대형화되면서 개별 금융 회사의 부실이 금융 시스템의 붕괴를 야기할 수 있게 됨에 따라 금융 회사 규모가 금융 안정의 새로운 위험 요인으로 등장하였다. 이에 기존의 정책으로는 금융 안정을 확보할 수 없고, 경제 안정을 위해서는 물가 안정뿐만 아니라 금융 안정도 필수적인 요건임이 밝혀졌다. 그 결과 미시 건전성 정책에 ㉡ 거시 건전성 정책이 추가된 금융감독 정책과 물가 안정을 위한 통화 정책 간의 상호 보완을 통해 경제 안정을 달성해야 한다는 견해가 주류를 형성하게 되었다.

거시 건전성이란 개별 금융 회사 차원이 아니라 금융 시스템 차원의 위기 가능성이 낮아 건전한 상태를 말하고, 거시 건전성 정책은 금융 시스템의 건전성을 추구하는 규제 및 감독 등을 포괄하는 활동을 의미한다. 이때, 거시 건전성 정책은 미시 건전성이 거시 건전성을 담보할 수 있는 충분조건이 되지 못한다는 '구성의 오류'에 논리적 기반을 두고 있다. 거시 건전성 정책은 금융 시스템 위험 요인에 대한 예방적 규제를 통해 금융 시스템의 건전성을 추구한다는 점에서, 미시 건전성 정책과는 차별화된다.

거시 건전성 정책의 목표를 효과적으로 달성하기 위해서는 경기 변동과 금융 시스템 위험 요인 간의 상관관계를 감안한 정책 수단의 도입이 필요하다. 금융 시스템 위험 요인은 경기 순응성을 가진다. 즉 경기가 호황일 때는 금융 회사들이 대출을 늘려 신용 공급을 팽창시킴에 따라 자산 가격이 급등하고, 이는 다시 경기를 더 과열시키는 반면 불황일 때는 그 반대의 상황이 일어난다. 이를 완화할 수 있는 정책 수단으로는 경기 대응 완충자본 제도를 들 수 있다. 이 제도는 정책 당국이 경기 과열기에 금융 회사로 하여금 최저 자기자본에 추가적인 자기자본, 즉 완충자본을 쌓도록 하여 과도한 신용 팽창을 억제시킨다. 한편 적립된 완충자본은 경기 침체기에 대출 재원으로 쓰도록 함으로써 신용이 충분히 공급되도록 한다.

5 윗글을 통해 알 수 있는 것은?

① 글로벌 금융 위기 이전에는, 금융이 단기적으로 경제 성장에 영향을 미치지 못한다고 보았다.

② 글로벌 금융 위기 이전에는, 개별 금융 회사가 건전하다고 해서 금융 안정이 달성되는 것은 아니라고 보았다.

③ 글로벌 금융 위기 이전에는, 경기 침체기에는 통화 정책과 더불어 금융감독 정책을 통해 경기를 부양시켜야 한다고 보았다.

④ 글로벌 금융 위기 이후에는, 정책 금리 인하가 경제 안정을 훼손하는 요인이 될 수 있다고 보았다.

⑤ 글로벌 금융 위기 이후에는, 경기 변동이 자산 가격 변동을 유발하나 자산 가격 변동은 경기 변동을 유발하지 않는다고 보았다.

6 ㉠과 ㉡에 대한 설명으로 적절하지 <u>않은</u> 것은?

① ㉠에서는 물가 안정을 위한 정책 수단과는 별개의 정책 수단을 통해 금융 안정을 달성하고자 한다.

② ㉡에서는 신용 공급의 경기 순응성을 완화시키는 정책 수단이 필요하다.

③ ㉠은 ㉡과 달리 예방적 규제 성격의 정책 수단을 사용하여 금융 안정을 달성하고자 한다.

④ ㉡은 ㉠과 달리 금융 시스템 위험 요인을 감독하는 정책 수단을 사용한다.

⑤ ㉠과 ㉡은 모두 금융 안정을 달성하기 위해 금융 회사의 자기자본을 이용한 정책 수단을 사용한다.

약점 보완 해설집 p.50

· 풀이 시간: /12분
· 맞은 문제: /7문제

1 다음 글의 내용과 부합하지 <u>않는</u> 것은?

19 민경채 PSAT

기원전 3천 년쯤 처음 나타난 원시 수메르어 문자 체계는 두 종류의 기호를 사용했다. 한 종류는 숫자를 나타냈고, 1, 10, 60 등에 해당하는 기호가 있었다. 다른 종류의 기호는 사람, 동물, 사유물, 토지 등을 나타냈다. 두 종류의 기호를 사용하여 수메르인들은 많은 정보를 보존할 수 있었다.

이 시기의 수메르어 기록은 사물과 숫자에 한정되었다. 쓰기는 시간과 노고를 요구하는 일이었고, 기호를 읽고 쓸 줄 아는 사람은 얼마 되지 않았다. 이런 고비용의 기호를 장부 기록 이외의 일에 활용할 이유가 없었다. 현존하는 원시 수메르어 문서 가운데 예외는 하나뿐이고, 그 내용은 기록하는 일을 맡게 된 견습생이 교육을 받으면서 반복해서 썼던 단어들이다. 지루해진 견습생이 자기 마음을 표현하는 시를 적고 싶었더라도 그는 그렇게 할 수 없었다. 원시 수메르어 문자 체계는 완전한 문자 체계가 아니었기 때문이다. 완전한 문자 체계란 구어의 범위를 포괄하는 기호 체계, 즉 시를 포함하여 사람들이 말하는 것은 무엇이든 표현할 수 있는 체계이다. 반면에 불완전한 문자 체계는 인간 행동의 제한된 영역에 속하는 특정한 종류의 정보만 표현할 수 있는 기호 체계이다. 라틴어, 고대 이집트 상형문자, 브라유 점자는 완전한 문자 체계이다. 이것들로는 상거래를 기록하고, 상법을 명문화하고, 역사책을 쓰고, 연애시를 쓸 수 있다. 이와 달리 원시 수메르어 문자 체계는 수학의 언어나 음악 기호처럼 불완전했다. 그러나 수메르인들은 불편함을 느끼지 않았다. 그들이 문자를 만들어 쓴 이유는 구어를 고스란히 베끼기 위해서가 아니라 거래 기록의 보존처럼 구어로는 하지 못할 일을 하기 위해서였기 때문이다.

① 원시 수메르어 문자 체계는 구어를 보완하는 도구였다.

② 원시 수메르어 문자 체계는 감정을 표현하는 일에 적합하지 않았다.

③ 원시 수메르어 문자를 당시 모든 구성원이 사용할 줄 아는 것은 아니었다.

④ 원시 수메르어 문자는 사물과 숫자를 나타내는 데 상이한 종류의 기호를 사용하였다.

⑤ 원시 수메르어 문자와 마찬가지로 고대 이집트 상형문자는 구어의 범위를 포괄하지 못했다.

2 다음 글의 문맥상 (가)~(마)에 들어갈 내용으로 적절하지 <u>않은</u> 것은?

'방언(方言)'이라는 용어는 표준어와 대립되는 개념으로 사용될 수 있다. 이때 방언이란 '교양 있는 사람들이 두루 쓰는 현대 서울말'로서의 표준어가 아닌 말, 즉 비표준어라는 뜻을 갖는다. 가령 ((가)   )는 생각에는 방언을 비표준어로서 낮잡아 보는 인식이 담겨 있다. 이러한 개념으로서의 방언은 '사투리'라는 용어로 바꾸어 쓰이는 수가 많다. '충청도 사투리', '평안도 사투리'라고 할 때의 사투리는 대개 이러한 개념으로 쓰이는 경우이다. 이때의 방언이나 사투리는, 말하자면 표준어인 서울말이 아닌 어느 지역의 말을 가리키거나, 더 나아가 ((나)   )을 일컫는다. 이러한 용법에는 방언이 표준어보다 열등하다는 오해와 편견이 포함되어 있다. 여기에는 표준어보다 못하다거나 세련되지 못하고 규칙에 엄격하지 않다와 같은 부정적 평가가 담겨 있는 것이다. 그런가 하면 사투리는 한 지역의 언어 체계 전반을 뜻하기보다 그 지역의 말 가운데 표준어에는 없는, 그 지역 특유의 언어 요소만을 일컫기도 한다. ((다)   )고 할 때의 사투리가 그러한 경우에 해당된다.

언어학에서의 방언은 한 언어를 형성하고 있는 하위 단위로서의 언어 체계 전부를 일컫는 말로 사용된다. 가령 한국어를 예로 들면 한국어를 이루고 있는 각 지역의 말 하나하나, 즉 그 지역의 언어 체계 전부를 방언이라 한다. 서울말은 이 경우 표준어이면서 한국어의 한 방언이다. 그리고 나머지 지역의 방언들은 ((라)   ). 이러한 의미에서의 '충청도 방언'은, 충청도에서만 쓰이는, 표준어에도 없고 다른 도의 말에도 없는 충청도 특유의 언어 요소만을 가리키는 것이 아니다. '충청도 방언'은 충청도의 토박이들이 전래적으로 써 온 한국어 전부를 가리킨다. 이 점에서 한국어는 ((마)   ).

① (가): 바른말을 써야 하는 아나운서가 방언을 써서는 안 된다
② (나): 표준어가 아닌, 세련되지 못하고 격을 갖추지 못한 말
③ (다): 사투리를 많이 쓰는 사람과는 의사소통이 어렵다
④ (라): 한국어라는 한 언어의 하위 단위이기 때문에 방언이다
⑤ (마): 표준어와 지역 방언의 공통부분을 지칭하는 개념이다

재화나 용역 중에는 비경합적이고 비배제적인 방식으로 소비되는 것들이 있다. 먼저 재화나 용역이 비경합적으로 소비된다는 말은, 그것에 대한 누군가의 소비가 다른 사람의 소비 가능성을 줄어들게 하지 않는다는 것을 뜻한다. 예컨대 10개의 사탕이 있는데 내가 8개를 먹어 버리면 다른 사람이 그 사탕을 소비할 가능성은 그만큼 줄어들게 된다. 반면에 라디오 방송 서비스 같은 경우는 내가 그것을 이용한다고 해서 다른 사람의 소비 가능성이 줄어들게 되지 않는다는 점에서 비경합적이다.

재화나 용역이 비배제적으로 소비된다는 말은, 그것이 공급되었을 때 누군가 그 대가를 지불하지 않았다고 해서 그 사람이 그 재화나 용역을 소비하지 못하도록 배제할 수 없다는 것을 뜻한다. 이러한 의미에서 국방 서비스는 비배제적으로 소비된다. 정부가 국방 서비스를 제공받는 모든 국민에게 그 비용을 지불하도록 하는 정책을 채택했다고 하자. 이때 어떤 국민이 이런 정책에 불만을 표하며 비용 지불을 거부한다고 해도 정부는 그를 국방 서비스의 수혜에서 배제하기 어렵다. 설령 그를 구속하여 감옥에 가두더라도 그는 국방 서비스의 수혜자 범위에서 제외되지 않는다.

비경합적이고 비배제적인 방식으로 소비되는 재화와 용역의 생산과 배분이 시장에서 제대로 이루어질 수 있을까? 국방의 예를 이어 나가 보자. 대부분의 국민은 자신의 생명과 재산을 보호받고자 하는 욕구가 있고 국방 서비스에 대한 수요도 있기 마련이다. 그러나 만약 국방 서비스를 시장에서 생산하여 판매한다면, 경제적으로 합리적인 국민은 국방 서비스를 구매하지 않을 것이다. 왜냐하면 다른 이가 구매하는 국방 서비스에 자신도 무임승차할 수 있기 때문이다. 결과적으로 국방 서비스는 과소 생산되는 문제가 발생하고, 그 피해는 모든 국민에게 돌아가게 될 것이다. 따라서 이와 같은 유형의 재화나 용역을 사회적으로 필요한 만큼 생산하기 위해서는 국가가 개입해야 하기에 이런 재화나 용역에는 공공재라는 이름을 붙이는 것이다.

① 유료 공연에서 일정한 돈을 지불하지 않은 사람의 공연장 입장을 차단한다면, 그 공연은 배제적으로 소비될 수 있다.

② 국방 서비스를 소비하는 모든 국민에게 그 비용을 지불하도록 한다면, 그 서비스는 비경합적으로 소비될 수 없다.

③ 이용할 수 있는 수가 한정된 여객기 좌석은 경합적으로 소비될 수 있다.

④ 무임승차를 쉽게 방지할 수 없는 재화나 용역은 과소 생산될 수 있다.

⑤ 라디오 방송 서비스는 여러 사람이 비경합적으로 소비할 수 있다.

대기오염 물질의 자연적 배출원은 공간적으로 그리 넓지 않고 밀집된 도시 규모의 오염 지역을 대상으로 할 경우에는 인위적 배출원에 비하여 대기 환경에 미치는 영향이 크지 않다. 하지만 지구 규모 또는 대륙 규모의 오염 지역을 대상으로 할 경우에는 그 영향이 매우 크다.

자연적 배출원은 생물 배출원과 비생물 배출원으로 구분된다. 생물 배출원에서는 생물의 활동에 의하여 오염 물질의 배출이 일어나는데, 식생의 활동으로 휘발성 유기물질이 배출되거나 토양 미생물의 활동으로 질소산화물이 배출되는 것이 대표적이다. 이렇게 배출된 오염 물질들은 반응성이 크기 때문에 산성비나 스모그와 같은 대기오염 현상을 일으키는 원인이 되기도 한다. 비생물 배출원에서도 많은 대기오염 물질이 배출되는데, 화산 활동으로 미세 먼지나 황산화물이 발생하거나 번개에 의해 질소산화물이 생성된다. 그 외에 사막이나 황토 지대에서 바람에 의해 미세 먼지가 발생하거나 성층권 오존이 대류권으로 유입되는 것도 이 범주에 넣을 수 있다.

인위적 배출원은 사람들이 생활이나 산업상의 편익을 위하여 만든 시설이나 장치로서, 대기 중으로 오염 물질을 배출하거나 대기 중에서 유해 물질로 바뀌게 될 원인 물질을 배출한다. 대표적인 인위적 배출원들은 연료의 연소를 통하여 이산화탄소, 일산화탄소, 질소산화물, 황산화물 등을 배출하지만 연소 외의 특수한 과정을 통해 발생하는 폐기물을 대기 중으로 내보내는 경우도 있다.

인위적 배출원은 점오염원, 면오염원, 선오염원으로 구분된다. 인위적 배출원 중 첫 번째로 점오염원은 발전소, 도시 폐기물 소각로, 대규모 공장과 같이 단독으로 대량의 오염 물질을 배출하는 시설을 지칭한다. 면오염원은 주거 단지와 같이 일정한 면적 내에 밀집된 다수의 소규모 배출원을 지칭한다. 선오염원의 대표적인 것은 자동차로서 이는 도로를 따라 선형으로 오염 물질을 배출시켜 주변에 대기오염 문제를 일으킨다. 높은 굴뚝에서 오염 물질을 배출하는 점오염원은 그 영향 범위가 넓지만, 배출구가 낮은 면오염원과 선오염원은 대기 확산이 잘 이루어지지 않아 오염원 근처의 지표면에 영향을 미친다.

① 비생물 배출원에서 배출되는 질소산화물은 연료의 연소 생성물이 대부분이다.

② 산성비는 인위적 배출원보다 자연적 배출원에서 배출되는 오염 물질에서 더 많이 생성된다.

③ 자연적 배출원은 인위적 배출원에 비해 큰 규모의 대기 환경에 대한 영향력이 미미하다.

④ 미생물이나 식생의 활동이 대기 중에 떠돌아다니는 반응성이 큰 오염 물질들을 감소시키기도 한다.

⑤ 인위적 배출원에서 오염 물질을 배출할 경우, 오염원은 배출구가 높을수록 더 멀리까지 영향을 미친다.

국제법에서 일반적으로 조약은 국가나 국제기구들이 그들 사이에 지켜야 할 구체적인 권리와 의무를 명시적으로 합의하여 창출하는 규범이며, 국제 관습법은 조약 체결과 관계없이 국제사회 일반이 받아들여 지키고 있는 보편적인 규범이다. 반면에 경제 관련 국제기구에서 어떤 결정을 하였을 경우, 이 결정 사항 자체는 권고적 효력만 있을 뿐 법적 구속력은 없는 것이 일반적이다. 그런데 국제결제은행 산하의 바젤위원회가 결정한 BIS 비율 규제와 같은 것들이 비회원의 국가에서도 엄격히 준수되는 모습을 종종 보게 된다. 이처럼 일종의 규범적 성격이 나타나는 현실을 어떻게 이해할지에 대한 논의가 있다. 이는 위반에 대한 제재를 통해 국제법의 효력을 확보하는 데 주안점을 두는 일반적 경향을 되돌아보게 한다. 곧 신뢰가 형성하는 구속력에 주목하는 것이다.

BIS 비율 은 은행의 재무 건전성을 유지하는 데 필요한 최소한의 자기자본 비율을 설정하여 궁극적으로 예금자와 금융 시스템을 보호하기 위해 바젤위원회에서 도입한 것이다. 바젤위원회에서는 BIS 비율이 적어도 규제 비율인 8%는 되어야 한다는 기준을 제시하였다. 이에 대한 식은 다음과 같다.

$$\text{BIS 비율(\%)} = \frac{\text{자기자본}}{\text{위험가중자산}} \times 100 \geq 8(\%)$$

여기서 자기자본은 은행의 기본자본, 보완자본 및 단기후순위 채무의 합으로, 위험가중자산은 보유 자산에 각 자산의 신용위험에 대한 위험 가중치를 곱한 값들의 합으로 구하였다. 위험 가중치는 자산 유형별 신용 위험을 반영하는 것인데, OECD 국가의 국채는 0%, 회사채는 100%가 획일적으로 부여되었다. 이후 금융 자산의 가격 변동에 따른 시장 위험도 반영해야 한다는 요구가 커지자, 바젤위원회는 위험가중자산을 신용 위험에 따른 부분과 시장 위험에 따른 부분의 합으로 새로 정의하여 BIS 비율을 산출하도록 하였다. 신용 위험의 경우와 달리 시장 위험의 측정 방식은 감독 기관의 승인하에 은행의 선택에 따라 사용할 수 있게 하여 '바젤 I' 협약이 1996년에 완성되었다.

금융 혁신의 진전으로 '바젤 I' 협약의 한계가 드러나자 2004년에 '바젤 II' 협약이 도입되었다. 여기에서 BIS 비율의 위험가중자산은 신용 위험에 대한 위험 가중치에 자산의 유형과 신용도를 모두 고려하도록 수정되었다. 신용 위험의 측정 방식은 표준 모형이나 내부 모형 가운데 하나를 은행이 이용할 수 있게 되었다. 표준모형에서는 OECD 국가의 국채는 0%에서 150%까지, 회사채는 20%에서 150%까지 위험 가중치를 구분하여 신용도가 높을수록 낮게 부과한다. 예를 들어 실제 보유한 회사채가 100억 원인데 신용위험 가중치가 20%라면 위험가중자산에서 그 회사채는 20억 원으로 계산된다. 내부 모형은 은행이 선택한 위험 측정 방식을 감독 기관의 승인하에 그 은행이 사용할 수 있도록 하는 것이다. 또한 감독 기관은 필요시 위험가중자산에 대한 자기자본의 최저 비율이 규제 비율을 초과하도록 자국 은행에 요구할 수 있게 함으로써 자기자본의 경직된 기준을 보완하고자 했다.

최근에는 '바젤 III' 협약이 발표되면서 자기자본에서 단기후순위 채무가 제외되었다. 또한 위험가중자산에 대한 기본자본의 비율이 최소 6%가 되게 보완하여 자기자본의 손실 복원력을 강화하였다. 이처럼 새롭게 발표되는 바젤 협약은 이전 협약에 들어 있는 관련 기준을 개정하는 효과가 있다.

바젤 협약은 우리나라를 비롯한 수많은 국가에서 채택하여 제도화하고 있다. 현재 바젤위원회에는 28개국의 금융 당국들이 회원으로 가입되어 있으며, 우리 금융 당국은 2009년에 가입하였다. 하지만 우리나라는 가입하기 훨씬 전부터 BIS 비율을 도입하여 시행하였으며, 현행 법제에도 이것이 반영되어 있다. 바젤 기준을 따름으로써 은행이 믿을 만하다는 징표를 국제 금융 시장에 보여 주어야 했던 것이다. 재무 건전성을 의심받는 은행은 국제 금융 시장에 자리를 잡지 못하거나, 심하면 아예 발을 들이지 못할 수도 있다.

바젤위원회에서는 은행 감독 기준을 협의하여 제정한다. 그 헌장에서는 회원들에게 바젤 기준을 자국에 도입할 의무를 부과한다. 하지만 바젤위원회가 초국가적 감독 권한이 없으며 그의 결정도 법적 구속력이 없다는 것 또한 밝히고 있다. 바젤 기준은 100개가 넘는 국가가 채택하여 따른다. 이는 국제기구의 결정에 형식적으로 구속을 받지 않는 국가에서까지 자발적으로 받아들여 시행하고 있다는 것인데, 이런 현실을 말랑말랑한 법(soft law)의 모습이라 설명하기도 한다. 이때 조약이나 국제 관습법은 그에 대비하여 딱딱한 법(hard law)이라 부르게 된다. 바젤 기준도 장래에 딱딱하게 응고될지 모른다.

5 윗글의 내용 전개 방식으로 가장 적절한 것은?

① 특정한 국제적 기준의 내용과 그 변화 양상을 서술하며 국제사회에 작용하는 규범성을 설명하고 있다.

② 특정한 국제적 기준이 제정된 원인을 서술하며 국제 사회의 규범을 감독 권한의 발생 원인에 따라 분류하고 있다.

③ 특정한 국제적 기준의 필요성을 서술하며 국제 사회에 수용되는 규범의 필요성을 상반된 관점에서 논증하고 있다.

④ 특정한 국제적 기준과 관련된 국내법의 특징을 서술하며 국제사회에 받아들여지는 규범의 장단점을 설명하고 있다.

⑤ 특정한 국제적 기준의 설정 주체가 바뀐 사례를 서술하며 국제사회에서 규범 설정 주체가 지닌 특징을 분석하고 있다.

6 윗글에서 알 수 있는 내용으로 적절하지 **않은** 것은?

① 조약은 체결한 국가들에 대하여 권리와 의무를 부과하는 것이 원칙이다.

② 새로운 바젤 협약이 발표되면 기존 바젤 협약에서의 기준이 변경되는 경우가 있다.

③ 딱딱한 법에서는 일반적으로 제재보다는 신뢰로써 법적 구속력을 확보하는 데 주안점이 있다.

④ 국제기구의 결정을 지키지 않을 때 입게 될 불이익은 그 결정이 준수되도록 하는 역할을 한다.

⑤ 세계 각국에서 바젤 기준을 법제화하는 것은 자국 은행의 재무 건전성을 대외적으로 인정받기 위해서이다.

7 BIS 비율에 대한 이해로 가장 적절한 것은?

① 바젤 I 협약에 따르면, 보유하고 있는 회사채의 신용도가 낮아질 경우 BIS 비율은 낮아지는 경향이 있다.

② 바젤 II 협약에 따르면, 각국의 은행들이 준수해야 하는 위험가중자산 대비 자기자본의 최저 비율은 동일하다.

③ 바젤 II 협약에 따르면, 보유하고 있는 OECD 국가의 국채를 매각한 뒤 이를 회사채에 투자한다면 BIS 비율은 항상 높아진다.

④ 바젤 II 협약에 따르면, 시장 위험의 경우와 마찬가지로 감독 기관의 승인하에 은행이 선택하여 사용할 수 있는 신용 위험의 측정 방식이 있다.

⑤ 바젤 III 협약에 따르면, 위험가중자산 대비 보완자본이 최소 2%는 되어야 보완된 BIS 비율 규제를 은행이 준수할 수 있다.

약점 보완 해설집 p.53

• 풀이 시간: /10분
• 맞은 문제: /6문제

1 다음 글의 내용과 부합하는 것은?
20 5급 공채 PSAT

미국의 건축물 화재안전 관리체제는 크게 시설계획기준을 제시하는 건축모범규준과 특정 시설의 화재안전평가 및 대안설계안을 결정하는 화재안전평가제 그리고 기존 건축물의 화재위험도를 평가하는 화재위험도평가제로 구분된다. 건축모범규준과 화재안전평가제는 건축물의 계획 및 시공단계에서 설계지침으로 적용되며, 화재위험도평가제는 기존 건축물의 유지 및 관리단계에서 화재위험도 관리를 위해 활용된다. 우리나라는 정부가 화재안전 관리체제를 마련하고 시행하는 데 반해 미국은 공신력 있는 민간기관이 화재 관련 모범규준이나 평가제를 개발하고 주 정부가 주 상황에 따라 특정 제도를 선택하여 운영하고 있다.

건축모범규준은 미국화재예방협회에서 개발한 것이 가장 널리 활용되는데 3년마다 개정안이 마련된다. 특정 주요 기준은 대부분의 주가 최근 개정안을 적용하지만, 그 외의 기준은 개정되기 전 규준의 기준을 적용하는 경우도 있다. 역시 미국화재예방협회가 개발하여 미국에서 가장 널리 활용되는 화재안전평가제는 공공안전성이 강조되는 의료, 교정, 숙박, 요양 및 교육시설 등 5개 용도시설에 대해 화재안전성을 평가하고 대안설계안의 인정 여부를 결정함에 목적이 있다. 5개 용도시설을 제외한 건축물의 경우에는 건축모범규준의 적용이 권고된다. 화재위험도평가제는 기존 건축물에 대한 데이터를 수집하여 화재안전을 효율적으로 평가·관리함에 목적이 있다. 이 중에서 뉴욕주 소방청의 화재위험도평가제는 공공데이터 공유 플랫폼을 이용하여 수집된 주 내의 모든 정부 기관의 정보를 평가자료로 활용한다.

① 건축모범규준이나 화재안전평가제에 따르면 공공안전성이 강조되는 건물에는 특정 주요 기준이 강제적으로 적용되고 있다.

② 건축모범규준, 화재안전평가제, 화재위험도평가제 모두 건축물의 설계·시공단계에서 화재안전을 확보하는 수단이다.

③ 건축모범규준을 적용하여 건축물을 신축하는 경우 반드시 가장 최근에 개정된 기준에 따라야 한다.

④ 미국에서는 민간기관인 미국화재예방협회가 건축모범규준과 화재안전평가제를 개발·운영하고 있다.

⑤ 뉴욕주 소방청은 화재위험도평가에 타 기관에서 수집한 정보를 활용한다.

2 다음 글에서 추론할 수 있는 것만을 <보기>에서 모두 고르면?

16 5급 공채 PSAT

예술과 도덕의 관계, 더 구체적으로는 예술작품의 미적 가치와 도덕적 가치의 관계는 동서양을 막론하고 사상사의 중요한 주제들 중 하나이다. 그 관계에 대한 입장들로는 '극단적 도덕주의', '온건한 도덕주의', '자율성주의'가 있다. 이 입장들은 예술작품이 도덕적 가치판단의 대상이 될 수 있느냐는 물음에 각기 다른 대답을 한다.

극단적 도덕주의 입장은 모든 예술작품을 도덕적 가치판단의 대상으로 본다. 이 입장은 도덕적 가치를 가장 우선적인 가치이자 가장 포괄적인 가치로 본다. 따라서 모든 예술작품은 도덕적 가치에 의해서 긍정적으로 또는 부정적으로 평가된다. 또한 도덕적 가치는 미적 가치를 비롯한 다른 가치들보다 우선한다. 이러한 입장을 대표하는 사람이 바로 톨스토이이다. 그는 인간의 형제애에 관한 정서를 전달함으로써 인류의 심정적 통합을 이루는 것이 예술의 핵심적 가치라고 보았다.

온건한 도덕주의는 오직 일부 예술작품만이 도덕적 판단의 대상이 된다고 보는 입장이다. 따라서 일부의 예술작품들에 대해서만 긍정적인 또는 부정적인 도덕적 가치판단이 가능하다고 본다. 이 입장에 따르면, 도덕적 판단의 대상이 되는 예술작품의 도덕적 가치와 미적 가치는 서로 독립적으로 성립하는 것이 아니다. 그것들은 서로 내적으로 연결되어 있기 때문에 어떤 예술작품이 가지는 도덕적 장점이 그 예술작품의 미적 장점이 된다. 또한 어떤 예술작품의 도덕적 결함은 그 예술작품의 미적 결함이 된다.

자율성주의는 어떠한 예술작품도 도덕적 가치판단의 대상이 될 수 없다고 보는 입장이다. 이 입장에 따르면, 도덕적 가치와 미적 가치는 서로 자율성을 유지한다. 즉, 도덕적 가치와 미적 가치는 각각 독립적인 영역에서 구현되고 서로 다른 기준에 의해 평가된다는 것이다. 결국 자율성주의는 예술작품에 대한 도덕적 가치판단을 범주착오에 해당하는 것으로 본다.

─────── <보 기> ───────

ㄱ. 자율성주의는 극단적 도덕주의와 온건한 도덕주의가 모두 범주착오를 범하고 있다고 볼 것이다.

ㄴ. 극단적 도덕주의는 모든 도덕적 가치가 예술작품을 통해 구현된다고 보지만, 자율성주의는 그렇지 않을 것이다.

ㄷ. 온건한 도덕주의에서 도덕적 판단의 대상이 되는 예술 작품들은 모두 극단적 도덕주의에서도 도덕적 판단의 대상이 될 것이다.

① ㄱ   ② ㄴ   ③ ㄱ, ㄷ   ④ ㄴ, ㄷ   ⑤ ㄱ, ㄴ, ㄷ

3 다음 글에서 알 수 있는 것은?

네트워크란 구성원들이 위계적이지 않으며 독자적인 의사소통망을 통해 서로 활발히 연결되어 있는 구조라고 할 수 있다. 마약조직 등에 나타나는 점조직은 기초적인 형태의 네트워크이며, 정교한 형태의 네트워크로는 행위자들이 하나의 행위자에 개별적으로 연결되어 있는 '허브' 조직이나 모든 행위자들이 서로 연결되어 있는 '모든 채널' 조직이 있다. 네트워크가 복잡해질수록 이를 유지하기 위해 의사소통 체계를 구축하는 비용이 커지지만, 정부를 비롯한 외부 세력이 와해시키기도 어렵게 된다. 특정한 지도자가 없고 핵심 기능들이 여러 구성원에 중복 분산되어 있어, 조직 내의 한 지점을 공격해도 전체적인 기능이 조만간 복구되기 때문이다. 이런 네트워크의 구성원들이 이념과 목표를 공유하고 실현하는 데 필요한 것들을 직접 행동에 옮긴다면, 이러한 조직을 상대하기는 더욱 힘들어진다.

네트워크가 반드시 첨단 기술을 전제로 하는 것은 아니며, 서로 연결되어 있기만 하면 그것은 네트워크다. 그렇지만 인터넷과 통신 기술과 같은 첨단 기술의 발달은 정교한 형태의 네트워크 유지에 필요한 비용을 크게 줄여놓았다. 이 때문에 세계의 수많은 시민 단체, 범죄 조직, 그리고 테러 단체들이 과거에는 상상할 수 없었던 힘을 발휘하게 되었으며, 정치, 외교, 환경, 범죄에 이르기까지 사회의 모든 부문에 영향력을 미치고 있다. 이렇듯 네트워크를 활용하는 비국가행위자들의 영향력이 확대되면서 국가가 사회에서 차지하는 역할의 비중이 축소되었다. 반면 비국가행위자들은 정보통신 기술의 힘을 얻은 네트워크를 통해 그동안 억눌렸던 자신들의 목소리를 낼 수 있게 되었다.

이러한 변화는 두 얼굴을 가진 야누스이다. 인권과 민주주의, 그리고 평화의 확산을 위해 애쓰는 시민사회 단체들은 네트워크의 힘을 바탕으로 기존의 국가 조직이 손대지 못한 영역에서 긍정적인 변화를 이끌어낼 것이다. 반면 테러 및 범죄 조직 역시 네트워크를 통해 국가의 추격을 피해가며 전 세계로 그 활동 범위를 넓혀 나갈 것이다. 정보통신 기술의 발달과 네트워크의 등장으로 양쪽 모두 전례 없는 기회를 얻었다. 시민사회 단체들의 긍정적인 측면을 최대한 끌어내 정부의 기능을 보완, 견제하고 테러 및 범죄 조직의 발흥을 막을 수 있는 시스템을 구축하는 것이 시대의 과제가 될 것이다.

① 여러 형태의 네트워크 중 점조직의 결집력이 가장 강하다.

② 네트워크의 확산은 인류 미래에 부정적인 영향보다 긍정적인 영향을 더 크게 할 것이다.

③ 네트워크의 외부 공격에 대한 대응력은 조직의 정교성이나 복잡성과는 관계가 없을 것이다.

④ 기초적인 형태의 네트워크는 구성원의 수가 적어질수록 정교한 형태의 네트워크로 발전할 가능성이 크다.

⑤ 정교한 형태의 네트워크 유지에 들어가는 비용이 낮아진 것은 국가가 사회에 미치는 영향력이 약화된 결과를 낳았다.

4 다음 글에서 알 수 **없는** 것은?

'계획적 진부화'는 의도적으로 수명이 짧은 제품이나 서비스를 생산함으로써 소비자들이 새로운 제품을 구매하도록 유도하는 마케팅 전략 중 하나이다. 여기에는 단순히 부품만 교체하는 것이 가능함에도 불구하고 새로운 제품을 구매하도록 유도하는 것도 포함된다.

계획적 진부화의 이유는 무엇일까? 첫째, 기업이 기존 제품의 가격을 인상하기 곤란한 경우, 신제품을 출시한 뒤 여기에 인상된 가격을 매길 수 있기 때문이다. 특히 제품의 기능은 거의 변함없이 디자인만 약간 개선한 신제품을 내놓고 가격을 인상하는 경우도 쉽게 볼 수 있다. 둘째, 중고품 시장에서 거래되는 기존 제품과의 경쟁을 피할 수 있기 때문이다. 자동차처럼 사용 기간이 긴 제품의 경우, 기업은 동일 유형의 제품을 팔고 있는 중고품 판매 업체와 경쟁해야만 한다. 그러나 기업이 새로운 제품을 출시하면, 중고품 시장에서 판매되는 기존 제품은 진부화되고 그 경쟁력도 하락한다. 셋째, 소비자들의 취향이 급속히 변화하는 상황에서 계획적 진부화로 소비자들의 만족도를 높일 수 있기 때문이다. 전통적으로 제품의 사용 기간을 결정짓는 요인은 기능적 특성이나 노후화·손상 등 물리적 특성이 주를 이루었지만, 최근에는 심리적 특성에도 많은 영향을 받고 있다. 이처럼 소비자들의 요구가 다양해지고 그 변화 속도도 빨라지고 있어, 기업들은 이에 대응하기 위해 계획적 진부화를 수행하기도 한다.

기업들은 계획적 진부화를 통해 매출을 확대하고 이익을 늘릴 수 있다. 기존 제품이 사용 가능한 상황에서도 신제품에 대한 소비자들의 수요를 자극하면 구매 의사가 커지기 때문이다. 반면, 기존 제품을 사용하는 소비자 입장에서는 크게 다를 것 없는 신제품 구입으로 불필요한 지출과 실질적인 손실이 발생할 수 있다는 점에서 계획적 진부화는 부정적으로 인식된다. 또한 환경이나 생태를 고려하는 거시적 관점에서도, 계획적 진부화는 소비자들에게 제공하는 가치에 비해 에너지나 자원의 낭비가 심하다는 비판을 받고 있다.

① 계획적 진부화로 소비자들은 불필요한 지출을 할 수 있다.

② 계획적 진부화는 기존 제품과 동일한 중고품의 경쟁력을 높인다.

③ 계획적 진부화는 소비자들의 요구에 대응하기 위하여 수행되기도 한다.

④ 계획적 진부화를 통해 기업은 기존 제품보다 비싼 신제품을 출시할 수 있다.

⑤ 계획적 진부화로 인하여 제품의 실제 사용 기간은 물리적으로 사용 가능한 수명보다 짧아질 수 있다.

우리는 한 대의 자동차는 개체라고 하지만, 바닷물을 개체라고 하지는 않는다. 어떤 부분들이 모여 하나의 개체를 이룬다고 할 때 이를 개체라고 부를 수 있는 조건은 무엇일까? 일단 부분들 사이의 유사성은 개체성의 조건이 될 수 없다. 가령 일란성 쌍둥이인 두 사람은 DNA 염기 서열과 외모도 같지만 동일한 개체는 아니다. 그래서 부분들의 강한 유기적 상호작용이 그 조건으로 흔히 제시된다. 하나의 개체를 구성하는 부분들은 외부 존재가 개체에 영향을 주는 것과는 비교할 수 없이 강한 방식으로 서로 영향을 주고받는다.

상이한 시기에 존재하는 두 대상을 동일한 개체로 판단하는 조건도 물을 수 있다. 그것은 두 대상 사이의 인과성이다. 과거의 '나'와 현재의 '나'를 동일하다고 볼 수 있는 것은 강한 인과성이 존재하기 때문이다. 과거의 '나'와 현재의 '나'는 세포 분열로 세포가 교체되는 과정을 통해 인과적으로 연결되어 있다. 또 '나'가 세포 분열을 통해 새로운 개체를 생성할 때도 '나'와 '나의 후손'은 인과적으로 연결되어 있다. 비록 '나'와 '나의 후손'은 동일한 개체는 아니지만 '나'와 다른 개체들 사이에 비해 더 강한 인과성으로 연결되어 있다.

개체성에 대한 이러한 철학적 질문은 생물학에서도 중요한 연구 주제가 된다. 생명체를 구성하는 단위는 세포이다. 세포는 생명체의 고유한 유전 정보가 담긴 DNA를 가지며 이를 복제하여 증식하고 번식하는 과정을 통해 자신의 DNA를 후세에 전달한다. 세포는 사람과 같은 진핵생물의 진핵세포와, 박테리아나 고세균과 같은 원핵생물의 원핵세포로 구분된다. 진핵세포는 세포질에 막으로 둘러싸인 핵이 있고 그 안에 DNA가 있지만, 원핵세포는 핵이 없다. 또한 진핵세포의 세포질에는 막으로 둘러싸인 여러 종류의 세포 소기관이 있으며, 그중 미토콘드리아는 세포 활동에 필요한 생체 에너지를 생산하는 기관이다. 대부분의 진핵세포는 미토콘드리아를 필수적으로 가지고 있다.

이러한 미토콘드리아가 원래 박테리아의 한 종류인 원생미토콘드리아였다는 이론이 20세기 초에 제기되었다. 공생발생설 또는 세포 내 공생설이라고 불리는 이 이론에서는 두 원핵생물 간의 공생 관계가 지속되면서 진핵세포를 가진 진핵생물이 탄생했다고 설명한다. 공생은 서로 다른 생명체가 함께 살아가는 것을 말하며, 서로 다른 생명체를 가정하는 것은 어느 생명체의 세포 안에서 다른 생명체가 공생하는 '내부 공생'에서도 마찬가지이다. 공생발생설은 한동안 생물학계로부터 인정받지 못했다. 미토콘드리아의 기능과 대략적인 구조, 그리고 생명체 간 내부 공생의 사례는 이미 알려졌지만 미토콘드리아가 과거에 독립된 생명체였다는 것을 쉽게 믿을 수 없었기 때문이었다. 그리고 한 생명체가 세대를 이어 가는 과정 중에 돌연변이와 자연선택이 일어나고, 이로 인해 종이 진화하고 분화한다고 보는 전통적인 유전학에서 두 원핵생물의 결합은 주목받지 못했다. 그러다가 전자 현미경의 등장으로 미토콘드리아의 내부까지 세밀히 관찰하게 되고, 미토콘드리아 안에는 세포핵의 DNA와는 다른 DNA가 있으며 단백질을 합성하는 자신만의 리보솜을 가지고 있다는 사실이 밝혀지면서 공생발생설이 새롭게 부각되었다.

공생발생설에 따르면 진핵생물은 원생미토콘드리아가 고세균의 세포 안에서 내부 공생을 하다가 탄생했다고 본다. 고세균의 핵의 형성과 내부 공생의 시작 중 어느 것이 먼저인지에 대해서는 논란이 있지만, 고세균은 세포질에 핵이 생겨 진핵세포가 되고 원생미토콘드리아는 세포 소기관인 미토콘드리아가 되어 진핵생물이 탄생했다는 것이다. 미토콘드리아가 원래 박테리아의 한 종류였다는 근거는 여러 가지가 있다. 박테리아와 마찬가지로 새로운 미토콘드리아는 이미 존재하는 미토콘드리아의 '이분 분열'을 통해서만 만들어진다. 미토콘드리아의 막에는 진핵세포막의 수송 단백질과는 다른 종류의 수송 단백질인 포린이 존재하고 박테리아의 세포막에 있는 카디오리핀이 존재한다. 또 미토콘드리아의 리보솜은 진핵세포의 리보솜보다 박테리아의 리보솜과 더 유사하다.

미토콘드리아는 여전히 고유한 DNA를 가진 채 복제와 증식이 이루어지는데도, 미토콘드리아와 진핵세포 사이의 관계를 공생 관계로 보지 않는 이유는 무엇일까? 두 생명체가 서로 떨어져서 살 수 없더라도 각자의 개체성을 잃을 정도로 유기적 상호작용이 강하지 않다면 그 둘은 공생 관계에 있다고 보는데, 미토콘드리아와 진핵세포 간의 유기적 상호작용은 둘을 다른 개체로 볼 수 없을 만큼 매우 강하기 때문이다. 미토콘드리아가 개체성을 잃고 세포 소기관이 되었다고 보는 근거는, 진핵세포가 미토콘드리아의 증식을 조절하고, 자신을 복제하여 증식할 때 미토콘드리아도 함께 복제하여 증식시킨다는 것이다. 또한 미토콘드리아의 유전자의 많은 부분이 세포핵의 DNA로 옮겨 가 미토콘드리아의 DNA 길이가 현저히 짧아졌다는 것이다. 미토콘드리아에서 일어나는 대사 과정에 필요한 단백질은 세포핵의 DNA로부터 합성되고, 미토콘드리아의 DNA에 남은 유전자 대부분은 생체 에너지를 생산하는 역할을 한다. 예컨대 사람의 미토콘드리아는 37개의 유전자만 있을 정도로 DNA 길이가 짧다.

5 윗글의 내용 전개 방식으로 가장 적절한 것은?

① 개체성과 관련된 예를 제시한 후 공생발생설에 대한 다양한 견해를 비교하고 있다.

② 개체에 대한 정의를 제시한 후 세포의 생물학적 개념이 확립되는 과정을 서술하고 있다.

③ 개체성의 조건을 제시한 후 세포 소기관의 개체성에 대해 공생발생설을 중심으로 설명하고 있다.

④ 개체의 유형을 분류한 후 세포의 소기관이 분화되는 과정을 공생발생설을 중심으로 설명하고 있다.

⑤ 개체와 관련된 개념들을 설명한 후 세포가 하나의 개체로 변화하는 과정을 인과적으로 서술하고 있다.

6 윗글에서 알 수 있는 내용으로 적절하지 <u>않은</u> 것은?

① 유사성은 아무리 강하더라도 개체성의 조건이 될 수 없다.

② 바닷물을 개체라고 말하기 어려운 이유는 유기적 상호작용이 약하기 때문이다.

③ 새로운 미토콘드리아를 복제하기 위해서는 세포 안에 미토콘드리아가 반드시 있어야 한다.

④ 미토콘드리아의 대사 과정에 필요한 단백질은 미토콘드리아의 막을 통과하여 세포질로 이동해야 한다.

⑤ 진핵세포가 되기 전의 고세균이 원생미토콘드리아보다 진핵세포와 더 강한 인과성으로 연결되어 있다.

약점 보완 해설집 p.57

- 풀이 시간: /7분 30초
- 맞은 문제: /5문제

1 다음 글의 핵심 논지로 가장 적절한 것은?

11 민경채 PSAT

폴란은 동물의 가축화를 '노예화 또는 착취'로 바라보는 시각은 잘못이라고 주장한다. 그에 따르면, 가축화는 '종들 사이의 상호주의'의 일환이며 정치적이 아니라 진화론적 현상이다. 그는 "소수의, 특히 운이 좋았던 종들이 다윈식의 시행착오와 적응과정을 거쳐, 인간과의 동맹을 통해 생존과 번성의 길을 발견한 것이 축산의 기원"이라고 말한다. 예컨대 이러한 동맹에 참여한 소, 돼지, 닭은 번성했지만 그 조상뻘 되는 동물들 중에서 계속 야생의 길을 걸었던 것들은 쇠퇴했다는 것이다. 지금 북미 지역에 살아남은 늑대는 1만 마리 남짓인데 개들은 5천만 마리나 된다는 것을 통해 이 점을 다시 확인할 수 있다. 이로부터 폴란은 '그 동물들의 관점에서 인간과의 거래는 엄청난 성공'이었다고 주장한다. 그래서 스티븐 울프는 "인도주의에 근거한 채식주의 옹호론만큼 설득력 없는 논변도 없다. 베이컨을 원하는 인간이 많아지는 것은 돼지에게 좋은 일이다."라고 주장하기도 한다.

그런데 어떤 생명체가 태어나도록 하는 것이 항상 좋은 일인가? 어떤 돼지가 깨끗한 농장에서 태어나 쾌적하게 살다가 이른 죽음을 맞게 된다면, 그 돼지가 태어나도록 하는 것이 좋은 일인가? 좋은 일이라고 한다면 돼지를 잘 기르는 농장에서 나온 돼지고기를 먹는 것은 그 돼지에게 나쁜 일이 아니라는 말이 된다. 아무도 고기를 먹지 않는다면 그 돼지는 태어날 수 없기 때문이다. 하지만 그 돼지를 먹기 위해서는 먼저 그 돼지를 죽여야 한다. 그렇다면 그 살해는 정당해야 한다. 폴란은 자신의 주장이 갖는 이런 함축에 불편함을 느껴야 한다. 이러한 불편함을 폴란은 해결하지 못할 것이다.

① 종 다양성을 보존하기 위한 목적으로 생명체를 죽이는 일은 지양해야 한다.

② 생명체를 죽이기 위해서 그 생명체를 태어나게 하는 일은 정당화되기 어렵다.

③ 어떤 생명체가 태어나서 쾌적하게 산다면 그 생명체를 태어나게 하는 것은 좋은 일이다.

④ 가축화에 대한 폴란의 진화론적 설명이 기초하는 '종들 사이의 상호주의'는 틀린 정보에 근거한다.

⑤ 어떤 생명체를 태어나게 해서 그 생명체가 속한 종의 생존과 번성에 도움을 준다면 이는 좋은 일이다.

2 다음 글의 ⊙에 대한 평가로 적절한 것만을 <보기>에서 모두 고르면?

20 5급 공채 PSAT

지금까지 알려진 적이 없는 어느 부족의 언어를 최초로 번역해야 하는 번역자 S를 가정하자. S가 사용할 수 있는 자료는 부족민들의 언어 행동에 관한 관찰 증거뿐이다. S는 부족민들의 말을 듣던 중에 여러 번 '가바가이'라는 말소리를 알아들었는데, 그때마다 항상 눈앞에 토끼가 있다는 사실을 관찰했다. 이에 S는 '가바가이'를 하나의 단어로 추정하면서 그에 대한 몇 가지 가능한 번역어를 생각했다. 그것은 '한 마리의 토끼'라거나 '살아있는 토끼' 등 여러 상이한 의미로 번역될 수 있었다. 관찰 가능한 증거들은 이런 번역 모두와 어울렸기 때문에 S는 어느 번역이 옳은지 결정할 수 없었다.

이 문제를 해결하는 방안으로 제시된 ⊙ 이론 A는 전체의 의미로부터 그 구성요소의 의미를 결정하고자 한다. 즉, 문제의 단어를 포함하는 문장들을 충분히 모아 각 문장의 의미를 확정한 후에 이것을 기반으로 각 문장의 구성요소에 해당하는 단어의 의미를 결정하려는 것이다. 이런 점은 과학에서 단어의 의미를 확정하는 사례를 통해서 분명하게 드러난다. 예를 들어, '분자'의 의미는 "기체의 온도는 기체를 구성하는 분자들의 충돌에 의한 것이다."와 같은 문장들의 의미를 확정함으로써 결정할 수 있다. 그리고 이 문장들의 의미는 수많은 문장들로 구성된 과학 이론 속에서 결정될 것이다. 결국 과학의 단어가 지니는 의미는 과학 이론에 의존하게 되는 것이다.

─── <보 기> ───

ㄱ. "고래는 포유류이다."의 의미를 확정하기 위해서는 먼저 '포유류'의 의미를 결정해야 한다는 점은 ⊙을 강화한다.

ㄴ. 뉴턴 역학에서 사용되는 '힘'이라는 단어의 의미가 뉴턴 역학에 의거하여 결정될 수 있다는 점은 ⊙을 강화한다.

ㄷ. 토끼와 같은 일상적인 단어는 언어 행위에 대한 직접적인 관찰 증거만으로 그 의미를 결정할 수 있다는 점은 ⊙을 약화한다.

① ㄱ　　　　② ㄴ　　　　③ ㄱ, ㄷ　　　　④ ㄴ, ㄷ　　　　⑤ ㄱ, ㄴ, ㄷ

3 다음 글의 논증을 약화하는 것으로 가장 적절한 것은?

과학 연구는 많은 자원을 소비하지만 과학 연구에 사용할 수 있는 자원은 제한되어 있다. 따라서 우리는 제한된 자원을 서로 경쟁적인 관계에 있는 연구 프로그램들에 어떻게 배분하는 것이 옳은가라는 물음에 직면한다. 이 물음에 관해 생각해 보기 위해 상충하는 두 연구 프로그램 A와 B가 있다고 해보자. 현재로서는 A가 B보다 유망해 보이지만 어떤 것이 최종적으로 성공하게 될지 아직 아무도 모른다. 양자의 관계를 고려하면, A가 성공하고 B가 실패하거나, A가 실패하고 B가 성공하거나, 아니면 둘 다 실패하거나 셋 중 하나이다. 합리적 관점에서 보면 A와 B가 모두 작동할 수 있을 정도로, 그리고 그것들이 매달리고 있는 문제가 해결될 확률을 극대화하는 방향으로 자원을 배분해야 한다. 그렇게 하려면 자원을 어떻게 배분해야 할까?

이 물음에 답하려면 구체적인 사항들에 대한 세세한 정보가 필요하겠지만, 한쪽에 모든 자원을 투입하고 다른 쪽에는 아무것도 배분하지 않는 것은 어떤 경우에도 현명한 방법이 아니다. 심지어 A가 B보다 훨씬 유망해 보이는 경우라도 A만 선택하여 지원하는 '선택과 집중' 전략보다는 '나누어 걸기' 전략이 더 바람직하다. 이유는 간단하다. 현재 유망한 연구 프로그램이 쇠락의 길을 걷게 될 수도 있고 반대로 현재 성과가 미미한 연구 프로그램이 얼마 뒤 눈부신 성공을 거둘 가능성이 있기 때문이다. 따라서 현명한 사회에서는 대부분의 자원을 A에 배분하더라도 적어도 어느 정도의 자원은 B에 배분할 것이다. 다른 조건이 동일하다고 가정하면, 현재 시점에서 평가된 각 연구 프로그램의 성공 확률에 비례하는 방식으로 자원을 배분하는 것이 합리적일 것이다. 이런 원칙은 한 영역에 셋 이상 다수의 상충하는 연구 프로그램이 경쟁하고 있는 경우에도 똑같이 적용될 수 있다. 물론 적절한 주기로 연구 프로그램을 평가하여 자원 배분의 비율을 조정하는 일은 잊지 않아야 한다.

① '선택과 집중' 전략은 기업의 투자 전략으로 바람직하지 않다.

② 연구 프로그램들에 대한 현재의 비교 평가 결과는 몇 년 안에 확연히 달라질 수도 있다.

③ 상충하는 연구 프로그램들이 모두 작동하기 위해서는 배분 가능한 것 이상의 자원이 필요한 경우가 발생할 수 있다.

④ 연구 프로그램이 아무리 많다고 하더라도 그것들 중에 최종적으로 성공하게 되는 것이 하나도 없을 가능성이 존재한다.

⑤ 과학 연구에 투입되는 자원의 배분은 사회의 성패와 관련된 것이므로 한 사람이나 몇몇 사람의 생각으로 결정해서는 안 된다.

나는 계통수 가설을 지지한다. 그것은 모든 유기체들이 같은 기원을 갖는다고 말한다. 지구상의 식물과 동물이 공통의 조상을 갖는다고 생각하는 이유는 무엇인가?

이 물음에 답하는 데 사용되는 표준 증거는 유전 암호가 보편적이라는 점이다. DNA 암호를 전사 받은 메신저 RNA는 뉴클레오타이드 3개가 코돈을 이루고 하나의 코돈이 하나의 아미노산의 유전 정보를 지정한다. 예를 들어 코돈 UUU는 페닐알라닌의 정보를, 코돈 AUA는 아이소류신의 정보를, 코돈 GCU는 알라닌의 정보를 지정한다. 각각의 아미노산의 정보를 지정하기 위해 사용되는 암호는 모든 생명체에서 동일하다. 이것은 모든 지상의 생명체가 연결되어 있다는 증거다.

생물학자들은 유전 암호가 임의적이어서 어떤 코돈이 특정한 아미노산의 정보를 지정해야 할 기능적인 이유가 없다고 한다. 우리가 관찰하는 유전 암호가 가장 기능적으로 우수한 물리적 가능성을 갖는다면 모든 생물 종들이 각각 별도의 기원들은 갖고 있다고 하더라도 그 암호를 사용했으리라고 기대할 것이다. 그러나 유전 암호가 임의적인데도 그것이 보편적이라는 사실은 모든 생명이 공통의 기원을 갖는다는 가설을 옹호한다.

왜 언어학자들은 상이한 인간 언어들이 서로 이어져 있다고 믿는지 생각해 보자. 모든 언어가 수에 해당하는 단어를 포함한다는 사실은 그 언어들이 공통의 기원을 갖는다는 증거가 될 수 없다. 숫자는 명백한 기능적 효용성을 갖기 때문이다. 반면에 몇 종류의 언어들이 수에 비슷한 이름을 부여하고 있다는 사실은 놀라운 증거가 된다. 가령, 2를 의미하는 프랑스어 단어는 'deux', 이탈리아어 단어는 'due', 스페인어 단어는 'dos'로 유사하다. 수에 대한 이름들은 임의적으로 선택되기 때문에 이런 단어들의 유사성은 이 언어들이 공통의 기원을 갖는다는 강력한 증거가 된다. 이렇게 적응으로 생겨난 유사성과 달리 임의적 유사성은 생명체가 공통의 조상을 가지고 있다는 강력한 증거가 된다.

<보 기>

ㄱ. UUU가 페닐알라닌이 아닌 다른 아미노산의 정보를 지정하는 것이 기능적으로 불가능한 이유가 있다.

ㄴ. 사람은 유아기에 엄마가 꼭 필요하기 때문에 엄마를 의미하는 유아어가 모든 언어에서 발견된다.

ㄷ. 코돈을 이루는 뉴클레오타이드가 4개인 것이 3개인 것보다 기능이 우수하다.

① ㄱ   ② ㄴ   ③ ㄱ, ㄷ   ④ ㄴ, ㄷ   ⑤ ㄱ, ㄴ, ㄷ

5 다음은 '교내 연설 대회'에 참가한 학생의 연설이다. 연설자의 말하기 방법으로 적절하지 <u>않은</u> 것은?

21 평가원 6월 모평

여러분, 환경의 날 행사 때 교내 방송으로 시청했던 영상을 잠시 떠올려 봅시다. 작은 빙하에 의지한 채 바다를 부유하던 북극곰의 눈물을 보며 모두들 가슴 아파하지 않으셨습니까? 그 눈물은 이산화탄소에 의한 지구 온난화가 빚어낸 비극입니다. 이와 관련하여 저는 연안 생태계의 가치와 보호에 대한 관심을 촉구하고자 합니다.

2019년 통계에 따르면 우리나라의 이산화탄소 배출량은 세계 11위에 해당하는 높은 수준입니다. 그동안 우리나라는 이산화탄소 배출을 줄이려 노력하고, 대기 중 이산화탄소 흡수를 위한 산림 조성에 힘써 왔습니다. 그런데 우리가 놓치고 있는 이산화탄소 흡수원이 있습니다. 바로 연안 생태계입니다.

연안 생태계는 대기 중 이산화탄소 흡수에 탁월합니다. 물론 연안 생태계가 이산화탄소를 얼마나 흡수할 수 있겠냐고 말하는 분도 계실 것입니다. 하지만 연안 생태계를 구성하는 갯벌과 염습지의 염생 식물, 식물성 플랑크톤 등은 광합성을 통해 대기 중 이산화탄소를 흡수하는데, 산림보다 이산화탄소 흡수 능력이 뛰어납니다. 2018년 정부 통계에 따르면, 우리 연안 생태계 중 갯벌의 면적은 산림의 약 4%에 불과하지만 연간 이산화탄소 흡수량은 산림의 약 37%이며 흡수 속도는 수십 배에 달합니다.

또한 연안 생태계는 탄소의 저장에도 효과적입니다. 연안의 염생 식물과 식물성 플랑크톤은 이산화탄소를 흡수하여 갯벌과 염습지에 탄소를 저장하는데 이 탄소를 블루카본이라 합니다. 산림은 탄소를 수백 년간 저장할 수 있지만, 연안은 블루카본을 수천 년간 저장할 수 있습니다. 연안 생태계가 훼손되면 블루카본이 공기 중에 노출되어 이산화탄소 등이 대기 중으로 방출됩니다. 그러므로 블루카본이 온전히 저장되어 있도록 연안 생태계를 보호해야 합니다.

지금 우리가 연안 생태계로 눈을 돌리지 않으면 북극곰의 눈물은 우리의 눈물이 될 것입니다. 건강한 지구를 후손에게 물려주기 위해 일회용품 줄이기, 나무 한 그루 심기와 함께 이산화탄소의 흡수원이자 저장고인 지구의 보물, 연안 생태계를 보호하고 그 가치를 알리는 데 동참합시다.

① 청유의 문장을 사용하여 주장이 야기한 논란을 해소한다.
② 통계 자료를 근거로 활용하여 주장의 신뢰성을 강화한다.
③ 예상되는 반론을 언급하여 특정 대상의 가치를 강조한다.
④ 청중과 공유하는 경험을 들어 상황의 심각성을 인식시킨다.
⑤ 비유적 표현을 활용하여 문제 해결에 동참할 것을 촉구한다.

약점 보완 해설집 p.60

DAY 22 논설문 ②

· 풀이 시간:　　　/7분 30초
· 맞은 문제:　　　/5문제

1 다음 글의 결론으로 가장 적절한 것은?

18 5급 공채 PSAT

정치 갈등의 중심에는 불평등과 재분배의 문제가 자리하고 있다. 이 문제로 좌파와 우파는 오랫동안 대립해 왔다. 두 진영이 협력하여 공동의 목표를 이루려면 두 진영이 불일치하는 지점을 찾아 이 지점을 올바르고 정확하게 분석해야 한다. 바로 이것이 우리가 논증하고자 하는 바다.

우파는 시장 원리, 개인 주도성, 효율성이 장기 관점에서 소득 수준과 생활환경을 실제로 개선할 수 있다고 주장한다. 반면 정부 개입을 통한 재분배는 그 규모가 크지 않아야 한다. 이 점에서 이들은 선순환 메커니즘을 되도록 방해하지 않는 원천징수나 근로장려세 같은 조세 제도만을 사용해야 한다고 주장한다.

반면 19세기 사회주의 이론과 노동조합 운동을 이어받은 좌파는 사회 및 정치 투쟁이 극빈자의 불행을 덜어주는 더 좋은 방법이라고 주장한다. 이들은 불평등을 누그러뜨리고 재분배를 이루려면 우파가 주장하는 조세 제도만으로는 부족하고, 생산수단을 공유화하거나 노동자의 급여 수준을 강제하는 등 보다 강력한 정부 개입이 있어야 한다고 주장한다. 정부의 개입이 생산 과정의 중심에까지 영향을 미쳐야 시장 원리의 실패와 이 때문에 생긴 불평등을 해소할 수 있다는 것이다.

좌파와 우파의 대립은 두 진영이 사회정의를 바라보는 시각이 다른 데서 비롯된 것이 아니다. 오히려 불평등이 왜 생겨났으며 그것을 어떻게 해소할 것인가를 다루는 사회경제 이론이 다른 데서 비롯되었다. 사실 좌우 진영은 사회정의의 몇 가지 기본 원칙에 합의했다.

행운으로 얻었거나 가족에게 물려받은 재산의 불평등은 개인이 통제할 수 없다. 개인이 통제할 수 없는 요인 때문에 생겨난 불평등을 그런 재산의 수혜자에게 책임지우는 것은 옳지 않다. 이 점에서 행운과 상속의 혜택을 받은 이들에게 이런 불평등 문제를 해결하라고 요구하는 것은 바람직하지 않다. 혜택받지 못한 이들, 곧 매우 불리한 형편에 부닥친 이들의 처지를 개선하려고 애써야 할 당사자는 당연히 국가. 정의로운 국가라면 국가가 사회 구성원 모두 평등권을 되도록 폭넓게 누리도록 보장해야 한다는 정의의 원칙은 좌파와 우파 모두에게 널리 받아들여진 생각이다.

불리한 형편에 놓인 이들의 삶을 덜 나쁘게 하고 불평등을 누그러뜨려야 하는 국가의 목표를 이루는 데 두 진영이 협력하는 첫걸음이 무엇인지는 이제 거의 분명해졌다.

① 좌파와 우파는 자신들의 문제점을 개선하려고 애써야 한다.

② 좌파와 우파는 정치 갈등을 해결하려는 의지가 있어야 한다.

③ 좌파와 우파는 사회정의를 위한 기본 원칙에 먼저 합의해야 한다.

④ 좌파와 우파는 분배 문제 해결에 국가가 앞장서야 한다는 데 동의해야 한다.

⑤ 좌파와 우파는 불평등을 일으키고 이를 완화하는 사회경제 메커니즘을 보다 정확히 분석해야 한다.

최근 다도해 지역을 해양사의 관점에서 새롭게 주목하는 논의가 많아졌다. 그들은 주로 다도해 지역의 해로를 통한 국제 교역과 사신의 왕래 등을 거론하면서 해로와 포구의 기능과 해양 문화의 개방성을 강조하고 있다. 한편 다도해는 오래전부터 유배지로 이용되었다는 사실이 자주 언급됨으로써 그동안 우리에게 고립과 단절의 이미지로 강하게 남아 있다. 이처럼 다도해는 개방성의 측면과 고립성의 측면에서 모두 조명될 수 있다. 이는 섬이 바다에 의해 격리되는 한편 그 바다를 통해 외부 세계와 연결되기 때문이다.

다도해의 문화적 특징을 말할 때 흔히 육지에 비해 옛 모습의 문화가 많이 남아 있다는 점이 거론된다. 섬이 단절된 곳이므로 육지에서는 이미 사라진 문화가 섬에는 아직 많이 남아 있다고 여기는 것이다. 또한 섬이라는 특수성 때문에 무속이 성하고 마을굿도 풍성하다고 생각하는 이들도 있다. 이런 견해는 다도해를 고립되고 정체된 곳이라고 생각하는 관점과 통한다. 실제로는 육지에도 무당과 굿당이 많은데도 관념적으로 섬을 특별하게 여기는 것이다.

이런 관점에서 '진도 다시래기'와 같은 축제식 장례 풍속을 다도해 토속 문화의 대표적인 사례로 드는 경우도 있다. 지금도 진도나 신안 등지에 가면 상가(喪家)에서 노래하고 춤을 추며 굿을 하는 것을 볼 수 있는데, 이런 모습은 고대 역사서의 기록과 흡사하므로 그 풍속이 고풍스러운 것은 분명하다. 하지만 기존 연구에서 밝혀졌듯이 진도 다시래기가 지금의 모습을 갖추게 된 데에는 육지의 남사당패와 같은 유희 유랑 집단에서 유입된 요소들의 영향도 적지 않다. 이런 연구 결과도 다도해의 문화적 특징을 일방적인 관점에서 접근해서는 안 된다는 점을 시사해 준다.

① 유배지로서의 다도해 역사를 제대로 이해해야 한다.

② 옛 모습이 많이 남아 있는 다도해의 문화를 잘 보존해야 한다.

③ 다도해의 문화적 특징을 논의할 때 개방성의 측면을 간과해서는 안 된다.

④ 다도해의 관념적 측면을 소홀히 해서는 그 풍속을 제대로 이해하기 어렵다.

⑤ 다도해의 토속 문화를 제대로 이해하기 위해서는 고전의 기록을 잘 살펴봐야 한다.

3 다음 글의 (가)~(다)에 대한 분석으로 옳은 것만을 <보기>에서 모두 고르면?

바람직한 목적을 지닌 정책을 달성하기 위해 옳지 않은 수단을 사용하는 것이 정당화될 수 있는가? 공동선의 증진을 위해 일반적인 도덕률을 벗어난 행동을 할 수밖에 없을 때, 공직자들은 이러한 문제에 직면한다. 이에 대해서 다음과 같은 세 가지 주장이 제기되었다.

(가) 공직자가 공동선을 증진하기 위해 전문적 역할을 수행할 때는 일반적인 도덕률이 적용되어서는 안 된다. 공직자의 비난받을 만한 행동은 그 행동의 결과에 의해서 정당화될 수 있다. 즉 공동선을 증진하는 결과를 가져온다면 일반적인 도덕률을 벗어난 공직자의 행위도 정당화될 수 있다.

(나) 공직자의 행위를 평가함에 있어 결과의 중요성을 과장해서는 안 된다. 일반적인 도덕률을 어긴 공직자의 행위가 특정 상황에서 최선의 것이었다고 하더라도, 그가 잘못된 행위를 했다는 것은 부정할 수 없다. 공직자 역시 일반적인 도덕률을 공유하는 일반 시민 중 한 사람이며, 이에 따라 일반 시민이 가지는 도덕률에서 자유로울 수 없다.

(다) 민주사회에서 권력은 선거를 통해 일반 시민들로부터 위임받은 것이고, 이에 의해 공직자들이 시민들을 대리한다. 따라서 공직자들의 공적 업무 방식은 일반 시민들의 의지를 반영한 것일 뿐만 아니라 동의를 얻은 것이다. 그러므로 민주사회에서 공직자의 모든 공적 행위는 정당화될 수 있다.

──── <보 기> ────

ㄱ. (가)와 (나) 모두 공직자가 공동선의 증진을 위해 일반적인 도덕률을 벗어난 행위를 하는 경우는 사실상 일어날 수 없다는 것을 전제하고 있다.

ㄴ. 어떤 공직자가 일반적인 도덕률을 어기면서 공적 업무를 수행하여 공동선을 증진했을 경우, (가)와 (다) 모두 그 행위는 정당화될 수 있다고 주장할 것이다.

ㄷ. (나)와 (다) 모두 공직자도 일반 시민이라는 것을 주요 근거로 삼고 있다.

① ㄱ   ② ㄴ   ③ ㄱ, ㄷ   ④ ㄴ, ㄷ   ⑤ ㄱ, ㄴ, ㄷ

인간이 발전시켜온 생각이나 행동의 역사를 놓고 볼 때, 인간이 지금과 같이 놀라울 정도로 이성적인 방향으로 발전해올 수 있었던 것은 이성적이고 도덕적 존재로서 자신의 잘못을 스스로 시정할 수 있는 능력 덕분이다. 인간은 토론과 경험에 힘입을 때에만 자신의 과오를 고칠 수 있다. 단지 경험만으로는 부족하다. 경험을 해석하기 위해서는 토론이 반드시 있어야 한다. 인간이 토론을 통해 내리는 판단의 힘과 가치는, 판단이 잘못되었을 때 그것을 고칠 수 있다는 사실로부터 비롯되며, 잘못된 생각과 관행은 사실과 논쟁 앞에서 점차 그 힘을 잃게 된다. 따라서 민주주의 국가에서는 자유로운 토론이 보장되어야 한다. 자유로운 토론이 없다면 잘못된 생각의 근거뿐 아니라 그러한 생각 자체의 의미에 대해서도 모르게 되기 때문이다.

어느 누구에게도 다른 사람들의 의사 표현을 통제할 권리는 없다. 다른 사람의 생각을 표현하지 못하게 억누르려는 권력은 정당성을 갖지 못한다. 가장 좋다고 여겨지는 정부일지라도 그럴 자격을 갖고 있지 않다. 흔히 민주주의 국가에서는 여론을 중시한다고 한다. 하지만 그 어떤 정부라 하더라도 여론의 힘을 빌려 특정 사안에 대한 토론의 자유를 제한하려 하는 행위를 해서는 안 된다. 그런 행위는 여론에 반(反)해 사회 구성원 대다수가 원하는 토론의 자유를 제한하려는 것만큼이나 나쁘다. 인류 전체를 통틀어 단 한 사람만이 다른 생각을 가지고 있다고 해도, 그 사람에게 침묵을 강요하는 것은 옳지 못하다. 이는 어떤 한 사람이 자신과 의견이 다른 나머지 사람 모두에게 침묵을 강요하는 것만큼이나 용납될 수 없는 일이다. 권력을 동원해서 억누르려는 의견은 옳은 것일 수도, 옳지 않은 것일 수도 있다. 그런데 정부가 자신이 옳다고 가정함으로써 다른 사람들이 그 의견을 들어볼 기회까지 봉쇄한다면 그것은 사람들이 토론을 통해 잘못을 드러내고 진리를 찾을 기회를 박탈하는 것이다. 설령 그 의견이 잘못된 것이라 하더라도 그 의견을 억압하는 것은 토론을 통해 틀린 의견과 옳은 의견을 대비시킴으로써 진리를 생생하고 명확하게 드러낼 수 있는 대단히 소중한 기회를 놓치는 결과를 낳게 된다.

───── <보 기> ─────

ㄱ. 축적된 화재 사고 기록들에 대해 어떠한 토론도 이루어지지 않았음에도 불구하고 화재 사고를 잘 예방하였다.

ㄴ. 정부가 사람들의 의견 표출을 억누르지 않는 사회에서 오히려 사람들이 가짜 뉴스를 더 많이 믿었다.

ㄷ. 갈릴레오의 저서가 금서가 되어 천문학의 과오를 드러내고 진리를 찾을 기회가 한동안 박탈되었다.

① ㄱ   ② ㄷ   ③ ㄱ, ㄴ   ④ ㄴ, ㄷ   ⑤ ㄱ, ㄴ, ㄷ

5 (가)는 작문 과제이고, (나)는 (가)를 바탕으로 쓴 학생의 글이다. (가)를 바탕으로 (나)를 쓰기 위해 세운 글쓰기 계획 중 (나)에 활용된 것은?

20 평가원 9월 모평

(가) 작문 과제

- 주제: 확증 편향에 빠지지 않기 위한 방안
- 글의 목적: 확증 편향에 빠지지 않기 위해 노력해야 함을 주장하기
- 예상 독자: 확증 편향의 개념이 생소한 우리 학교 학생들

(나) 학생의 글

만약 특정 주제에 대해 자신의 생각과 상반되는 증거를 본다면 사람들은 어떻게 반응할까? 미국의 한 심리학자는 사형 제도에 찬성, 반대하는 대학생들에게 사형 제도의 효과에 관한 상반된 연구 결과를 제공한 후 반응을 살피는 실험을 수행하였다. 그 결과 자신의 생각을 지지하는 연구 결과에 대해서는 '역시 그렇지.'라고 반응한 반면, 자신의 생각과 반대되는 연구 결과에 대해서는 받아들이지 않고 여러 이유를 들어 그 연구가 잘못되었을 가능성을 제기하는 반응을 보였다.

이처럼 자신의 생각이나 주장과 일치하는 정보만을 선택적으로 수집하고 그렇지 않은 것은 의도적으로 무시하는 심리적 경향을 확증 편향이라고 한다. 확증 편향에 빠질 경우 비판적 사고를 하기 어려워 비합리적인 판단을 내리기 쉽다. 또한 확증 편향에 의해 형성된 사고방식은 사회적으로 편향된 통념을 형성하여 사회 문제를 야기할 수 있다.

따라서 확증 편향에 빠지지 않기 위해서는 먼저 반대 입장에서 생각해 보는 자세를 지녀야 한다. 왜냐하면 고려의 대상이 되지 않았던 기존 증거들을 탐색하게 되어 판단의 착오를 줄일 수 있기 때문이다. 진화론을 주장한 찰스 다윈은 자신의 생각이 옳다는 확신이 강해질수록 그와 모순되는 증거들을 더 적극적으로 찾아 나섰기에 학문적 업적을 이룰 수 있었다.

다음으로는 토의와 같은 집단 의사 결정 방법을 거치도록 해야 한다. 이를 통해 확증 편향에 빠질 때 발생할 수 있는 개인의 판단 착오를 발견하여 수정할 수 있으며, 더 나아가 구성원 간 상호 작용을 통해 시너지 효과를 거둘 수 있기 때문이다.

마지막으로 자신의 생각이나 판단의 결과를 책임지는 자세를 지녀야 한다. 자신의 생각이나 판단을 글이나 말로 표현할 때 그것이 불러일으킬 영향을 예상하여 책임감을 가진다면, 판단의 착오를 줄이기 위해 더욱 신중하게 생각하게 될 것이기 때문이다.

물론 확증 편향에 빠지지 않는 것이 쉬운 일은 아니다. 하지만 개인이나 집단이 비합리적으로 판단하거나 서로 갈등하는 일을 막으려면 확증 편향에 빠지지 않기 위한 노력을 지속적으로 기울여야 한다.

---

① 주제를 구체화하기 위해 확증 편향의 원인을 개인적 측면과 사회적 측면으로 나누어 제시해야겠다.

② 글의 목적을 강조하기 위해 확증 편향의 문제점에 대한 상반된 견해를 비교하여 설명해야겠다.

③ 글의 목적을 분명히 하기 위해 확증 편향에 빠지지 않기 위한 방안의 한계와 이를 보완할 방향을 제시해야겠다.

④ 예상 독자의 이해를 돕기 위해 확증 편향을 보여 주는 예를 들어 개념을 설명해야겠다.

⑤ 예상 독자의 관심을 반영하기 위해 사회적 쟁점을 두고 우리 학교 학생들 간에 벌어진 논쟁을 제시해야겠다.

약점 보완 해설집 p.62

• 풀이 시간: /7분 30초
• 맞은 문제: /5문제

1 다음 논쟁에 대한 분석으로 적절한 것만을 <보기>에서 모두 고르면?   22 민경채 PSAT

> 갑: 입증은 증거와 가설 사이의 관계에 대한 것이다. 내가 받아들이는 입증에 대한 입장은 다음과 같다. 증거 발견 후 가설의 확률 증가분이 있다면, 증거가 가설을 입증한다. 즉 증거 발견 후 가설이 참일 확률에서 증거 발견 전 가설이 참일 확률을 뺀 값이 0보다 크다면, 증거가 가설을 입증한다. 예를 들어보자. 사건 현장에서 용의자 X의 것과 유사한 발자국이 발견되었다. 그럼 발자국이 발견되기 전보다 X가 해당 사건의 범인일 확률은 높아질 것이다. 그렇다면 발자국 증거는 X가 범인이라는 가설을 입증한다. 그리고 증거 발견 후 가설의 확률 증가분이 클수록, 증거가 가설을 입증하는 정도가 더 커진다.
>
> 을: 증거가 가설이 참일 확률을 높인다고 하더라도, 그 증거가 해당 가설을 입증하지 못할 수 있다. 가령, X에게 강력한 알리바이가 있다고 해보자. 사건이 일어난 시간에 사건 현장과 멀리 떨어져 있는 X의 모습이 CCTV에 포착된 것이다. 그러면 발자국 증거가 X가 범인일 확률을 높인다고 하더라도, 그가 범인일 확률은 여전히 높지 않을 것이다. 그럼에도 불구하고 갑의 입장은 이러한 상황에서 발자국 증거가 X가 범인이라는 가설을 입증한다고 보게 만드는 문제가 있다. 이 문제는 내가 받아들이는 입증에 대한 다음 입장을 통해 해결될 수 있다. 증거 발견 후 가설의 확률 증가분이 있고 증거 발견 후 가설이 참일 확률이 1/2보다 크다면, 그리고 그런 경우에만 증거가 가설을 입증한다. 가령, 발자국 증거가 X가 범인일 확률을 높이더라도 증거 획득 후 확률이 1/2보다 작다면 발자국 증거는 X가 범인이라는 가설을 입증하지 못한다.

─── <보 기> ───

ㄱ. 갑의 입장에서, 증거 발견 후 가설의 확률 증가분이 없다면 그 증거가 해당 가설을 입증하지 못한다.

ㄴ. 을의 입장에서, 어떤 증거가 주어진 가설을 입증할 경우 그 증거 획득 이전 해당 가설이 참일 확률은 1/2보다 크다.

ㄷ. 갑의 입장에서 어떤 증거가 주어진 가설을 입증하는 정도가 작더라도, 을의 입장에서 그 증거가 해당 가설을 입증할 수 있다.

① ㄴ   ② ㄷ   ③ ㄱ, ㄴ   ④ ㄱ, ㄷ   ⑤ ㄱ, ㄴ, ㄷ

2 다음 글의 논지를 지지하는 진술로 적절한 것만으로 <보기>에서 모두 고르면?

17 민경채 PSAT

> 과학과 예술이 무관하다는 주장의 첫 번째 근거는 과학과 예술이 인간의 지적 능력의 상이한 측면을 반영한다는 것이다. 즉 과학은 주로 분석·추론·합리적 판단과 같은 지적 능력에 기인하는 반면에, 예술은 종합·상상력·직관과 같은 지적 능력에 기인한다고 생각한다. 두 번째 근거는 과학과 예술이 상이한 대상을 다룬다는 것이다. 과학은 인간 외부에 실재하는 자연의 사실과 법칙을 다루기에 과학자는 사실과 법칙을 발견하지만, 예술은 인간의 내면에 존재하는 심성을 탐구하며, 미적 가치를 창작하고 구성하는 활동이라고 본다. 그러나 이렇게 과학과 예술을 대립시키는 태도는 과학과 예술의 특성을 지나치게 단순화하는 것이다. 과학이 단순한 발견의 과정이 아니듯이 예술도 순수한 창조와 구성의 과정이 아니기 때문이다. 과학에는 상상력을 이용하는 주체의 창의적 과정이 개입하며, 예술 활동은 전적으로 임의적인 창작이 아니라 논리적 요소를 포함하는 창작이다. 과학 이론이 만들어지기 위해 필요한 것은 냉철한 이성과 객관적 관찰만이 아니다. 새로운 과학 이론의 발견을 위해서는 상상력과 예술적 감수성이 필요하다. 반대로 최근의 예술적 성과 중에는 과학기술의 발달에 의해 뒷받침된 것이 많다.

—————— <보 기> ——————

ㄱ. 과학자 왓슨과 크릭이 없었더라도 누군가 DNA 이중나선 구조를 발견하였겠지만, 셰익스피어가 없었다면 <오셀로>는 결코 창작되지 못하였을 것이다.

ㄴ. 물리학자 파인만이 주장했듯이 과학에서 이론을 정립하는 과정은 가장 아름다운 그림을 그려나가는 예술가의 창작 작업과 흡사하다.

ㄷ. 입체파 화가들은 수학자 푸앵카레의 기하학 연구를 자신들의 그림에 적용하고자 하였으며, 이런 의미에서 피카소는 "내 그림은 모두 연구와 실험의 산물이다."라고 말하였다.

① ㄱ   ② ㄷ   ③ ㄱ, ㄴ   ④ ㄴ, ㄷ   ⑤ ㄱ, ㄴ, ㄷ

3 다음 글의 주장을 강화하는 것만을 <보기>에서 모두 고르면?

18 민경채 PSAT

우리는 흔히 행위를 윤리적 관점에서 '해야 하는 행위'와 '하지 말아야 하는 행위'로 구분한다. 그리고 전자에는 '윤리적으로 옳음'이라는 가치 속성을, 후자에는 '윤리적으로 그름'이라는 가치 속성을 부여한다. 그런데 윤리적 담론의 대상이 되는 행위 중에는 윤리적으로 권장되는 행위나 윤리적으로 허용되는 행위도 존재한다.

윤리적으로 권장되는 행위는 자선을 베푸는 것과 같이 윤리적인 의무는 아니지만 윤리적으로 바람직하다고 판단되는 행위를 의미한다. 이와 달리 윤리적으로 허용되는 행위는 윤리적으로 그르지 않으면서 정당화 가능한 행위를 의미한다. 예를 들어, 응급 환자를 태우고 병원 응급실로 달려가던 중 신호를 위반하고 질주하는 행위는 맥락에 따라 윤리적으로 정당화 가능한 행위라고 판단될 것이다. 우리가 윤리적으로 권장되는 행위나 윤리적으로 허용되는 행위에 대해 옳음이나 그름이라는 윤리적 가치 속성을 부여한다면, 이 행위들에는 윤리적으로 옳음이라는 속성이 부여될 것이다.

이런 점에서 '윤리적으로 옳음'이란 윤리적으로 해야 하는 행위, 권장되는 행위, 허용되는 행위 모두에 적용되는 매우 포괄적인 용어임에 유의할 필요가 있다. '윤리적으로 옳은 행위가 무엇인가?'라는 질문에 답할 때, 이러한 포괄성을 염두에 두지 않고, 윤리적으로 해야 하는 행위, 즉 적극적인 윤리적 의무에 대해서만 주목하는 경향이 있다. 하지만 구체적인 행위에 대해 '윤리적으로 옳은가?'라는 질문을 할 때에는 위와 같은 분류를 바탕으로 해당 행위가 해야 하는 행위인지, 권장되는 행위인지, 혹은 허용되는 행위인지 따져볼 필요가 있다.

─── <보 기> ───

ㄱ. 어떤 행위는 그 행위가 이루어진 맥락에 따라 윤리적으로 허용되는지의 여부가 결정된다.

ㄴ. '윤리적으로 옳은 행위가 무엇인가?'라는 질문에 답하기 위해서는 적극적인 윤리적 의무에만 주목해야 한다.

ㄷ. 윤리적으로 권장되는 행위와 윤리적으로 허용되는 행위에 대해서는 윤리적으로 옳음이라는 가치 속성이 부여될 수 있다.

① ㄱ   ② ㄴ   ③ ㄱ, ㄷ   ④ ㄴ, ㄷ   ⑤ ㄱ, ㄴ, ㄷ

M이 내린 인가처분은 학교법인 B가 법학전문대학원 설치인가를 받기 위해 제출한 입학전형 계획을 그대로 인정함으로써 청구인 A의 헌법상의 기본권인 직업선택의 자유를 제한하는 것처럼 보인다. 그러나 학교법인 B는 헌법 제31조 제4항에 서술된 헌법상의 기본권인 '대학의 자율성'의 주체이다. 이 사건처럼 두 기본권이 충돌하는 경우, 헌법의 통일성을 유지한다는 취지에서, 상충하는 기본권이 모두 최대한 그 기능과 효력을 발휘할 수 있도록 하는 조화로운 방법이 모색되어야 한다. 따라서 해당 인가처분이 청구인 A의 직업선택의 자유를 제한하는 정도와 대학의 자율성을 보호하는 정도 사이에 적정한 비례를 유지하고 있는지를 살펴본다.

청구인 A는 해당 인가처분으로 인하여 청구인이 전체 법학전문대학원 중 B 대학교 법학전문대학원 정원인 100명만큼 지원할 수 없게 되어 법학전문대학원에 진학할 기회가 줄어든다고 주장하고 있다. 그러나 여자대학이 아닌 법학전문대학원의 경우에도 여학생의 비율이 평균 40%에 달하고 있는 점으로 미루어, B 대학교 법학전문대학원이 여성과 남성을 차별 없이 모집하였을 경우를 상정하더라도 청구인 A가 이 인가처분으로 인해 받는 직업선택의 자유의 제한 정도가 어느 정도인지 산술적으로 명확하게 계산하기는 어렵지만, 청구인이 주장하는 2,000분의 100에는 미치지 못할 것으로 보인다. 반면 청구인 A는 B 대학교 이외에 입학정원 총 1,900명의 전국 24개 여타 법학전문대학원에 지원할 수 있고, 입학하여 소정의 교육을 마친 후 변호사시험을 통해 법조인이 될 수 있는 충분한 가능성이 있으므로, 이 인가처분으로 청구인이 받는 불이익이 과도하게 크다고 보기 어렵다. 따라서 이 인가처분은 청구인 A의 직업선택의 자유와 B 대학교의 대학의 자율성 사이에서 적정한 비례 관계를 유지하고 있다 할 것이다.

학생의 선발, 입학의 전형도 사립대학의 자율성의 범위에 속한다는 점, 여성 고등교육 기관이라는 B 대학교의 정체성에 비추어 여자대학교라는 정책의 유지 여부는 대학 자율성의 본질적인 부분에 속한다는 점, 이 사건 인가처분으로 인하여 청구인 A가 받는 불이익이 크지 않다는 점 등을 고려하면, 이 사건 인가처분은 청구인의 직업선택의 자유와 대학의 자율성이라는 두 기본권을 합리적으로 조화시킨 것이며 양 기본권의 제한에 있어 적정한 비례를 유지한 것이라고 할 것이다. 따라서 이 사건 인가처분은 청구인 A의 직업선택의 자유를 침해하지 않고, 그러므로 헌법에 위반된다고 할 수 없다.

─────── <보 기> ───────

ㄱ. 청구인의 불이익은 사실상의 불이익에 불과하고 기본권의 침해에 해당하지 않는다.

ㄴ. 권리를 향유할 주체가 구체적 자연인인 경우의 기본권은 그 주체가 무형의 법인인 경우보다 우선하여 고려되어야 한다.

ㄷ. 상이한 기본권의 제한 간에 적정한 비례관계가 성립하는지를 평가하기 위해서는 비교되는 두 항을 계량할 공통의 기준이 먼저 제시되어야 한다.

① ㄱ   ② ㄷ   ③ ㄱ, ㄴ   ④ ㄴ, ㄷ   ⑤ ㄱ, ㄴ, ㄷ

5 글을 쓰기 위해 (가)의 메모를 작성한 후 (나)를 작성하였다. ㉠~㉢을 고려하여 (나)를 작성했다고 할 때, 학생의 글에 활용된 글쓰기 전략으로 적절하지 <u>않은</u> 것은?

19 평가원 수능

(가) 학생의 메모

- 학습 활동 과제: 사회적 쟁점에 대해 학급 학생들에게 주장하는 글을 쓴다.
- 학급 학생들에 대한 분석

> - 일부 학생들은 로봇세가 무엇인지 잘 모른다. .... ㉠
> - 로봇세를 도입하려는 목적을 궁금해하는 학생들이 있다. .... ㉡
> - 로봇세를 알고 있는 학생들 중에는 나와 상반되는 견해를 가진 학생들도 있다. .... ㉢

(나) 학생의 글

　로봇의 발달로 일자리가 줄어들 것이라는 사람들의 불안이 커지면서 최근 로봇세 도입에 대한 논의가 활발하다. 로봇세는 로봇을 사용해 이익을 얻는 기업이나 개인에 부과하는 세금이다. 로봇으로 인해 일자리를 잃은 사람들을 지원하거나 사회 안전망을 구축하기 위해 예산을 마련하자는 것이 로봇세 도입의 목적이다. 하지만 나는 로봇세 도입을 다음과 같은 이유로 반대한다.

　로봇세는 공정한 과세로 보기 어렵다. 널리 쓰이고 있는 모바일 뱅킹이나 티켓 자동 발매기도 일자리를 줄였음에도 세금을 부과하지 않았는데 로봇에만 세금을 부과하는 것은 그 기준이 일관되지 않는다는 문제가 있다. 또 로봇을 사용해 이익을 얻은 기업이나 개인은 이미 법인세나 소득세를 납부하고 있다. 로봇을 사용했다는 이유로 세금을 추가로 부과한다면 한 번의 이익에 두 번의 과세를 하는 것이므로 불공평하다.

　앞으로 로봇 수요가 증가하면서 로봇 시장의 우위를 선점하기 위한 로봇 기술 개발의 경쟁이 더욱 뜨거워질 것이다. 로봇 기술 중 상당수가 특허권이 인정되는 고부가 가치 기술이기 때문이다. 이러한 상황에서 전문가들은 로봇세를 도입하면 기술 개발에 악영향을 끼칠 수 있다고 말한다. 로봇세를 도입하면 세금에 대한 부담이 늘어나 로봇에 대한 수요가 감소한다. 그렇게 되면 로봇을 생산하는 기업은 기술 개발 의지가 약화되어 로봇 기술의 특허권으로 이익을 창출할 수 있는 기회가 줄어들게 된다. 그래서 로봇 사용이 필요한 기업이나 개인은 선진 로봇 기술이 적용된 로봇을 외국에서 수입해야 하므로 막대한 금액이 외부로 유출되어 국가적으로 손해이다.

　로봇의 사용으로 일자리가 감소할 것이라는 이유로 로봇세의 필요성이 제기되었지만, 역사적으로 볼 때 새로운 기술로 인해 전체 일자리는 줄지 않았다. 산업 혁명을 거치면서 새로운 기술에 대한 걱정은 늘 존재했지만, 산업 전반에서 일자리는 오히려 증가해 왔다는 점이 이를 뒷받침한다. 따라서 로봇의 사용으로 일자리가 줄어들 가능성은 낮다.

　우리는 로봇 덕분에 어렵고 위험한 일이나 반복적인 일로부터 벗어나고 있다. 로봇 사용의 증가 추세에서 알 수 있듯이 로봇 기술이 인간의 삶을 편하게 만들어 주는 것은 틀림이 없다. 로봇세의 도입으로 이러한 편안한 삶이 지연되지 않기를 바란다.

① ㉠을 고려해, 로봇세의 납부 주체를 포함한 로봇세의 개념을 설명한다.

② ㉡을 고려해, 로봇 사용으로 얻을 수 있는 편안한 삶에 로봇세 도입이 미치는 영향을 드러낸다.

③ ㉡을 고려해, 로봇 사용으로 일자리를 잃은 사람들을 지원하려는 로봇세 도입의 취지를 언급한다.

④ ㉢을 고려해, 로봇세 도입과 로봇 기술 개발의 관계를 제시하며 로봇세의 부정적 측면을 부각한다.

⑤ ㉢을 고려해, 일자리가 증가해 온 역사적 사실을 언급하며 로봇세 도입이 필요하지 않음을 부각한다.

약점 보완 해설집 p.65

DAY 24 논설문 ④

• 풀이 시간:　　　/10분
• 맞은 문제:　　　/6문제

1 다음 글의 논지로 가장 적절한 것은?　　　14 5급 공채 PSAT

아! 이 책은 붕당의 분쟁에 관한 논설을 실었다. 어째서 '황극(皇極)'으로 이름을 삼았는가? 오직 황극만이 붕당에 대한 옛 설을 혁파할 수 있기에 이로써 이름 붙인 것이다.

내가 생각하기에 옛날에는 붕당을 혁파하는 것이 불가능했다. 왜 그러한가? 그때는 군자는 군자와 더불어 진붕(眞朋)을 이루고 소인은 소인끼리 무리 지어 위붕(僞朋)을 이루었다. 만약 현부(賢否), 충사(忠邪)를 살피지 않고 오직 붕당을 제거하기에 힘쓴다면 교활한 소인의 당이 뜻을 펴기 쉽고 정도(正道)로 처신하는 군자의 당은 오히려 해를 입기 마련이었다. 이에 구양수는 <붕당론>을 지어 신하들이 붕당을 이루는 것을 싫어하는 임금의 마음을 경계하였고, 주자는 사류(士類)를 고르게 보합하자는 범순인의 주장을 비판하였다. 이들은 붕당이란 것은 어느 시대에나 있는 것이니, 붕당이 있는 것을 염려할 것이 아니라 임금이 군자당과 소인당을 가려내는 안목을 지니는 것이 관건이라고 하였다. 군자당의 성세를 유지시킨다면 정치는 저절로 바르게 되기 때문이다. 이것이 옛날에는 붕당을 없앨 수 없었던 이유이다.

그러나 지금 붕당을 만드는 것은 군자나 소인이 아니다. 의논이 갈리고 의견을 달리하여 저편이 저쪽의 시비를 드러내면 이편 또한 이쪽의 시비로 대응한다. 저편에 군자와 소인이 있으면 이편에도 군자와 소인이 있다. 따라서 붕당을 그대로 둔다면 군자를 모을 수 없고 소인을 교화시킬 수 없다. 이제는 붕당이 아닌 재능에 따라 인재를 등용하는 정책을 널리 펴야 한다. 그런 까닭에 영조 대왕은 황극을 세워 탕평 정책을 편 것을 50년 재위 기간의 가장 큰 치적으로 삼았다.

① 군자들만으로 이루어진 붕당을 만들어야 한다.
② 붕당을 혁파하고 유능한 인재를 등용하여야 한다.
③ 옛날의 붕당과 현재의 붕당 사이의 조화를 도모해야 한다.
④ 강력한 왕권을 확립하여 붕당 간의 대립을 조정해야 한다.
⑤ 붕당마다 군자와 소인이 존재하므로 한쪽 붕당만을 등용하거나 배격하는 것은 옳지 않다.

베블런에 의하면 사치품 사용 금기는 전근대적 계급에 기원을 두고 있다. 즉, 사치품 소비는 상류층의 지위를 드러내는 과시소비이기 때문에 피지배계층이 사치품을 소비하는 것은 상류층의 안락감이나 쾌감을 손상한다는 것이다. 따라서 상류층은 사치품을 사회적 지위 및 위계질서를 나타내는 기호(記號)로 간주하여 피지배계층의 사치품 소비를 금지했다. 또한 베블런은 사치품의 가격 상승에도 그 수요가 줄지 않고 오히려 증가하는 이유가 사치품의 소비를 통하여 사회적 지위를 과시하려는 상류층의 소비행태 때문이라고 보았다.

그러나 소득 수준이 높아지고 대량 생산에 의해 물자가 넘쳐흐르는 풍요로운 현대 대중사회에서 서민들은 과거 왕족들이 쓰던 물건들을 일상생활 속에서 쓰고 있고 유명한 배우가 쓰는 사치품도 쓸 수 있다. 모든 사람들이 명품을 살 수 있는 돈을 갖고 있을 때 명품의 사용은 더 이상 상류층을 표시하는 기호가 될 수 없다. 따라서 새로운 사회의 도래는 베블런의 과시소비이론으로 설명하기 어려운 소비행태를 가져왔다. 이때 상류층이 서민들과 구별될 수 있는 방법은 오히려 아래로 내려가는 것이다. 현대의 상류층에게는 차이가 중요한 것이지 사물 그 자체가 중요한 것이 아니기 때문이다. 월급쟁이 직원이 고급 외제차를 타면 사장은 소형 국산차를 타는 것이 그 예이다.

이와 같이 현대의 상류층은 고급, 화려함, 낭비를 과시하기보다 서민들처럼 소박한 생활을 한다는 것을 과시한다. 이것은 두 가지 효과가 있다. 사치품을 소비하는 서민들과 구별된다는 점이 하나이고, 돈 많은 사람이 소박하고 겸손하기까지 하여 서민들에게 친근감을 준다는 점이 다른 하나이다.

그러나 그것은 극단적인 위세의 형태일 뿐이다. 뽐냄이 아니라 남의 눈에 띄지 않는 겸손한 태도와 검소함으로 자신을 한층 더 드러내는 것이다. 이런 행동들은 결국 한층 더 심한 과시이다. 소비하기를 거부하는 것이 소비 중에서도 최고의 소비가 된다. 다만 그들이 언제나 소형차를 타는 것은 아니다. 차별화해야 할 아래 계층이 없거나 경쟁 상대인 다른 상류층 사이에 있을 때 그들은 마음 놓고 경쟁적으로 고가품을 소비하며 자신을 마음껏 과시한다. 현대사회에서 소비하지 않기는 고도의 교묘한 소비이며, 그것은 상류층의 표시가 되었다. 그런 점에서 상류층을 따라 사치품을 소비하는 서민층은 순진하다고 하지 않을 수 없다.

① 현대의 상류층은 낭비를 지양하고 소박한 생활을 지향함으로써 서민들에게 친근감을 준다.

② 현대의 서민들은 상류층을 따라 겸손한 태도로 자신을 한층 더 드러내는 소비행태를 보인다.

③ 현대의 상류층은 그들이 접하는 계층과는 무관하게 절제를 통해 자신의 사회적 지위를 과시한다.

④ 현대에 들어와 위계질서를 드러내는 명품을 소비하면서 과시적으로 소비하는 새로운 행태가 나타났다.

⑤ 현대의 상류층은 사치품을 소비하는 것뿐만 아니라 소비하지 않기를 통해서도 자신의 사회적 지위를 과시한다.

3 다음 글의 논지를 비판하는 진술로 가장 적절한 것은?

16 민경채 PSAT

> 자신의 스마트폰 없이는 도무지 일과를 진행하지 못하는 K의 경우를 생각해 보자. 그의 일과표는 전부 그의 스마트폰에 저장되어 있어서 그의 스마트폰은 적절한 때가 되면 그가 해야 할 일을 알려줄 뿐만 아니라 약속 장소로 가기 위해 무엇을 타고 어떻게 움직여야 할지까지 알려준다. K는 어릴 때 보통 사람보다 기억력이 매우 나쁘다는 진단을 받았지만, 스마트폰 덕분에 어느 동료에게도 뒤지지 않는 업무 능력을 발휘하고 있다. 이와 같은 경우, K는 스마트폰 덕분에 인지 능력이 보강된 것으로 볼 수 있는데, 그 보강된 인지 능력을 K 자신의 것으로 볼 수 있는가? 이 물음에 대한 답은 긍정이다. 즉 우리는 K의 스마트폰이 그 자체로 K의 인지 능력 일부를 실현하고 있다고 보아야 한다. 그런 판단의 기준은 명료하다. 스마트폰의 메커니즘이 K의 손바닥 위나 책상 위가 아니라 그의 두뇌 속에서 작동하고 있다고 가정해 보면 된다. 물론 사실과 다른 가정이지만 만일 그렇게 가정한다면 우리는 필경 K 자신이 모든 일과를 정확하게 기억하고 있고 또 약속 장소를 잘 찾아간다고 평가할 것이다. 이처럼 '만일 K의 두뇌 속에서 일어난다면'이라는 상황을 가정했을 때 그것을 K 자신의 기억이나 판단이라고 인정할 수 있다면, 그런 과정은 K 자신의 인지 능력이라고 평가해야 한다.

① K가 자신이 미리 적어 놓은 메모를 참조해서 기억력 시험 문제에 답한다면 누구도 K가 그 문제의 답을 기억한다고 인정하지 않는다.

② K가 종이 위에 연필로 써가며 253×87 같은 곱셈을 할 경우 종이와 연필의 도움을 받은 연산 능력 역시 K 자신의 인지 능력으로 인정해야 한다.

③ K가 집에 두고 나온 스마트폰에 원격으로 접속하여 거기 담긴 모든 정보를 알아낼 수 있다면 그는 그 스마트폰을 손에 가지고 있는 것과 다름없다.

④ 스마트폰의 모든 기능을 두뇌 속에서 작동하게 하는 것이 두뇌 밖에서 작동하게 하는 경우보다 우리의 기억력과 인지 능력을 향상시키지 않는다.

⑤ 전화번호를 찾으려는 사람의 이름조차 기억이 나지 않을 때에도 스마트폰에 저장된 전화번호 목록을 보면서 그 사람의 이름을 상기하고 전화번호를 알아낼 수 있다.

4 다음 글의 빈칸에 들어갈 진술로 가장 적절한 것은?

모두가 서로를 알고 지내는 작은 규모의 사회에서는 거짓이나 사기가 번성할 수 없다. 반면 그렇지 않은 사회에서는 누군가를 기만하여 이득을 보는 경우가 많이 발생한다. 이런 현상이 발생하는 이유를 확인하는 연구가 이루어졌다. A 교수는 그가 마키아벨리아니즘이라고 칭한 성격 특성을 지닌 사람을 판별하는 검사를 고안해냈다. 이 성격 특성은 다른 사람을 교묘하게 이용하고 기만하는 능력을 포함한다. 그의 연구는 사람들 중 일부는 다른 사람들을 교묘하게 이용하거나 기만하여 자기 이익을 챙긴다는 사실을 보여준다. 수백 명의 학생을 대상으로 한 조사에서, 마키아벨리아니즘을 갖는 것으로 분류된 학생들은 대체로 대도시 출신임이 밝혀졌다.

위 연구들이 보여주는 바를 대도시 사람들의 상호작용을 이해하기 위해 확장시켜 보자. 일반적으로 낯선 사람들이 모여 사는 대도시에서는 자기 이익을 위해 다른 사람을 이용하는 성향을 지닌 사람이 많다고 생각하기 쉽다. 대도시 사람들은 모두가 사기꾼처럼 보인다는 주장이 일리 있게 들리기도 한다. 그러나 다른 사람들의 협조 성향을 이용하여 도움을 받으면서도 다른 사람에게 도움을 주지 않는 사람이 존재하기 위해서는 일정한 틈새가 만들어져 있어야 한다. (   ) 때문에 이 틈새가 존재할 수 있는 것이다. 이는 기생 식물이 양분을 빨아먹기 위해서는 건강한 나무가 있어야 하는 것과 같다. 나무가 건강을 잃게 되면 기생 식물 또한 기생할 터전을 잃게 된다. 그렇다면 어떤 의미에서는 모든 사람들이 사기꾼이라는 냉소적인 견해는 낯선 사람과의 상호작용을 잘못 이해한 것이다. 모든 사람들이 사기꾼이라면 사기를 칠 가능성도 사라지게 된다고 이해하는 것이 맞다.

① 대도시라는 환경적 특성

② 인간은 사회를 필요로 하기

③ 많은 사람들이 진정으로 협조하기

④ 많은 사람들이 이기적 동기에 따라 행동하기

⑤ 누가 마키아벨리아니즘을 갖고 있는지 판별하기 어렵기

[초고 작성을 위한 학생의 메모]
- 글의 목적: 사극을 어떻게 바라볼 것인가에 대한 나의 생각을 밝히려고 함
- 글을 쓰기 위해 떠올린 생각
  - 학생들 사이에 사극에 대한 논란이 있음. · ㉠
  - 사극의 본질은 주제 의식에 있음. · ㉡
  - 시청자들이 사극에 흥미를 갖는 원인. · ㉢
  - 사극은 실제 역사에 대한 관심을 유도함. · ㉣
  - 역사적 사실의 반영 정도에 따른 사극의 유형. · ㉤

[글의 초고]

드라마 '○○'이 인기를 끌면서 사극에 대해 학생들 사이에 논란이 일고 있다. 실제 역사와는 다르지만 재미있었다는 반응과 아무리 드라마이지만 수업에서 배운 내용과 너무 달라서 보기에 불편했다는 반응도 있었다. 이러한 반응을 지켜보면서 사극의 본질과 역할에 대해 다시 생각해 보게 되었다.

사극은 역사적 사건이나 인물을 소재로 다양한 상상력을 발휘하여 만든 허구적 창작물이다. 따라서 사극의 본질은 상상력을 바탕으로 만들어진 이야기를 통해 구현되는 주제 의식에 있다. 사극에서는 허구를 통해 가치 있는 의미를 담고 그것이 얼마나 시청자의 공감을 살 수 있느냐가 중요한 것이지, 역사적 사실과 얼마나 부합하느냐는 중요하지 않다.

사극에서는 실존 인물에 새로운 성격을 부여하거나, 실재하지 않았던 인물을 등장시켜 극적 긴장감을 더욱 높인다. 이러한 점은 시청자들이 사극에 공감하고 재미를 느끼게 하는 요인이 되어 실제 역사에 대한 관심을 유도하는 역할을 한다. 그리고 이러한 관심은 역사에 대한 탐색으로 이어져 과거의 지식으로만 존재하던 역사를 현재에서 살아 숨 쉬게 만들 수 있다.

한편 일각에서는 시청자들이 사극에서 다뤄지는 상황을 실제 역사로 오해할 수 있다는 우려를 제기한다. 하지만 다큐멘터리와 달리 사극은 정확한 역사적 지식을 전달하기 위해 제작된 것이 아니다. 또한 사극의 영향력이 크기는 하지만 대부분의 시청자들은 사극의 내용이 실제 역사라고 생각하지 않는다.

우리는 실제 역사 속 인물과 사건을 통해 현재의 삶을 성찰하며 지혜를 얻는다. 한편 사극을 통해서는 감동과 즐거움을 얻는다. 이처럼 실제 역사와 사극은 저마다의 가치를 지니며 우리의 삶을 풍요롭게 만들어 주기에 어느 하나도 포기할 수 없다.

[초고 작성 후 수행한 자기 점검]
- 점검 내용: 초고의 마지막 문단은 (@) 수정해야 글의 목적이 더 잘 드러날 것 같아.
- 고쳐 쓴 마지막 문단

> 사극은 상상력을 바탕으로 실제 역사를 현실로 소환하면서, 끊임없이 과거와의 대화를 시도한다. 이로 인해 시간적 간극에도 불구하고 우리는 사극에서 재창조된 인물에 공감하거나 그들의 삶을 통해 의미 있는 경험을 하게 된다. 이러한 공감과 경험을 온전하게 즐길 수 있으려면 사극을 실제 역사 그 자체의 재현이 아닌 허구적 창작물로 인식해야 한다.

5 ㉠~㉤ 중 '글의 초고'에 반영되지 <u>않은</u> 것은?

① ㉠   ② ㉡   ③ ㉢   ④ ㉣   ⑤ ㉤

6 '고쳐 쓴 마지막 문단'을 고려할 때, ⓐ에 들어갈 내용으로 가장 적절한 것은?

① 사극의 순기능과 역기능을 함께 제시하여 통일성이 약화되므로, 허구적 창작물이 사극의 본질이라는 입장이 부각되도록

② 실제 역사와 사극으로 초점이 분산되어 논지가 흐려지므로, 사극은 상상력을 바탕으로 한 창작물이라는 입장이 부각되도록

③ 실제 역사의 장점을 위주로 제시하여 주장이 분명하게 드러나지 않으므로, 사극이 실제 역사에 긍정적 영향을 미친다는 입장이 강조되도록

④ 실제 역사와 사극의 긍정적 기능을 함께 제시하여 일관성이 부족하므로, 사극의 본질은 실제 역사를 온전히 수용하는 데 있다는 입장이 강조되도록

⑤ 실제 역사 반영이 사극에서 중요함을 제시하여 설득력이 부족하므로, 허구적 창작물로서의 사극이 갖는 효용에 주목해야 한다는 입장이 강조되도록

약점 보완 해설집 p.67

- 풀이 시간: /12분
- 맞은 문제: /7문제

1 다음 글의 주장을 강화하는 것만을 <보기>에서 모두 고르면?

18 민경채 PSAT

우리는 물체까지의 거리 자체를 직접 볼 수는 없다. 거리는 눈과 그 물체를 이은 직선의 길이인데, 우리의 망막에는 직선의 한쪽 끝점이 투영될 뿐이기 때문이다. 그러므로 물체까지의 거리 판단은 경험을 통한 추론에 의해서 이루어진다고 보아야 한다. 예컨대 우리는 건물, 나무 같은 친숙한 대상들의 크기가 얼마나 되는지, 이들이 주변 배경에서 얼마나 공간을 차지하는지 등을 경험을 통해 이미 알고 있다. 우리는 물체와 우리 사이에 혹은 물체 주위에 이런 친숙한 대상들이 어느 정도 거리에 위치해 있는지를 우선 지각한다. 이로부터 우리는 그 물체가 얼마나 멀리 떨어져 있는지를 추론하게 된다. 또한 그 정도 떨어진 다른 사물들이 보이는 방식에 대한 경험을 토대로, 그보다 작고 희미하게 보이는 대상들은 더 멀리 떨어져 있다고 판단한다. 거리에 대한 이런 추론은 과거의 경험에 기초하는 것이다.

반면에 물체가 손이 닿을 정도로 아주 가까이에 있는 경우, 물체까지의 거리를 지각하는 방식은 이와 다르다. 우리의 두 눈은 약간의 간격을 두고 서로 떨어져 있다. 이에 우리는 두 눈과 대상이 위치한 한 점을 연결하는 두 직선이 이루는 각의 크기를 감지함으로써 물체까지의 거리를 알게 된다. 물체를 바라보는 두 눈의 시선에 해당하는 두 직선이 이루는 각은 물체까지의 거리가 멀어질수록 필연적으로 더 작아진다. 대상까지의 거리가 몇 미터만 넘어도 그 각의 차이는 너무 미세해서 우리가 감지할 수 없다. 하지만 팔 뻗는 거리 안의 가까운 물체에 대해서는 그 각도를 감지하는 것이 가능하다.

<보 기>

ㄱ. 100m 떨어진 지점에 민수가 한 번도 본 적이 없는 대상만 보이도록 두고 다른 사물들은 보이지 않도록 민수의 시야 나머지 부분을 가리는 경우, 민수는 그 대상을 보고도 얼마나 떨어져 있는지 판단하지 못한다.

ㄴ. 아무것도 보이지 않는 캄캄한 밤에 안개 속의 숲길을 걷다가 앞쪽 멀리서 반짝이는 불빛을 발견한 태훈이가 불빛이 있는 곳까지의 거리를 어렵잖게 짐작한다.

ㄷ. 태어날 때부터 한쪽 눈이 실명인 영호가 30cm 거리에 있는 낯선 물체 외엔 어떤 것도 보이지 않는 상황에서 그 물체까지의 거리를 옳게 판단한다.

① ㄱ   ② ㄷ   ③ ㄱ, ㄴ   ④ ㄴ, ㄷ   ⑤ ㄱ, ㄴ, ㄷ

2 다음 글에서 추론할 수 있는 것만을 <보기>에서 모두 고르면?

아기를 키우다 보면 정확히 확인해야 할 것이 정말 많다. 육아 훈수를 두는 주변 사람들이 많은데 어디까지 믿어야 할지 헷갈리는 때가 대부분이다. 특히 아기가 먹는 음식에 관한 것이라면 난감하기 그지없다. 이럴 때는 전문가의 답을 들어 보는 것이 우리가 선택할 수 있는 최상책이다.

A 박사는 아기 음식에 대한 권위자다. 미국 유명 어린이 병원의 진료부장인 그의 저서에는 아기의 건강과 성장 등에 관한 200여 개 속설이 담겨 있고, 그것들이 왜 잘못된 것인지가 설명되어 있다. 다음은 A 박사의 설명 중 대표적인 두 가지이다.

속설에 따르면 어떤 아기는 모유에 대해 알레르기 반응을 보인다. 하지만 이것은 사실이 아니다. 엄마의 모유에 대해서 알레르기 반응을 일으키는 아기는 없다. 이는 생물학적으로 불가능한 이야기이다. 어떤 아기가 모유를 뱉어낸다고 해서 알레르기가 있는 것은 아니다. A 박사에 따르면 이러한 생각은 착각일 뿐이다.

또 다른 속설은 당분을 섭취하면 아기가 흥분한다는 것이다. 하지만 이것도 사실이 아니다. 아기는 생일 케이크의 당분 때문이 아니라 생일이 좋아서 흥분하는 것인데 부모가 이를 혼동하는 것이다. 이는 대부분의 부모가 믿고 있어서 정말로 부수기 어려운 속설이다. 당분을 섭취하면 흥분한다는 어떤 연구 결과도 보고된 바가 없다.

─── <보 기> ───

ㄱ. 엄마가 갖지 않은 알레르기는 아기도 갖지 않는다.

ㄴ. 아기의 흥분된 행동과 당분 섭취 간의 인과적 관계는 확인된 바 없다.

ㄷ. 육아에 관한 주변 사람들의 훈수는 모두 비과학적인 속설에 근거하고 있다.

① ㄴ   ② ㄷ   ③ ㄱ, ㄴ   ④ ㄱ, ㄷ   ⑤ ㄱ, ㄴ, ㄷ

인간은 지구상의 생명이 대량 멸종하는 사태를 맞이하고 있지만, 다른 한편으로는 실험실에서 인공적으로 새로운 생명체를 창조하고 있다. 이런 상황에서, 자연적으로 존재하는 종을 멸종으로부터 보존해야 한다는 생물 다양성의 보존 문제를 어떤 시각으로 바라보아야 할까? A는 생물 다양성을 보존해야 한다고 주장한다. 이를 위해 A는 다음과 같은 도구적 정당화를 제시한다. 우리는 의학적, 농업적, 경제적, 과학적 측면에서 이익을 얻기를 원한다. '생물 다양성 보존'은 이를 위한 하나의 수단으로 간주될 수 있다. 바로 그 수단이 우리가 원하는 이익을 얻는 최선의 수단이라는 것이 A의 첫 번째 전제이다. 그리고 (㉠   )는 것이 A의 두 번째 전제이다. 이 전제들로부터 우리에게는 생물 다양성을 보존할 의무와 필요성이 있다는 결론이 나온다.

이에 대해 B는 생물 다양성 보존이 우리가 원하는 이익을 얻는 최선의 수단이 아님을 지적한다. 특히 합성 생물학은 자연에 존재하는 DNA, 유전자, 세포 등을 인공적으로 합성하고 재구성해 새로운 생명체를 창조하는 것을 목표로 한다. B는 우리가 원하는 이익을 얻고자 한다면, 자연적으로 존재하는 생명체들을 대상으로 보존에 애쓰는 것보다는 합성 생물학을 통해 원하는 목표를 더 합리적이고 체계적으로 성취할 수 있을 것이라고 주장한다. 인공적인 생명체의 창조가 우리가 원하는 이익을 얻는 더 좋은 수단이므로, 생물 다양성 보존을 지지하는 도구적 정당화는 설득력을 잃는다는 것이다. 그래서 B는 A가 제시하는 도구적 정당화에 근거하여 생물 다양성을 보존하자고 주장하는 것은 옹호될 수 없다고 말한다.

한편 C는 모든 종은 보존되어야 한다고 주장하면서 생물 다양성 보존을 옹호한다. C는 대상의 가치를 평가할 때 그 대상이 갖는 도구적 가치와 내재적 가치를 구별한다. 대상의 도구적 가치란 그것이 특정 목적을 달성하는 데 얼마나 쓸모가 있느냐에 따라 인정되는 가치이며, 대상의 내재적 가치란 그 대상이 그 자체로 본래부터 갖고 있다고 인정되는 고유한 가치를 말한다. C에 따르면 생명체는 단지 도구적 가치만을 갖는 것이 아니다. 생명체를 오로지 도구적 가치로만 평가하는 것은 생명체를 그저 인간의 목적을 위해 이용되는 수단으로 보는 인간 중심적 태도이지만, C는 그런 태도는 받아들일 수 없다고 본다. 생명체의 내재적 가치 또한 인정해야 한다는 것이다. 그 생명체들이 속한 종 또한 그 쓸모에 따라서만 가치가 있는 것이 아니다. 그리고 내재적 가치를 지니는 것은 모두 보존되어야 한다. 이로부터 모든 종은 보존되어야 한다는 결론에 다다른다. 왜냐하면 (㉡   ) 때문이다.

① ㉠: 어떤 것이 우리가 원하는 이익을 얻는 최선의 수단이라면 우리에게는 그것을 실행할 의무와 필요성이 있다
㉡: 생명체의 내재적 가치는 종의 다양성으로부터 비롯되기

② ㉠: 어떤 것이 우리가 원하는 이익을 얻는 최선의 수단이 아니라면 우리에게는 그것을 실행할 의무와 필요성이 없다
㉡: 생명체의 내재적 가치는 종의 다양성으로부터 비롯되기

③ ㉠: 어떤 것이 우리가 원하는 이익을 얻는 최선의 수단이라면 우리에게는 그것을 실행할 의무와 필요성이 있다
㉡: 모든 종은 그 자체가 본래부터 고유의 가치를 지니기

④ ㉠: 어떤 것이 우리가 원하는 이익을 얻는 최선의 수단이 아니라면 우리에게는 그것을 실행할 의무와 필요성이 없다
㉡: 모든 종은 그 자체가 본래부터 고유의 가치를 지니기

⑤ ㉠: 우리에게 이익을 제공하는 수단 가운데 생물 다양성의 보존보다 더 나은 수단은 없다
㉡: 모든 종은 그 자체가 본래부터 고유의 가치를 지니기

물리학의 근본 법칙들은 실재 세계의 사실들을 정확하게 기술하는가? 이 질문에 확신을 가지고 그렇다고 대답할 사람은 많지 않을 것이다. 사실 다양한 물리 현상들을 설명하는 데 사용되는 물리학의 근본 법칙들은 모두 이상적인 상황만을 다루고 있는 것 같다. 정말로 물리학의 근본 법칙들이 이상적인 상황만을 다루고 있다면 이 법칙들이 실재 세계의 사실들을 정확히 기술한다는 생각에는 문제가 있는 듯하다.

가령 중력의 법칙을 생각해 보자. 중력의 법칙은 "두 개의 물체가 그들 사이의 거리의 제곱에 반비례하고 그 둘의 질량의 곱에 비례하는 힘으로 서로 당긴다."는 것이다. 이 법칙은 두 물체의 운동을 정확하게 설명할 수 있는가? 그렇지 않다는 것은 분명하다. 만약 어떤 물체가 질량뿐이 아니라 전하를 가지고 있다면 그 물체들 사이에 작용하는 힘은 중력의 법칙만으로 계산된 것과 다를 것이다. 즉, 위의 중력의 법칙은 전하를 가지고 있는 물체의 운동을 설명하지 못한다.

물론 사실을 정확하게 기술하는 형태로 중력의 법칙을 제시할 수 있다. 가령, 중력의 법칙은 "중력 이외의 다른 어떤 힘도 없다면, 두 개의 물체가 그들 사이의 거리의 제곱에 반비례하고 그 둘의 질량의 곱에 비례하는 힘으로 서로 당긴다."로 수정될 수 있다. 여기서 '중력 이외의 다른 어떤 힘도 없다면'이라는 구절이 추가된 것에 주목하자. 일단, 이렇게 바뀐 중력의 법칙이 참된 사실을 표현한다는 것은 분명해 보인다. 그러나 이렇게 바꾸면 한 가지 중요한 문제가 발생한다.

어떤 물리 법칙이 유용한 것은 물체에 작용하는 힘들을 통해 다양하고 복잡한 현상을 설명할 수 있기 때문이다. 물리 법칙은 어떤 특정한 방식으로 단순한 현상만을 설명하는 것을 목표로 하지 않는다. 중력의 법칙 역시 마찬가지다. 그것이 우리가 사는 세계를 지배하는 근본적인 법칙이라면 중력이 작용하는 다양한 현상들을 설명할 수 있어야 한다. 하지만 '중력 이외의 다른 어떤 힘도 없다면'이라는 구절이 삽입되었을 때, 중력의 법칙이 설명할 수 있는 영역은 무척 협소해진다. 즉 그것은 오로지 중력만이 작용하는 아주 특수한 상황만을 설명할 수 있을 뿐이다. 결과적으로 참된 사실들을 진술하기 위해 삽입된 구절은 설명력을 현저히 감소시킨다. 이 문제는 거의 모든 물리학의 근본 법칙들이 가지고 있다.

① 물리학의 근본 법칙은 그 영역을 점점 확대하는 방식으로 발전해 왔다.

② 물리적 자연 현상이 점점 복잡하고 다양해짐에 따라 물리학의 근본 법칙도 점점 복잡해진다.

③ 더 많은 실재 세계의 사실들을 기술하는 물리학의 법칙이 그렇지 않은 법칙보다 뛰어난 설명력을 가진다.

④ 물리학의 근본 법칙들은 이상적인 상황을 다루고 있어 실재 세계의 사실들을 정확하게 기술하는 데 어려움이 없다.

⑤ 참된 사실을 정확하게 기술하려고 물리 법칙에 조건을 추가하면 설명 범위가 줄어 다양한 물리 현상을 설명하기 어려워진다.

과거는 지나가 버렸기 때문에 역사가가 과거의 사실과 직접 만나는 것은 불가능하다. 역사가는 사료를 매개로 과거와 만난다. 사료는 과거를 그대로 재현하는 것은 아니기 때문에 불완전하다. 사료의 불완전성은 역사 연구의 범위를 제한하지만, 그 불완전성 때문에 역사학이 학문이 될 수 있으며 역사는 끝없이 다시 서술된다. 매개를 거치지 않은 채 손실되지 않은 과거와 만날 수 있다면 역사학이 설 자리가 없을 것이다. 역사학은 전통적으로 문헌 사료를 주로 활용해 왔다. 그러나 유물, 그림, 구전 등 과거가 남긴 흔적은 모두 사료로 활용될 수 있다. 역사가들은 새로운 사료를 발굴하기 위해 노력한다. 알려지지 않았던 사료를 찾아내기도 하지만, 중요하지 않게 여겨졌던 자료를 새롭게 사료로 활용하거나 기존의 사료를 새로운 방향에서 파악하기도 한다. 평범한 사람들의 삶의 모습을 중점적인 주제로 다루었던 미시사 연구에서 재판 기록, 일기, 편지, 탄원서, 설화집 등의 이른바 '서사적' 자료에 주목한 것도 사료 발굴을 위한 노력의 결과이다.

시각 매체의 확장은 사료의 유형을 더욱 다양하게 했다. 이에 따라 역사학에서 영화를 통한 역사 서술에 대한 관심이 일고, 영화를 사료로 파악하는 경향도 나타났다. 역사가들이 주로 사용하는 문헌 사료의 언어는 대개 지시 대상과 물리적·논리적 연관이 없는 추상화된 상징적 기호이다. 반면 영화는 카메라 앞에 놓인 물리적 현실을 이미지화하기 때문에 그 자체로 물질성을 띤다. 즉, 영화의 이미지는 닮은꼴로 사물을 지시하는 도상적 기호가 된다. 광학적 메커니즘에 따라 피사체로부터 비롯된 영화의 이미지는 그 피사체가 있었음을 지시하는 지표적 기호이기도 하다. 예를 들어 다큐멘터리 영화는 피사체와 밀접한 연관성을 갖기 때문에 피사체의 진정성에 대한 믿음을 고양하여 언어적 서술에 비해 호소력 있는 서술로 비춰지게 된다.

그렇다면 영화는 역사와 어떻게 관계를 맺고 있을까? 역사에 대한 영화적 독해와 영화에 대한 역사적 독해는 영화와 역사의 관계에 대한 두 축을 이룬다. 역사에 대한 영화적 독해는 영화라는 매체로 역사를 해석하고 평가하는 작업과 연관된다. 영화인은 자기 나름의 시선을 서사와 표현 기법으로 녹여내어 역사를 비평할 수 있다. 역사를 소재로 한 역사 영화는 역사적 고증에 충실한 개연적 역사 서술 방식을 취할 수 있다. 혹은 역사적 사실을 자원으로 삼되 상상력에 의존하여 가공의 인물과 사건을 덧대는 상상적 역사 서술 방식을 취할 수도 있다. 그러나 비단 역사 영화만이 역사를 재현하는 것은 아니다. 모든 영화는 명시적이거나 우회적인 방법으로 역사를 증언한다. 영화에 대한 역사적 독해는 영화에 담겨 있는 역사적 흔적과 맥락을 검토하는 것과 연관된다. 역사가는 영화 속에 나타난 풍속, 생활상 등을 통해 역사의 외연을 확장할 수 있다. 나아가 제작 당시 대중이 공유하던 욕망, 강박, 믿음, 좌절 등의 집단적 무의식과 더불어 이상, 지배적 이데올로기 같은 미처 파악하지 못했던 가려진 역사를 끌어내기도 한다.

영화는 주로 허구를 다루기 때문에 역사 서술과는 거리가 있다고 보는 사람도 있다. 왜냐하면 역사가들은 일차적으로 사실을 기록한 자료에 기반해서 연구를 펼치기 때문이다. 또한 역사가는 ㉠ 자료에 기록된 사실이 허구일지도 모른다는 의심을 버리지 않고 이를 확인하고자 한다. 그러나 문헌 기록을 바탕으로 하는 역사 서술에서도 허구가 배격되어야 할 대상만은 아니다. 역사가는 ㉡ 허구의 이야기 속에서 그 안에 반영된 당시 시대적 상황을 발견하여 사료로 삼으려고 노력하기도 한다. 지어낸 이야기는 실제 있었던 사건에 대한 기록이 아니지만 사고방식과 언어, 물질문화, 풍속 등 다양한 측면을 반영하며, 작가의 의도와 상관없이 혹은 작가의 의도 이상으로 동시대의 현실을 전달해 주기도 한다. 어떤 역사가들은 허구의 이야기에 반영된 사실을 확인하는 것에서 더 나아가 ㉢ 사료에 직접적으로 나타나지 않은 과거를 재현하기 위해 허구의 이야기를 활용하여 사료에 기반한 역사적 서술을 보완하기도 한다. 역사가가 허구를 활용하는 것은 실제로 존재했던 과거에 접근하고자 하는 고민의 결과이다.

[A] 영화는 허구적 이야기에 역사적 사실을 담아냄으로써 새로운 사료의 원천이 될 뿐 아니라, 대안적 역사 서술의 가능성까지 지니고 있다. 영화는 공식 제도가 배제했던 역사를 사회에 되돌려 주는 '아래로부터의 역사'의 형성에 기여한다. 평범한 사람들의 회고나 증언, 구전 등의 비공식적 사료를 토대로 영화를 만드는 작업은 빈번하게 이루어지고 있다. 그리하여 영화는 하층 계급, 피정복 민족처럼 역사 속에서 주변화된 집단의 묻혀 있던 목소리를 표현해 낸다. 이렇듯 영화는 공식 역사의 대척점에서 활동하면서 역사적 의식 형성에 참여한다는 점에서 역사 서술의 한 주체가 된다.

5 윗글에 대한 이해로 가장 적절한 것은?

① 개인적 기록은 사료로 활용하기에 적절하지 않다.

② 역사가가 활용하는 공식적 문헌 사료는 매개를 거치지 않은 과거의 사실이다.

③ 기존의 사료를 새로운 방향에서 파악하는 것은 사료의 발굴이라고 할 수 있다.

④ 문헌 사료의 언어는 다큐멘터리 영화의 이미지에 비해 지시 대상에 대한 지표성이 강하다.

⑤ 카메라를 매개로 얻어진 영화의 이미지는 지시 대상과 닮아 있다는 점에서 상징적 기호이다.

6 ㉮, ㉯의 사례로 적절한 것만을 <보기>에서 있는 대로 찾아 바르게 짝지은 것은?

―――――― <보 기> ――――――

ㄱ. 조선 후기 유행했던 판소리를 자료로 활용하여 당시 음식 문화의 실상을 파악하고자 했다.

ㄴ. B. C. 3세기경에 편찬된 것으로 알려진 경전의 일부에 사용된 어휘를 면밀히 분석하여, 그 경전의 일부가 후대에 첨가되었을 가능성을 검토했다.

ㄷ. 중국 명나라 때의 상거래 관행을 연구하기 위해 명나라 때 유행한 다양한 소설들에서 상업 활동과 관련된 내용을 모아 공통된 요소를 분석했다.

ㄹ. 17세기의 사건 기록에서 찾아낸 한 평범한 여성의 삶에 대한 역사서를 쓰면서 그 여성의 심리를 묘사하기 위해 같은 시대에 나온 설화집의 여러 곳에서 문장을 차용했다.

	㉮	㉯
①	ㄱ, ㄷ	ㄹ
②	ㄱ, ㄹ	ㄴ
③	ㄴ, ㄷ	ㄱ
④	ㄷ	ㄴ, ㄹ
⑤	ㄹ	ㄱ, ㄴ

7 ㉠에 나타난 역사가의 관점에서 [A]를 비판한 내용으로 가장 적절한 것은?

① 영화는 많은 사실 정보를 담고 있기 때문에 사료로서의 가능성을 가지고 있다.

② 하층 계급의 역사를 서술하기 위해서는 영화와 같이 허구를 포함하는 서사적 자료에 주목해야 한다.

③ 영화가 늘 공식 역사의 대척점에 있는 것은 아니며, 공식 역사의 입장에서 지배적 이데올로기를 선전하는 수단으로 활용되곤 한다.

④ 주변화된 집단의 목소리는 그 집단의 이해관계를 반영하기 때문에 그것에 바탕을 둔 영화는 주관에 매몰된 역사 서술일 뿐이다.

⑤ 기억이나 구술 증언은 거짓이거나 변형될 가능성이 있기 때문에 다른 자료와 비교하여 진위 여부를 검증한 후에야 사료로 사용이 가능하다.

약점 보완 해설집 p.69

- 풀이 시간: /7분 30초
- 맞은 문제: /5문제

1 다음 대화의 빈칸에 들어갈 내용으로 가장 적절한 것은?

21 7급 공채 PSAT 예시

갑: 2019년 7월 17일 학술연구자정보망에서 학술연구자 A의 기본 정보는 조회할 수 있는데, A의 연구 업적 정보는 조회가 되지 않는다는 민원이 있었습니다. 어떻게 답변해야 할까요?

을: 학술연구자가 학술연구자정보망에 기본 정보를 제공하는 데 동의하였으나, 연구 업적 정보 공개에 추가로 동의하지 않았을 경우, 민원인은 학술연구자의 연구 업적 정보를 조회할 수 없어요. 또한 동의했다고 하더라도 해당 학술연구자의 업적 정보의 집적이 완료되지 않았을 경우에도 그는 연구 업적 정보를 조회할 수 없습니다.

갑: 학술연구자가 연구 업적 정보 공개에 추가로 동의하지 않았다면 조회 화면에 무슨 문구가 표시되나요?

을: 조회 화면에 "해당 연구자가 상기 정보의 공개에 동의하지 않았습니다"라는 문구가 표시됩니다. 해당 연구자의 업적 정보의 집적이 완료되지 않은 경우에는 조회 화면에 "업적 정보 집적 중"이라는 문구가 표시되고요. 해당 민원인께서는 무슨 문구가 표시되었다고 말씀하시나요?

갑: 문구 표시에 대한 말씀은 듣지 못했어요. 아마 문구를 읽지 못한 것 같아요. 근데 학술연구자의 업적 정보 제공 동의율과 업적 정보 집적률은 현재 얼마만큼 되나요?

을: 2019년 7월 18일 오늘 기준으로 학술연구자의 연구 업적 정보 제공 동의율은 약 92%입니다. 동의자 대상 업적 정보 집적률은 약 88%고요. 동의한 학술연구자가 10여만 명에 이르러 자료를 집적하는 데 시간이 오래 걸려요. 하지만 2019년 8월 말까지는 정보 집적이 끝날 겁니다.

갑: 그렇군요. 그러면 제가 민원인에게 (   )라고 답변드리면 되겠네요. 고맙습니다.

① '지금은 조회할 수 없지만, 2019년 8월 말이 되면 학술연구자 A의 연구 업적 정보가 조회될 것이다'

② '학술연구자 A가 연구 업적 정보 공개에 동의하지 않았거나, 그의 업적 정보가 현재 집적 중이기 때문에 그렇다'

③ '현재 학술연구자 A는 연구 업적 정보 공개에 동의한 상태지만, 그의 업적 정보가 현재 집적 중이기 때문에 그렇다'

④ '지금은 조회할 수 없지만, 만일 학술연구자 A가 연구 업적 정보 공개에 동의했다면 한 달 안에는 그의 연구 업적 정보를 조회할 수 있다'

⑤ '오늘 다시 학술연구자 A의 연구 업적 정보를 조회한다면 "해당 연구자가 상기 정보의 공개에 동의하지 않았습니다"라는 문구가 나올 것이다'

> 갑: 안녕하십니까. 저는 시청 토목정책과에 근무합니다. 부정 청탁을 받은 때는 신고해야 한다고 들었습니다.
>
> 을: 예, 부정청탁 및 금품등 수수의 금지에 관한 법률 (이하 '청탁금지법')에서는, 공직자가 부정 청탁을 받았을 때는 명확히 거절 의사를 표현해야 하고, 그랬는데도 상대방이 이후에 다시 동일한 부정 청탁을 해 온다면 소속 기관의 장에게 신고해야 한다고 규정합니다.
>
> 갑: '금품등'에는 접대와 같은 향응도 포함되지요?
>
> 을: 물론이지요. 청탁금지법에 따르면, 공직자는 동일인으로부터 명목에 상관없이 1회 100만 원 혹은 매 회계연도에 300만 원을 초과하는 금품이나 접대를 받을 수 없습니다. 직무 관련성이 있는 경우에는 100만 원 이하라도 대가성 여부와 관계없이 처벌을 받습니다.
>
> 갑: '동일인'이라 하셨는데, 여러 사람이 청탁을 하는 경우는 어떻게 되나요?
>
> 을: 받는 사람을 기준으로 하여 따지게 됩니다. 한 공직자에게 여러 사람이 동일한 부정 청탁을 하며 금품을 제공하려 하였을 때에도 이들의 출처가 같다고 볼 수 있다면 '동일인'으로 해석됩니다. 또한 여러 행위가 계속성 또는 시간적·공간적 근접성이 있다고 판단되면, 합쳐서 1회로 간주될 수 있습니다.
>
> 갑: 실은, 연초에 있었던 지역 축제 때 저를 포함한 우리 시청 직원 90명은 행사에 참여한다는 차원으로 장터에 들러 1인당 8천 원씩을 지불하고 식사를 했는데, 이후에 그 식사는 X 회사 사장인 A의 축제 후원금이 1인당 1만 2천 원씩 들어간 것이라는 사실을 알게 되었습니다. 이에 대하여는 결국 대가성 있는 접대도 아니고 직무 관련성도 없는 것으로 확정되었으며, 추가된 식사비도 축제 주최 측에 돌려주었습니다. 그리고 이달 초에는 Y 회사의 임원인 B가 관급 공사 입찰을 도와달라고 청탁하면서 100만 원을 건네려 하길래 거절한 적이 있습니다. 그런데 어제는 고교 동창인 C가 찾아와 X 회사 공장 부지의 용도 변경에 힘써 달라며 200만 원을 주려고 해서 단호히 거절하였습니다.
>
> 을: 그러셨군요. 말씀하신 것을 바탕으로 설명드리겠습니다. (   )

① X 회사로부터 받은 접대는 시간적·공간적 근접성으로 보아 청탁금지법을 위반한 향응을 받은 것이 됩니다.

② Y 회사로부터 받은 제안의 내용은 청탁금지법상의 금품이라고는 할 수 없지만 향응에는 포함될 수 있습니다.

③ 청탁금지법상 A와 C는 동일인으로서 부정 청탁을 한 것이 됩니다.

④ 직무 관련성이 없다면 B와 C가 제시한 금액은 청탁금지법상의 허용 한도를 벗어나지 않습니다.

⑤ 현재는 청탁금지법상 C의 청탁을 신고할 의무가 생기지 않지만, C가 같은 청탁을 다시 한다면 신고해야 합니다.

3 다음 갑~병의 견해에 대한 분석으로 적절한 것만을 <보기>에서 모두 고르면?

20 5급 공채 PSAT

갑: 현대 사회에서 '기술'이라는 용어는 낯설지 않다. 이 용어는 어떻게 정의될 수 있을까? 한 가지 분명한 사실은 우리가 기술이라고 부를 수 있는 것은 모두 물질로 구현된다는 것이다. 기술이 물질로 구현된다는 말은 그것이 물질을 소재 삼아 무언가 물질적인 결과물을 산출한다는 의미이다. 나노기술이나 유전자조합기술도 당연히 이 조건을 만족하는 기술이다.

을: 기술은 반드시 물질로 구현되는 것이어야 한다는 말은 맞지만 그렇게 구현되는 것들을 모두 기술이라고 부를 수는 없다. 가령, 본능적으로 개미집을 만드는 개미의 재주 같은 것은 기술이 아니다. 기술로 인정되려면 그 안에 지성이 개입해 있어야 한다. 나노기술이나 유전자조합기술을 기술이라 부를 수 있는 이유는 둘 다 고도의 지성의 산물인 현대과학이 그 안에 깊게 개입해 있기 때문이다. 더 나아가 기술에 대한 우리의 주된 관심사가 현대 사회에 끼치는 기술의 막강한 영향력에 있다는 점을 고려할 때, '기술'이란 용어의 적용을 근대 과학혁명 이후에 등장한 과학이 개입한 것들로 한정하는 것이 합당하다.

병: 근대 과학혁명 이후의 과학이 개입한 것들이 기술이라는 점을 부인하지 않는다. 하지만 그런 과학이 개입한 것들만 기술로 간주하는 정의는 너무 협소하다. 지성이 개입해야 기술인 것은 맞지만 기술을 만들어내기 위해 과학의 개입이 꼭 필요한 것은 아니다. 오히려 기술은 과학과 별개로 수많은 시행착오를 통해 발전해 나가기도 한다. 이를테면 근대 과학혁명 이전에 인간이 곡식을 재배하고 가축을 기르기 위해 고안한 여러 가지 방법들도 기술이라고 불러야 마땅하다. 따라서 우리는 '기술'을 더 넓게 적용할 수 있도록 정의할 필요가 있다.

— <보 기> —

ㄱ. '기술'을 적용하는 범위는 셋 중 갑이 가장 넓고 을이 가장 좁다.
ㄴ. 을은 '모든 기술에는 과학이 개입해 있다.'라는 주장에 동의하지만, 병은 그렇지 않다.
ㄷ. 병은 시행착오를 거쳐 발전해온 옷감 제작법을 기술로 인정하지만, 갑은 그렇지 않다.

① ㄱ   ② ㄴ   ③ ㄱ, ㄷ   ④ ㄴ, ㄷ   ⑤ ㄱ, ㄴ, ㄷ

4 다음 논쟁에 대한 분석으로 가장 적절한 것은?

> 갑: 진실을 말하지 않더라도 다른 사람을 설득할 수 있겠지만, 그런 설득은 엉망인 결과로 이어지므로 그렇게 해서는 안 됩니다.
>
> 을: 사람들을 설득하고자 하는 사람들에게 더 중요한 것은 정의나 훌륭함에 대한 진실을 말하는 것이 아닙니다. 그보다 자신이 말하는 바를 사람들이 정의롭고 훌륭한 것이라고 받아들일 수 있게끔 설득하는 이야기 기술입니다. 설득은 진실을 말한다고 해서 반드시 성취될 수 있는 것이 아닙니다.
>
> 갑: 그럼 이렇게 생각해보지요. 제가 '말을 구해 적들을 막아야 한다.'고 당신을 설득하려는 상황을 생각해봅시다. 단, 당신이 말에 대해서 가지고 있는 정보는 가축 중 말의 귀가 가장 크다는 것뿐이고, 제가 이 사실을 알고 있다고 합시다. 이럴 때, 제가 당나귀를 말이라고 부르면서, 당나귀에 대한 칭찬을 늘어놓아 당나귀가 적들을 막는데 무척 효과적이라고 당신을 꼬드긴다면 어떻게 될까요? 아마도 당신은 설득이 되겠지요. 하지만 당신은 당나귀로 적들을 막아내지는 못할 것입니다. 이렇게 이야기 기술만으로 대중을 설득한다면, 그 설득으로부터 야기된 결과는 엉망이 될 것입니다.
>
> 을: 제 말을 너무 심하게 비난하는군요. 제가 말한 것은 다른 사람을 설득하기 위해서는 이야기 기술을 습득해야 한다는 것입니다. 진실을 말하는 사람이라도 그런 기술이 없다면 설득을 해낼 수 없다는 것을 말하고자 한 것뿐입니다.
>
> 갑: 물론, 진실을 말한다고 해서 설득할 수 있는 것은 아니지요. 그렇지만 진실을 말하지 않으면서 대중을 설득하는 이야기 기술만 습득하는 것은 어리석은 짓을 하겠다는 것입니다.

① 갑과 을은 진실을 이야기한다고 하더라도 설득에 실패할 수 있다는 것에 동의한다.

② 갑과 을은 이야기 기술만으로 사람들을 설득하는 경우가 가능하다는 것에 동의하지 않는다.

③ 갑과 을은 진실하지 않은 것을 말하는 이야기 기술을 습득하지 말아야 한다는 것에 동의한다.

④ 갑은 이야기 기술을 가지고 있다고 하더라도 설득에 실패할 수 있다는 것을 긍정하지만, 을은 부정한다.

⑤ 갑은 진실하지 않은 것을 믿게끔 설득하는 것으로부터 야기된 결과가 나쁠 수 있다는 것을 긍정하지만, 을은 부정한다.

5 (가)는 활동지의 '활동 1에 따라 학생들이 실시한 독서 토의의 일부이고, <보기>는 '현지'가 (가)를 준비하면서 떠올린 생각일 때, ㉮~㉺ 중 (가)에서 확인할 수 있는 것을 고른 것은?

18 평가원 수능

활동지

[활동 1] 다음의 내용을 바탕으로 토의해 보자.

> <허생의 처>에서 허생은 집안을 전혀 돌보지 않고 자신의 이상만을 추구한다. 이 때문에 허생의 처는 홀로 집안의 생계를 힘겹게 꾸려나가지만 빈곤한 형편에서 벗어나지 못한다. 이러던 중 허생의 처는 행복하지 않은 자신의 처지를 한탄하며 허생과 갈등한다. 두 인물은 삶에서 중요시하는 행복의 조건이 서로 달라 갈등한다고도 볼 수 있다. 허생은 세상의 이치를 밝히고자 독서에만 전념한 것으로 보아 여기에서 자신의 행복을 찾고 있다고 볼 수 있다. 그렇다면 허생의 처가 추구하는 행복의 조건은 무엇일까?

(가)

현지: 오늘은 내가 진행할게. (활동지를 나눠 주며) 지난 시간에 <허생의 처>를 읽었으니, 이번 시간에는 '허생의 처가 추구하는 행복의 조건은 무엇인가?'라는 주제로 토의하려고 해. 활동지를 통해 주제와 관련된 내용을 확인했으면, 지금부터 토의를 시작해 보자.

민호: 행복의 조건은 지혜나 도덕적 선과 같은 내적 조건과 부나 명예와 같은 외적 조건으로 나눌 수 있잖아. 허생의 처는 빈곤한 형편에 놓여 있기 때문에 행복하지 않았다고 생각해. 이런 이유로 볼 때, 허생의 처는 외적 조건인 부를 추구하는 사람이라고 볼 수 있어.

영수: 과연 그럴까? 허생의 처는 생존을 위한 기본적 요건을 충족하고자 한 것으로 볼 수 있어. 그런 점에서 허생의 처가 외적 조건인 부를 추구하는 사람이라고 볼 수는 없을 것 같아.

민호: 듣고 보니 그러네. 허생의 처가 행복의 외적 조건인 부를 추구하고 있다고 보는 건 적절하지 않을 수 있겠어.

현지: 정리하면, 허생의 처가 추구한 행복의 조건을 외적 조건이나 내적 조건으로만 접근하는 건 적절하지 않을 수 있겠네. 그렇다면 허생의 처가 추구한 행복의 조건을 다른 측면에서는 어떻게 접근할 수 있을까?

민호: 허생의 처가 추구하는 행복의 조건은 가족 구성원의 관계라는 측면에서 접근해 볼 수 있겠어. 허생의 처는 홀로 가정 생계를 꾸려야 하는 부담을 일방적으로 강요 받고 있고 허생은 허생의 처의 힘겨움을 외면하고 있어. 이 때문에 허생의 처는 행복하지 않다고 느끼는 것 같아.

영수: 맞아. 허생의 처가 추구하는 행복의 조건을 가족 구성원의 관계라는 측면에서 더 살펴보면, "나는 내 남편이 하는 일을 모르고, 남편은 제 아내인 나를 모르고…"라고 허생의 처가 남편에 대해 한탄하는 대목을 볼 때 허생의 처는 가족 간의 소원한 관계도 행복하지 않은 이유로 여기는 것 같아.

현지: 정리하면, 결국 허생의 처는 강요된 희생과 소원한 가족 관계라는 두 가지 이유 때문에 행복하지 않았던 것이고, 가족 구성원 간의 바람직한 관계를 행복의 조건으로 추구했다고 볼 수 있겠어.

< 보 기 >

이번 독서 토의는 어떻게 진행하는 게 좋을까? 우선 토의와 관련된 활동지를 나눠 주고, ㉮ 시작할 때 토의 주제를 언급하는 게 좋겠어. 그리고 참여자들이 고루 의견을 제시할 수 있도록 ㉯ 발언 순서를 지정해 줘야지. ㉰ 근거 없이 의견만을 이야기할 때는 근거를 함께 제시하도록 요구해야겠어. 토의 흐름을 이해할 수 있도록 ㉱ 토의 내용을 정리해 주고, ㉲ 질문을 통해 다른 관점에서 생각해 보도록 유도하는 것도 좋을 것 같아.

---

① ㉮, ㉯, ㉰   ② ㉮, ㉰, ㉲   ③ ㉮, ㉱, ㉲   ④ ㉯, ㉰, ㉲   ⑤ ㉰, ㉱, ㉲

약점 보완 해설집 p.72

DAY 27 담화문 ②

- 풀이 시간: /7분 30초
- 맞은 문제: /5문제

1 다음 글을 통해 알 수 있는 소크라테스의 견해가 <u>아닌</u> 것은?

13 민경채 PSAT

> 소크라테스: 그림에다 적합한 색과 형태들을 모두 배정할 수도 있고, 어떤 것들은 빼고 어떤 것들은 덧붙일 수도 있는 것이네. 그런데 적합한 색이나 형태들을 모두 배정하는 사람은 좋은 그림과 상(像)을 만들어내지만, 덧붙이거나 빼는 사람은 그림과 상을 만들어내기는 하나 나쁜 것을 만들어내는 것이겠지?
>
> 크라튈로스: 그렇습니다.
>
> 소크라테스: 같은 이치에 따라서 적합한 음절이나 자모를 모두 배정한다면 이름이 훌륭하겠지만, 조금이라도 빼거나 덧붙인다면 훌륭하지는 않겠지?
>
> 크라튈로스: 하지만 음절과 자모를 이름에 배정할 때 우리가 어떤 자모를 빼거나 덧붙인다면, 우리는 이름을 쓰기는 했지만 틀리게 쓴 것이 아니고 아예 쓰지 못한 것입니다.
>
> 소크라테스: 그런 식으로 보아서는 우리가 제대로 살펴보지 못한 것이네.
>
> 크라튈로스: 왜 그렇죠?
>
> 소크라테스: 수(數)의 경우에는 자네 말이 적용되는 것 같네. 모든 수는 자신과 같거나 자신과 다른 수일 수밖에 없으니까. 이를테면 10에서 어떤 수를 빼거나 더하면 곧바로 다른 수가 되어 버리지. 그러나 이것은 상 일반에 적용되는 이치는 아니네. 오히려 정반대로 상은, 그것이 상이려면, 상이 묘사하는 대상의 성질 모두를 상에 배정해서는 결코 안 되네. 예컨대 어떤 신이 자네가 가진 모든 것의 복제를 자네 곁에 놓는다고 해보세. 이때 크라튈로스와 크라튈로스의 상이 있는 것일까, 아니면 두 크라튈로스가 있는 것일까?
>
> 크라튈로스: 제가 보기에는 두 크라튈로스가 있을 것 같습니다.
>
> 소크라테스: 그렇다면 상이나 이름에 대해서는 다른 종류의 이치를 찾아야 하며, 무엇이 빠지거나 더해지면 더 이상 상이 아니라고 해서는 안 된다는 것을 알겠지? 상은 상이 묘사하는 대상과 똑같은 성질을 갖지 못한다는 것을 깨닫지 않았나?

① 어떤 사물과 완전히 일치하는 복제물은 상이 아니다.

② 훌륭한 이름에 자모 한둘을 더하거나 빼더라도 그것은 여전히 이름이다.

③ 훌륭한 상에 색이나 형태를 조금 더하거나 빼더라도 그것은 여전히 상이다.

④ 이름에 자모를 더하거나 빼는 것과 수에 수를 더하거나 빼는 것은 같은 이치를 따른다.

⑤ 이름에 자모를 더하거나 빼는 것과 상에 색이나 형태를 더하거나 빼는 것은 같은 이치를 따른다.

2 다음 글의 갑~병의 견해에 대한 분석으로 가장 적절한 것은?

16 5급 공채 PSAT

갑: 현대 사회에 접어들어 구성원들의 이해관계는 더욱 복잡해졌으며, 그 이해관계 사이의 충돌은 심각해졌다. 그리고 현대 사회에서 발생하는 다양한 범죄는 바로 이런 문제에서 비롯되었다고 말할 수 있다. 이에 범죄자에 대한 처벌 여부와 처벌 방식의 정당성은 그의 범죄 행위뿐만 아니라 현대 사회의 문제점도 함께 고려하여 확립되어야 한다. 처벌은 사회 전체의 이득을 생각해서, 다른 사회 구성원들을 교육하고 범죄자를 교화하는 기능을 수행해야 한다.

을: 처벌 제도는 종종 다른 사람들의 공리를 위해 범죄자들을 이용하곤 한다. 이는 범죄자를 다른 사람들의 이익을 위한 수단으로 대우하는 것이다. 하지만 사람의 타고난 존엄성은 그런 대우에 맞서 스스로를 보호할 권리를 부여한다. 따라서 처벌 여부와 처벌 방식을 결정하는 데 있어 처벌을 통해 얻을 수 있는 사회의 이익을 고려해서는 안 된다. 악행을 한 사람에 대한 처벌 여부와 그 방식은 그 악행으로도 충분히, 그리고 그 악행에 의해서만 정당화되어야 한다.

병: 범죄자에 대한 처벌의 교화 효과에 대해서는 의문의 여지가 있다. 처벌의 종류에 따라 교화 효과는 다른 양상을 보인다. 가령 벌금형이나 단기 징역형의 경우 충분한 교화 효과가 있는 것처럼 보이기도 하지만, 장기 징역형의 경우 그 효과는 불분명하고 복잡하다. 특히, 범죄사회학의 연구 결과는 장기 징역형을 받은 죄수들은 처벌을 받은 이후에 보다 더 고도화된 범죄를 저지르며 사회에 대한 강한 적개심을 가지게 되는 경향이 있다는 것을 보여준다.

① 처벌의 정당성을 확립하기 위한 고려사항에 대해 갑과 을의 의견은 양립 가능하다.

② 갑과 달리 을은 현대 사회에 접어들어 구성원들 간 이해관계의 충돌이 더욱 심해졌다는 것을 부정한다.

③ 을과 달리 갑은 사람에게는 타고난 존엄성이 있다는 것을 부정한다.

④ 병은 처벌이 갑이 말하는 기능을 수행하지 못할 수도 있다는 것을 보여준다.

⑤ 병은 처벌이 을이 말하는 방식으로 정당화될 수 없다는 것을 보여준다.

3 다음 글의 A~D에 대한 분석으로 적절한 것만을 <보기>에서 모두 고르면?

19 5급 공채 PSAT

A: '정격연주'란 음악을 연주할 때 그것이 작곡된 시대에 연주된 느낌을 정확하게 구현하는 것을 목표로 하는 연주이다. 그럼 어떻게 정격연주가 가능할까? 그 방법은 옛 음악을 작곡 당시에 공연된 것과 똑같이 재연하는 것이다. 이런 연주는 가능하며, 그렇다면 우리는 음악이 작곡되었던 때와 똑같은 느낌을 구현할 수 있을 것이다.

B: 옛 음악을 작곡 당시에 연주된 것과 똑같이 재연하는 것은 이상일 뿐이지 현실화할 수 없다. 18세기 오페라 공연에서 거세된 사람만 할 수 있었던 카스트라토 역을 오늘날에는 도덕적인 이유에서 여성 소프라노가 맡아서 노래한다. 따라서 과거와 현재의 연주 관습상 차이 때문에, 옛 음악을 작곡 당시와 똑같이 재연하는 것은 불가능하다.

C: 똑같이 재연하지 못한다고 해서 정격연주가 불가능한 것은 아니다. 작곡자는 명확히 하나의 의도를 갖고 작품을 창작한다. 작곡자가 자신의 작품이 어떻게 들리기를 의도했는지 파악해 연주하면, 작곡된 시대에 연주된 느낌을 정확하게 구현할 수 있다. 따라서 작곡자의 의도를 파악할 수 있다면 정격연주를 할 수 있다.

D: 작곡자의 의도대로 한 연주가 작곡된 시대에 연주된 느낌을 정확하게 구현하지 못할 수 있다. 작곡된 시대에 연주된 느낌을 정확하게 구현하려면 작곡자의 의도뿐만 아니라 당시의 연주 관습도 고려해야 한다. 전근대 시대에 악기 구성이나 프레이징 등은 작곡자의 의도만이 아니라 연주자와 연주 상황에 따라 관습적으로 결정되었다. 따라서 작곡자의 의도와 연주 관습을 모두 고려하지 않는다면 정격연주를 실현할 수 없다.

─── <보 기> ───

ㄱ. A와 C는 옛 음악을 과거와 똑같이 재연한다면 과거의 연주 느낌이 구현될 수 있다는 것을 부정하지 않는다.

ㄴ. B는 어떤 과거 연주 관습은 현대에 똑같이 재연될 수 없다는 것을 인정하지만, D는 그렇지 않다.

ㄷ. C와 D는 작곡자의 의도를 파악한다면 정격연주가 가능하다는 것에 동의한다.

① ㄱ   ② ㄴ   ③ ㄱ, ㄷ   ④ ㄴ, ㄷ   ⑤ ㄱ, ㄴ, ㄷ

갑: 어떤 나라의 법이 불공정하거나 악법이라고 해도 그 나라의 시민은 그것을 준수해야 한다. 그 나라의 시민으로 살아간다는 것이 법을 준수하겠다는 암묵적인 합의를 한 것이나 마찬가지이기 때문이다. 우리에게는 약속을 지켜야 할 의무가 있다. 만일 우리의 법이 마음에 들지 않았다면 처음부터 이 나라를 떠나 이웃 나라로 이주할 수 있는 자유가 언제나 있었던 것이다. 이 나라에서 시민으로 일정 기간 이상 살았다면 법을 그것의 공정 여부와 무관하게 마땅히 지켜야만 하는 것이 우리 시민의 의무이다.

을: 법을 지키겠다는 암묵적 합의는 그 법이 공정한 것인 한에서만 유효한 것이다. 만일 어떤 법이 공정하지 않다면 그런 법을 지키는 것은 오히려 타인의 인권을 침해할 소지가 있고, 따라서 그런 법의 준수를 암묵적 합의의 일부로 간주해서는 안 될 것이다. 그러므로 공정한 법에 대해서만 선별적으로 준수의 의무를 부과하는 것이 타당하다.

병: 법은 정합적인 체계로 구성되어 있어서 어떤 개별 법 조항도 다른 법과 무관하게 독자적으로 주어질 수 없다. 모든 법은 상호 의존적이어서 어느 한 법의 준수를 거부하면 반드시 다른 법의 준수 여부에도 영향을 미칠 수밖에 없다. 예를 들어, 조세법이 부자에게 유리하고 빈자에게 불리한 불공정한 법이라고 해서 그것 하나만 따로 떼어내어 선별적으로 거부한다는 것은 불가능하다. 그렇게 했다가는 결국 아무 문제가 없는 공정한 법의 준수 여부에까지 영향을 미치게 될 것이다. 따라서 법의 선별적 준수는 전체 법체계의 유지에 큰 혼란을 불러올 우려가 있으므로 받아들여서는 안 된다.

―――――― <보 기> ――――――

ㄱ. 예외적인 경우에 약속을 지키지 않아도 된다면 갑의 주장은 강화된다.

ㄴ. 법의 공정성을 판단하는 별도의 기준이 없다면 을의 주장은 약화된다.

ㄷ. 이민자를 차별하는 법이 존재한다면 병의 주장은 약화된다.

① ㄱ   ② ㄴ   ③ ㄱ, ㄷ   ④ ㄴ, ㄷ   ⑤ ㄱ, ㄴ, ㄷ

5 다음은 '또래 상담 요원 모집 공고문'에 따라 학생이 작성한 자기소개서이다. 자기소개서에 반영된 내용만을 <보기>에서 있는 대로 고른 것은?

18 평가원 9월 모평

[또래 상담 요원 모집 공고문]

2017년 △△구 청소년 상담 복지 센터에서 또래 상담 요원을 모집합니다. 또래 상담에 관심 있는 학생들의 많은 지원 바랍니다.
- 모집 대상: △△구 지역 내 고등학생
- 신청 방법: 자기소개서를 작성하여 △△구 청소년 상담복지 센터 홈페이지에 제출
- 선발 방법: 자기소개서 및 면접

친구 관계로 힘든 시기를 보내고 있을 때, 저는 또래 상담을 받으면서 많은 위안을 얻은 적이 있습니다. 이를 통해 상담의 중요성을 깨닫게 되었고, 저도 친구들과 고민을 나누며 함께 성장할 수 있는 또래 상담 요원이 되고 싶다는 생각을 하게 되었습니다. 그러던 중 '또래 상담 요원 모집 공고문'을 보고 지원하게 되었습니다.

작년부터 참여한 공부방 봉사 활동은 상담에서 신뢰와 친근감이 중요하다는 것을 알려 준 의미 있는 활동이었습니다. 공부방 봉사 활동은 초등학생들의 공부를 도와주는 활동인데, 학습 내용을 중심으로 열심히 준비해 갔지만 제 생각만큼 잘 진행되지 않았습니다. 그 이유를 고민해 보니 서로에 대한 친밀감을 형성할 겨를도 없이 무언가를 가르쳐 주려고만 했던 것이 문제라는 생각이 들었습니다. 그래서 수업 내용 중 어려운 것은 없었는지, 혹시 공부 외에 힘든 점은 없는지 서로 마음을 터놓고 이야기를 나눠 보았습니다. 그러자 아이들이 다가오기 시작했고 이후 수업도 잘 진행되었습니다. 이를 통해 공부방 봉사 활동은 물론, 상담을 할 때에도 상호 간의 신뢰와 친근감이 중요하다는 생각을 하게 되었고 상담에 대해 더 관심을 갖게 되었습니다. 이는 앞으로 좋은 또래 상담 요원이 되는 데 도움을 주리라 생각합니다.

최근에는 상담 관련 내용을 공부하기 위해, 상담 선생님께 추천을 받은 <상담 심리학의 기초>란 책을 읽어 보았습니다. 이 책에 소개된 여러 이론 중 저는 로저스의 인간 중심적 상담 이론을 흥미롭게 읽었습니다. 로저스는 상담자의 태도를 설명하면서, 상담자에게는 피상담자에 대한 공감적 이해의 태도가 필요하다고 보았습니다. 저는 또래 상담 요원 역시 또래 친구들의 고민에 대한 공감적 이해의 태도를 갖추어야 한다고 생각합니다.

제가 또래 상담을 받으면서 얻은 가장 큰 힘은 또래 친구가 전해 주는 정서적 위로였습니다. 만약 제가 또래 상담 요원으로 선발된다면 친구의 이야기와 고민을 경청하면서 공감해 줄 수 있도록 노력하겠습니다.

— <보 기> —

자기소개서는 자신을 알리고자 하는 의도로 다른 사람에게 자신을 드러내는 글이다. 자기소개서에는 ㉠ 지원 동기, ㉡ 성장 배경 및 가정환경, ㉢ 성격의 장단점, ㉣ 지원 분야와 관련된 의미 있는 활동, ㉤ 지원자의 다짐 등의 내용이 포함될 수 있다.

---

① ㉠, ㉡　　　② ㉠, ㉣　　　③ ㉢, ㉤　　　④ ㉠, ㉣, ㉤　　　⑤ ㉡, ㉢, ㉣

약점 보완 해설집 p.75

1 (가), (나)에 들어갈 말을 올바르게 짝지은 것은?

12 민경채 PSAT

> 갑: 예술가의 작업이란, 자신이 경험한 감정을 타인도 경험할 수 있도록 색이나 소리와 같이 감각될 수 있는 여러 형태로 표현하는 것이지.
>
> 을: 그렇다면 훌륭한 예술과 그렇지 못한 예술을 구별하는 기준은 무엇이지?
>
> 갑: 그것이야 예술가가 해야 할 작업을 성공적으로 수행하면 훌륭한 예술이고, 그런 작업에 실패한다면 훌륭하지 못한 예술이지. 즉 예술가가 경험한 감정이 잘 전달되어 감상자도 그런 감정을 느끼게 되는 예술을 훌륭한 예술이라고 할 수 있어.
>
> 을: 예술가가 느낀 감정 중에서 천박한 감정이 있을까? 아니면 예술가가 느낀 감정은 모두 고상하다고 할 수 있을까?
>
> 갑: 물론 여느 사람과 마찬가지로 예술가 역시 천박한 감정을 가질 수 있지. 만약 어떤 예술가가 남의 고통을 보고 고소함을 느꼈다면 이는 천박한 감정이라고 해야 할 텐데, 예술가라고 해서 모두 천박한 감정을 갖지 않는다고 할 수는 없어.
>
> 을: 그렇다면 천박한 감정을 느낀 예술가가 그 감정을 표현하여 감상자 역시 그런 감정을 느낀다면, 그런 예술이 훌륭한 예술인가?
>
> 갑: (가)
>
> 을: 너의 대답은 모순이야. 왜냐하면 네 대답은 (나) 때문이야.

	(가)	(나)
①	그렇다.	훌륭한 예술에 대한 너의 정의와 앞뒤가 맞지 않기
②	그렇다.	예술가의 작업에 대한 너의 정의와 앞뒤가 맞지 않기
③	그렇다.	예술가가 느낀 감정이 모두 고상하지는 않다는 너의 주장과 앞뒤가 맞지 않기
④	아니다.	훌륭한 예술에 대한 너의 정의와 앞뒤가 맞지 않기
⑤	아니다.	예술가가 느낀 감정이 모두 고상하지는 않다는 너의 주장과 앞뒤가 맞지 않기

2 다음 논쟁에 대한 분석으로 적절한 것만을 <보기>에서 모두 고르면?

17 민경채 PSAT

> 갑: 17세기 화가 페르메르의 작품을 메헤렌이 위조한 사건은 세상을 떠들썩하게 했지. 메헤렌의 그 위조품이 지금도 높은 가격에 거래된다고 하는데, 이 일은 예술 감상에서 무엇이 중요한지를 생각하게 만들어.
>
> 을: 눈으로 위조품과 진품을 구별할 수 없다고 하더라도 위조품은 결코 예술적 가치를 가질 수 없어. 예술품이라면 창의적이어야 하는데 위조품은 창의적이지 않기 때문이지. 예술적 가치는 진품만이 가질 수 있어.
>
> 병: 메헤렌의 작품이 페르메르의 작품보다 반드시 예술적으로 못하다고 할 수 있을까? 메헤렌의 작품이 부정적으로 평가되는 것은 메헤렌이 사람들을 속였기 때문이지 그의 작품이 예술적으로 열등해서가 아니야.
>
> 갑: 예술적 가치는 시각적으로 식별할 수 있는 특성으로 결정돼. 그런데 많은 사람들이 위조품과 진품을 식별할 수 없다고 해서 식별이 불가능한 것은 아니야. 전문적인 훈련을 받은 사람은 두 작품에서 시각적으로 식별 가능한 차이를 찾아내겠지.
>
> 을: 위작이라고 알려진 다음에도 그 작품을 칭송하는 것은 이해할 수 없는 일이야. 왜 많은 사람들이 <모나리자>의 원작을 보려고 몰려들겠어? <모나리자>를 완벽하게 복제한 작품이라면 분명히 그렇게 많은 사람들의 관심을 끌지는 못할 거야.
>
> 병: 사람들이 <모나리자>에서 감상하는 것이 무엇이겠어? 그것이 원작이라는 사실은 감상할 수 있는 대상이 아니야. 결국 사람들은 <모나리자>가 갖고 있는 시각적 특징에 예술적 가치를 부여하는 것이지.

─── <보 기> ───

ㄱ. 예술적 가치로서의 창의성은 시각적 특성으로 드러나야 한다는 데 갑과 을은 동의할 것이다.

ㄴ. 시각적 특성만으로는 그 누구도 진품과 위조품을 구별할 수 없다면 이 둘의 예술적 가치가 같을 수 있다는 데 갑과 병은 동의할 것이다.

ㄷ. 메헤렌의 위조품이 고가에 거래되는 이유가 그 작품의 예술적 가치에 있다는 데 을과 병은 동의할 것이다.

① ㄱ   ② ㄴ   ③ ㄱ, ㄷ   ④ ㄴ, ㄷ   ⑤ ㄱ, ㄴ, ㄷ

3 다음 대화의 빈칸에 들어갈 내용으로 가장 적절한 것은?

> 갑: 국회에서 법률들을 제정하거나 개정할 때, 법률에서 조례를 제정하여 시행하도록 위임하는 경우가 있습니다. 그리고 이런 위임에 따라 지방자치단체에서는 조례를 새로 제정하게 됩니다. 각 지방자치단체가 법률의 위임에 따라 몇 개의 조례를 제정했는지 집계하여 '조례 제정 비율'을 계산하는데, 이 지표는 작년에 이어 올해도 지방자치단체의 업무 평가 기준에 포함되었습니다.
>
> 을: 그렇군요. 그 평가 방식이 구체적으로 어떻게 되고, A 시의 작년 평가 결과는 어땠는지 말씀해 주세요.
>
> 갑: 먼저 그 해 1월 1일부터 12월 31일까지 법률에서 조례를 제정하도록 위임한 사항이 몇 건인지 확인한 뒤, 그중 12월 31일까지 몇 건이나 조례로 제정되었는지로 평가합니다. 작년에는 법률에서 조례를 제정하도록 위임한 사항이 15건이었는데, 그중 A 시에서 제정한 조례는 9건으로 그 비율은 60%였습니다.
>
> 을: 그러면 올해는 조례 제정 상황이 어떻습니까?
>
> 갑: 1월 1일부터 7월 10일 현재까지 법률에서 조례를 제정하도록 위임한 사항은 10건인데, A 시는 이 중 7건을 조례로 제정하였으며 조례로 제정하기 위하여 입법 예고 중인 것은 2건입니다. 현재 시의회에서 조례로 제정되기를 기다리며 계류 중인 것은 없습니다.
>
> 을: 모든 조례는 입법 예고를 거친 뒤 시의회에서 제정되므로, 현재 입법 예고 중인 2건은 입법 예고 기간이 끝나야만 제정될 수 있겠네요. 이 2건의 제정 가능성은 예상할 수 있나요?
>
> 갑: 어떤 조례는 신속히 제정되기도 합니다. 그러나 때로는 시의회가 계속 파행하기도 하고 의원들의 입장에 차이가 커 공전될 수도 있기 때문에 현재 시점에서 조례 제정 가능성을 단정하기는 어렵습니다.
>
> 을: 그러면 A 시의 조례 제정 비율과 관련하여 알 수 있는 것은 무엇이 있을까요?
>
> 갑: A 시는 (   )

① 현재 조례로 제정하기 위하여 입법 예고가 필요한 것이 1건입니다.
② 올 한 해의 조례 제정 비율이 작년보다 높아집니다.
③ 올 한 해 총 9건의 조례를 제정하게 됩니다.
④ 현재 시점을 기준으로 평가를 받으면 조례 제정 비율이 90%입니다.
⑤ 올 한 해 법률에서 조례를 제정하도록 위임받은 사항이 작년보다 줄어듭니다.

갑: 어떠한 경우에도 자살은 옳지 않은 행위이다. 신의 뜻에 어긋날 뿐만 아니라 공동체에 해악을 끼치기 때문이다. 자살은 사회로부터 능력 있는 사람들을 빼앗아가는 행위이다. 물론 그러한 행위는 공동체에 피해를 주는 것이다. 따라서 자살은 죄악이다.

을: 자살하는 사람은 사회에 해악을 끼치는 것이 아니다. 그는 단지 선을 행하는 것을 멈추는 것일 뿐이다. 사회에 선을 행해야 한다는 우리의 모든 의무는 상호성을 함축한다. 즉 나는 사회로부터 혜택을 얻으므로 사회의 이익을 증진시켜야 한다. 그러나 내가 만약 사회로부터 완전히 물러난다면 그러한 의무를 계속 짊어져야 하는 것은 아니다.

병: 인간의 행위는 자신에게만 관련된 것과 타인이 관련된 것으로 구분될 수 있다. 원칙적으로 인간은 타인에게 해가 되지 않는 한 원하는 것은 무엇이든지 행할 수 있다. 다만 타인에게 해악을 주는 행위만이 도덕적 비판의 대상이 된다고 할 수 있다. 이러한 원칙은 자살의 경우에도 적용된다.

─── <보 기> ───

ㄱ. 갑의 주장은 을의 주장과 양립할 수 없다.

ㄴ. 을의 주장은 병의 주장과 양립할 수 있다.

ㄷ. 자살이 타인이 아닌 자신에게만 관련된 행위일 경우 병은 갑의 주장에 찬성할 것이다.

① ㄱ   ② ㄷ   ③ ㄱ, ㄴ   ④ ㄴ, ㄷ   ⑤ ㄱ, ㄴ, ㄷ

[5-6] (가)는 모둠 과제를 수행하기 위한 학생들의 토의이고, (나)는 이를 바탕으로 작성한 글의 초고이다. 물음에 답하시오.

19 평가원 6월 모평

[모둠 과제 안내장]

• 과제: 다른 지역의 학생들에게 우리 도시를 소개하는 글쓰기
• 조건: 우리 도시의 특색 있는 장소나 행사를 포함할 것

(가)

학생 1: 자, 어떤 내용으로 글을 쓸지 논의해 보자. 나는 분식으로 유명한 맛나거리에 대해 쓰고 싶은데, 어때?

학생 2: 요즘 음식으로 유명한 △△거리, □□길처럼 비슷한 장소가 다른 지역에도 많잖아.

학생 3: 그럼 맛나거리 대신에 반딧불이 축제를 소개하자. 우리 도시가 청정하다는 점을 드러낼 수 있잖아.

학생 1: 그게 좋겠다. 반딧불이 축제에 대해 조사해 올게.

학생 2: 응, 알겠어. 그리고 사랑미술관도 소개하자. 거기서 운영하는 유화 그리기 수업이 우리 도시에서만 하는 거라 특색 있어 보이던데.

학생 1: 그 수업은 어른들만을 대상으로 하는 거잖아.

학생 3: 사랑미술관의 다른 활동 중에 학생들을 대상으로 하는 게 있는지 더 찾아봐야 할 것 같아.

학생 2: 알겠어. 그러면 방금 이야기한 점을 고려해서 사랑 미술관에 대해 조사해 올게.

학생 3: 우리 도시의 특색 중에 전통이 드러나는 산할머니 제당과 거기서 열리는 문화제도 소개하자.

학생 1: 좋은 생각이야. 그 내용에 산할머니 전설과 사랑시 명칭의 유래도 추가하는 건 어떨까?

학생 3: 알겠어. 그 내용도 조사해 올게.

학생 2: 참, 바람맞이 언덕이 사진 찍기에 좋다던데. 우리 도시의 특색은 아니지만 제당 근처니까 바람맞이 언덕도 소개하자.

학생 3: 그리고 제당에서 언덕까지 찾아가는 길도 안내하면 좋겠어.

학생 1, 2: 좋아.

학생 3: 혹시 더 논의할 사항이 있어?

학생 2: 수집한 내용들을 나열해서 쓰기만 하면 평범한 글이 될 것 같은데, 어떻게 하면 인상적인 글을 쓸 수 있을까?

학생 1: 독자들이 찾아가기 쉽도록 이동 경로가 드러나게 글을 조직하는 건 어때?

학생 3: 좋은 생각이야. 그리고 우리 도시를 상징하는 반딧불이 그림에 말풍선을 달고 거기에 문구를 넣자. 사랑시의 전통, 자연, 예술 분야의 특색을 모두 드러내고, 사랑시를 방문하면 얻을 수 있는 좋은 점도 문구에 포함하면 좋겠어.

학생 1: 그럼 문구는 어떻게 표현하는 게 좋을까?

학생 2: 대조의 표현 방식을 사용하는 건 어때?

학생 1, 3: 응, 좋아.

학생 1: 그럼 다음 주에는 함께 글을 써 보자.

[A]

(나)

ⓐ

사랑시의 이야기는 사랑시 터미널에서 버스로 20분 거리에 위치한 '산할머니 제당'에서 시작한다. 이 제당은 사랑시의 전통적 특색을 드러내는 곳으로 사랑시 명칭의 유래와도 관련된 곳이다. 전설에 따르면, 하늘에서 내려온 여인이 아들 네 쌍둥이를 낳았는데, 그 네 아들[四郎(사랑)]은 평생 효를 다해 어머니를 모셨고, 훗날 그 여인은 하늘로 올라가 마을을 지켜 주는 산할머니신이 되었다고 한다. 그래서 예부터 우리 도시는 효를 으뜸으로 [B] 여기며, 산할머니신을 섬기는 전통을 이어받아 이곳에서 해마다 문화제를 열고 있다. 제당 뒤편으로 난 길을 따라가다 정자를 지나 5분 정도 더 올라가면 '바람맞이 언덕'에 도착한다. 언덕 중앙에는 사랑시에서 가장 오래된 은행나무가 있다. 노을이 질 무렵 바람맞이 언덕과 어우러진 풍경이 아름다워 사람들이 사진을 찍기 위해 많이 찾고 있다.

바람맞이 언덕에서 오른편으로 난 길을 따라 20여 분 걷다 보면 '사랑미술관'이 나온다. 이곳은 우리 도시로 이주한 예술가들이 사랑시 사람들의 일상적인 모습과 청정한 자연의 모습을 담은 작품들을 전시하고 있다. 특히 화가들이 학생들을 대상으로 직접 자신들의 작품을 해설해 주고 있어 관심을 끌고 있다.

사랑미술관에서 10분 정도 걸으면 숲이 우거진 공간이 나오는데, 이곳에서는 매년 여름에 '반딧불이 축제'가 열린다. 반딧불이 축제에서는 깨끗한 환경에서만 사는 반딧불이를 직접 보며 아름다운 반딧불을 즐길 수 있다. 여름날 사랑미술관에 들렀다가, 해가 지면 반딧불이 축제장에 가 보는 것도 좋다.

바쁜 학교생활로 인한 긴장을 풀고 즐거운 추억을 쌓을 수 있는 곳이 필요하다면 맑고 깨끗한 자연환경이 돋보이는 도시, 전통과 예술이 공존하는 도시인 사랑시의 이야기를 따라 길을 떠나 보자.

5 [A]를 바탕으로 [B]를 작성했다고 할 때, [B]에 반영된 내용으로 가장 적절한 것은?

① 산할머니 제당과 문화제를 소개하자는 의견을 반영하여, 제당과 문화제에서 열리는 다양한 행사를 안내한다.

② 산할머니 전설을 추가하자는 의견을 반영하되, 산할머니의 일화가 담긴 은행나무도 함께 소개한다.

③ 사랑시 명칭의 유래를 추가하자는 의견을 반영하되, 사랑시의 명칭이 변화되어 온 과정도 설명한다.

④ 사랑시 전통을 보여 주는 바람맞이 언덕을 소개하자는 의견을 반영해, 매해 문화제가 열리는 이유를 설명한다.

⑤ 제당에서 바람맞이 언덕으로 찾아가는 길을 안내하자는 의견을 반영하여, 정자를 거쳐서 가는 경로를 소개한다.

6 (가)와 (나)를 바탕으로 할 때, ⓐ에 들어갈 내용으로 가장 적절한 것은?

① 효의 고장, 사랑시로 오시겠어요? 바람맞이 언덕에서 별빛처럼 피어나는 반딧불을 보면 텅 빈 가슴이 빛으로 가득 찰 거예요.

② 산할머니 전설이 남아 있는 사랑시에는 효의 전통과 함께 맑고 깨끗한 자연 풍경이 있어요. 아름다운 예술이 가득한 사랑시로 오세요.

③ 사랑시의 맑고 깨끗한 자연을 담은 그림을 감상하면서 화가의 해설을 들어 보세요. 효의 전통을 느낄 수 있는 산할머니 전설이 가족의 소중함을 깨닫게 해 줍니다.

④ 효의 정신이 담긴 산할머니 전설과 화가들의 작품 이야기가 있는 청정한 사랑시로 오세요. 어두운 여름밤을 수놓는 밝은 반딧불을 보면 여러분들 마음속에 여유가 생길 거예요.

⑤ 사랑스러운 반딧불이와 오순도순 함께 떠나는 사랑시 여행. 눈은 시원하게 마음은 따뜻하게, 사랑시의 평범한 사람들의 일상이 오롯이 담긴 미술 작품을 천천히 둘러보십시오.

약점 보완 해설집 p.77

1 다음은 공간정보 빅데이터 플랫폼의 개선 방향에 대한 연구 보고서 서문이다. 다음 보고서를 보고 추론한 내용으로 적절하지 <u>않은</u> 것은?

> 공간정보란 공간에 존재하는 물체의 위치·분포·현상 등을 정보화한 공간에 대한 모든 정보로, 인간이 일상생활이나 특정한 상황에서 행동이나 태도를 결정하는 데 중요한 기초 정보와 기준을 제시한다. 지형지물과 같은 도형정보뿐만 아니라 그 공간의 자연적·사회적·경제적 특성 등을 기록할 수 있는 공간정보는 4차 산업혁명 시대를 맞이하여 자율주행차, 드론, 스마트시티 등의 신산업 발전 기반이 되며 그 중요성이 더욱 확대되고 있다.
>
> 오늘날 공간정보는 생활의 편리성 향상에 기반이 되기도 한다. 교통카드 데이터와 통신 데이터를 통해 얻은 대중교통 승하차 및 환승 정보와 유동인구 정보 등을 통합·분석하여 대중교통 노선 조정 및 신규 노선 지정에 활용하거나, 건물 용도, 카드 매출, 승하차 정보 등을 복합적으로 분석하여 역세권 토지 이용 개발 계획을 수립하는 데 기초자료로 활용하는 것이다.
>
> 그러나 이와 같은 공간정보를 활용한 생활 편의 향상 및 국토관리가 쉽게 이루어진 것은 아니다. 기존 국내 공간정보 기술력은 세계 최고 기술보다 뒤처져있었을 뿐만 아니라, 이를 극복하기 위한 연구개발도 단편적인 수요 대응 차원에서 연구개발 가능한 분야를 중심으로 추진되어 미래 전망과 수요를 반영하기 어려웠기 때문이다.
>
> 게다가 수치지형도 상의 건물 형상과 도로 표현의 불일치 등 지형, 하천, 건물, 도로 등의 공간정보를 통합하고 활용하는 데 밑바탕이 되는 기본공간정보의 체계적인 품질관리가 미흡하여 공간정보 활용에도 불편함이 있었다. 따라서 정부 주도하에 공간정보 연구개발 혁신 및 기본공간정보 체계 개선 방안 마련을 위한 지속적인 노력이 시행되었다.
>
> 하지만 공간정보를 4차 산업혁명 시대의 핵심 정보인프라로 활용하기에는 일부 공공 공간정보 빅데이터 플랫폼은 여전히 부족한 관리 인력과 운영예산 및 H/W 인프라와 데이터로 인해 사용자 관심도와 활용도가 낮은 실정이다. 이에 본 연구는 2장에서 공간정보 빅데이터 플랫폼의 개발 및 운영 현황, 국가공간정보시스템과의 관계, 활용도를 분석하였고, 3장에서 공간정보 빅데이터 플랫폼 융·복합기술 현황 및 개발 방향을 분석하였다. 4장에서는 앞선 분석 결과를 토대로 적용 가능한 공간정보 빅데이터 플랫폼 개선 방향을 제시하였으며, 5장에서는 연구 결과에 대한 논의와 결론을 제시하였다.

① 일부 공공 공간정보 빅데이터 플랫폼은 사용자의 관심도와 활용도를 높이기 위한 개선이 필요하다.

② 국내 공간정보에 대한 연구개발은 장기적 관점에서 필요성을 충족할 수 있는 분야 위주로 진행되어 왔다.

③ 공간정보는 여러 분야의 데이터를 종합적으로 분석하여 삶의 편의성을 증진하는 데 사용되기도 한다.

④ 공간정보는 특정 공간에서 발생한 지리적 데이터뿐만 아니라 사회·경제적 데이터도 나타낼 수 있다.

⑤ 과거 공간정보는 서류상의 표기와 실제 건물 모습이 불일치하는 등 정보의 품질관리가 다소 부족하였다.

2 다음 글의 중심 내용으로 가장 적절한 것은?

> 국토교통부가 건축물 정보와 에너지 사용량 정보(건축물 에너지·온실가스 정보체계)를 바탕으로 발표한 전국 모든 건물의 2021년 에너지 사용량 통계에 따르면 단위 면적당 건물 에너지 사용량이 꾸준하게 감소하고 있는 것으로 나타났다. 국토교통부는 한국부동산원과 함께 전국의 모든 건물을 대상으로 지역별(광역시도 및 시·군·구), 용도별(29종), 세부용도별(13종), 에너지원별(전기·도시가스·지역난방)로 에너지 사용량을 집계하여 매년 5월 말 건물 에너지 사용량 통계를 발표하고 있다. 이번에 발표된 통계자료는 국토교통부 녹색건축포털 건물 에너지 통계 서비스를 통해 모든 국민에게 공개되어 누구나 활용할 수 있다.
>
> 2021년 전체 건축물 에너지 사용량은 34,344천TOE로 용도별, 시도별, 에너지원별(전기·도시가스·지역난방) 사용량은 다음과 같다. 먼저 용도별 사용량은 주거용이 전체 에너지 사용량의 약 60%를 차지하며, 나머지 비주거용에서는 근린생활시설이 13.9%, 업무시설이 5.9%, 교육연구시설이 4.8%로 높은 비중을 차지하는 것으로 나타났다. 시도별 사용량은 서울·경기 지역이 전체 에너지 사용량의 절반가량인 49%를 차지하는 것으로 확인되었으며, 그중 서울 지역은 연면적 비중(17%)에 비해 에너지 사용량 비중(22%)이 높아 타지역에 비해 단위 면적당 에너지 사용량이 많은 것으로 나타났다. 건물부문에서 사용된 에너지를 원(原)별로 분류하면 전기(52%), 도시가스(40%), 지역난방(8%) 순이었으나, 거주 형태에 따라 세분하여 살펴보면 주거용은 도시가스(52%)가, 비주거용은 전기(73%)가 가장 많이 사용되는 에너지원인 것으로 집계되었다.
>
> 한편 단열기준 도입 시점(1979년) 전·후부터 사용 승인을 받은 건축물의 그룹(10년 간격)별 연간 단위 면적당 에너지 사용량을 시계열로 분석한 결과는 다음과 같다. 단열기준 도입 시점인 1979년 이전 사용 승인받은 건축물 대비 최근 10년 이내에 사용 승인을 받은 주거용 건물은 23%, 비주거용은 36% 단위 면적당 에너지 사용량이 감소한 것으로 나타났다. 이는 그동안 신축 건축물에 대한 단계적 에너지 허가기준 강화, 노후 건축물에 대한 그린리모델링 추진 등 건물 에너지 효율 향상을 위한 지속적인 녹색건축정책 추진이 에너지 사용량 감소 효과로 나타난 것으로 풀이된다. 특별히 세종시는 2021년 건물 에너지 사용량 통계 중 전년 대비 에너지 사용량 증가율(△7.8%)이 전국에서 가장 높았으나, 연면적 증가율(△8.6%)은 그보다 낮아 에너지 효율이 높은 건축물의 보급과 단위 면적당 에너지 사용량 감소와의 상관관계를 보여주는 사례로 볼 수 있다.
>
> 국토교통부 건축정책관은 "매년 발표되는 건물 에너지 사용량 통계로 지역별·용도별 건물 에너지 사용 경향, 다양한 지표와의 상관관계 분석 등을 통한 건물 부문 탄소 저감 정책을 발굴할 수 있는 체계가 마련된 만큼 앞으로 다양한 분야에서 활용될 수 있기를 기대한다"라면서 "국토교통부는 건물 에너지 사용량 및 효율 등의 다양한 지표를 분석하고 건물 부문 온실가스 배출량 통계로 확대하는 등 건물 에너지 사용량 국가 승인 통계를 지속적으로 고도화하여 공공부문 디지털정보 공유 기반 마련을 통한 디지털 플랫폼 정부 구축에 기여할 계획"이라고 밝혔다.

※ 출처: 국토교통부(2022-05-31 보도자료)

① 건물 에너지 사용량에 따른 정부의 통계자료 공개 범위 확대 방침과 관련하여 국민의 반응이 엇갈리고 있다.

② 건축물 에너지 사용량 중 가장 많은 비중을 차지하는 에너지원은 거주 형태에 상관없이 도시가스로 집계되었다.

③ 지속적인 녹색건축정책에 따른 에너지 효율 향상의 영향으로 단위 면적당 건물 에너지 사용량이 감소하고 있다.

④ 단열기준 도입 이전에 사용 승인을 받은 건축물의 단위 면적당 에너지 사용량은 단열기준 도입 전까지 매년 증가하였다.

⑤ 국토교통부는 디지털 플랫폼 정부 구축에 기여하기 위해 건물 에너지 사용량 국가 승인 통계를 고도화할 방침이라고 밝혔다.

3 국세청에서 근무하는 강 주무관은 근로장려금 신청 안내문의 제작 및 배부를 담당하고 있다. 보도자료를 바탕으로 안내문의 초안을 수정하고자 할 때, 강 주무관이 수정해야 할 내용으로 가장 적절하지 <u>않은</u> 것은?

[상반기 근로장려금 신청 안내문]

(1) 근로장려금이란?
- 소득과 재산이 일정 금액 미만인 근로자, 종교인 및 모든 사업자 가구에 대해 가구원 구성과 부부합산 총급여액 등에 따라 근로장려금을 지급하여 근로를 장려하고 소득을 지원하는 제도

(2) 산정 대상 근로소득 및 신청·지급 일정
- 산정 대상 근로소득: 직전년도 하반기 근로소득
- 상반기 근로장려금 신청 기간: 9월 1일~9월 15일
- 상반기 근로장려금 지급일: 올해 12월 중 지급 예정
- ※ 단, 반기 신청의 경우 산정액의 35%만 지급함

(3) 신청 자격
- 근로소득자는 정기 신청과 반기 신청 중 선택 가능
- 본인과 배우자 모두 사업소득자 또는 종교인인 경우 정기 신청만 가능
- 2019년 부부합산 연간 총소득 합계액과 2020년 연간 추정근로소득 합계액이 가구원 구성에 따른 총소득 기준금액 미만인 경우에만 신청 가능(단, 2019년 6월 1일 기준 모든 가구원의 소유 재산 합계액이 2억 원 미만인 경우에만 신청 가능)

단독가구	홀벌이 가구	맞벌이 가구(부부합산)
2,000만 원 미만	3,000만 원 미만	3,600만 원 미만

- ※ 총소득 금액: 사업, 기타, 종교인, 이자, 배당, 연금소득의 합계액
- ※ 소유 재산: 토지, 건물, 승용자동차, 전세보증금, 금융재산, 유가증권, 골프 회원권, 부동산 취득 권리, 부채 등

(4) 신청 방법
- 신청 안내문 수신자: ARS 전화(1234-1234), 손택스(모바일 홈택스), 인터넷 홈택스
- 신청 안내문 미수신자: 소득, 재산 등 신청 요건 확인 후 인터넷 신청 또는 세무서 방문하여 서면 신청

(5) 주의사항
- 상반기 근로장려금 반기 신청자의 경우, 하반기 소득분에 대한 별도의 하반기 근로장려금 신청이 필요함

[근로장려금 관련 보도자료]

'근로장려금'이란 조세특례제한법 제10절의2(근로 장려를 위한 조세특례)에 따라 '소득과 재산이 일정 금액 미만인 근로자, 종교인 또는 사업자(전문직 제외) 가구에 대해 일하는 만큼 가구원 구성과 총급여액 등(부부합산)에 따라 산정된 근로장려금을 지급하여 근로를 장려하고 소득을 지원하는 일과 연계된 복지제도'입니다. (출처=국세청 홈택스)

지난 9월 1일부터 근로장려금 상반기 신청이 시작되었으며, 신청 기한은 9월 15일까지라고 합니다. 반기 신청, 반기 지급 제도는 소득 발생 시점과 장려금 수급 시점 간 시차가 크게 발생하는 기존 장려금 지급 제도의 단점을 보완하고 장려금 지원의 실질적인 체감도를 높이기 위하여, 반기별 소득 파악이 가능한 근로소득자에 한하여 당해 연도 소득을 기준으로 근로장려금을 반기별로 신청·지급할 수 있도록 2019년부터 시행된 제도입니다.

먼저, 상반기 소득 중 사업소득이나 종교소득이 있는지 확인하셔야 합니다. 반기 신청은 사업소득자와 종교인은 불가하며 근로소득자만 신청할 수 있기에, 본인과 배우자의 2020년 상반기 소득 중에 사업소득이나 종교소득이 있다면 2021년 5월에 있을 정기 신청만 가능합니다.

다음으로, 2019년 부부합산 연간 총소득 합계액 및 2020년 부부합산 연간 추정근로소득 합계액이 가구원 구성에 따라 정한 총소득 기준금액 미만이어야 합니다. 즉, 단독 가구는 2,000만 원 미만, 홑벌이 가구는 3,000만 원 미만, 맞벌이 가구(부부합산)는 3,600만 원 미만이어야 신청 가능합니다. 이때 총소득 금액이란 조세특례제한법 시행령에 따라 근로, 사업, 기타, 종교인, 이자, 배당, 연금소득의 합계액을 말합니다.

마지막으로, 가구원 모두가 2019년 6월 1일 기준 소유한 재산의 합계액이 2억 원 미만이어야 합니다. 여기에는 토지, 건물, 승용자동차, 전세보증금, 금융재산, 유가증권, 골프 회원권, 부동산을 취득할 수 있는 권리 등이 포함되며, 부채는 차감하지 않습니다.

근로장려금은 다양한 신청 경로를 열어두고 있습니다. 먼저, 신청 안내문(개별인증번호)을 받은 경우에는 ARS 전화(1544-9944), 손택스(모바일 홈택스), 인터넷 홈택스를 통해 신청할 수 있습니다. 반면, 신청 안내문을 받지 못한 경우에는 소득, 재산 등 신청 요건 확인 후 인터넷 또는 세무서에 방문하여 서면으로 신청하여야 합니다.

이렇게 2020년 9월 1일부터 15일까지 이루어지는 상반기 소득분에 대한 근로장려금 반기 신청을 하셨다면, 하반기 소득분에 대하여도 신청을 한 것으로 의제됩니다. 따라서 상반기 신청자는 하반기 신청 및 정기 신청을 별도로 하지 않습니다. 이번 상반기 근로장려금은 올해 12월 지급될 예정이며, 반기 신청의 경우 산정액의 35%를 지급한다고 합니다.

※ 출처: 대한민국 정책브리핑(2020-09-10 보도자료)

① 신청 자격에서 '본인과 배우자 모두'를 '본인과 배우자 중 한 사람이라도'로 바꾸어 써야 한다.

② 주의사항에서 상반기 근로장려금 반기 신청자는 별도의 하반기 신청 및 정기 신청을 하지 않아도 된다는 내용으로 고친다.

③ 산정 대상 근로소득 및 신청·지급 일정에서 산정 대상 근로소득을 '직전년도 하반기'에서 '당해 연도'로 수정한다.

④ 신청 방법에서 신청 안내문 수신자와 신청 안내문 미수신자의 신청 방법을 서로 변경해야 한다.

⑤ 근로장려금이란?에서 '모든 사업자 가구'를 '전문직을 제외한 모든 사업자'로 수정해야 한다.

4 다음 글의 내용과 일치하지 <u>않는</u> 것은?

국토교통부는 "전차선로의 지지설비 상태를 고해상도로 영상을 획득하여 검사하는 기술"(이하 "전차선로 지지설비 검사기술")을 교통신기술 제56호로 지정한다고 밝혔다. 이번에 교통신기술 제56호로 지정된 전차선로 지지설비 검사기술은 철도 차량에 검사장비를 탑재하여 운행 중 촬영을 통해 전차선로 지지설비의 변형·파손·탈락 등 결함을 자동 검사하는 기술이다. 전차선의 마모·재료 불량, 기온 변화 등으로 전차선이 늘어지는 등의 상태 변형이 오면 전력 공급에 차질이 있기 때문에 열차를 원활히 운행하기 위해서는 전차선로 지지설비의 상시 관리가 필요하다. 신기술을 적용할 경우 열차에 탑재된 검사장비를 통해 열차 운행 중 전차선로 지지설비를 고속(0.00001초) 및 고해상도(0.4mm/pixel) 카메라로 촬영하고, 딥러닝 기반의 이미지 분석을 통해 지지설비의 결함 정보를 실시간 제공하여 받을 수 있게 된다.

기존에는 전차선로 지지설비 상태 점검을 위해 유지보수 인력이 직접 선로에 나가 점검을 진행해야 했고, 열차가 운행되지 않는 야간에 육안으로 점검하는 경우가 많아 오검측률이 높았다. 그러나 전차선로 지지설비 검사기술을 적용할 경우 전차선로 지지설비 상태를 철도 운행 중 자동, 실시간으로 검사할 수 있어 검사의 정확성과 효율성을 높이고, 철도 사고 위험도도 낮출 것으로 기대된다. 더불어 국내 기술로 전차선로 지지설비 검사기술이 개발되어 그동안 수입에 의존하던 검사장비에 대한 수입 대체는 물론 해외 진출 가능성도 기대할 수 있을 것으로 보인다.

한편, 교통신기술제도는 국토교통부가 2010년부터 시행하고 있는 제도로, 국내에서 최초로 개발되거나 외국에서 도입하여 개량한 교통기술 중 신규성·진보성·경제성·현장적용성 및 보급·활용성이 우수한 기술을 국토교통부 장관이 인증해왔다. 지금까지 55건의 교통신기술이 지정되었으며, 국내·외 공사 및 제품 판매 등으로 교통신기술이 활용(약 25만 건, 2,912억 원)되는 등 교통산업의 기술 경쟁력을 강화하는 데 기여하였다.

교통신기술로 지정되면 최대 15년(최초 8년, 연장 최대 7년)까지 기술개발 자금 등 우선 지원, 공공기관 우선 적용 및 구매 권고, 입찰 시 가점 부여 등 다양한 혜택을 받을 수 있다. 교통신기술 제56호 전차선로 지지설비 검사기술 외 다른 교통신기술에 대한 자세한 내용은 국토교통과학기술진흥원 누리집에서 확인할 수 있다.

※ 출처: 국토교통부(2022-06-15 보도자료)

① 교통신기술 제56호로 입찰에 참여할 경우 최대 15년 동안 가점 부여의 혜택을 누릴 수 있다.

② 열차 운행 중에 촬영된 전차선의 상태를 즉각적으로 확인하기 위한 기술은 아직 개발 단계에 있다.

③ 교통신기술 제56호가 적용되기 전의 전차선로 지지설비 상태 점검은 열차가 멈춘 상태에서 이루어졌다.

④ 전차선로 지지설비 검사기술을 적용하면 전차선로 지지설비의 상태를 높은 선명도의 영상을 통해 확인할 수 있다.

⑤ 국내에서 최초로 개발된 교통기술 가운데 보급 및 활용성이 뛰어난 기술은 국토교통부 장관이 인증한다.

5 다음은 한옥형 인테리어를 접목한 현대 건축물 사례 연구 보고서의 국문 요약이다. 보고서를 읽고 알 수 있는 내용으로 적절하지 <u>않은</u> 것은?

복고, 친환경, 웰빙에 대한 욕구가 확산됨에 따라 우리 전통문화의 우수성이 주목받기 시작하면서 주택시장에 '한옥' 열풍이 불고 있다. 전통 한옥에서만 찾아볼 수 있었던 디자인 요소들이 현대적 기술과 더불어 현대식 공간에 함께 어우러지게 된 것이다. 이에 따라 본 연구에서는 한옥형 인테리어와 결합한 현대 건축물의 사례를 분석하고, 한옥형 인테리어를 통해 얻을 수 있는 효과를 모색하고자 한다.

한옥형 인테리어가 적용된 거주지 사례를 분석한 결과, 사랑채와 툇마루 등 전통 한옥에서만 찾아볼 수 있던 공간이 발견되었다. 기존의 서구식 아파트에 전통 한옥의 공간을 접목하며 손님을 맞이하거나 담소를 나누는 등 특정 기능을 수행하는 공간이 마련된 것이다. 동시에 나무색의 마감재와 거친 느낌의 화강석을 벽면에 활용하여 인위적인 요소를 지양하고 원자재의 느낌을 살리거나, 전통 격자무늬를 활용하여 화장대를 디자인하는 등 전통스러운 멋을 한층 더 강화시켰다. 이와 같은 인테리어는 현대식 생활공간의 편의성과 더불어 한옥의 친환경 웰빙 효과 및 절제미가 주는 정서적 안정이 돋보인다.

전라북도 소재의 ○○대학교는 가장 한국적인 캠퍼스를 만들기 위해 한옥형 건물을 신축하였다. 해당 건물은 전통 한식 기와, 전통 문양 타일, 회랑 등 다양한 한국형 디자인 요소가 반영된 것으로 나타났다. 실내에는 편백 등 친환경적인 재료를 사용하여 고풍적인 분위기를 연출하였으며, 외부 정문에는 기와를 얹은 전통 한옥 형태를 구현하였다. 또한, 캠퍼스 내부에 전통 정자를 짓고 한국 고유의 꽃과 나무를 심어 한국적 정경을 구축하였다. ○○대학교는 지역의 문화적 요소와 공감대를 이루는 외형을 만듦으로써 가장 한국적인 캠퍼스로 거듭나 세계적인 브랜드로 성장할 것으로 전망된다.

서울시 신청사는 유리벽 위 지붕 끝부분에 전통한옥 처마 형상의 디자인을 통해 친환경 랜드마크로 거듭났다. 계절별 태양고도를 이용하여 여름철 태양고도가 높을 때는 한옥 처마가 태양열을 막아주어 시원한 실내환경을 조성할 수 있고, 겨울철 태양고도가 낮을 때는 충분한 일사량을 받아 내부 공기를 따뜻하게 만들어 냉난방 에너지 절감 효과를 얻는 방식이다. 한국적 디자인과 친환경 발전기술이 융합된 해당 건물은 전체 에너지 소요량의 일부를 친환경·신재생 에너지로 활용하는 것으로 국내 최대규모를 자랑한다.

이처럼 기존 현대 거주지의 획일화된 서구식 인테리어에서 벗어나 한옥의 전통 양식을 접목한 한국형 주거공간은 전통 주거문화 확산과 더불어 주거공간에 관하여 다변화되는 소비자 욕구 충족에 이바지할 것으로 사료된다. 또한, 현대식 공간에서 찾아볼 수 없었던 전통 가옥 구조와 전통적 실내 디자인은 현대적 생활공간의 편리성은 물론, 정서적 안정 및 심미적 효과를 함께 얻을 수 있는 것으로 나타났다. 나아가, 한옥형 건축물의 확산은 한국형 인테리어의 세계적인 브랜드화에 기여할 것으로 풀이되며, 친환경 원자재를 사용하고 에너지 절감 효과가 뛰어난 전통 건축 양식은 현대 에너지 기술과 접목하여 환경친화적 건물로서 발전할 것으로 기대된다.

① 전라북도의 한 대학교는 전통 문양의 타일을 이용하여 신축 건물에 한국형 디자인을 구현하였다.

② 서울시 신청사가 활용한 처마 형상은 한옥형 인테리어가 에너지 절감에 효과적임을 시사한다.

③ 한옥형 구조를 접목한 건축물은 점차 다양해지는 소비자들의 니즈를 충족시킬 수 있을 것으로 기대된다.

④ 한옥형 인테리어가 적용된 아파트는 기존의 침실, 안방 등을 개조함으로써 새로운 공간을 마련하였다.

⑤ 전통문화에 대한 관심이 증가하면서 전통 한옥과 현대식 건축물을 접목한 새로운 유형의 거주지가 등장하였다.

약점 보완 해설집 p.80

1 다음 보도자료의 내용과 일치하지 <u>않는</u> 것의 개수는?

산업통상자원부(이하 산업부)는 청정수소, 액화수소 및 도시가스 수소 혼입 등 수소 신기술의 안전한 활용을 위해 적기에 안전기준을 마련하고, 현실과 맞지 않은 낡은 규제를 합리화하기 위해 올해 11월까지 '수소 전(全)주기 안전관리 종합계획'을 수립한다. 수소경제 활성화로 수소 생산·저장·유통·활용 등 전주기에 걸쳐 다양한 수소 신기술 개발 및 도입이 추진됨에 따라 이러한 신기술에 대한 안전관리 방안이 필요한 상황이다. 이에 산업부는 지난 2021년 11월 '수소경제이행 기본계획'에서 다양한 수소 사용을 위해 전주기 안전기준을 마련하고, 수소 안전관리 법령 일원화 등 규제 합리화를 추진한다고 밝힌 바 있으며, 이를 구체화하기 위해 '수소 전주기 안전관리 종합계획'을 올해 11월까지 수립하기로 하였다.

산업부는 '수소 전주기 안전관리 종합계획' 수립을 위해 산·학·연 전문가가 참여하는 '수소 안전관리 정책위원회'를 구성해 수소 신기술 개발 및 도입 시 필요한 안전기준을 발굴하면서 일반 국민, 기업, 지자체 및 유관기관 등의 현장 의견도 수렴해 실제 현장과 달라 개선이 필요한 규제도 발굴할 예정이다. 이에 산업부는 6월 8일 수요일 양OO 수소경제정책관 주재로 제1차 '수소 안전관리 정책위원회' 회의를 개최하고 그간 수소 안전관리 추진 실적과 수소 신기술 동향을 공유하고 위원회 운영 방안, 현장 의견수렴 방안 등을 논의하였으며, 수소 신기술 활용에 필요한 안전기준, 실효성이 낮아 개선이 필요한 규제, 안전관리 강화가 필요한 사항 등을 발굴하기로 하였다.

그간 산업부는 2019년 5월 강원 과학단지 수소탱크 폭발 사고를 계기로, 그해 12월 「수소안전관리 종합대책」에 따라 3중 안전점검 체계를 구축, 수소충전소 안전관리를 대폭 강화하고, 「수소법」 안전 분야 시행(2022년 2월)을 통해 수소 추출기 등 수소용품 안전기준을 마련하는 등 수소시설 및 제품에 대한 안전관리를 강화해왔다.

한편, 동 회의를 주재한 산업부 양OO 수소경제정책관은 "그간 정부는 수소시설 안전에 대한 국민들의 불안감을 해소하기 위해 수소특성을 반영한 안전관리 제도를 도입하고 국민 생활과 밀접한 수소충전소 안전관리를 대폭 강화하였다. 이제 수소 경제 활성화에 따라 청정수소 등 다양한 수소 생산 방식이 도입되고 대규모 수소 유통을 위한 인프라 구축이 요구됨에 따라 이러한 수소 신기술에 대한 안전관리 방안 마련이 필요한 때라고 판단된다. 이를 위해 '수소 안전관리 정책위원회'에서 국내 수소 신기술 동향과 현장 의견 수렴을 통해 제·개정이 필요한 안전기준과 현실과 맞지 않는 규제를 발굴해 안전 기반의 수소 산업 발전이 이루어질 수 있도록 해달라"라고 당부하였다.

※ 출처: 산업자원통상자원부(2022-06-08 보도자료)

— <보 기> —

ㄱ. 수소 안전관리 정책 위원회에서 발굴하는 안전기준에는 전문가의 의견뿐 아니라 일반 국민이나 기업, 지자체, 유관기관의 현장 의견도 수렴될 것이다.

ㄴ. 산업통상자원부는 수소안전관리 종합대책 마련을 통해 수소 추출기와 같은 수소용품의 안전기준을 수립하였다.

ㄷ. 산업통상자원부는 2021년 11월 수립한 수소 전주기 안전관리 종합계획을 토대로 다양한 수소 신기술 개발 및 도입을 추진하고 있다.

ㄹ. 제1차 수소 안전관리 정책위원회 회의에서는 수소 안전관리의 추진 실적과 현재의 수소 신기술의 진행 방향에 관한 내용도 공유되었다.

① 0개   ② 1개   ③ 2개   ④ 3개   ⑤ 4개

2 ○○은행에서 근무하는 김 사원이 다음 회의록을 바탕으로 추석 연휴 기간 금융 서비스 변경 사항을 안내하는 보도자료를 작성하고자 할 때, 보도자료에 작성해야 하는 내용으로 적절하지 <u>않은</u> 것은?

[회의록]

일시	9월 7일(월) 15:00~16:00	장소	11층 회의실
참석자	김 과장, 강 대리, 임 주임, 김 사원	불참자	없음
목적	추석 연휴 기간 금융 서비스 변경 사항 숙지 및 관련 업무 계획		

<table>
<tr><td rowspan="2">회의
내용</td><td colspan="3">1. 추석 연휴 기간 금융 서비스 변경 사항
: 전산시스템 교체작업에 따른 체크카드 결제 및 일부 금융거래 중단
1) 중단 서비스</td></tr>
<tr><td colspan="3">
<table>
<tr><th colspan="1">중단 업무</th><th>이용제한 기간</th></tr>
<tr><td>- 국내외 가맹점 체크카드 결제/취소
- 해외 체크카드 ATM 조회/출금
- SMS 메시지 서비스, 공항 라운지 카드번호인증</td><td>9/30(수) 01:00~06:00</td></tr>
<tr><td>- 체크카드 발급/해지/조회/변경
- 포인트 사용/현금 전환 서비스 신청(단, 이용제한 기간 이전에 포인트 현금 전환을 신청한 경우 이틀 후 정상 입금됨)</td><td>9/30(수) 00:00
~10/2(금) 06:00</td></tr>
<tr><td>- ISP/페이북 내 카드 등록 서비스</td><td>9/30(수) 00:00
~10/3(토) 23:00</td></tr>
</table>
</td></tr>
</table>

회의 내용 (continued):

2) 정상 이용 가능 서비스
- 후불 교통카드 기능, 체크카드를 통한 국내 자동화기기(ATM)의 모든 서비스
- 체크카드 분실신고 및 분실해지
  ※ 경로: 기존과 동일(온라인 홈페이지, 모바일 애플리케이션, 고객센터)

2. 추석 연휴 기간 금융 서비스 변경 사항 관련 업무 계획
1) 보도자료 제작 및 배포(담당자: 김 사원)
- 금일 회의에서 공유된 추석 연휴 기간 금융 서비스 변경 사항 반드시 포함
- 보도자료에서 안내한 변경 사항은 자사 홈페이지에도 안내되어 있음을 반드시 포함
- 전산시스템 교체 작업 상황에 따라 서비스 이용제한 시간이 달라질 수 있음을 반드시 포함
- 9/8(화) 퇴근 전까지 초안 작성하여 임 주임에게 검토 요청
- 9/10(목) 퇴근 전까지 피드백 반영하여 보도자료 배포
2) 사내 인트라넷 공지(담당자: 임 주임)
- 9/8(화) 퇴근 전까지 개별 지점에 부착할 안내문 초안 작성하여 강 대리에게 검토 요청
- 9/10(목) 퇴근 전까지 피드백 반영하여 안내문 최종본 완료
- 사내 공지 게시글 작성 시 추석 연휴 기간 금융 서비스 변경 사항 추가, 안내문 파일 첨부, 이용제한 시작일 기준 최소 2주 전부터 개별 지점 및 ATM기에 안내문 부착 요청

① 전산시스템 교체 작업 상황에 따라 서비스 이용제한 시간이 공지 내용과 달라질 가능성이 있다.

② 체크카드를 분실신고와 분실해지는 연휴 기간에도 별도의 이용제한 없이 기존과 동일하게 진행된다.

③ 9/30(수) 오전 1시부터 오전 6시까지 체크카드를 이용한 국내외 모든 ATM 서비스 이용이 중단된다.

④ 이용제한 기간 이전에 포인트 현금 전환을 신청한 경우 이용제한 기간 내에 입금될 수도 있다.

⑤ 추석 연휴 기간 서비스별 구체적인 이용제한 사항은 ○○은행 홈페이지에도 안내되어 있다.

3 다음 보고서를 읽고 추론한 내용으로 가장 적절한 것은?

[간암 급성 진행 현상과 면역 항암제 투여 간의 상관관계 보고서]

■ 연구 배경 및 목적

　면역 항암제는 인간의 면역 체계를 통해 작용하는 항암제로, 부작용 발생 확률이 낮고 상태가 악화된 고령의 환자에게도 치료 효과가 있다는 영향력이 입증되어 약 10여 년 전부터 암 치료를 위해 본격적으로 사용되었다. 오늘날 면역 항암제는 폐암·간암 등 15가지 이상의 암을 치료하는 데 널리 사용되고 있다.

　그러나 최근 면역 반응을 보이지 않는 종양에서는 치료 효과가 미비하다는 연구 결과가 보고되었다. 문제는 면역 항암제를 통한 치료 후, 극소수의 환자에게서 암 진행이 더욱 빨라지는 급성 진행 현상이 발현될 수 있다는 것이다. 이에 따라 연구팀은 급성 진행 현상의 원인과 임상적인 특징을 규명하고자 한다.

■ 연구 방법

　국내 간암 환자를 면역 항암제 투여 그룹, 표적 치료제 이용 그룹, 어떠한 치료도 받지 않은 그룹으로 나누어 급성 진행 현상의 발현 여부를 추적 검사한다.

■ 연구 결과

　표적 치료제 이용 그룹과 어떠한 치료도 받지 않은 그룹의 경우 급성 진행 현상이 나타나지 않았으나, 면역 항암제 투여 그룹 중 약 12%는 급성 진행 현상이 나타났다. 또한, 급성 진행 현상이 나타난 환자의 암세포 성장 속도 및 운동성 모두 치료받기 전보다 4배 이상 증가하였으며 면역 항암제를 투여받은 날부터 평균 59일 후 사망하는 예후를 보였다.

　앞선 결과를 바탕으로 면역 항암제를 투여한 환자의 혈액을 검사한 결과 혈액 내 호중구/림프구의 비율이 2일 때는 급성 진행률이 0%인 것에 반해, 혈액 내 호중구/림프구의 비율이 6 이상일 때는 급성 진행률이 약 46%에 달한다는 것이 드러났으며 급성 진행 현상이 나타나는 환자의 혈액 내 호중구/림프구의 비율이 높을수록 항암 치료 반응률 또한 현저히 감소한다는 사실을 확인하였다.

■ 향후 계획

　간암에 최적화된 면역 항암 치료법을 연구하기 위해 급성 진행 현상을 보이는 환자의 혈액을 정밀 검사하여 면역 항암제에 내성을 지닌 인자를 분석할 예정이다.

---

① 간암 환자가 면역 항암제를 이용한 치료를 받았을 때 사망 예후를 보인 이유는 면역 항암제에 내성을 지닌 유전 인자 때문이다.

② 급성 진행 현상을 보이는 간암 환자에게 면역 항암 치료를 하기 위해서는 면역 항암제에 내성을 가진 인자를 제거하는 것이 우선시된다.

③ 면역 항암제의 효과는 종양의 면역 반응 활성도와 반비례한다는 연구 결과가 공개되었다.

④ 급성 진행 현상이 나타난 간암 환자의 암세포 성장 속도와 운동성은 치료 전과 비교해 4배 이상 활발해졌다.

⑤ 급성 진행 현상이 발현된 환자의 혈액 내 호중구/림프구의 비율은 항암 치료 반응률과 비례한다.

4 다음 공고문에서 알 수 있는 내용으로 적절하지 <u>않은</u> 것은?

[교육지원용 컴퓨터 공개구매 입찰 공고]

1. 입찰에 부치는 사항

　가. 입찰 건명: 교육지원용 컴퓨터 공개구매 입찰

　나. 입찰 방법: 일반경쟁에 의한 최저가 낙찰

　다. 입찰 품목: 컴퓨터 본체 및 모니터

2. 입찰 일정

　가. 입찰서 제출: 20△△. 09. 11.(금) 09:00~20△△. 09. 21.(월) 18:00

　나. 입찰 발표: 20△△. 09. 22.(화) 15:00

3. 입찰서 작성 및 제출에 관한 사항

　가. 입찰서는 봉함하여 1인 1통만을 제출해야 한다.

　나. 입찰금액은 총액입찰인 경우에는 총액을 표기하고, 단가입찰인 경우에는 단가를 표기해야 한다.

　다. 우편에 따른 입찰서는 입찰서 제출 마감일 전일까지 발주기관에 도착한 것만 효력이 있다.

4. 입찰 참가 자격

　가. 입찰 참가 신청을 한 자가 아니면 입찰에 참가할 수 없다.

　나. 입찰 참가 신청서 제출 시 대리인을 지정한 경우에는 그 대리인도 입찰에 참가할 수 있다. 다만, 입찰 참가 신청서를 제출하는 때부터 입찰 개시 시작 전까지 입찰대리인을 지정·변경한 경우에는 그 대리인이 입찰에 참가할 수 있다.

5. 물품 입찰의 견품 제출

　가. 입찰자는 입찰 공고 등에서 본인에게 견품 제출을 요구했거나 본인이 이의 제출이 필요하다고 인정할 때에는 견품을 제출해야 한다.

　나. 낙찰자의 견품은 계약이행 후에, 낙찰자 외의 입찰자의 견품은 낙찰자 결정 후 각각 1개월 이내에 해당 낙찰자나 입찰자의 요구에 따라 반환된다.

6. 기타사항

　가. 낙찰자는 낙찰 후 10일 이내에 표준 계약서에 따라 계약을 체결해야 한다.

　나. 낙찰자는 낙찰 금액에 대한 산출명세를 표시한 명세서를 착수신고서 제출 시까지 발주기관에 제출해야 한다.

---

① 입찰의 형태가 총액입찰인지 단가입찰인지에 따라 입찰금액 표기 방법이 상이하다.

② 낙찰자 외 입찰자가 내놓은 견품은 낙찰자 결정 후에 한 달 이내로 입찰자의 요구에 의해 반환이 가능하다.

③ 착수신고서 제출 이후 낙찰 금액의 산출명세가 표시된 명세서를 송부하는 경우 계약이 체결되지 않을 수 있다.

④ 입찰 참가 신청서를 제출한 이후에 입찰대리인을 변경한 경우라면 변경된 대리인은 입찰에 참가할 수 없다.

⑤ 입찰서를 우편으로 제출하는 경우 입찰서 제출 마감일 전일까지 발주기관에 도착해야 입찰 참가 효력을 낼 수 있다.

5 다음 안내문에서 알 수 있는 내용으로 적절하지 <u>않은</u> 것은?

[A 예술 연습실 대관 안내문]

1. 대관 신청
   1) 대관 절차: 정기/수시 대관 신청 → 승인 통보 → 대관료 납부 → 연습실 이용
   2) 대관 신청 방법
      ① 정기 대관: 매년 4회(3월 1일, 6월 1일, 9월 1일, 12월 1일) 신청 가능
         ※ 2주간 접수를 진행함
      ② 수시 대관: 해당 연도 유휴 일정에 따라 신청 가능
         ※ 대관 시작일 3주 전까지 접수를 진행함

2. 대관 접수 방법
   1) 방문 접수: T관 2층 대관 사무실
   2) 이메일 접수: ○○○○@culture.com

3. 제출 서류
   1) A 예술 연습실 대관 신청서 1부, 사업자 등록증 사본 1부(대상이 아닌 경우 대표자 주민등록등본 1부)
   2) 연습 일정(3주 이상의 장기 대관 시 해당)

4. 대관 심사 기간
   - 정기 대관 심사 발표는 신청 마감일로부터 20일 후이며, 수시 대관 심사 발표는 신청 기간에 따라 상이함
     ※ 정기 대관 심사 발표일이 일요일일 경우 익일(월요일) 발표

5. 시간당 연습실 대관 비용

구분	오전 (09:00~12:00)	오후 (13:00~16:00)	저녁 (17:00~20:00)
제1관	7,000원	10,000원	13,000원
제2관	10,000원	13,000원	15,000원
제3관	15,000원	18,000원	20,000원

   ※ 3주 이상의 장기 대관 시 총금액의 20% 할인 적용
   ※ 연습실 피아노를 사용하는 경우 피아노 사용료는 별도로 계산함

6. 신청 자격 제한
   1) 이윤을 목적으로 연습 및 레슨을 진행하는 경우
   2) 대관 신청자가 미성년자인 경우
   3) 대관 이용 수칙을 준수하지 않은 이력이 있는 경우

---

① 연습실을 3월 1일부터 24일까지 정기적으로 대관하는 사람은 비용의 20%를 할인받을 수 있다.

② 12월 한 달 동안 연습실을 대관할 경우에는 세 종류의 서류가 필요하다.

③ 대관 신청자가 미성년자인 경우 연습실 대관의 목적과 관계없이 신청이 제한된다.

④ 정기 대관은 제시된 접수일을 기준으로 2주 동안 신청서 제출이 가능하다.

⑤ 수시 대관 심사에 따른 대관 가능 여부는 신청 마감일로부터 20일 후에 알 수 있다.

약점 보완 해설집 p.82

어휘·어법 핵심 공략집

어휘

어휘 문제는 일상에서 사용하는 쉬운 단어부터 전문 용어까지 그 범위가 매우 넓다. 따라서 출제된 적이 있는 다양한 어휘와 어휘의 의미를 학습하는 것이 좋다. 또한, 실제 시험에서는 단어 자체의 뜻을 아는 것도 중요하지만 긴 글 내에서 어휘의 의미나 맥락을 파악해야 하는 경우가 많으므로 무작정 어휘를 암기하려 하기보다는 어휘들이 쓰인 예문을 통해 자연스럽게 의미를 익히는 것이 좋다.

1. 의미가 다양한 어휘

가다	• 지금 있는 곳에서 어떠한 목적을 가지고 다른 곳으로 옮기다 　예 아버지는 물건을 떼러 시장으로 가셨다. • 그러한 상태가 생기거나 일어나다 　예 그에게 피해가 가지 않도록 해야 한다. • 어떤 일을 하는 데 수고가 많이 들다 　예 보기보다 제법 손이 많이 가는 일이었다. • 지나거나 흐르다 　예 겨울이 가고 봄이 온다. • 금, 줄, 주름살, 흠집 따위가 생기다 　예 실수로 넘어졌는데 손목뼈에 금이 갔다. • 어떤 현상이나 상태가 유지되다 　예 매일 공부하겠다는 다짐은 그리 오래가지 못했다. • 일정한 시간이 되거나 일정한 곳에 이르다 　예 우리는 결승전에 가기 위해 고군분투하였다.
가리다	• 여럿 가운데서 하나를 구별하여 고르다 　예 월드컵은 세계 최고의 축구 실력을 가진 국가를 가리기 위한 대회이다. • 낯선 사람을 대하기 싫어하다 　예 우리 아이는 낯을 많이 가립니다. • 잘잘못이나 좋은 것과 나쁜 것 따위를 따져서 분간하다 　예 시비를 가리기 위해 경찰을 불렀다. • 음식을 골라서 먹다 　예 음식을 가리지 말고 골고루 먹어야 한다.
갈다	• 날카롭게 날을 세우거나 표면을 매끄럽게 하기 위하여 다른 물건에 대고 문지르다 　예 칼날이 무뎌져 숫돌에 칼을 갈았다. • 잘게 부수기 위하여 단단한 물건에 대고 문지르거나 단단한 물건 사이에 넣어 으깨다 　예 맷돌에 녹두를 갈아 전을 부쳤다.

갈다	• 먹을 풀기 위하여 벼루에 대고 문지르다
	예 붓글씨를 쓰기 위해 벼루에 먹을 갈았다.
	• 윗니와 아랫니를 맞대고 문질러 소리를 내다
	예 동생이 자면서 이를 가는 바람에 잠을 설쳤다.

걸다	• 벽이나 못 따위에 어떤 물체를 떨어지지 않도록 매달아 올려놓다
	예 거실 한쪽 벽에 액자를 걸었다.
	• 기계 따위가 작동하도록 준비하여 놓다
	예 실을 뽑기 위해 물레에 솜을 걸었다.
	• 기계 장치가 작동되도록 하다
	예 나는 차에 시동을 걸었다.

굳다	• 무른 물질이 단단하게 되다
	예 떡을 냉장고에 넣었더니 딱딱하게 굳었다.
	• 근육이나 뼈마디가 뻣뻣하게 되다
	예 운동을 하지 않았더니 뼈마디가 굳는 느낌이 든다.
	• 표정이나 태도 따위가 부드럽지 못하고 딱딱하여지다
	예 그의 표정은 돌처럼 굳어 있었다.
	• 몸에 배어 버릇이 되다
	예 아무리 노력해도 이미 굳은 말버릇은 쉽게 고쳐지지 않는다.

그리다	• 연필, 붓 따위로 어떤 사물의 모양을 그와 닮게 선이나 색으로 나타내다
	예 사생대회에서 그림을 그렸다.
	• 생각, 현상 따위를 말이나 글, 음악 등으로 나타내다
	예 이 작품은 당시의 시대상을 그리고 있다.
	• 어떤 모양을 일정하게 나타내거나 어떤 표정을 짓다
	예 타자가 친 공이 포물선을 그리며 날아갔다.
	• 상상하거나 회상하다
	예 아버지와의 추억을 머릿속에 그리고 있었다.

나가다	• 앞쪽으로 움직이다
	예 시동이 꺼진 차를 뒤에서 밀자 천천히 앞으로 나갔다.
	• 생산되거나 만들어져 사회에 퍼지다
	예 신제품이 시장에 나가자마자 불티나게 팔렸다.
	• 말이나 사실, 소문 따위가 널리 알려지다
	예 회담에서 오고 간 내용이 밖으로 나가지 않아야 한다.
	• 사회적인 활동을 시작하다
	예 졸업 직후 취직이 되어 어린 나이에 사회에 나가게 되었다.

| 나다 | • 농산물이나 광물 따위가 산출되다 |
| | 예 우리 지역은 다양한 해산물이 나는 것으로 유명하다. |

나다	• 인물이 배출되다 예 우리 집은 대대로 과학자가 많이 났다. • 이름이나 소문 따위가 알려지다 예 합격자 발표가 났다는 소식을 듣고 홈페이지에 접속하였다. • 어떤 작용에 따른 효과, 결과 따위의 현상이 이루어져 나타나다 예 그 안건은 조만간 결론이 날 것이다.
날리다	• 어떤 물체가 바람에 나부끼어 움직이게 하다 예 친구는 머리카락을 날리며 내게로 뛰어왔다. • 명성을 떨치다 예 그는 한때 수학 천재로 명성을 날리던 사람이었다. • 가지고 있던 재산이나 자료 따위를 잘못하여 모두 잃거나 없애다 예 모든 재산을 날린 그는 고향으로 내려갔다. • 정성을 들이지 아니하고 일을 대강대강 아무렇게나 하다 예 그는 일을 날려 하는 편이라 중요한 업무를 맡길 수 없었다.
내리다	• 타고 있던 물체에서 밖으로 나와 어떤 지점에 이르다 예 우리는 기차역에 내렸다. • 위에 있는 것을 낮은 곳 또는 아래로 끌어당기거나 늘어뜨리다 예 걷어 올린 옷소매를 내리는 게 나을 것 같다. • 판단, 결정을 하거나 결말을 짓다 예 우리는 결론을 내리기 위해 회의실에 모였다. • 값이나 수치, 온도, 성적 따위가 이전보다 떨어지거나 낮아지다 예 업체들은 하나둘 상품 가격을 내리기 시작했다.
놓다	• 계속해 오던 일을 그만두고 하지 아니하다 예 더 이상 집중이 되지 않아 과제를 손에서 놓았다. • 걱정이나 근심, 긴장 따위를 잊거나 풀어 없애다 예 정신을 놓고 마치 내일이 없는 사람처럼 마냥 놀았다. • 잡거나 쥐고 있던 물체를 일정한 곳에 두다 예 가져온 선물은 선반 위에 놓으면 된다. • 무늬나 수를 새기다 예 할머니께서 손수 수를 놓으신 목도리를 선물해주셨다.
높이다	• 값이나 비율 따위를 보통보다 위에 있게 하다 예 올해 우리 회사의 목표는 수익성을 높이는 것이다. • 지위나 신분 따위를 보통보다 위에 있게 하다 예 일 년 만에 회사는 그의 직급을 대리로 높여 주었다. • 기세 따위를 힘차고 대단한 상태에 있게 하다 예 회사는 임직원의 사기를 높이기 위해 다양한 행사를 기획했다. • 이름이나 명성 따위를 널리 알려진 상태에 있게 하다 예 선수들은 국가의 명성을 높이기 위해 노력하고 있다.

당기다	• 좋아하는 마음이 일어나 저절로 끌리다 　예 그는 나의 호기심이 당길 만한 제안을 했다. • 물건 따위를 힘을 주어 자기 쪽이나 일정한 방향으로 가까이 오게 하다 　예 자세 교정을 위해 의자를 바싹 당겨 앉았다. • 정한 시간이나 기일을 앞으로 옮기거나 줄이다 　예 겨울에 올리기로 한 결혼 날짜를 올가을로 당겼다.
돌다	• 물체가 일정한 축을 중심으로 원을 그리면서 움직이다 　예 물레방아가 빙글빙글 돌고 있다. • 기능이나 체제가 제대로 작용하다 　예 이 공장은 무리 없이 잘 돌고 있다. • 돈이나 물자 따위가 유통되다 　예 불경기로 인해 시장에 돈이 돌지 않아 걱정이 많다. • 눈이나 머리 따위가 정신을 차릴 수 없도록 아찔하여지다 　예 달리는 차 안에서 책을 오래 읽었더니 눈이 핑핑 돌고 어지러웠다.
듣다	• 사람이나 동물이 소리를 감각 기관을 통해 알아차리다 　예 밖에서 나는 비명 소리를 들었다. • 다른 사람의 말이나 소리에 스스로 귀 기울이다 　예 대통령은 국민의 소리를 잘 들어야 한다. • 다른 사람의 말을 받아들여 그렇게 하다 　예 부모님과 선생님의 말씀을 잘 들어야 착한 어린이야. • 주로 약 따위가 효험을 나타내다 　예 그 두통약은 나에게 잘 듣는다.
들다	• 밖에서 속이나 안으로 향해 가거나 오거나 하다 　예 숲속에 드니 머리가 맑아지고 마음이 편안해졌다. • 수면을 취하기 위한 장소에 가거나 오다 　예 어제는 일찍 잠자리에 들었다. • 어떤 일에 손, 시간, 노력, 물자 따위가 쓰이다 　예 사업을 하다 보니 여기저기 비용이 많이 든다. • 물감, 색깔, 물기, 소금기가 스미거나 배다 　예 손톱에 봉숭아 물이 들었다.
맑다	• 잡스럽고 탁한 것이 섞이지 아니하다 　예 아기의 맑은 눈을 바라보자 그간의 근심이 모두 사라졌다. • 구름이나 안개가 끼지 아니하여 햇빛이 밝다 　예 하늘이 맑아서 햇빛이 강해지면 오존 농도가 높아진다. • 소리 따위가 가볍고 또랑또랑하여 듣기에 상쾌하다 　예 바람이 불자 풍경 소리가 맑게 울려 퍼졌다. • 정신이 흐리지 아니하고 또렷하다 　예 맑은 정신으로 공부하기 위해 커피를 마셨다.

맡다	• 살림이 넉넉하지 못하고 박하다 예 어린 시절 우리 집은 유난히 살림이 <u>맡았</u>다.
맞추다	• 둘 이상의 일정한 대상들을 나란히 놓고 비교하여 살피다 예 시험이 끝난 후 친구와 답을 <u>맞춰</u> 보았다. • 어떤 기준이나 정도에 어긋나지 아니하게 하다 예 심사 기준에 <u>맞춰</u> 지원자를 평가하였다. • 열이나 차례 따위에 똑바르게 하다 예 의자가 삐뚤빼뚤하게 놓여 있어 줄을 <u>맞춰</u> 정리하였다. • 일정한 규격의 물건을 만들도록 미리 주문을 하다 예 시력이 나빠져 안경을 새로 <u>맞췄</u>다.
맵다	• 고추나 겨자와 같이 맛이 알알하다 예 점심을 <u>맵게</u> 먹어서 그런지 속이 쓰리다. • 성미가 사납고 독하다 예 그의 <u>매운</u> 눈길을 받고 하던 행동을 멈추었다. • 날씨가 몹시 춥다 예 오늘처럼 <u>매운</u> 날씨에는 감기에 걸리지 않게 조심해야 한다. • 연기 따위가 눈이나 코를 아리게 하다 예 담배 연기가 자욱하여 눈이 <u>맵다</u>. • 결기가 있고 야무지다 예 서현이는 일을 <u>맵게</u> 처리한다는 평가를 받는다.
먹다	• 음식 따위를 입을 통하여 배 속에 들여보내다 예 밥을 너무 많이 <u>먹었는지</u> 배가 살살 아프기 시작했다. • 연기나 가스 따위를 들이마시다 예 연탄가스를 <u>먹고</u> 정신을 잃은 일가족이 병원에 실려 왔다. • 어떤 마음이나 감정을 품다 예 나는 마음을 독하게 <u>먹고</u> 공부에만 몰두했다. • 일정한 나이에 이르거나 나이를 더하다 예 걔는 나이를 <u>먹어도</u> 좀처럼 철이 들지 않아서 걱정이야.
모으다	• 돈이나 재물을 써 버리지 않고 쌓아 두다 예 그녀는 그동안 <u>모은</u> 돈으로 집을 장만하였다. • 정신, 의견 따위를 한곳에 집중하다 예 여러 사람의 의견을 <u>모아</u> 결론을 도출했다. • 여러 사람을 한곳에 오게 하거나 한 단체에 들게 하다 예 그는 프로젝트를 진행할 인재를 <u>모으기</u> 위해 동분서주하고 있다. • 다른 이들의 관심이나 흥미를 끌다 예 최근 칸 영화제에서 황금종려상을 수상한 영화가 화제를 <u>모았</u>다.
보다	• 눈으로 대상의 존재나 형태적 특징을 알다 예 길을 건널 때에는 신호등을 잘 <u>보고</u> 건너야 한다.

보다	• 눈으로 대상을 즐기거나 감상하다 　예 어제 친구와 함께 영화를 <u>봤다</u>. • 일정한 목적 아래 만나다 　예 맞선을 <u>보러</u> 나가는 길이다. • 맡아서 보살피거나 지키다 　예 아이를 <u>보느라</u> 외출할 겨를이 없었다. • 음식상이나 잠자리 따위를 채비하다 　예 어머니는 술상을 <u>보느라</u> 바쁘시다. • 고려의 대상이나 판단의 기초로 삼다 　예 너를 <u>보고</u> 하는 말이 아니다.
사다	• 다른 사람에게 어떤 감정을 가지게 하다 　예 누나의 환심을 <u>사기</u> 위해 치킨을 사 갔다. • 안 해도 좋을 일을 일부러 하다 　예 구태여 고생을 <u>사서</u> 하는 이유를 모르겠다.
서다	• 사람이나 동물이 발을 땅에 대고 다리를 쭉 뻗으며 몸을 곧게 하다 　예 놀이기구를 타기 위해 세 시간을 <u>서서</u> 기다렸다. • 계획, 결심, 자신감 따위가 마음속에 이루어지다 　예 건강검진 결과를 받고 운동을 해야겠다는 결심이 <u>섰다</u>. • 어떤 곳에서 다른 곳으로 가던 대상이 어느 한 곳에서 멈추다 　예 기차가 갑작스럽게 <u>서자</u> 승객들이 웅성거리기 시작했다. • 장이나 씨름판 따위가 열리다 　예 오일장이 <u>서면</u> 할머니와 나들이를 나가고는 했다.
세다	• 힘이 많다 　예 기운 <u>센</u> 아기를 키우려면 강인한 체력이 필요하다. • 물, 불, 바람 따위의 기세가 크거나 빠르다 　예 바람이 <u>세게</u> 불어서 겉옷을 추켜올렸다. • 능력이나 수준 따위의 정도가 높거나 심하다 　예 경쟁이 <u>세서</u> 자리 하나 차지하기도 벅차다. • 사물의 감촉이 딱딱하고 뻣뻣하다 　예 고작 가시가 <u>센</u> 붕어만 낚았다. • 운수나 터 따위가 나쁘다 　예 팔자가 <u>세다는</u> 악담에 불쾌해지고 말았다.
싸다	• 물건을 안에 넣고 보이지 않게 씌워 가리거나 둘러 말다 　예 직원들이 상품을 포장지에 <u>싸고</u> 있었다. • 어떤 물건을 다른 곳으로 옮기기 좋게 상자나 가방 따위에 넣거나 종이나 천, 끈 따위를 이용해서 꾸리다 　예 서둘러 도시락을 <u>싸서</u> 집을 나섰다.

쌓다	• 여러 개의 물건을 겹겹이 포개어 얹어 놓다 예 공장 창고에 재고를 <u>쌓아</u> 놓았다. • 물건을 차곡차곡 포개어 얹어서 구조물을 이루다 예 해변에서 모래성을 <u>쌓다</u>. • 밑바탕을 닦아서 든든하게 마련하다 예 수학을 공부할 때는 기초부터 잘 <u>쌓아야</u> 한다. • 경험, 기술, 업적 지식 따위를 거듭 익혀 많이 이루다 예 IT 분야에 많은 지식을 <u>쌓으면</u> 도움이 된다. • 재산, 명예 또는 불명예, 신뢰 또는 불신 따위를 많이 얻거나 가지다 예 그는 재물을 <u>쌓아만</u> 두고 쓰지를 않는다.
쓰다	• 어떤 일을 하는 데에 재료나 도구, 수단을 이용하다 예 모든 수단을 다 <u>써</u> 봤지만 해결이 되지 않는다. • 머릿속의 생각을 종이 혹은 이와 유사한 대상 따위에 글로 나타내다 예 그는 하루를 마무리하며 일기를 <u>쓰는</u> 습관이 있다. • 우산이나 양산 따위를 머리 위에 펴 들다 예 비가 와서 얼른 우산을 <u>썼다</u>. • 붓, 펜, 연필과 같이 선을 그을 수 있는 도구로 종이 따위에 획을 그어서 일정한 글자의 모양 이 이루어지게 하다 예 아이가 공책에 글씨를 <u>쓴다</u>.
열다	• 닫히거나 잠긴 것을 트거나 벗기다 예 창문을 <u>열어</u> 환기를 시키자. • 사업이나 경영 따위의 운영을 시작하다 예 그녀는 회사를 그만두고 꽃집을 <u>열었다</u>. • 자기의 마음을 다른 사람에게 터놓거나 다른 사람의 마음을 받아들이다 예 좀 더 마음을 <u>열고</u> 남을 이해해보렴. • 다른 사람에게 어떤 일에 대하여 터놓거나 이야기를 시작하다 예 묵묵부답이던 용의자가 마침내 입을 <u>열었다</u>.
울다	• 짐승, 벌레, 바람 따위가 소리를 내다 예 새벽에 늑대 <u>우는</u> 소리가 들렸다. • 종이나 천둥, 벨 따위가 소리를 내다 예 자명종이 요란스럽게 울었다. • 물체가 바람 따위에 흔들리거나 움직여 소리가 나다 예 거센 바람에 문풍지가 울기 시작했다. • 기쁨, 슬픔 따위의 감정을 억누르지 못하거나 아픔을 참지 못하여 눈물을 흘리다 예 아무 말도 못 하고 주저앉아 <u>울기만</u> 했다.
잡다	• 손으로 움키고 놓지 않다 예 날이 어두워지자 동생이 내 손을 <u>잡은</u> 채 울기 시작했다.

잡다	• 일, 기회 따위를 얻다 예 나는 준비된 사람만이 기회를 잡는다는 말을 신조로 여긴다. • 사람이 어떤 자세를 다른 사람 앞에서 취하다 예 프로필 사진을 찍기 위해 카메라 앞에서 포즈를 잡았다.
지내다	• 사람이 어떤 장소에서 생활을 하면서 시간이 지나가는 상태가 되게 하다 예 그녀는 일을 그만두고 집에서 편하게 지내고 있다. • 서로 사귀어 오다 예 우리는 가족처럼 지내는 사이입니다. • 과거에 어떤 직책을 맡아 일하다 예 그 사람은 왕년에 도지사를 지낸 사람이다. • 혼인이나 제사 따위의 관혼상제 같은 어떤 의식을 치르다 예 차례를 지내러 고향에 내려갑니다.
지다	• 묻었거나 붙어 있던 것이 닦이거나 씻겨 없어지다 예 흰 셔츠에 튄 김칫국이 잘 안 져서 걱정이다. • 내기나 시합, 싸움 따위에서 재주나 힘을 겨루어 상대에게 꺾이다 예 이번 경기에서 지면 우리 팀은 포스트시즌에 진출할 수 없다. • 어떤 현상이나 상태가 이루어지다 예 창가에 멍하니 앉아서 노을이 지는 모습을 바라보았다. • 물건을 짊어서 등에 얹다 예 읍내에 나갔던 형이 며칠 뒤 짐을 잔뜩 지고 돌아왔다. • 무엇을 뒤쪽에 두다 예 해를 지고 사진을 찍으면 얼굴이 까맣게 나온다.
취하다	• 자기 것으로 만들어 가지다 예 따뜻한 우유를 마시는 것은 숙면을 취하는 데 도움이 된다. • 어떤 일에 대한 방책으로 어떤 행동을 하거나 일정한 태도를 가지다 예 명분보다는 실리를 챙기는 대외 정책을 취할 필요가 있다. • 어떤 특정한 자세를 취하다 예 사진을 찍기 위해 포즈를 취했다.
켜다	• 등잔이나 양초 따위에 불을 붙이거나 성냥이나 라이터 따위에 불을 일으키다 예 그녀는 생일 케이크에 촛불을 켜고 소원을 빌었다. • 전기나 동력이 통하게 하여, 전기 제품 따위를 작동하게 만들다 예 집에 도착하자마자 거실의 형광등을 켰다. • 나무를 세로로 톱질하여 쪼개다 예 흥부는 부인과 마주 앉아 박을 켜기 시작했다. • 팔다리나 네 다리를 쭉 뻗으며 몸을 펴다 예 아빠는 아침에 일어나면 기지개를 켜는 습관이 있다.

타다	• 탈것이나 짐승의 등 따위에 몸을 얹다 　지하철이 끊겨 할 수 없이 택시를 <u>탔다</u>. • 몫으로 주는 돈이나 물건 따위를 받다 　사내 체육대회에서 추첨 번호에 당첨되어 경품을 <u>탔다</u>. • 먼지나 때 따위가 쉽게 달라붙는 성질을 가지다 　흰옷은 때가 잘 <u>타서</u> 일할 때는 입지 않는 편이다. • 부끄러움이나 노여움 따위의 감정이나 간지럼 따위의 육체적 느낌을 쉽게 느끼다 　내 동생은 간지럼을 잘 <u>탄다</u>.
펴다	• 접히거나 개킨 것을 젖히어 벌리다 　당장 자리에 앉아서 책을 <u>펴라</u>. • 생각, 감정, 기세 따위를 얽매임 없이 자유롭게 표현하거나 주장하다 　더 넓은 곳에서 꿈을 <u>펴고자</u> 해외로 유학을 떠났다.
헐다	• 몸에 부스럼이나 상처 따위가 나서 짓무르다 　요즘 너무 무리했는지 입 안이 <u>헐었다</u>. • 물건이 오래되거나 많이 써서 낡아지다 　우산이 너무 <u>헐어서</u> 쓸 수가 없다.

2. 혼동하기 쉬운 어휘

가늠/가름	• 가늠: 목표나 기준에 맞고 안 맞음을 헤아려 봄/사물을 어림잡아 헤아림 　예 내 남자친구는 워낙 말이 없어서 그 속마음을 <u>가늠</u>하기가 어렵다. • 가름: 쪼개거나 나누어 따로따로 되게 하는 일/승부나 등수 따위를 정하는 일 　예 오늘 경기는 전반전에 획득한 점수가 승부를 <u>가름</u>하였다.
개발/계발	• 개발: 토지나 천연자원 따위를 유용하게 만듦/지식이나 재능 따위를 발달하게 함/산업이나 경제 따위를 발전하게 함/ 새로운 물건을 만들거나 새로운 생각을 내어놓음 　예 국토 <u>개발</u>에 노력을 기울여야 한다. • 계발: 슬기나 재능, 사상 따위를 일깨워 줌 　예 학생의 창의력과 소질을 <u>계발</u>하는 데 효과적이다.
검정/검증	• 검정: 일정한 규정에 따라 자격이나 조건을 검사하여 결정함 　예 교과서를 더욱 엄격한 기준으로 <u>검정</u>할 필요가 있다. • 검증: 검사하여 증명함 　예 <u>검증</u>되지 않은 민간요법을 함부로 따르는 것은 위험하다.
게재/기재	• 게재: 글이나 그림 따위를 신문이나 잡지 따위에 실음 　예 그의 논문이 세계적인 학술지에 <u>게재</u>되었다. • 기재: 문서 따위에 기록하여 올림 　예 이력서에 <u>기재</u>된 내용이 사실과 다를 경우 불합격 처리됩니다.
결재/결제	• 결재: 결정할 권한이 있는 상관이 부하가 제출한 안건을 검토하여 허가하거나 승인함 　예 이번 주 금요일은 공휴일이므로 반드시 오늘까지 <u>결재</u>를 받아야 한다. • 결제: 증권 또는 대금을 주고받아 매매 당사자 사이의 거래 관계를 끝맺는 일 　예 만 원 이하의 소액도 카드 <u>결제</u>가 가능하다.
고안/착안	• 고안: 연구하여 새로운 안을 생각해 냄 　예 정약용은 도르래의 원리를 응용하여 거중기를 <u>고안</u>해냈다. • 착안: 어떤 문제를 해결하기 위한 실마리를 잡음 　예 이 기계는 작용 반작용의 법칙에 <u>착안</u>하여 제작된 것이다.
곤욕/곤혹	• 곤욕: 심한 모욕 또는 참기 힘든 일 　예 작은 말실수 때문에 오랫동안 <u>곤욕</u>을 치렀다. • 곤혹: 곤란한 일을 당하여 어찌할 바를 모름 　예 친구의 갑작스러운 울음에 <u>곤혹</u>을 느꼈다.
구분/구별	• 구분: 일정한 기준에 따라 전체를 몇 개로 갈라 나눔 　예 책장의 책들을 소설책과 시집으로 <u>구분</u>하여 정리해 두었다. • 구별: 성질이나 종류에 따라 차이가 남 또는 성질이나 종류에 따라 갈라놓음 　예 누가 언니고 누가 동생인지 <u>구별</u>할 수 없을 정도로 키가 비슷하다.
근간/근원	• 근간: 사물의 바탕이나 중심이 되는 중요한 것 　예 전통시장은 서민 경제의 <u>근간</u>이다.

근간/근원	• 근원: 사물이 비롯되는 근본이나 원인 🗨 스트레스는 모든 병의 근원이라 할 수 있다.
금일/익일	• 금일: 지금 지나가고 있는 이날 🗨 오늘까지 처리해야 하므로 금일 안으로 서류를 작성하여 제출해 주세요. • 익일: 어느 날 뒤에 오는 날 🗨 내가 접수한 택배 물품은 익일에 배송될 예정이다.
너비/넓이	• 너비: 평면이나 넓은 물체의 가로로 건너지른 거리 🗨 양발을 어깨너비로 벌리고 양 무릎을 살짝 굽혀주세요. • 넓이: 일정한 평면에 걸쳐 있는 공간이나 범위의 크기 🗨 다음 평면도형의 넓이를 구하시오.
단합/담합	• 단합: 많은 사람이 마음과 힘을 한데 뭉침 (≒ 단결) 🗨 주민들의 단합을 도모하기 위해 마을 운동회를 개최했다. • 담합: 서로 의논하여 합의함 🗨 일제히 영화 관람료가 오른 것에 대해 일각에서는 극장업계의 담합을 의심하고 있다.
대비/대처	• 대비: 앞으로 일어날지도 모르는 어떠한 일에 대응하기 위하여 미리 준비함 🗨 동네 사람들은 폭우에 대비하여 모래주머니로 제방을 쌓아놓았다. • 대처: 어떤 정세나 사건에 대하여 알맞은 조치를 취함 🗨 기업은 고객의 불만에 대해 빠르게 대처해야 한다.
도래/초래	• 도래: 어떤 시기나 기회가 닥쳐옴 🗨 정보화 시대가 도래한 지 오래이다. • 초래: 일의 결과로서 어떤 현상을 생겨나게 함 🗨 순간의 실수가 엄청난 사건을 초래할 수도 있다.
도출/표출	• 도출: 판단이나 결론 따위를 이끌어 냄 🗨 세 번의 회의를 가졌음에도 불구하고 결국 합의점이 도출되지 않았다. • 표출: 겉으로 나타냄 🗨 입시 제도가 갑작스럽게 변경되자 많은 학부모가 분노를 표출했다.
동의/동조	• 동의: 다른 사람의 행위를 승인하거나 시인함 🗨 국민의 안전을 최우선으로 여기는 그 법안에 대해 야당과 여당 모두 동의하였다. • 동조: 남의 주장에 자기의 의견을 일치시키거나 보조를 맞춤 🗨 나는 그녀의 의견이 옳지 못하다고 생각하였으나 일단 동조하는 척하였다.
독선/독단	• 독선: 자기 혼자만이 옳다고 믿고 행동하는 일 🗨 독선에 빠져 다른 이들의 의견을 묵살하는 것은 화합을 저해하는 요소이다. • 독단: 남과 상의하지도 않고 혼자서 판단하거나 결정함 🗨 그렇게 독단적으로 일을 결정할 거면서 왜 나에게 의견을 물었니?
막역/막연	• 막역: 허물이 없이 아주 친함 🗨 그와 나는 10년 전부터 막역하게 지내왔다.

막역/막연	• 막연: 갈피를 잡을 수 없게 아득함/뚜렷하지 못하고 어렴풋함 예 많은 사람이 <u>막연</u>하게 부동산 임대업을 노후 준비의 하나로 여기고 있다.
매매/매입	• 매매: 물건을 팔고 사는 일 예 올해 초 집값 상승으로 아파트 <u>매매</u>가 활발히 이루어지지 않았다. • 매입: 물건 따위를 사들임 예 과거 태국 정부는 시장가격보다 비싼 값에 농민들의 쌀을 <u>매입</u>하였다.
명분/명색	• 명분: 일을 꾀할 때 내세우는 구실이나 이유 따위 예 러시아는 자국민 보호를 <u>명분</u>으로 내세우며 남오세티야 전쟁에 개입하였다. • 명색: 실속 없이 그럴듯하게 불리는 허울만 좋은 이름 예 복지부장은 <u>명색</u>일 뿐 실상 나는 학급 청소를 도맡아 하는 역할이었다.
모사/묘사	• 모사: 사물을 형체 그대로 그림/원본을 베끼어 씀 예 고흐는 밀레의 그림을 <u>모사</u>하는 것을 즐겼으며, 밀레의 삶까지 닮고자 했다. • 묘사: 어떤 대상이나 사물, 현상 따위를 언어로 서술하거나 그림을 그려서 표현함 예 어젯밤에 목격한 상황을 자세하게 <u>묘사</u>해 주세요.
반증/방증	• 반증: 어떤 사실이나 주장이 옳지 아니함을 그에 반대되는 근거를 들어 증명함 예 그 사람의 주장을 <u>반증</u>할 수 있는 자료들을 찾아야만 한다. • 방증: 사실을 직접 증명할 수 있는 증거가 되지는 않지만, 주변의 상황을 밝힘으로써 간접적으로 증명에 도움을 줌 예 최근 인문학 도서가 많이 출간되는 것은 인문학에 대한 대중의 관심이 높아졌다는 <u>방증</u>이다.
발달/발전	• 발달: 신체, 정서, 지능 따위가 성장하거나 성숙함/학문, 기술, 문명, 사회 따위의 현상이 보다 높은 수준에 이름 예 과도한 조기교육은 아이들의 뇌 <u>발달</u>에 악영향을 미칠 수 있다. • 발전: 더 낫고 좋은 상태나 더 높은 단계로 나아감/일이 어떤 방향으로 전개됨 예 임직원의 노력 덕분에 우리 회사는 눈에 띄게 <u>발전</u>했다.
변절/변질	• 변절: 절개나 지조를 지키지 않고 바꿈 예 충신으로 소문난 그가 <u>변절</u>했다는 소식은 모든 이를 놀라게 만들었다. • 변질: 성질이 달라지거나 물질의 질이 변함 예 요구르트, 우유 등과 같은 유제품은 여름철에 쉽게 <u>변질</u>된다.
보상/배상	• 보상: 남에게 진 빚 또는 받은 물건을 갚음/어떤 것에 대한 대가로 갚음 예 올해 직원들의 노고를 <u>보상</u>하기 위하여 작은 행사를 마련하였습니다. • 배상: 남의 권리를 침해한 사람이 그 손해를 물어 줌 예 애완견이 지나가는 행인을 물 경우 애완견 주인이 피해자의 치료비를 <u>배상</u>해야 한다.
보전/보존	• 보전: 온전하게 보호하여 유지함 예 미래 세대를 위해서라도 반드시 생태계를 <u>보전</u>해야 한다. • 보존: 잘 보호하고 간수하여 남김 예 이 문화재는 <u>보존</u>이 잘 되어 있는 편이다.

복구/복귀	• 복구: 손실 이전의 상태로 회복함 예 무너진 다리가 <u>복구</u>될 때까지 이곳에 머무를 예정이다. • 복귀: 본디의 자리나 상태로 되돌아감 예 군인인 남동생은 휴가를 마치고 부대로 <u>복귀</u>했다.
부문/부분	• 부문: 일정한 기준에 따라 분류하거나 나누어 놓은 낱낱의 범위나 부분 예 이 영화는 아카데미 시상식에서 작품상, 미술상 등 두 개 <u>부문</u>을 석권하였다. • 부분: 전체를 이루는 작은 범위 또는 전체를 몇 개로 나눈 것의 하나 예 이 영화는 마지막 <u>부분</u>의 반전이 예술이다.
상연/상영	• 상연: 연극 따위를 무대에서 하여 관객에게 보이는 일 예 오늘 우리 극장은 연극 <로미오와 줄리엣>을 <u>상연</u>할 예정입니다. • 상영: 극장 따위에서 영화를 영사하여 공개하는 일 예 이 영화는 지난달에 개봉하여 현재 극장에서 <u>상영</u> 중이다.
선별/선발	• 선별: 가려서 따로 나눔 예 그는 불량품을 <u>선별</u>하여 따로 빼 두었다. • 선발: 많은 가운데서 골라 뽑음 예 그는 3년 연속 우수사원으로 <u>선발</u>되었다.
수상/시상	• 수상: 상을 받음 예 그 배우는 여우주연상을 <u>수상</u>했다. • 시상: 상장이나 상품, 상금 따위를 줌 예 노벨 위원회는 노벨상 후보 선정과 <u>시상</u>의 권한을 가지고 있다.
습득/체득	• 습득: 학문이나 기술 따위를 배워서 자기 것으로 함 예 실제 업무에 필요한 기술을 <u>습득</u>하고자 학원에 등록하였다. • 체득: 몸소 체험하여 알게 됨 예 인턴 과정에서 <u>체득</u>한 지식들이 취업 후 크게 도움이 되었다.
실용성/실효성	• 실용성: 실제적인 쓸모가 있는 성질이나 특성 예 나는 <u>실용성</u>을 고려해 수납공간이 넉넉한 가구를 구입했다. • 실효성: 실제로 효과를 나타내는 성질 예 이 제도는 <u>실효성</u>이 없다는 비판을 받았다.
실재/실제	• 실재: 실제로 존재함 예 이 소설은 <u>실재</u>하는 인물과 사건을 바탕으로 만들어졌다. • 실제: 사실의 경우나 형편 예 상상만 했던 분을 <u>실제</u>로 뵙게 되어 가슴이 벅찼다.
여유/여지	• 여유: 물질적·공간적·시간적으로 넉넉하여 남음이 있는 상태/느긋하고 차분하게 생각하거나 행동하는 마음의 상태 또는 대범하고 너그럽게 일을 처리하는 마음의 상태 예 급할수록 <u>여유</u>를 가지는 것이 중요하다. • 여지: 어떤 일을 하거나 어떤 일이 일어날 가능성이나 희망 예 그때는 너무 급박했기 때문에 나에게는 선택의 <u>여지</u>가 없었다.

온전/완전	• 온전: 본바탕 그대로 고스란함/잘못된 것이 없이 바르거나 옳음 　예 이 지역에는 삼국시대의 유물과 유적이 <u>온전</u>히 남아 있다. • 완전: 필요한 것이 모두 갖추어져 모자람이나 흠이 없음 　예 우리나라는 오늘 오후 태풍의 영향권에서 <u>완전</u>히 벗어났다.
운용/운영	• 운용: 무엇을 움직이게 하거나 부리어 씀 　예 소비 심리가 살아날 수 있도록 경제 정책을 과감하게 <u>운용</u>해야 한다. • 운영: 조직이나 기구, 사업체 따위를 운용하고 경영함 　예 우리 아버지께서는 작은 사업체를 <u>운영</u>하고 계신다.
원료/연료	• 원료: 어떤 물건을 만드는 데 들어가는 재료 　예 천연 <u>원료</u>를 사용한 화장품은 특히 임산부에게 인기가 높다. • 연료: 연소하여 열, 빛, 동력의 에너지를 얻을 수 있는 물질을 통틀어 이르는 말 　예 수소를 <u>연료</u>로 사용하는 자동차는 매연 배출량이 적다.
유래/유례	• 유래: 사물이나 일이 생겨남 또는 그 사물이나 일이 생겨난 바 　예 이 행사는 <u>유래</u>가 깊다. • 유례: 같거나 비슷한 예 　예 이런 사건은 국내뿐만 아니라 외국에서도 <u>유례</u>를 찾기 힘들다.
응용/인용	• 응용: 어떤 이론이나 이미 얻은 지식을 구체적인 개개의 사례나 다른 분야의 일에 적용하여 이용함 　예 과학 기술을 농업에 <u>응용</u>하는 젊은 농부들이 늘어나고 있다. • 인용: 남의 말이나 글을 자신의 말이나 글 속에 끌어 씀 　예 그는 학자의 말을 <u>인용</u>하여 자신의 소설 첫머리에 실었다.
일절/일체	• 일절: 아주, 전혀, 절대로의 뜻으로, 흔히 행위를 그치게 하거나 어떤 일을 하지 않을 때에 쓰는 말 　예 당분간 교무실 출입을 <u>일절</u> 금지하도록 하겠습니다. • 일체: 모든 것/'전부' 또는 '완전히'의 뜻을 나타내는 말 　예 소송과 관련한 <u>일체</u>의 비용은 패소한 쪽이 물어야 한다.
임대/임차	• 임대: 돈을 받고 자기의 물건을 남에게 빌려줌 　예 건물주는 건물 일부를 병원에 <u>임대</u>해 주었다. • 임차: 돈을 내고 남의 물건을 빌려 씀 　예 병원은 많은 비용을 지불하고 건물 일부를 <u>임차</u>하였다.
의식/인식	• 의식: 어떤 것을 두드러지게 느끼거나 특별히 염두에 둠/생각이 미치어 어떤 일이나 현상 따위를 깨닫거나 느낌 　예 나를 쳐다보는 그의 눈빛을 <u>의식</u>하고 있었으나 애써 태연한 척했다. • 인식: 사물을 분별하고 판단하여 앎 　예 일반적으로 가격이 저렴하면 품질이 좋지 않다는 <u>인식</u>이 있다.

해커스공기업 PSAT 기출로 끝내는 NCS 의사소통 집중 공략

자각/지각	• 자각: 현실을 판단하여 자기의 입장이나 능력 따위를 스스로 깨달음 📵 자신의 잘못을 <u>자각</u>한 학생이 반성문을 작성하여 선생님에게 건넸다. • 지각: 감각 기관을 통하여 대상을 인식함 📵 그는 뛰어난 공간 <u>지각</u> 능력을 가지고 있다.
작렬/작열	• 작렬: 포탄 따위가 터져서 쫙 퍼짐/박수 소리나 운동 경기에서의 공격 따위가 포탄이 터지듯 극렬하게 터져 나옴 📵 적군이 던진 수류탄이 <u>작렬</u>하여 아군 수십 명이 사살되었다. • 작열: 불 따위가 이글이글 뜨겁게 타오름 📵 이번 여름휴가는 태양이 <u>작열</u>하는 해변에서 보낼 것이다.
재고/제고	• 재고: 어떤 일이나 문제 따위에 대하여 다시 생각함 📵 섣불리 결정하지 말고 한 번 더 <u>재고</u>해 봅시다. • 제고: 쳐들어 높임 📵 국가 경쟁력을 <u>제고</u>하기 위해서는 국민과 정부가 함께 노력해야 한다.
재연/재현	• 재연: 한 번 하였던 행위나 일을 다시 되풀이함 📵 태연히 범행을 <u>재연</u>하는 범인의 모습에 사람들은 경악했다. • 재현: 다시 나타남 또는 다시 나타냄 📵 한국 축구선수들이 2002년 월드컵의 영광을 <u>재현</u>했다.
정체/지체	• 정체: 사물이 발전하거나 나아가지 못하고 한자리에 머물러 그침 📵 낮은 풍속으로 대기가 <u>정체</u>될 경우 미세먼지 농도가 더욱 짙어질 수 있다. • 지체: 때를 늦추거나 질질 끎 📵 <u>지체</u>할 시간이 없으니 어서 준비해라.
조정/조종	• 조정: 어떤 기준이나 실정에 맞게 정돈함 📵 선거구를 <u>조정</u>하기로 결정했다. • 조종: 비행기나 선박, 자동차 따위의 기계를 다루어 부림 📵 그는 10년 넘게 비행기를 <u>조종</u>했다.
증가/증감	• 증가: 양이나 수치가 늚 📵 불볕더위가 기승을 부리면서 에어컨 판매량이 빠르게 <u>증가</u>하고 있다. • 증감: 많아지거나 적어짐 📵 변동비는 생산량의 <u>증감</u>에 따라 늘거나 줄어드는 비용이다.
지양/지향	• 지양: 더 높은 단계로 오르기 위하여 어떠한 것을 하지 아니함 📵 학생들의 건강을 해칠 수 있는 지나친 야간 자율 학습은 <u>지양</u>해야 한다. • 지향: 어떤 목표로 뜻이 쏠리어 향함 📵 정부는 그 무엇보다도 국민의 안전 보장을 우선으로 <u>지향</u>해야 한다.
찬성/찬조	• 찬성: 어떤 행동이나 견해, 제안 따위가 옳거나 좋다고 판단하여 수긍함 📵 우리 가족은 8월 중순에 휴가를 보내는 것에 대해 모두 <u>찬성</u>하였다. • 찬조: 어떤 일의 뜻에 찬동하여 도와줌 📵 교장선생님의 <u>찬조</u>에 힘입어 우리는 학예회를 무사히 마칠 수 있었다.

참고/참조	• 참고: 살펴서 생각함/살펴서 도움이 될 만한 재료로 삼음 예 교수님께서 쓰신 칼럼을 <u>참고</u>하여 이 논문을 작성하였습니다. • 참조: 참고로 비교하고 대조하여 봄 예 더 자세한 내용은 상기 기사를 <u>참조</u>하시기 바랍니다.
창간/창건	• 창간: 신문, 잡지 따위의 정기 간행물의 첫 번째 호를 펴냄 예 통신 기술이 발달함에 따라 다양한 온라인 잡지가 <u>창간</u>되고 있다. • 창건: 건물이나 조직체 따위를 처음으로 세우거나 만듦 예 태조 이성계가 <u>창건</u>한 경복궁은 조선을 대표하는 궁궐이다.
체계/체제	• 체계: 일정한 원리에 따라서 낱낱의 부분이 짜임새 있게 조직되어 통일된 전체 예 원격진료의 도입은 우리나라 의료 전달 <u>체계</u>에 큰 변화를 가져올 것이다. • 체제: 생기거나 이루어진 틀/사회를 하나의 유기체로 볼 때에, 그 조직이나 양식 또는 그 상태 예 1990년에 독일이 통일되면서 국제 관계의 냉전 <u>체제</u>가 종식되기 시작했다.
출연/출현	• 출연: 연기, 공연, 연설 따위를 하기 위하여 무대나 연단에 나감 예 그 배우는 유명한 영화에 <u>출연</u>하여 인지도를 높일 수 있었다. • 출현: 나타나거나 또는 나타나서 보임 예 갑작스러운 해파리의 <u>출현</u>으로 해수욕장의 피서객들이 모두 대피하였다.
폄하/폄훼	• 폄하: 가치를 깎아내림 예 작가의 인성이 바르지 못하다는 이유로 그 작가의 작품을 <u>폄하</u>하는 것은 옳지 않다. • 폄훼: 남을 깎아내려 헐뜯음 예 그녀가 주변 인물을 <u>폄훼</u>하기 시작하자 모든 사람의 눈살이 찌푸려졌다.
표기/표지	• 표기: 적어서 나타냄 예 식품에 원산지를 <u>표기</u>하는 것은 소비자에게 신뢰감을 준다. • 표지: 표시나 특징으로 어떤 사물을 다른 것과 구별하게 함 예 이 지하철역은 너무 복잡하므로 화장실 <u>표지</u>를 더욱 튀게 만들어야 한다.
한계/한도	• 한계: 사물이나 능력, 책임 따위가 실제 작용할 수 있는 범위 예 상대방의 무례한 행동에 인내심의 <u>한계</u>를 느꼈다. • 한도: 일정한 정도 또는 한정된 정도 예 이 카드는 거래 <u>한도</u>를 초과하였으므로 사용할 수 없다.
혼돈/혼동	• 혼돈: 마구 뒤섞여 있어 갈피를 잡을 수 없음 예 국채 금리와 물가가 상승할 경우 국가 경제가 <u>혼돈</u>에 빠질 수 있다. • 혼동: 구별하지 못하고 뒤섞어서 생각함 예 색각 이상이 있는 사람들 중에는 적색과 녹색을 <u>혼동</u>하는 사람이 많다.
확정/획정	• 확정: 일을 확실하게 정함 예 워크숍 장소는 아직 <u>확정</u>되지 않았습니다. • 획정: 경계 따위를 명확히 구별하여 정함 예 선거구 <u>획정</u>을 놓고 말이 많았다.

해커스공기업 PSAT 기출로 끝내는 NCS 의사소통 집중 학습

어휘·어법 핵심 공략집 **219**

3. 유의어와 반의어

유의어	
• 강등(降等) ≒ 좌천(左遷)	• 개선(改善) ≒ 개량(改良)
• 개업(開業) ≒ 창업(創業)	• 개척(開拓) ≒ 개간(開墾)
• 격려(激勵) ≒ 고무(鼓舞)	• 결점(缺點) ≒ 하자(瑕疵)
• 결핍(缺乏) ≒ 부족(不足)	• 고향(故鄉) ≒ 향촌(鄉村)
• 귀감(龜鑑) ≒ 교훈(敎訓)	• 기대(期待) ≒ 촉망(囑望)
• 기색(氣色) ≒ 동정(動靜)	• 납득(納得) ≒ 수긍(首肯)
• 단안(斷案) ≒ 결정(決定)	• 둔화(鈍化) ≒ 약화(弱化)
• 매개(媒介) ≒ 간접(間接)	• 명백(明白) ≒ 명료(明瞭)
• 몰두(沒頭) ≒ 탐닉(耽溺)	• 무식(無識) ≒ 과문(寡聞)
• 묵과(默過) ≒ 묵인(默認)	• 미연(未然) ≒ 사전(事前)
• 미행(尾行) ≒ 추적(追跡)	• 발명(發明) ≒ 창안(創案)
• 복용(服用) ≒ 투약(投藥)	• 본질(本質) ≒ 실태(實態)
• 비운(悲運) ≒ 불운(不運)	• 생산(生産) ≒ 제조(製造)
• 서거(逝去) ≒ 작고(作故)	• 선정(選定) ≒ 선발(選拔)
• 세련(洗練) ≒ 숙련(熟練)	• 소모(消耗) ≒ 소비(消費)
• 수정(修正) ≒ 개정(改正)	• 실현(實現) ≒ 성취(成就)
• 암시(暗示) ≒ 시사(示唆)	• 역경(逆境) ≒ 난항(難航)
• 역사(歷史) ≒ 연혁(沿革)	• 열중(熱中) ≒ 골몰(汨沒)
• 요구(要求) ≒ 청구(請求)	• 운명(運命) ≒ 숙명(宿命)
• 운용(運用) ≒ 운영(運營)	• 위탁(委託) ≒ 위임(委任)
• 유명(有名) ≒ 저명(著名)	• 육성(育成) ≒ 교육(敎育)
• 의도(意圖) ≒ 취지(趣旨)	• 의존(依存) ≒ 의지(依支)
• 이완(弛緩) ≒ 해이(解弛)	• 이전(移轉) ≒ 양도(讓渡)
• 저가(低價) ≒ 염가(廉價)	• 전승(傳承) ≒ 계승(繼承)
• 절제(節制) ≒ 제어(制御)	• 정독(精讀) ≒ 미독(味讀)
• 정세(情勢) ≒ 상황(狀況)	• 제안(提案) ≒ 발의(發議)
• 제압(制壓) ≒ 압도(壓倒)	• 증명(證明) ≒ 입증(立證)
• 지시(指示) ≒ 명령(命令)	• 질타(叱咤) ≒ 힐난(詰難)
• 착안(着眼) ≒ 착상(着想)	• 채용(採用) ≒ 기용(起用)
• 책망(責望) ≒ 힐난(詰難)	• 청탁(請託) ≒ 부탁(付託)
• 추정(推定) ≒ 추측(推測)	• 판단(判斷) ≒ 변별(辨別)
• 포부(抱負) ≒ 희망(希望)	• 풍조(風潮) ≒ 시류(時流)
• 풍파(風波) ≒ 파란(波瀾)	• 한계(限界) ≒ 범위(範圍)
• 해결(解決) ≒ 타개(打開)	• 핵심(核心) ≒ 요점(要點)
• 허공(虛空) ≒ 천공(天空)	• 현실(現實) ≒ 실제(實際)
• 혼잡(混雜) ≒ 번잡(煩雜)	• 활용(活用) ≒ 변통(變通)
• 회복(回復) ≒ 만회(挽回)	• 회전(回轉) ≒ 선회(旋回)

반의어

- 가결(可決) ↔ 부결(否決)
- 가입(加入) ↔ 탈퇴(脫退)
- 걸작(傑作) ↔ 졸작(拙作)
- 경상(經常) ↔ 임시(臨時)
- 경험(經驗) ↔ 상상(想像)
- 공급(供給) ↔ 수요(需要)
- 교수(敎授) ↔ 학습(學習)
- 기정(旣定) ↔ 미정(未定)
- 낭보(朗報) ↔ 비보(悲報)
- 능숙(能熟) ↔ 미숙(未熟)
- 답습(踏襲) ↔ 창조(創造)
- 망각(忘却) ↔ 기억(記憶)
- 명목(名目) ↔ 실질(實質)
- 백주(白晝) ↔ 심야(深夜)
- 상이(相異) ↔ 유사(類似)
- 송신(送信) ↔ 수신(受信)
- 순종(順從) ↔ 거역(拒逆)
- 염세(厭世) ↔ 낙천(樂天)
- 우월(優越) ↔ 열등(劣等)
- 이면(裏面) ↔ 표면(表面)
- 인정(認定) ↔ 부인(否認)
- 자의(自意) ↔ 타의(他意)
- 정설(定說) ↔ 속설(俗說)
- 주의(注意) ↔ 방심(放心)
- 찰나(刹那) ↔ 영원(永遠)
- 출발(出發) ↔ 도달(到達)
- 통제(統制) ↔ 방임(放任)
- 팽창(膨脹) ↔ 수축(收縮)
- 폐지(廢止) ↔ 존속(存續)
- 한기(寒氣) ↔ 서기(暑氣)
- 허가(許可) ↔ 금지(禁止)
- 협조(協助) ↔ 훼방(毁謗)
- 혼란(混亂) ↔ 안녕(安寧)
- 회고(回顧) ↔ 전망(展望)

- 가명(假名) ↔ 본명(本名)
- 가해(加害) ↔ 피해(被害)
- 격감(激減) ↔ 급증(急增)
- 경직(硬直) ↔ 유연(柔軟)
- 고의(故意) ↔ 과실(過失)
- 과작(寡作) ↔ 다작(多作)
- 근면(勤勉) ↔ 태만(怠慢)
- 낭독(朗讀) ↔ 묵독(默讀)
- 눌변(訥辯) ↔ 달변(達辯)
- 단란(團欒) ↔ 불화(不和)
- 독점(獨占) ↔ 공유(共有)
- 매몰(埋沒) ↔ 발굴(發掘)
- 배출(排出) ↔ 흡수(吸收)
- 보편(普遍) ↔ 특수(特殊)
- 선두(先頭) ↔ 후미(後尾)
- 수익(收益) ↔ 손실(損失)
- 연결(連結) ↔ 단절(斷絶)
- 온건(穩健) ↔ 강경(强硬)
- 융성(隆盛) ↔ 쇠퇴(衰退)
- 이용(利用) ↔ 악용(惡用)
- 임대(賃貸) ↔ 임차(賃借)
- 절약(節約) ↔ 낭비(浪費)
- 종결(終結) ↔ 시작(始作)
- 중시(重視) ↔ 경시(輕視)
- 천연(天然) ↔ 인위(人爲)
- 침착(沈着) ↔ 경망(輕妄)
- 통합(統合) ↔ 분리(分離)
- 폐쇄(閉鎖) ↔ 개방(開放)
- 폭로(暴露) ↔ 은폐(隱蔽)
- 할인(割引) ↔ 할증(割增)
- 현명(賢明) ↔ 우둔(愚鈍)
- 호평(好評) ↔ 혹평(酷評)
- 환대(歡待) ↔ 괄시(恝視)
- 획득(獲得) ↔ 상실(喪失)

4. 어휘관계

유의관계	• 의미가 서로 비슷한 단어의 관계 예 봉착 - 당면, 재배 - 배양, 상서롭다 - 길하다, 피력하다 - 토로하다, 시류 - 풍조
반대관계	• 의미가 서로 반대되는 단어의 관계 예 큰 - 작은, 소량 - 대량, 세입 - 세출, 발산 - 수렴, 회고 - 전망, 상이하다 - 유사하다
포함관계	• 한 단어가 다른 단어에 포함되는 단어의 관계 예 문학 - 수필, 포유류 - 박쥐
전체 - 부분관계	• 한 단어는 전체, 다른 단어는 전체의 한 부분에 해당하는 단어의 관계 예 독수리 - 날개, 얼굴 - 코, 자동차 - 타이어
인과관계	• 한 단어는 원인, 다른 단어는 그로 인한 결과에 해당하는 단어의 관계 예 바람 - 파도, 폭우 - 홍수, 노력 - 성공
재료 - 완제품관계	• 한 단어는 재료, 다른 단어는 그 재료로 만들어진 완제품에 해당하는 단어의 관계 예 보리 - 맥주, 콩 - 두부, 포도 - 와인, 비단 - 견사, 우유 - 버터, 고무 - 바퀴
장소 - 행동관계	• 한 단어는 장소, 다른 단어는 그 장소에서 하는 행동에 해당하는 단어의 관계 예 전시회 - 관람, 체육관 - 운동, 침대 - 낮잠

5. 한자성어

刻骨難忘(각골난망)	남에게 입은 은혜가 뼈에 새길 만큼 커서 잊히지 아니함
肝膽相照(간담상조)	서로 속마음을 털어놓고 친하게 사귐
牽強附會(견강부회)	이치에 맞지 않는 말을 억지로 끌어 붙여 자기에게 유리하게 함
見蚊拔劍(견문발검)	모기를 보고 칼을 뺀다는 뜻으로, 사소한 일에 크게 성내어 덤빔을 이르는 말
結草報恩(결초보은)	죽은 뒤에라도 은혜를 잊지 않고 갚음을 이르는 말
姑息之計(고식지계)	우선 당장 편한 것만을 택하는 꾀나 방법
苦肉之策(고육지책)	자기 몸을 상해 가면서까지 꾸며 내는 계책이라는 뜻으로, 어려운 상태를 벗어나기 위해 어쩔 수 없이 꾸며 내는 계책을 이르는 말 ≒ 苦肉之計(고육지계)
孤掌難鳴(고장난명)	외손뼉만으로는 소리가 울리지 아니한다는 뜻으로, 혼자의 힘만으로 어떤 일을 이루기 어려움을 이르는 말
苦盡甘來(고진감래)	쓴 것이 다하면 단 것이 온다는 뜻으로, 고생 끝에 즐거움이 옴을 이르는 말
曲學阿世(곡학아세)	바른길에서 벗어난 학문으로 세상 사람에게 아첨함
過猶不及(과유불급)	정도를 지나침은 미치지 못함과 같다는 뜻으로, 중용이 중요함을 이르는 말
刮目相對(괄목상대)	눈을 비비고 상대편을 본다는 뜻으로, 남의 학식이나 재주가 놀랄 만큼 부쩍 늚을 이르는 말
矯角殺牛(교각살우)	소의 뿔을 바로잡으려다가 소를 죽인다는 뜻으로, 잘못된 점을 고치려다가 그 방법이나 정도가 지나쳐 오히려 일을 그르침을 이르는 말
近墨者黑(근묵자흑)	먹을 가까이하는 사람은 검어진다는 뜻으로, 나쁜 사람과 가까이 지내면 나쁜 버릇에 물들기 쉬움을 비유적으로 이르는 말
錦上添花(금상첨화)	비단 위에 꽃을 더한다는 뜻으로, 좋은 일 위에 또 좋은 일이 더하여짐을 비유적으로 이르는 말
錦衣還鄉(금의환향)	비단옷을 입고 고향에 돌아온다는 뜻으로, 출세를 하여 고향에 돌아가거나 돌아옴을 비유적으로 이르는 말
起死回生(기사회생)	거의 죽을 뻔하다가 도로 살아남
落花流水(낙화유수)	떨어지는 꽃과 흐르는 물이라는 뜻으로, 가는 봄의 경치를 이르는 말
囊中之錐(낭중지추)	주머니 속의 송곳이라는 뜻으로, 재능이 뛰어난 사람은 숨어 있어도 저절로 사람들에게 알려짐을 이르는 말
堂狗風月(당구풍월)	서당에서 기르는 개가 풍월을 읊는다는 뜻으로, 그 분야에 대하여 경험과 지식이 전혀 없는 사람이라도 오래 있으면 얼마간의 경험과 지식을 가짐을 이르는 말

螳螂拒轍(당랑거철)	제 역량을 생각하지 않고, 강한 상대나 되지 않을 일에 덤벼드는 무모한 행동거지를 비유적으로 이르는 말
大器晚成(대기만성)	큰 그릇을 만드는 데는 시간이 오래 걸린다는 뜻으로, 크게 될 사람은 늦게 이루어짐을 이르는 말
同病相憐(동병상련)	같은 병을 앓는 사람끼리 서로 가엾게 여긴다는 뜻으로, 어려운 처지에 있는 사람끼리 서로 가엾게 여김을 이르는 말
東奔西走(동분서주)	동쪽으로 뛰고 서쪽으로 뛴다는 뜻으로, 사방으로 이리저리 몹시 바쁘게 돌아다님을 이르는 말
同床異夢(동상이몽)	같은 자리에 자면서 다른 꿈을 꾼다는 뜻으로, 겉으로는 같이 행동하면서도 속으로는 각각 딴 생각을 하고 있음을 이르는 말
同舟相救(동주상구)	같은 배를 탄 사람끼리 서로 돕는다는 뜻으로, 같은 운명이나 처지에 놓이면 아는 사람이나 모르는 사람이나 서로 돕게 됨을 이르는 말
燈火可親(등화가친)	등불을 가까이할 만하다는 뜻으로, 서늘한 가을밤은 등불을 가까이하여 글 읽기에 좋음을 이르는 말
馬耳東風(마이동풍)	동풍이 말의 귀를 스쳐 간다는 뜻으로, 남의 말을 귀담아듣지 아니하고 지나쳐 흘려버림을 이르는 말
萬年之計(만년지계)	아주 먼 훗날까지 걸친 큰 계획
萬事亨通(만사형통)	모든 것이 뜻대로 잘됨
面從腹背(면종복배)	겉으로는 복종하는 체하면서 내심으로는 배반함
明鏡止水(명경지수)	맑은 거울과 고요한 물
刎頸之交(문경지교)	서로를 위해서라면 목이 잘린다 해도 후회하지 않을 정도의 사이라는 뜻으로, 생사를 같이할 수 있는 아주 가까운 사이, 또는 그런 친구를 이르는 말
傍若無人(방약무인)	곁에 사람이 없는 것처럼 아무 거리낌 없이 함부로 말하고 행동하는 태도가 있음
百折不屈(백절불굴)	어떠한 난관에도 결코 굽히지 않음
四面楚歌(사면초가)	아무에게도 도움을 받지 못하는, 외롭고 곤란한 지경에 빠진 형편을 이르는 말
事必歸正(사필귀정)	모든 일은 반드시 바른길로 돌아감
三人成虎(삼인성호)	세 사람이 짜면 거리에 범이 나왔다는 거짓말도 꾸밀 수 있다는 뜻으로, 근거 없는 말이라도 여러 사람이 말하면 곧이듣게 됨을 이르는 말
雪上加霜(설상가상)	눈 위에 서리가 덮인다는 뜻으로, 난처한 일이나 불행한 일이 잇따라 일어남을 이르는 말
首丘初心(수구초심)	여우가 죽을 때에 머리를 자기가 살던 굴 쪽으로 둔다는 뜻으로, 고향을 그리워하는 마음을 이르는 말

手不釋卷(수불석권)	손에서 책을 놓지 아니하고 늘 글을 읽음
脣亡齒寒(순망치한)	입술이 없으면 이가 시리다는 뜻으로, 서로 이해관계가 밀접한 사이에 어느 한쪽이 망하면 다른 한쪽도 그 영향을 받아 온전하기 어려움을 이르는 말
識字憂患(식자우환)	학식이 있는 것이 오히려 근심을 사게 됨
弱肉强食(약육강식)	약한 자가 강한 자에게 먹힌다는 뜻으로, 강한 자가 약한 자를 희생시켜서 번영하거나, 약한 자가 강한 자에게 끝내는 멸망됨을 이르는 말
羊頭狗肉(양두구육)	양의 머리를 걸어 놓고 개고기를 판다는 뜻으로, 겉보기만 그럴듯하게 보이고 속은 변변하지 아니함을 이르는 말
養虎遺患(양호유환)	범을 길러서 화근을 남긴다는 뜻으로, 화근이 될 것을 길러서 후환을 당하게 됨을 이르는 말
言中有骨(언중유골)	말속에 뼈가 있다는 뜻으로, 예사로운 말속에 단단한 속뜻이 들어 있음을 이르는 말
烏飛梨落(오비이락)	까마귀 날자 배 떨어진다는 뜻으로, 아무 관계도 없이 한 일이 공교롭게도 때가 같아 억울하게 의심을 받거나 난처한 위치에 서게 됨을 이르는 말
龍頭蛇尾(용두사미)	용의 머리와 뱀의 꼬리라는 뜻으로, 처음은 왕성하나 끝이 부진한 현상을 이르는 말
愚公移山(우공이산)	우공이 산을 옮긴다는 뜻으로, 어떤 일이든 끊임없이 노력하면 반드시 이루어짐을 이르는 말
遠禍召福(원화소복)	화를 물리치고 복을 불러들임
類類相從(유유상종)	같은 무리끼리 서로 사귐
人面獸心(인면수심)	사람의 얼굴을 하고 있으나 마음은 짐승과 같다는 뜻으로, 마음이나 행동이 몹시 흉악함을 이르는 말
一擧兩得(일거양득)	한 가지 일을 하여 두 가지 이익을 얻음
立身揚名(입신양명)	출세하여 이름을 세상에 떨침 ≒ 立身出世(입신출세)
作心三日(작심삼일)	단단히 먹은 마음이 사흘을 가지 못한다는 뜻으로, 결심이 굳지 못함을 이르는 말
張三李四(장삼이사)	장씨의 셋째 아들과 이씨의 넷째 아들이라는 뜻으로, 이름이나 신분이 특별하지 아니한 평범한 사람들을 이르는 말
轉轉反側(전전반측)	누워서 몸을 이리저리 뒤척이며 잠을 이루지 못함
轉禍爲福(전화위복)	재앙과 근심, 걱정이 바뀌어 오히려 복이 됨
切磋琢磨(절차탁마)	옥이나 돌 따위를 갈고 닦아서 빛을 낸다는 뜻으로, 부지런히 학문과 덕행을 닦음을 이르는 말
切齒腐心(절치부심)	몹시 분하여 이를 갈며 속을 썩임

左之右之(좌지우지)	이리저리 제 마음대로 휘두르거나 다룸
晝耕夜讀(주경야독)	낮에는 농사짓고, 밤에는 글을 읽는다는 뜻으로, 어려운 여건 속에서도 꿋꿋이 공부함을 이르는 말
指鹿爲馬(지록위마)	윗사람을 농락하여 권세를 마음대로 함을 이르는 말
千載一遇(천재일우)	천 년 동안 단 한 번 만난다는 뜻으로, 좀처럼 만나기 어려운 좋은 기회를 이르는 말
靑山流水(청산유수)	푸른 산에 흐르는 맑은 물이라는 뜻으로, 막힘없이 썩 잘하는 말을 이르는 말
靑出於藍(청출어람)	쪽에서 뽑아낸 푸른 물감이 쪽보다 더 푸르다는 뜻으로, 제자나 후배가 스승이나 선배보다 나음을 이르는 말
快刀亂麻(쾌도난마)	잘 드는 칼로 마구 헝클어진 삼 가닥을 자른다는 뜻으로, 어지럽게 뒤얽힌 사물을 강력한 힘으로 명쾌하게 처리함을 이르는 말
他山之石(타산지석)	다른 산의 나쁜 돌이라도 자신의 산의 옥돌을 가는 데에 쓸 수 있다는 뜻으로, 본이 되지 않은 남의 말이나 행동도 자신의 지식과 인격을 수양하는 데에 도움이 될 수 있음을 이르는 말
泰然自若(태연자약)	마음에 어떠한 충동을 받아도 움직임이 없이 천연스러움 ≒ 晏然自若(안연자약)
兎死狗烹(토사구팽)	토끼가 죽으면 토끼를 잡던 사냥개도 필요 없게 되어 주인에게 삶아 먹히게 된다는 뜻으로, 필요할 때는 쓰고 필요 없을 때는 야박하게 버리는 경우를 이르는 말
風樹之嘆(풍수지탄)	효도를 다하지 못한 채 어버이를 여읜 자식의 슬픔을 이르는 말
風月主人(풍월주인)	맑은 바람과 밝은 달 따위의 아름다운 자연을 즐기는 사람
鶴首苦待(학수고대)	학의 목처럼 목을 길게 빼고 간절히 기다림
螢雪之功(형설지공)	반딧불·눈과 함께 하는 노력이라는 뜻으로, 고생을 하면서 부지런하고 꾸준하게 공부하는 자세를 이르는 말
狐假虎威(호가호위)	남의 권세를 빌려 위세를 부림
興盡悲來(흥진비래)	즐거운 일이 다하면 슬픈 일이 닥쳐온다는 뜻으로, 세상일은 순환되는 것임을 이르는 말

어법

어법 문제는 일상생활에서 틀리기 쉬운 한글 맞춤법과 표준어 규정이 주로 출제된다. 따라서 한글 맞춤법과 표준어 규정에 대한 지식을 바탕으로 옳고 그른 문장 표현을 가려낼 수 있도록 실제로 출제된 적이 있는 다양한 어법을 예문을 통해 정리하여 학습하는 것이 좋다.

1. 한글 맞춤법

① 된소리

한글 맞춤법 제5항	• 한 단어 안에서 뚜렷한 까닭 없이 나는 된소리는 다음 음절의 첫소리를 된소리로 적는다. 　예 거꾸로, 담뿍, 딱따구리, 몽땅, 엉뚱하다, 이따금 • 다만, 'ㄱ, ㅂ' 받침 뒤에서 나는 된소리는 같은 음절이나 비슷한 음절이 겹쳐 나는 경우가 아니면 된소리로 적지 아니한다. 　예 갑자기, 깍두기, 몹시, 법석, 싹둑

② 구개음화

한글 맞춤법 제6항	• 'ㄷ, ㅌ' 받침 뒤에 종속적 관계를 가진 '-이(-)'나 '-히-'가 올 적에는, 그 'ㄷ, ㅌ'이 'ㅈ, ㅊ'으로 소리 나더라도 'ㄷ, ㅌ'으로 적는다. 　예 굳이, 걷히다, 맏이, 묻히다, 샅샅이, 해돋이

③ 모음

한글 맞춤법 제8항	• '계, 례, 몌, 폐, 혜'의 'ㅖ'는 'ㅔ'로 소리 나는 경우가 있더라도 'ㅖ'로 적는다. 　예 계시다, 계집, 폐품, 혜택 • 다만, '偈(쉴 게), 揭(높이들 게), 憩(쉴 게)'는 본음인 'ㅔ'로 적는다. 　예 게시판(揭示板), 휴게실(休憩室)

④ 두음 법칙

한글 맞춤법 제10항	• 한자음 '녀, 뇨, 뉴, 니'가 단어 첫머리에 올 적에는, 두음 법칙에 따라 '여, 요, 유, 이'로 적는다. 　예 여자, 연도, 연세, 요소 • 다만, 의존 명사 '냥(兩), 냥쭝(兩-), 년(年)' 등은 두음 법칙을 적용하지 않는다. 　예 금 한 냥, 은 열 냥쭝, 삼십 년 • 단어의 첫머리 이외의 경우에는 본음대로 적는다. 　예 남녀, 당뇨, 은닉

한글 맞춤법 제10항	• 접두사처럼 쓰이는 한자가 붙어서 된 말이나 합성어에서, 뒷말의 첫소리가 'ㄴ' 소리로 나더라도 두음 법칙에 따라 적는다. 예 신여성, 공염불, 남존여비
한글 맞춤법 제11항	• 한자음 '랴, 려, 례, 료, 류, 리'가 단어의 첫머리에 올 적에는, 두음 법칙에 따라 '야, 여, 예, 요, 유, 이'로 적는다. 예 양심, 예의, 유행, 이발 • 다만, 의존 명사 '량(輛), 리(理, 里, 厘)' 등은 두음 법칙과 관계없이 본음대로 적는다. 예 다섯 량의 열차, 백 리, 그럴 리가 없다 • 단어의 첫머리 이외의 경우에는 본음대로 적는다. 예 개량, 도리, 선량, 쌍룡, 하류, 혼례 • 다만, 모음이나 'ㄴ' 받침 뒤에 이어지는 '렬, 률'은 '열, 율'로 적는다. 예 나열, 백분율, 분열, 비율, 실패율
한글 맞춤법 제12항	• 한자음 '라, 래, 로, 뢰, 루, 르'가 단어의 첫머리에 올 적에는, 두음 법칙에 따라 '나, 내, 노, 뇌, 누, 느'로 적는다. 예 낙원, 내일, 노인, 뇌성, 누각 • 단어의 첫머리 이외의 경우에는 본음대로 적는다. 예 가정란, 광한루, 극락, 비고란, 쾌락 • 다만, 고유어나 외래어 뒤에 결합하는 경우에는 두음 법칙을 적용하여 적는다. 예 어린이난, 어머니난, 가십난

⑤ 접미사가 붙어서 된 말

한글 맞춤법 제19항	• 어간에 '-이'나 '-음/-ㅁ'이 붙어서 명사로 된 것과 '-이'나 '-히'가 붙어서 부사로 된 것은 그 어간의 원형을 밝히어 적는다. 예 깊이, 높이, 미닫이, 쇠붙이, 벼훑이, 묶음, 앎, 얼음, 웃음 / 덧없이, 실없이, 짓궂이, 익히, 작히 • 다만, 어간에 '-이'나 '-음'이 붙어서 명사로 바뀐 것이라도 그 어간의 뜻과 멀어진 것은 원형을 밝히어 적지 아니한다. 예 고름, 너비, 목도리, 빈털터리, 코끼리 • 비교적 널리 결합하는 '-이, -음'과는 달리, 불규칙적으로 결합하는, 모음으로 시작된 접미사가 붙어서 다른 품사로 바뀐 것은, 그 원형을 밝히지 않고 소리 나는 대로 적는다. 예 꾸중, 늘그막, 코뚜레, 바투, 불긋불긋, 주섬주섬
한글 맞춤법 제20항	• 명사 뒤에 '-이'가 붙어서 된 말은 그 명사의 원형을 밝히어 적는다. 예 곳곳이, 낱낱이, 샅샅이, 바둑이, 외톨이, 절름발이 • '-이' 이외의 모음으로 시작된 접미사가 붙어서 된 말은 그 명사의 원형을 밝히어 적지 아니한다. 예 끄트머리, 모가지, 이파리, 터럭 • 예외적으로 발음이 굳어진 것은 관용에 따라 적는다. 예 모가치, 값어치, 벼슬아치, 반빗아치

한글 맞춤법 제21항	• 명사나 혹은 용언의 어간 뒤에 자음으로 시작된 접미사가 붙어서 된 말은 그 명사나 어간의 원형을 밝히어 적는다. 예 값지다, 넋두리, 부엌데기, 넓죽하다, 높다랗다, 늙다리, 읊조리다 • 다만, 겹받침의 끝소리가 드러나지 아니하는 것 또는 어원이 분명하지 아니하거나 본뜻에서 멀어진 것은 소리대로 적는다. 예 할짝거리다, 널따랗다, 널찍하다, 말쑥하다, 얄팍하다 / 납작하다, 넙치

⑥ 합성어 및 접두사가 붙은 말

한글 맞춤법 제29항	• 끝소리가 'ㄹ'인 말과 딴 말이 어울릴 적에 'ㄹ' 소리가 'ㄷ' 소리로 나는 것은 'ㄷ'으로 적는다. 예 반짇고리, 사흗날, 섣부르다, 이튿날, 잗다랗다
한글 맞춤법 제30항	• 사이시옷은 순우리말로 된 합성어로서 앞말이 모음으로 끝난 경우, 뒷말의 첫소리가 된소리 로 나는 것, 뒷말의 첫소리 'ㄴ, ㅁ' 앞에서 'ㄴ' 소리가 덧나는 것, 뒷말의 첫소리 모음 앞에서 'ㄴㄴ' 소리가 덧나는 것일 때 받치어 적는다. 예 선짓국, 아랫집, 햇볕 / 뒷머리, 냇물 / 허드렛일, 나뭇잎, 댓잎, 베갯잇 • 사이시옷은 순우리말과 한자어로 된 합성어로서 앞말이 모음으로 끝난 경우, 뒷말의 첫소리 가 된소리로 나는 것, 뒷말의 첫소리 'ㄴ, ㅁ' 앞에서 'ㄴ' 소리가 덧나는 것, 뒷말의 첫소리 모 음 앞에서 'ㄴㄴ' 소리가 덧나는 것일 때 받치어 적는다. 예 귓병, 자릿세, 전셋집, 햇수 / 제삿날, 툇마루, 양칫물 / 예삿일, 훗일 • 두 글자(한자어 형태소)로 된 한자어 중, 앞 글자의 모음 뒤에서 뒤 글자의 첫소리가 된소리 로 나는 6개 단어에만 사이시옷을 받치어 적는다. 예 곳간(庫間), 셋방(貰房), 숫자(數字), 찻간(車間), 툇간(退間), 횟수(回數)
한글 맞춤법 제31항	• 두 말이 어울릴 적에 'ㅂ' 소리나 'ㅎ' 소리가 덧나는 것은 소리대로 적는다. 예 댑싸리, 부릅뜨다, 햅쌀 / 살코기, 수캐, 암탉

⑦ 준말

한글 맞춤법 제40항	• 어간의 끝음절 '하'의 'ㅏ'가 줄고 'ㅎ'이 다음 음절의 첫소리와 어울려 거센소리로 될 적에는 거센소리로 적는다. 예 간편케(간편하게), 다정타(다정하다), 흔타(흔하다) • 'ㅎ'이 어간의 끝소리로 굳어진 것은 받침으로 적는다. 예 않다 - 않고 - 않지 - 않든지, 아무렇다 - 아무렇고 - 아무렇지 - 아무렇든지 • 어간의 끝음절 '하'가 아주 줄 적에는 준 대로 적는다. 예 거북지(거북하지), 생각건대(생각하건대), 깨끗지 않다(깨끗하지 않다), 섭섭지 않다(섭섭하지 않다)

⑧ 띄어쓰기

한글 맞춤법 제41항	• 조사는 그 앞말에 붙여 쓴다. 예 꽃밖에, 나가기는커녕, 나가면서까지도, 어디까지나, 집에서만이라도, 집에서처럼

한글 맞춤법 제42항	• 의존 명사는 띄어 쓴다. 　예 떠난 지가 오래다, 뜻한 바를 알다, 먹을 만큼 먹어라, 아는 이를 만나다, 할 수 있다
한글 맞춤법 제43항	• 단위를 나타내는 명사는 띄어 쓴다. 　예 세 그루, 밥 한 술, 집 한 채, 차 다섯 대, 토끼 두 마리 • 다만, 순서를 나타내는 경우나 숫자와 어울리어 쓰는 경우에는 붙여 쓸 수 있다. 　예 2미터, 500원, 3층, 사학년
한글 맞춤법 제45항	• 두 말을 이어주거나 열거할 적에 쓰이는 말들은 띄어 쓴다. 　예 국장 겸 과장, 열 내지 스물, 청군 대 백군, 사장 및 이사진
한글 맞춤법 제46항	• 단음절로 된 단어가 연이어 나타날 적에는 붙여 쓸 수 있다. 　예 그때 그곳, 내것 네것, 좀더 큰 이 새집
한글 맞춤법 제47항	• 보조 용언은 띄어 씀을 원칙으로 하되, 경우에 따라 붙여 씀도 허용한다. 　예 불이 꺼져 간다 - 불이 꺼져간다, 열어 놓다 - 열어놓다, 뛰어 본다 - 뛰어본다, 모르는 체한다 　 - 모르는체한다 • 다만, 앞말에 조사가 붙거나 앞말이 합성 용언인 경우, 그리고 중간에 조사가 들어갈 적에는 　그 뒤에 오는 보조 용언은 띄어 쓴다. 　예 물어만 보고, 밀어내 버렸다, 잘난 체를 한다, 집어넣어 둔다, 잡아매 둔다, 책을 읽어도 보고

2. 표준어 규정

① 발음 변화에 따른 표준어 규정

표준어 규정 제3항	• 다음 단어들은 거센소리를 가진 형태를 표준어로 삼는다. 　예 끄나풀, 나팔꽃, 녘, 부엌, 살쾡이, 칸, 털어먹다
표준어 규정 제5항	• 어원에서 멀어진 형태로 굳어져서 널리 쓰이는 것은, 그것을 표준어로 삼는다. 　예 강낭콩, 고삿, 사글세, 울력성당 • 다만, 어원적으로 원형에 더 가까운 형태가 아직 쓰이고 있는 경우에는, 그것을 표준어로 삼 　는다. 　예 갈비, 갓모, 굴젓, 말곁, 물수란, 밀뜨리다, 적이, 휴지
표준어 규정 제6항	• 다음 단어들은 의미를 구별함이 없이, 한 가지 형태만을 표준어로 삼는다. 　예 돌, 둘째, 셋째, 넷째, 빌리다 • 다만, '둘째'는 십 단위 이상의 서수사에 쓰일 때에 '두째'로 한다. 　예 열두째, 스물두째

표준어 규정 제7항	• 수컷을 이르는 접두사는 '수-'로 통일한다. 　예 수꿩, 수나사, 수놈, 수사돈, 수소, 수은행나무 • 다만, 1. 다음 단어에서는 접두사 다음에서 나는 거센소리를 인정한다. 접두사 '암-'이 결합되는 경우에도 이에 준한다. 　예 수캉아지, 수캐, 수컷, 수키와, 수탉, 수탕나귀, 수톨쩌귀, 수퇘지, 수평아리 • 다만, 2. 발음상 사이시옷과 비슷한 소리가 있다고 판단되는 다음 단어의 접두사는 '숫-'으로 한다. 　예 숫양, 숫염소, 숫쥐
표준어 규정 제8항	• 양성 모음이 음성 모음으로 바뀌어 굳어진 다음 단어는 음성 모음 형태를 표준어로 삼는다. 　예 깡충깡충, -둥이(바람-, 흰-, 막-), 발가숭이, 보퉁이, 봉죽, 뻗정다리, 아서, 아서라, 오뚝이, 주추 • 다만, 어원 의식이 강하게 작용하는 다음 단어에서는 양성 모음 형태를 그대로 표준어로 삼는다. 　예 부조(扶助), 사돈(査頓), 삼촌(三寸)
표준어 규정 제9항	• 'ㅣ' 역행 동화 현상에 의한 발음은 원칙적으로 표준 발음으로 인정하지 아니하되, 다만 다음 단어들은 그러한 동화가 적용된 형태를 표준어로 삼는다. 　예 -내기(서울-, 시골-, 풋-), 냄비, 동댕이치다 • 현실 언어에 맞게 다음 단어는 'ㅣ' 역행 동화가 일어나지 아니한 형태를 표준어로 삼는다. 　예 아지랑이 • 기술자에게는 '-장이', 그 외에는 '-쟁이'가 붙는 형태를 표준어로 삼는다. 　예 미장이, 유기장이 / 멋쟁이, 소금쟁이, 담쟁이덩굴, 골목쟁이, 발목쟁이
표준어 규정 제10항	• 다음 단어는 모음이 단순화한 형태를 표준어로 삼는다. 　예 -구먼, 괴팍하다, 미루나무, 미륵, 여느, 온달, 으레, 케케묵다, 허우대, 허우적허우적
표준어 규정 제12항	• '웃-' 및 '윗-'은 명사 '위'에 맞추어 '윗-'으로 통일한다. 　예 윗넓이, 윗눈썹, 윗니, 윗당줄, 윗덧줄, 윗도리, 윗동아리, 윗막이, 윗머리, 윗목, 윗몸, 윗바람 • 다만, 1. 된소리나 거센소리 앞에서는 '위-'로 한다. 　예 위짝, 위쪽, 위채, 위층 • 다만, 2. '아래, 위'의 대립이 없는 단어는 '웃-'으로 발음되는 형태를 표준어로 삼는다. 　예 웃국, 웃기, 웃돈, 웃비, 웃어른, 웃옷
표준어 규정 제14항	• 준말이 널리 쓰이고 본말이 잘 쓰이지 않는 경우에는, 준말만을 표준어로 삼는다. 　예 귀찮다, 김, 똬리, 무, 미다, 뱀, 뱀장어, 빔, 샘, 생쥐, 솔개, 온갖, 장사치 • 다만, 어원적으로 원형에 더 가까운 형태가 아직 쓰이고 있는 경우에는, 그것을 표준어로 삼는다. 　예 갈비, 갓모, 굴젓, 말곁, 물수란, 밀뜨리다, 적이, 휴지
표준어 규정 제15항	• 준말이 쓰이고 있더라도, 본말이 널리 쓰이고 있으면 본말을 표준어로 삼는다. 　예 경황없다, 궁상떨다, 귀이개, 낌새, 낙인찍다, 내왕꾼, 돗자리, 뒤웅박, 뒷물대야, 마구잡이, 맵자하다 • 다음과 같이 명사에 조사가 붙은 경우에도 이 원칙을 적용한다. 　예 아래로

표준어 규정 제16항	• 준말과 본말이 다 같이 널리 쓰이면서 준말의 효용이 뚜렷이 인정되는 것은, 두 가지를 다 표준어로 삼는다. 예 거짓부리 - 거짓불, 노을 - 놀, 막대기 - 막대, 망태기 - 망태, 머무르다 - 머물다, 서두르다 - 서둘다
표준어 규정 제17항	• 비슷한 발음의 몇 형태가 쓰일 경우, 그 의미에 아무런 차이가 없고, 그중 하나가 더 널리 쓰이면, 그 한 형태만을 표준어로 삼는다. 예 구어박다, 귀고리, 귀지, 꼭두각시, 내숭스럽다, 더부룩하다, 봉숭아, 옹골차다, 코맹맹이
표준어 규정 제19항	• 어감의 차이를 나타내는 단어 또는 발음이 비슷한 단어들이 다 같이 널리 쓰이는 경우에는, 그 모두를 표준어로 삼는다. 예 거슴츠레하다 - 게슴츠레하다, 고까 - 꼬까, 고린내 - 코린내, 교기(驕氣) - 갸기, 구린내 - 쿠린내, 꺼림하다 - 께름하다, 나부랭이 - 너부렁이

② 어휘 선택의 변화에 따른 표준어 규정

표준어 규정 제20항	• 사어(死語)가 되어 쓰이지 않게 된 단어는 고어로 처리하고, 현재 널리 사용되는 단어를 표준어로 삼는다. 예 난봉, 낭떠러지, 설거지하다, 애달프다, 오동나무, 자두
표준어 규정 제21항	• 고유어 계열의 단어가 널리 쓰이고 그에 대응되는 한자어 계열의 단어가 용도를 잃게 된 것은, 고유어 계열의 단어만을 표준어로 삼는다. 예 가루약, 구들장, 길품삯, 까막눈, 꼭지미역, 나뭇갓, 늙다리, 두껍닫이, 떡암죽, 마른갈이, 마른빨래
표준어 규정 제22항	• 고유어 계열의 단어가 생명력을 잃고 그에 대응되는 한자어 계열의 단어가 널리 쓰이면, 한자어 계열의 단어를 표준어로 삼는다. 예 겸상, 고봉밥, 단벌, 마방집, 민망스럽다, 면구스럽다, 방고래, 부항단지, 산누에, 총각무
표준어 규정 제23항	• 방언이던 단어가 표준어보다 더 널리 쓰이게 된 것은, 그것을 표준어로 삼는다. 이 경우, 원래의 표준어는 그대로 표준어로 남겨 두는 것을 원칙으로 한다. 예 멍게 - 우렁쉥이, 물방개 - 선두리, 애순 - 어린순
표준어 규정 제25항	• 의미가 똑같은 형태가 몇 가지 있을 경우, 그중 어느 하나가 압도적으로 널리 쓰이면, 그 단어만을 표준어로 삼는다. 예 -게끔, 고구마, 광주리, 까치발, 농지거리, 담배꽁초, 부지깽이, 붉으락푸르락, 샛별, 쌍동밤, 칡범
표준어 규정 제26항	• 한 가지 의미를 나타내는 형태 몇 가지가 널리 쓰이며 표준어 규정에 맞으면, 그 모두를 표준어로 삼는다. 예 가는허리 - 잔허리, 가락엿 - 가래엿, 개수통 - 설거지통, 넝쿨 - 덩굴, 땅콩 - 호콩, 말동무 - 말벗, 목화씨 - 면화씨

3. 외래어 표기 규정

- adapter: 아답터(X) → 어댑터(O)
- accessory: 악세서리(X) → 액세서리(O)
- alcohol: 알콜(X) → 알코올(O)
- barbecue: 바베큐(X) → 바비큐(O)
- battery: 밧데리(X) → 배터리(O)
- buzzer: 부저(X) → 버저(O)
- bonnet: 본네트(X) → 보닛(O)
- body: 바디(X) → 보디(O)
- block: 블럭(X) → 블록(O)
- blouse: 브라우스(X) → 블라우스(O)
- business: 비지니스(X) → 비즈니스(O)
- counselor: 카운셀러(X) → 카운슬러(O)
- curtain: 커텐(X) → 커튼(O)
- carpet: 카페트(X) → 카펫(O)
- cunning: 컨닝(X) → 커닝(O)
- chocolate: 초콜렛(X) → 초콜릿(O)
- dynamic: 다이나믹(X) → 다이내믹(O)
- dial: 다이알(X) → 다이얼(O)
- directory: 디렉토리(X) → 디렉터리(O)
- endorphin: 엔돌핀(X) → 엔도르핀(O)
- flash: 플래쉬(X) → 플래시(O)
- festival: 페스티발(X) → 페스티벌(O)
- juice: 쥬스(X) → 주스(O)
- jacket: 자켓(X) → 재킷(O)
- jazz: 째즈(X) → 재즈(O)
- ketchup: 케찹(X) → 케첩(O)
- license: 라이센스(X) → 라이선스(O)
- leadership: 리더쉽(X) → 리더십(O)
- mania: 매니아(X) → 마니아(O)
- massage: 맛사지(X) → 마사지(O)

- mammoth: 맘모스(X) → 매머드(O)
- message: 메세지(X) → 메시지(O)
- mechanism: 매커니즘(X) → 메커니즘(O)
- mystery: 미스테리(X) → 미스터리(O)
- milk shake: 밀크쉐이크(X) → 밀크셰이크(O)
- nonsense: 넌센스(X) → 난센스(O)
- narration: 나레이션(X) → 내레이션(O)
- outlet: 아울렛(X) → 아웃렛(O)
- pamphlet: 팜플렛(X) → 팸플릿(O)
- propose: 프로포즈(X) → 프러포즈(O)
- running shirt: 런닝셔츠(X) → 러닝셔츠(O)
- rent-a-car: 렌트카(X) → 렌터카(O)
- robot: 로보트(X) → 로봇(O)
- royalty: 로얄티(X) → 로열티(O)
- remote control: 리모콘(X) → 리모컨(O)
- report: 레포트(X) → 리포트(O)
- sandal: 샌달(X) → 샌들(O)
- shadow: 섀도우(X) → 섀도(O)
- sunglass: 선글래스(X) → 선글라스(O)
- set: 셋트(X) → 세트(O)
- sausage: 소세지(X) → 소시지(O)
- sofa: 쇼파(X) → 소파(O)
- supermarket: 수퍼마켓(X) → 슈퍼마켓(O)
- snack: 스넥(X) → 스낵(O)
- schedule: 스케쥴(X) → 스케줄(O)
- staff: 스탭(X) → 스태프(O)
- sponge: 스폰지(X) → 스펀지(O)
- symposium: 심포지움(X) → 심포지엄(O)
- towel: 타올(X) → 타월(O)
- Valentine Day: 발렌타인데이(X) → 밸런타인데이(O)

해커스공기업
PSAT
기출로 끝내는
NCS

의사소통 집중 공략

개정 2판 3쇄 발행 2024년 11월 25일

개정 2판 1쇄 발행 2022년 9월 7일

지은이	해커스 취업교육연구소
펴낸곳	㈜챔프스터디
펴낸이	챔프스터디 출판팀

주소	서울특별시 서초구 강남대로61길 23 ㈜챔프스터디
고객센터	02-537-5000
교재 관련 문의	publishing@hackers.com
	해커스잡 사이트(ejob.Hackers.com) 교재 Q&A 게시판
학원 강의 및 동영상강의	ejob.Hackers.com

ISBN	978-89-6965-308-6 (13320)
Serial Number	02-03-01

취업교육 1위,
해커스잡(ejob.Hackers.com)

해커스잡

· 의사소통 고득점 달성을 위한 **매일 한 장 어휘/어법 문제**
· **NCS PSAT형 및 대기업 적성검사 온라인 모의고사**(교재 내 응시권 수록)
· **공기업 전문 스타강사의 본 교재 인강**(교재 내 할인쿠폰 수록)

"1분 레벨테스트"로
바로 확인하는 내 토익 레벨! ▶

▌토익 교재 시리즈

유형+문제

~450점 왕기초	450~550점 입문	550~650점 기본	650~750점 중급	750~900점 이상 정규

현재 점수에 맞는 교재를 선택하세요! ⇦⇨ : 교재별 학습 가능 점수대

해커스 토익
왕기초 리딩 / 해커스 토익 왕기초 리스닝

해커스 첫토익
LC+RC+VOCA

해커스 토익 스타트 리딩 / 해커스 토익 스타트 리스닝

해커스 토익 700+
[LC+RC+VOCA]

해커스 토익
750+ RC / 해커스 토익 750+ LC

해커스 토익
리딩 / 해커스 토익 리스닝

해커스 토익
Part 7 집중공략 777

실전모의고사

해커스 토익
실전 LC+RC

해커스 토익
실전 1200제 리딩 / 해커스 토익 실전 1200제 리스닝

해커스 토익
실전 1000제 1 리딩/리스닝
(문제집 + 해설집)

해커스 토익
실전 1000제 2 리딩/리스닝
(문제집 + 해설집)

해커스 토익
실전 1000제 3 리딩/리스닝
(문제집 + 해설집)

보카

해커스 토익
기출 보카

문법·독해

그래머
게이트웨이
베이직

그래머
게이트웨이
베이직
Light Version

그래머
게이트웨이
인터미디엇

해커스
그래머 스타트

해커스
구문독해 100

▌토익스피킹 교재 시리즈

해커스 토익스피킹
스타트

만능 템플릿과 위기탈출 표현으로
해커스 토익스피킹
5일 완성

해커스 토익스피킹

해커스 토익스피킹
실전모의고사 15회

▌오픽 교재 시리즈

해커스 오픽 스타트
[Intermediate 공략]

서베이부터 실전까지
해커스 오픽 매뉴얼

해커스 오픽
[Advanced 공략]

해커스공기업

PSAT
기출로 끝내는 의사소통
집중 공략
NCS

최신판

약점 보완 해설집

ⅢⅢ 해커스잡

해커스공기업

PSAT
기출로 끝내는
NCS

의사소통
집중 공략

약점 보완 해설집

해커스

PART 1 문제 유형별 공략

1 ④   **2** ⑤   **3** ⑤   **4** ④   **5** ④

1

정답 ④

독해력 UP 지문 분석

분야/주제

인문/인간 존엄성 개념에 대한 비판

화자의 견해

A	인간 존엄성에 대해서는 사람마다 생각이 달라 불명확하며, 쟁점은 자율성의 존중 및 생명의 가치에 관한 문제이다.
B	인간 존엄성은 종교적 문헌의 영향이며, 신이 부여한 특별한 지위로 생각하는 점으로 인해 인간이 아닌 종 및 환경을 인간이 마음대로 하는 오만이 생겨났다.
C	인간 존엄성은 근대 휴머니즘의 유산이자 종족주의의 한 표현으로서, 서로를 가치 있게 여기도록 만들면서 인간 외의 다른 존재에 대한 폭력적 처사를 정당화하는 근거로 작용한다.

정답 체크

ㄴ. C는 인간 존엄성이 인간 중심적인 견해를 옹호해 온 근대 휴머니즘의 유산이며, 인간이 대상이라면 용납하지 않았을 폭력적 처사를 정당화하는 근거로 활용된다고 하였으므로 C의 주장은 화장품 안전성 검사 시 동물실험 금지를 촉구하는 근거로 활용될 수 있으므로 적절한 내용이다.

ㄷ. B는 인간 존엄성이 신에게서 부여받은 특별한 지위라고 생각해 인간이 아닌 종에 대해 마음대로 해도 된다는 오만이 생겨났다고 주장하고 있으며, C는 인간 존엄성이 인간 외 다른 존재에 대한 폭력적 처사를 정당화하는 근거로 작용한다고 주장하고 있어 B와 C는 인간에게 특권적 지위를 부여하는 인간 중심적인 생각을 비판한다는 점에서 공통적이므로 적절한 내용이다.

오답 체크

ㄱ. A는 인간 존엄성은 존엄사를 옹호 또는 반대하는 논증 모두에서 사용되며, 자율성의 존중이란 뜻으로 활용된다고 주장하고 있으므로 존엄사를 인정한 연명의료결정법은 A의 주장을 약화시키지 않으므로 적절하지 않은 내용이다.

2

정답 ⑤

독해력 UP 지문 분석

분야/주제

인문/우리나라 교육이 변화해야 할 방향

문단별 중심 내용

1문단	우리나라의 교육은 빠르게 변화하는 직업 환경을 따라가기에 부족하다.
2문단	교육은 변화하는 직업 환경에 적응하는 능력을 키우는 것에 초점을 맞추어야 한다.
3문단	핀란드, 말레이시아, 아르헨티나 등 세계의 여러 나라가 새로운 환경 변화에 대비할 수 있도록 교육하고 있으며, 우리나라도 이러한 방향으로 교육을 개혁해야 한다.

정답 체크

이 글은 기존의 교육 패러다임으로는 직업생태계의 빠른 변화에 대응하기 어렵기 때문에 변화하는 직업 환경에 성공적으로 대응하는 능력을 키워주는 방향으로 교육을 개혁해야 하며, 이에 대한 근거로 세계 여러 나라의 교육 개혁 내용을 소개하는 내용이므로 이 글의 중심 내용으로 가장 적절한 것은 ⑤이다.

오답 체크

① 글 전체에서 한 국가의 교육이 당대의 직업구조에 영향을 받는지에 대해서는 다루고 있지 않으므로 적절하지 않은 내용이다.

② 2문단에서 2030년에는 현존하는 직종 중 80%가 사라질 것이라고 서술하고 있지만, 이는 변화하는 직업에 성공적으로 대응할 수 있는 교육이 이루어져야 한다는 주장의 근거로 글 전체를 포괄할 수 없으므로 적절하지 않은 내용이다.

③ 3문단에서 세계 여러 나라가 변화하는 세상에 대응하는 능력에 초점을 맞추어 교육을 개혁하고 있다고 서술하고 있지만, 글 전체를 포괄할 수 없으므로 적절하지 않은 내용이다.

④ 2문단에서 변화하는 직업 환경에 성공적으로 대응하는 능력을 기르는 교육이 필요하다고 서술하고 있지만, 유망 직업을 예측하는 일이 중요한지는 확인할 수 없으므로 적절하지 않은 내용이다.

3

독해력 UP 지문 분석

분야/주제
사회/19세기 후반부터 담론 및 실천 차원에서 표명되고 있는 한반도 공화제적 원리

문단별 중심 내용

1문단	19세기 후반부터 한반도 공공 영역의 담론 및 정치적 실천 차원에서 표명된 공화제적 원리
2문단	공화제적 원리 사례(1): 국민 스스로 정치적 주체가 되고자 시도했던 만민공동회
3문단	공화제적 원리 사례(2): 예산공개 원칙과 일치하는 것으로, 정치는 국민과의 협의하에 해야 한다는 공화주의의 원리를 보여주는 <헌의 6조>

정답 체크

이 글은 19세기 후반부터 한반도에서 공화제적 원리가 만민공동회와 <헌의 6조>를 통해 공공 영역의 담론 및 정치적 실천 차원에서 표명되고 있었다는 내용이므로 이 글의 핵심 내용으로 가장 적절한 것은 ⑤이다.

오답 체크

① 2문단에서 만민공동회가 전제 정부가 법으로 제한하려 했던 정치 참여를 국민 스스로 쟁취하여 정치 체제 변화를 이끌고자 했음을 서술하고 있지만, 글 전체를 포괄할 수 없으므로 적절하지 않은 내용이다.

②, ③ 3문단에서 19세기 후반 관민공동회에서 발표한 <헌의 6조> 제3조에 명시된 "예산과 결산은 국민에게 공표할 일"은 오늘날의 예산공개 원칙과 정확하게 일치함을 서술하고 있지만, 글 전체를 포괄할 수 없으므로 적절하지 않은 내용이다.

④ 2문단에서 공화제적 원리는 1898년에 출현한 만민공동회에서 그 내용을 명확하게 확인할 수 있음을 서술하고 있지만, 글 전체를 포괄할 수 없으므로 적절하지 않은 내용이다.

4

독해력 UP 지문 분석

분야/주제
과학/어미 쥐에게 핥인 정도에 따른 새끼 쥐의 GR 유전자 발현에 대한 연구 결과

문단별 중심 내용

1문단	어미가 많이 핥은 새끼는 그렇지 않은 새끼보다 외부 스트레스에 무디게 반응한다는 연구 결과
2문단	어미가 많이 핥은 새끼는 그렇지 않은 새끼보다 GR 수가 많고, GR 유전자의 발현을 촉진하는 NGF 단백질 수치가 높다는 연구 결과
3문단	어미가 많이 핥은 새끼가 그렇지 않은 새끼보다 스트레스에 무디게 반응하는 이유

정답 체크

이 글은 어미가 많이 핥은 새끼는 그렇지 않은 새끼보다 GR의 수와 GR 유전자 발현을 촉진하는 NGF 단백질 수치가 더 높았으며, 이로 인해 같은 스트레스를 받아도 상대적으로 둔감하다는 내용이므로 ㉠으로 가장 적절한 것은 ④이다.

문제 풀이 TIP

글 전체를 이해하여 추론해야 하는 경우 선택지를 먼저 읽고 어떤 내용을 중심으로 글을 읽어야 하는지 확인한 뒤 문제를 풀이한다.

5

독해력 UP 지문 분석

분야/주제
과학/생존과 번식에 유리한 합리적 선택

문단별 중심 내용

1문단	배우자 후보 중 사냥 능력이 우수한 α와 위험 회피 능력이 우수한 β가 있을 때 개체가 선택하는 배우자와 두 능력의 중간치인 γ 등장했을 경우 개체의 배우자 판단 기준은 변화하게 된다.
2문단	동물의 배우자 선택 시 새로운 배우자 후보 출현 시 기존의 판단 기준 유지 가설 또는 판단 기준에 변화가 발생한다는 가설 입증을 위해 실험을 진행하였다.
실험	X 개구리 암컷은 수컷이 울음소리가 일정할수록 선호하고, 울음소리 빈도가 높을수록 선호하는데, 상황 1에서는 수컷 두 마리의 울음소리만 들려주고 상황 2에서는 수컷 세 마리의 울음소리를 들려주고 암컷이 어디로 이동하는지 확인하였다.

정답 체크

ㄴ. 상황 1에서 울음소리 톤이 가장 일정하면서 울음소리 빈도가 가장 낮은 C와 울음소리 톤이 가장 일정하지 않으면서 울음소리 빈도가 C보다 높은 B의 울음소리를 들은 암컷이 B로 이동했다가 상황 2에서 울음소리 톤이 B보다 높으면서 울음소리 빈도가 가장 높은 A의 울음소리를 들은 암컷이 A로 이동했다면 ㉠은 강화되며, ㉡은 강화되지 않으므로 적절한 내용이다.

ㄷ. 상황 1에서 울음소리 톤이 B보다 높으면서 울음소리 빈도가 가장 높은 A와 울음소리 톤이 가장 일정하면서 울음소리 빈도가 가장 낮은 C의 울음소리를 들은 암컷이 C로 이동했다가 상황 2에서 A로 이동했다면 ㉠은 강화되지 않지만, ㉡은 강화되므로 적절한 내용이다.

오답 체크

ㄱ. 상황 1에서 울음소리 톤이 B보다 높으면서 울음소리 빈도가 가장 높은 A와 울음소리 톤이 가장 일정하지 않으면서 울음소리 빈도가 C보다 높은 B의 울음소리를 들은 암컷이 A로 이동했다가 상황 2에서 C로 이동했다면 ㉠이 강화되지만, ㉡은 강화되지 않으므로 적절하지 않은 내용이다.

DAY 02 중심 내용 파악 ② p.27

1 ⑤ **2** ⑤ **3** ② **4** ② **5** ②
6 ④

1

독해력 UP 지문 분석

분야/주제
과학/입자이론과 파동이론의 특징

문단별 중심 내용

1문단	빛이 빠르게 운동하고 있는 아주 작은 입자들의 흐름으로 구성된다는 입자이론과 빛이 매질을 통해 파동처럼 퍼져나간다는 파동이론
2문단	파동이론에 따르면 빛의 색깔은 파장에 의해 달라지며, 입자이론에 따르면 빛의 속도는 색에 의해 달라지지 않음
3문단	입자이론과 파동이론의 검증을 위해 시행된 평면 거울 실험

정답 체크

ㄱ. 2문단에서 입자이론에 따르면 공기 및 물속 모두 빛의 속도는 색깔에 따라 달라지지 않는다고 하였으며, 3문단에서 두 빛이 서로 다른 속도를 가진다면 더 빨리 평면거울에 도착한 빛일수록 스크린 오른쪽에 맺힌다고 하였으므로 적절한 내용이다.

ㄴ, ㄷ. 2문단에서 파동이론에 따르면 빛의 색깔은 파장에 따라 달라지며, 3문단에서 두 빛이 서로 다른 속도를 가진다면 더 빨리 평면거울에 도착한 빛일수록 스크린 오른쪽에, 더 늦게 도착한 빛일수록 스크린 왼쪽에 맺힌다고 하였으므로 적절한 내용이다.

4 온/오프라인 취업강의·무료 취업자료 ejob.Hackers.com

2

정답 ⑤

독해력 UP 지문 분석

분야/주제
인문/정보의 개념 정의에 대한 진리 중립성 논제 진영과 진리성 논제 진영의 논쟁

문단별 중심 내용

1문단	진리 중립성 논제의 관점에 따른 정보의 자격 조건
2문단	플로리디가 주장하는 진리성 논제와 이를 받아들이는 그라이스의 주장
3문단	정보 개념의 역할에 대한 진리 중립성 논제 진영과 진리성 논제 진영의 근본적인 견해 차이

정답 체크

진리성 논제를 비판하는 사람들은 자료의 내용이 그것을 이해하려는 주체의 인지 행위에서 분명한 역할을 수행하기 때문에 틀린 정보도 정보로 인정해야 한다고 주장하였으므로 거짓으로 밝혀질 자료도 이를 믿는 이의 인지 행위에서 분명한 역할을 할 경우 정보로 볼 수 있다는 비판이 가장 적절한 내용이다.

3

정답 ②

독해력 UP 지문 분석

분야/논쟁점
기술/기술의 발전에 따른 풍요와 격차 중 무엇이 더 중요한가?

화자의 견해

(가)	기술의 발전은 경제적 풍요와 격차를 모두 가져온다.
(나)	기술의 발전에 따른 격차도 풍요에 기반하기 때문에 기술의 발전에 따른 풍요가 더 중요하다.
(다)	중산층들이 과거보다 경제적으로 더 취약해졌기 때문에 기술의 발전에 따른 격차가 더 중요하다.

정답 체크

ㄴ. (나)에서 기술 발전에 따른 격차가 발생하는 것을 인정하지만 모든 사람의 경제적 삶이 나아지고 있기 때문에 모든 사람의 삶이 풍요로워지는 데 초점을 맞춰야 한다고 한 점에서 기술 발전이 전 세계의 가난한 사람들에게도 도움을 주며, 휴대전화 등의 혁신사례들이 모든 사람의 소득과 기타 행복 수준을 개선한다는 연구 결과는 (나)의 논지를 강화하므로 적절한 내용이다.

오답 체크

ㄱ. (가)에서 기술의 발전은 경제적 풍요뿐만 아니라 부, 소득, 생활 수준, 발전 기회 등에서의 격차를 모두 가져온다고 한 점에서 현재의 정보기술은 덜 숙련된 노동자보다 숙련된 노동자를 선호하고, 노동자보다 자본가에게 돌아가는 수익을 늘린다는 사실은 (가)의 논지를 강화하므로 적절하지 않은 내용이다.

ㄷ. (다)에서 기술 발전에 따른 격차로 인해 삶에서 중요한 항목에 필요한 비용의 증가율이 가계 소득의 증가율보다 훨씬 더 높아지고 있다고 한 점에서 기술 발전에 따른 경제적 풍요가 엄청나게 벌어진 격차를 보상할 만큼은 아님을 보여주는 자료는 (다)의 논지를 강화하므로 적절하지 않은 내용이다.

문제 풀이 TIP

특정 대상에 대한 여러 인물의 견해가 제시되는 글의 경우 각각의 주장과 근거, 사실과 견해를 파악하며 문제를 풀이한다.

4

정답 ②

독해력 UP 지문 분석

분야/논쟁점
과학/높은 온도의 물이 더 빨리 어는 현상의 원인은 무엇인가?

화자의 견해

A	대류 현상으로 인해 차가운 물보다 따뜻한 물이 외부로 열을 더 빨리 뺏기기 때문이다.
B	온도에 따른 물 분자의 활동성 차이로 따뜻한 물의 질량이 차가운 물의 질량보다 상대적으로 작아지기 때문이다.
C	용해기체가 많으면 어는점이 더 많이 떨어지는 원리로 인해 따뜻한 물보다 용해기체가 더 많은 차가운 물의 어는점이 상대적으로 낮아지기 때문이다.

정답 체크

ㄴ. B는 차가운 물보다 따뜻한 물의 물 분자들이 더 활발히 활동하기 때문에 따뜻한 물에서 물의 증발이 더 잘 일어나고, 이에 따라 상대적으로 질량이 작아진 따뜻한 물이 차가운 물보다 빨리 언다고 한 점에서 따뜻한 물과 차가운 물을 얼리는 과정에서 차가운 물보다 따뜻한 물에서 증발한 물의 질량이 더 크다면 B의 주장은 강화되므로 적절한 내용이다.

ㄱ. A는 대류 현상이 활발하면 물이 빨리 식고, 이러한 대류 현상이 차가운 물보다 따뜻한 물에서 더 활발하여 따뜻한 물이 차가운 물보다 빨리 언다고 한 점에서 다른 조건이 동일할 때 용기 내부의 대류를 억제한 실험에서도 따뜻한 물이 먼저 언다면 A의 주장은 약화되므로 적절하지 않은 내용이다.

ㄷ. C는 용해기체가 많을수록 어는점이 더 많이 떨어지고, 따뜻한 물보다 차가운 물에 용해기체가 더 많이 녹아 있어 상대적으로 어는점이 높은 따뜻한 물이 먼저 언다고 한 점에서 따뜻한 물을 얼린 얼음보다 차가운 물을 얼린 얼음에 포함된 용해기체의 양이 더 많다면 C의 주장은 강화되므로 적절하지 않은 내용이다.

문제 풀이 TIP

특정 화제에 대해 다양한 견해가 제시되는 경우 각 견해의 중심 주장 및 그 근거를 파악하며 문제를 풀이한다. 이때 화자 간의 견해 차이가 무엇인지 구분하며 읽어 나가야 한다.

[5-6]

독해력 UP 지문 분석

분야/주제

인문/에피쿠로스의 자연학과 윤리학

문단별 중심 내용

1문단	결정론적 세계관에서 비롯된 두려움에서 벗어나 인간이 행복에 이를 수 있도록 자연학을 바탕으로 사상을 전개한 에피쿠로스
2문단	이신론적 관점에 따라 신이 인간사에 개입하지 않으며 인간의 행복도 인간 자신에 의해 완성된다고 주장한 에피쿠로스의 자연학
3문단	인간은 육체 소멸 시 영혼도 소멸하여 사후 심판을 받지 않으므로 죽음을 두려워할 필요가 없다고 주장한 에피쿠로스의 자연학
4문단	우주와 인간의 세계에 대한 비결정론적 이해를 가능하게 하는 에피쿠로스의 자연학
5문단	쾌락주의 윤리학을 바탕으로 인간이 행복 실현을 추구할 수 있는 방안을 제시한 에피쿠로스

5

정답 ②

정답 체크

이 글은 1문단에서 인간이 결정론적 세계관에서 벗어나 행복에 이를 수 있도록 자연학을 바탕으로 사상을 전개했다는 에피쿠로스 사상의 목적을 제시하고, 2~4문단에서 이신론적 관점을 바탕으로 신과 인간의 관계, 인간의 영혼과 육체의 관계, 우주와 인간의 세계에 대한 관계를 중심으로 에피쿠로스 사상을 구체적으로 설명한 뒤, 5문단에서 에피쿠로스가 쾌락주의 윤리학을 바탕으로 인간이 영혼이 안정된 상태에서 행복 실현을 추구할 수 있는 방안을 제시했다는 데 의의가 있음을 밝히고 있으므로 이 글의 표제와 부제로 가장 적절한 것은 ②이다.

오답 체크

① 1문단에서 에피쿠로스 사상의 성립 배경을 서술하고 있지만, 우주와 인간 세계에 대한 신의 개입 여부를 중심으로 설명하고 있으므로 적절하지 않은 내용이다.

③ 에피쿠로스 사상에 대한 비판과 옹호 및 사상의 한계와 발전적 계승에 대해서는 다루고 있지 않으므로 적절하지 않은 내용이다.

④ 에피쿠로스 사상을 둘러싼 논쟁과 이견 및 당대 세계관과의 비교에 대해서는 다루고 있지 않으므로 적절하지 않은 내용이다.

⑤ 에피쿠로스 사상의 현대적 수용과 효용성 및 행복과 쾌락의 상관성에 대해서는 다루고 있지 않으므로 적절하지 않은 내용이다.

문제 풀이 TIP

표제와 부제를 묻는 경우 선택지에서 핵심 키워드를 먼저 확인하고 글에서 확인할 수 없는 내용을 다루는 선택지는 빠르게 소거한다.

6

정답 ④

정답 체크

1문단에서 에피쿠로스는 신에 의해 우주가 운행된다는 믿음은 잘못된 믿음이라고 하였고, 2~4문단에서 ㉠ 이신론적 관점을 주장함으로써 인간의 세계는 신이 아니라 인간에 의해 결정되며 ㉡ 자연학에 따라 우주와 인간의 세계에 신의 관여가 없다고 하였으며, 5문단에서 ㉢ 윤리학을 바탕으로 인간이 영혼이 안정된 상태에서 행복 실현을 추구할 수 있는 방안을 제시했다고 하였으므로 ㉠과 ㉡은 잘못된 믿음에서 벗어날 수 있는 근거를, ㉢은 행복에 이르도록 하는 방법을 제시하였음을 알 수 있다.

1 ③   **2** ⑤   **3** ④   **4** ④   **5** ①

1
정답 ③

독해력 UP 지문 분석

분야/주제

사회/우리나라 행정부의 특징

문단별 중심 내용

1문단	우리나라 행정부의 구성
2문단	미국 대통령제의 각료회의와 영국 의원내각제의 내각과는 법적 성격이 다른 우리나라 국무회의
3문단	우리나라 국무회의와 일반 대통령 자문기관의 공통점과 차이점
4문단	행정각부 장의 국무위원으로서의 지위와 행정관청으로서의 지위

정답 체크

3문단에서 우리나라 대통령은 국무회의의 심의 결과에 구속되지 않는다고 하였으므로 국무회의 심의 결과가 대통령을 구속한다는 점에서 국가의사를 표시하는 것은 아님을 알 수 있다.

오답 체크

① 1문단에서 행정부에 속한 감사원은 대통령 소속으로 있다고 하였으므로 적절한 내용이다.

② 2문단에서 우리나라 국무회의는 정부의 주요 정책에 대한 최고 심의기관이며 영국 의원내각제의 내각은 의결기관이라는 점에서 법적 성격이 다르다고 하였고, 3문단에서 심의 사항이 헌법에 명시되어 있고 해당 심의가 필수적이라는 점에서 단순한 자문기관도 아니라고 하였으므로 적절한 내용이다.

③ 3문단에서 국무회의의 심의 사항은 헌법에 명시되어 있으며 해당 심의는 필수적이라고 하였으므로 적절한 내용이다.

⑤ 4문단에서 행정각부의 장은 국무회의를 구성하는 국무위원이자 행정관청이며, 국무위원으로서 행정각부의 장은 국무총리와 법적으로 동등한 지위를 갖는다고 하였으므로 적절한 내용이다.

문제 풀이 TIP

특정 대상을 다른 개념과 비교하며 설명하는 글의 경우 각각의 공통점과 차이점을 위주로 파악하며 문제를 풀이한다.

2
정답 ⑤

독해력 UP 지문 분석

분야/주제

인문/구글의 디지털 도서관 프로젝트

문단별 중심 내용

1문단	구글이 전 세계의 모든 정보를 취합하여 정리한다는 취지로 추진하고 있는 디지털 도서관 프로젝트
2문단	디지털 도서관 프로젝트를 통해 발생할 수 있는 구글의 시장독점, 저작권 침해 가능성을 지적한 연방법원
3문단	모든 지식을 한 곳에 집중함으로 인해 발생하는 지식의 비대칭성 및 이로 인한 문제점

정답 체크

3문단에서 지식 통합 작업은 지식을 수집하여 독자들에게 제공하고자 하는 것이지만, 더 나아가면 지식의 수집뿐만 아니라 선별하고 배치하는 편집 권한까지 포함하게 된다고 하였으므로 구글의 지식 통합 작업이 지식의 수집에서 편집권을 포함하는 것까지 확대될 수 있음을 알 수 있다.

오답 체크

① 2문단에서 미국 출판업계와 구글 간의 합의안이 도출되었으나, 연방법원이 이 합의안을 거부하며 저작권 침해의 소지가 있어 저작권자도 소송에 참여할 것을 주문했다고 하였으므로 적절하지 않은 내용이다.

② 3문단에서 구글의 지식 통합 작업을 통한 지식의 독점은 지식의 비대칭성을 강화하기 때문에 사회계약의 토대 자체가 무너질 수 있다고 하였으므로 적절하지 않은 내용이다.

③ 3문단에서 구글의 지식 통합 작업으로 인해 사람들이 알아도 될 것과 그렇지 않은 것을 결정하는 막강한 권력을 구글이 갖게 되는 상황이 초래될 수 있다고 하였으므로 적절하지 않은 내용이다.

④ 1문단에서 구글은 지금까지 1,500만 권의 책을 스캔하였고, 저작권 보호 기간이 지난 책들을 무료로 서비스하는 중이라고 하였으므로 적절하지 않은 내용이다.

3

독해력 UP 지문 분석

분야/주제

인문/태극기의 역사

문단별 중심 내용

1문단	오늘날 태극기를 구성하는 문양과 괘가 지니는 의미와 상징
2문단	태극 문양과 4괘를 사용한 기의 시초라고 할 수 있는 이응준이 그린 '조선의 기'
3문단	조선이 지정한 최초의 국기인 박영효가 그린 기

정답 체크

1문단에서 태극기 우측 하단에 있는 곤괘는 땅을 상징하고 4괘가 상징하는 바는 처음 만들어질 때부터 오늘날까지 변함이 없다고 하였으며, 3문단에서 조선 국기의 우측 하단에 있는 괘는 '조선의 기'의 좌측 하단에 있다고 하였고, 2문단에서 '조선의 기'의 좌측 하단에는 곤괘가 있다고 하였으므로 오늘날 태극기의 우측 하단에 있는 괘와 고종이 조선 국기로 채택한 기의 우측 하단에 있는 괘는 모두 땅을 상징함을 알 수 있다.

오답 체크

① 2문단에서 미국 해군부가 만든 『해상 국가들의 깃발들』에는 이응준이 그린 것으로 짐작되는 '조선의 기'가 실려 있다고 하였으며, 3문단에서 통리교섭사무아문이 각국 공사관에 배포한 국기는 박영효가 만든 조선 국기임을 알 수 있으므로 적절하지 않은 내용이다.

② 2문단에서 태극 문양을 그린 기는 개항 이전에도 조선 수군이 사용한 깃발 등 여러 개가 있다고 하였으므로 적절하지 않은 내용이다.

③ 3문단에서 '조선의 기'의 좌측 상단에 있는 괘는 조선 국기의 우측 상단에 있다고 하였으므로 통리교섭사무아문이 배포한 기인 조선 국기의 우측 상단에 있는 괘와 같은 것은 '조선의 기'의 좌측 하단이 아니라 좌측 상단에 있는 괘임을 알 수 있으므로 적절하지 않은 내용이다

⑤ 3문단에서 조선 국기 좌측 상단에 있는 괘가 '조선의 기'에는 우측 상단에 있다고 하였고, 2문단에서 '조선의 기'의 좌측 상단에 감괘, 우측 상단에 건괘가 있다고 하였으며, 1문단에서 감괘는 물, 건괘는 하늘을 상징한다고 하고 있다. 따라서 박영효가 그린 기의 좌측 상단에 있는 괘는 하늘을 상징하는 건괘이고, 이응준이 그린 기의 좌측 상단에 있는 괘는 물을 상징하는 감괘임을 알 수 있으므로 적절하지 않은 내용이다.

4

독해력 UP 지문 분석

분야/주제

인문/바르트의 언어 구분

문단별 중심 내용

1문단	바르트의 언어 구분과 랑그의 정의
2문단	모어로서 인간에게 선택권이 주어지지 않는 랑그
3문단	기호에 대한 개인적 호오로서 몸에 각인되어 주체의 자유로운 선택이 불가능한 스틸
4문단	사회방언으로서 개인의 선택이 가능한 에크리튀르

정답 체크

3문단에서 스틸은 언어에 대한 개인의 호오 감각으로, 사람마다 취향이 다르다고 하였으므로 같은 모어를 사용하는 형제라도 스틸이 다를 수 있음을 알 수 있다.

오답 체크

① 2~3문단에서 랑그는 태어날 때부터 부모가 사용한 모어이므로 선택권이 없고, 스틸은 언어에 대한 개인의 호오 감각으로서 몸에 각인되어 주체의 자유로운 선택이 불가능하다고 하였지만, 4문단에서 에크리튀르는 사회적으로 형성된 방언으로서 주체가 선택할 수 있다고 하였으므로 적절하지 않은 내용이다.

② 3문단에서 언어에 대한 개인의 호오 감각에 기인하는 것은 스틸이라고 하였으므로 적절하지 않은 내용이다.

③ 4문단에서 에크리튀르는 직업 또는 생활양식을 선택할 때 따라오는 사회방언을 의미하고, 태어나 자란 지역의 언어인 지역방언은 랑그로 분류된다고 하였으므로 적절하지 않은 내용이다.

⑤ 4문단에서 에크리튀르는 외적인 규제인 랑그와 내적인 규제인 스틸의 중간에 위치한다고 하였으므로 적절하지 않은 내용이다.

> **문제 풀이 TIP**
>
> 특정 대상을 분류하고 이에 대한 각각의 특징을 서술하는 경우 각각의 대상에 대한 특징을 정리하며 문제를 풀이한다.

5

독해력 UP 지문 분석

분야/주제

사회/평형추세 가정이 충족된 상황에서의 이중차분법 사건 효과 평가

문단별 중심 내용

1문단	경제학에서 사람 표본 혹은 사회 문제를 다룰 때 표본이 임의로 배정되도록 하는 실험적 방법을 적용하기 어려움
2문단	시행집단에서 일어난 변화에서 비교집단에서 일어난 변화를 뺀 값을 사건의 효과라 평가하는 이중차분법
3문단	1854년에 스노가 처음 사용한 이중차분법과 1910년대 최저임금제 도입 효과 파악에 사용된 이중차분법
4문단	평행추세 가정이 충족되지 않은 경우 사건의 효과를 잘못 평가하게 되는 이중차분법
5문단	여러 비교집단 각각에 이중차분법 적용 시의 평가 결과가 같으면 평행추세 가정이 충족됨

정답 체크

1문단에서 실험적 방법에서는 사건을 경험한 표본들로 구성된 시행집단의 결과와, 사건을 경험하지 않은 표본들로 구성된 비교집단의 결과를 비교하여 사건의 효과를 평가한다고 하였으므로 시행집단에서 일어난 평균 임금의 사건 전후 변화를 어떤 사건이 임금에 미친 효과라고 평가한다는 것은 아님을 알 수 있다.

오답 체크

② 1문단에서 시행집단과 비교집단에 표본이 임의로 배정되도록 사건을 설계하는 방법이 이상적이나, 사람을 표본으로 하거나 사회 문제를 다룰 때에는 이 방법을 적용할 수 없는 경우가 많다고 하였으므로 사람을 표본으로 하거나 사회 문제를 다룰 때에도 실험적 방법을 적용하는 경우가 있음을 추론할 수 있다.

③ 2문단에서 사건이 없었더라도 비교집단에서 일어난 변화와 같은 크기의 변화가 시행집단에서도 일어났을 것이라는 평행추세 가정에 근거해 사건의 효과를 평가한다고 하였으므로 적절한 내용이다.

④, ⑤ 3문단에서 스노는 수원이 바뀐 주민들과 바뀌지 않은 주민들의 수원 교체 전후 콜레라로 인한 사망률의 변화들을 비교함으로써 콜레라가 공기가 아닌 물을 통해 전염된다는 결론을 내렸다고 하였으므로 적절한 내용이다.

---

1 ③	**2** ①	**3** ③	**4** ④	**5** ①
6 ②				

1

독해력 UP 지문 분석

분야/주제

인문/고려 시대 향도의 특징

문단별 중심 내용

1문단	고려 초기에 지방 향리들이 중심이 되어 활동한 향도
2문단	시기에 따른 향도의 특징 - 고려 초기: 향리들이 중심이 되어 군현 안에 하나의 향도만 만드는 것이 일반적이며, 군현 내 주민들을 향도가 주도하는 공사에 마음대로 동원함 - 12세기: 향도가 주도하는 공사 규모는 점차 작아지고, 하나의 군현 안에 여러 개의 향도가 만들어짐 - 고려 후기(13세기 이후): 주민들이 자발적으로 향도를 만들어 마을마다 향도가 생겼으며, 주민들의 관혼상제 및 마을 정비하는 일을 함

정답 체크

2문단에서 고려 후기에 해당하는 13세기 이후에 만들어진 향도는 대부분 해당 마을의 모든 주민을 구성원으로 한다고 하였으며, 마을 사람들이 관혼상제를 치를 때 그것을 지원했다고 하였으므로 고려 후기에는 구성원이 장례식을 치를 때 이를 돕는 향도가 있었음을 알 수 있다.

오답 체크

① 2문단에서 고려 초기에는 지방의 향리들이 주도하여 향도를 만들었고 고려 후기에는 주민들이 자발적으로 마을 단위 향도를 만들었다고 하였으므로 왕조가 주도하여 각 군현에 향도를 조직하였다는 것은 적절하지 않은 내용이다.

② 1문단에서 고려 초기의 향도는 매향을 하였으며, 매향한 자리에서 나는 침향의 향기를 미륵불에게 바치는 제물이라고 여겼다고 하였으므로 매향으로 얻은 침향을 판매하였다는 것은 적절하지 않은 내용이다.

④ 1문단에서 고려 초기 지방 향리들이 주도한 향도는 불교 진흥을 위한 것이라고 하였으므로 군현의 하천 정비가 향도를 조직한 목적이라는 것은 적절하지 않은 내용이다.

⑤ 2문단에서 12세기에 접어들면서 매향과 석탑 조성 공사의 횟수가 줄었다고 하였으므로 적절하지 않은 내용이다.

독해력 UP 지문 분석

분야/주제

사회/연방준비제도의 저금리 정책이 초래한 거품 및 불평등 문제

문단별 중심 내용

1문단	정책이 분배에 미치는 영향을 고려하지 않았을 때의 결과를 보여주는 2000년대 초 연방준비제도의 저금리 정책
2문단	상황별 합리적인 대응 정책
3문단	금리 인하 정책의 한계로 발생한 주택 시장의 거품
4문단	다양한 경로로 소비를 위축시킨 금리 인하 정책
5문단	노동을 자본으로 대체하는 투자를 확대시켜 실업률이 회복되지 않는 구조를 만든 저금리 정책

정답 체크

4문단에서 금리 인하는 국공채에 투자했던 퇴직자들의 소득을 감소시켰으며 노년층에서 정부로, 정부에서 금융업으로 부의 대규모 이동이 이루어졌다고 하였으므로 2000년대 초 연준의 금리 인하 정책으로 국공채에 투자한 퇴직자들의 소득이 감소하여 금융업으로부터 정부로 부가 이동한 것은 아님을 알 수 있다.

오답 체크

② 5문단에서 2000년대 초 연준이 고용 증대를 목표로 시행한 저금리 정책은 결과적으로 경기가 회복되더라도 실업률이 떨어지지 않는 구조를 만들었다고 하였으므로 적절한 내용이다.

③ 1문단에서 2000년대 초 기술 산업의 거품 붕괴가 불러온 경기 침체에 대응하여 금리 인하 정책을 시행했다고 하였고, 3문단에서 그 당시 대부분의 부문에서 설비 가동률이 낮아 대출 금리를 인하해도 생산적인 투자가 많이 늘어나지 않았다고 하였으므로 적절한 내용이다.

④ 3문단에서 2000년대 초 저금리 정책은 주택 시장의 거품을 초래했다고 하였고, 4문단에서 그 당시 연준의 금리 인하 정책 시행 이후 주가가 상승했다고 하였으므로 적절한 내용이다.

⑤ 2문단에서 부동산 거품에 대응하는 정책으로는 금리 인상보다 주택 담보 대출에 대한 규제가 더 합리적이라고 하였으므로 적절한 내용이다.

독해력 UP 지문 분석

분야/주제

인문/지눌과 요세에 따른 불교의 전개

핵심 내용 정리

구분	지눌	요세
신앙결사	정혜사 → 수선사	백련사
시기	고려, 명종	고려, 신종 (무신 집권 이후)
내용	돈오점수 사상, 조계선 수행 방법	천태종 중시, 간명한 수행 방법
근거지	거조사 → 순천	강진
대상	불교에 이해가 높은 사람	불교 지식을 갖추지 못한 평민

정답 체크

2문단에서 요세는 무신 집권자 최충헌이 명종을 쫓아내고 신종을 국왕으로 옹립한 해에 백련사라는 결사를 새로 만들어 활동했다고 하였으므로 요세가 무신이 권력을 잡고 있던 시기에 불교 신앙결사를 만들어 활동하였음을 알 수 있다.

오답 체크

① 3문단에서 지눌의 수선사가 돈오점수 사상 전파에 주력하여 활동했다고 하였으므로 적절하지 않은 내용이다.

② 2문단에서 지눌은 추후 수선사로 명칭이 변경된 정혜사에서 조계선이라는 수행법을 강조했다고 하였고, 3문단에서 요세는 백련사에서 천태종을 중시하며 간명한 수행법을 강조했다고 하였으므로 적절하지 않은 내용이다.

④ 2문단에서 지눌은 순천에서 정혜사라는 명칭을 수선사로 바꾸어 활동했고, 요세는 강진에서 백련사라는 명칭의 결사를 만들어 활동했다고 하였으므로 적절하지 않은 내용이다.

⑤ 3문단에서 지눌은 이전의 명칭이 정혜사였던 수선사에서 돈오점수 사상 전파에 주력하였지만, 요세의 백련사는 천태종을 중시했다고 하였으므로 적절하지 않은 내용이다.

문제 풀이 TIP

두 가지 이상의 대상을 비교하며 설명하는 글의 경우 세부 내용을 정리하며 문제를 풀이한다.

신앙결사를 만든 주체에 따라 신앙결사, 시기, 내용, 근거지, 대상이 상이하므로 인물과 그 세부 사항을 연결하여 내용을 정리한다.

4

정답 ④

독해력 UP 지문 분석

분야/주제

과학/성질에 따른 철의 종류별 특성

문단별 중심 내용

1문단	성질에 따라 구분되는 철의 종류
2문단	가열 온도에 따른 순철의 구조 변화 및 순철의 성질에 따른 활용 범위
3문단	탄소 함유량에 따른 선철의 성질 변화
4문단	선철의 정련 과정을 거쳐 탄생한 강의 성질 및 용도
5문단	탄소 함유량에 따른 강의 구분 및 탄소강을 대체할 특수강

정답 체크

3문단에서 선철에는 탄소가 많이 포함되어 있어 순철보다 인성과 가단성이 낮다고 하였고, 4문단에서 제강로에 선철을 넣으면 탄소나 기타 성분이 제거되는 정련 과정이 일어난다고 하였으므로 제강로에서 일어나는 정련 과정을 통해 선철에 함유된 탄소를 제거하면 선철의 인성과 가단성을 높일 수 있음을 알 수 있다.

오답 체크

① 2문단에서 순철은 상온에서 매우 부드러워 활용 범위에 제한이 있으며, 순철을 가열하여 온도가 910℃, 1,400℃ 이상일 때 각각 수축과 팽창이 일어나며 구조가 변한다고 하였으므로 적절하지 않은 내용이다.

② 3문단에서 선철은 탄소를 많이 함유하고 있기 때문에 순철보다 질긴 정도(인성)와 외부 충격에 깨지지 않고 늘어나는 정도(가단성)가 낮다고 하였으므로 적절하지 않은 내용이다.

③ 3문단에서 용광로에서 나와 가공되기 전 녹은 상태의 선철을 용선이라고 하였고, 4~5문단에서 제강로에서 선철의 탄소나 기타 성분을 제거하는 정련 과정을 거쳐 만들어진 강은 탄소 함유량에 따라 저탄소강, 중탄소강, 고탄소강으로 나뉜다고 하였으므로 적절하지 않은 내용이다.

⑤ 5문단에서 탄소강에 특수한 성질을 주기 위해 탄소, 규소, 망간, 인, 황 중 일부를 첨가하여 고장력강 등을 만든다고 하였으므로 적절하지 않은 내용이다.

문제 풀이 TIP

비슷한 용어들이 여러 개 제시되는 글의 경우 용어의 유사함을 이용한 함정이 있을 수 있음에 유의하여 문제를 풀이한다.

[5-6]

독해력 UP 지문 분석

분야/주제

기술/광학 영상 안정화(OIS) 기술과 디지털 영상 안정화(DIS) 기술

문단별 중심 내용

1문단	카메라의 흔들림이 영상에 미치는 영향을 최소화하는 영상 안정화 기술
2문단	광학 영상 안정화(OIS) 기술을 사용하는 카메라 모듈의 구성 및 영상 안정화 방법
3문단	보이스 코일 모터를 이용한 영상 안정화 방법
4문단	OIS 기술의 보정 한계와 디지털 영상 안정화(DIS) 기술의 영상 안정화 방법
5문단	프레임을 찾아 보정하는 DIS 기술의 구체적인 영상 안정화 방법 및 단점

5

정답 ①

정답 체크

4문단에서 디지털 영상 안정화 기술은 촬영 후 소프트웨어를 이용하여 흔들림을 보정하는 기술이라고 하였으므로 디지털 영상 안정화 기술이 소프트웨어를 통해 이미지 센서를 이동시키는 것은 아님을 알 수 있다.

오답 체크

② 2문단에서 일반적으로 카메라는 렌즈를 통해 들어온 빛이 이미지 센서에 닿음으로써 피사체의 상이 맺힌다고 한 점에서 광학 영상 안정화 기술을 사용하지 않는 디지털카메라를 비롯한 일반적인 카메라에도 이미지 센서가 필요하다는 것을 추론할 수 있으므로 적절한 내용이다.

③ 5문단에서 흔들림이 발생한 곳으로 추정되는 프레임에서 위치 차이만큼 보정하여 흔들림의 영향을 축소하면 보정된 동영상의 움직임이 부드러워진다고 한 점에서 연속된 프레임에서 동일한 피사체의 위치 차이가 작을수록 흔들림의 영향이 적어 동영상의 움직임이 부드러워진다는 것을 추론할 수 있으므로 적절한 내용이다.

④ 2문단에서 일반적으로 카메라는 렌즈를 통해 들어온 빛이 이미지 센서에 닿아 피사체의 상이 맺히고, 화소마다 빛의 세기에 비례하여 발생한 전기 신호가 저장 매체에 영상으로 저장된다고 하였으므로 적절한 내용이다.

⑤ 1문단에서 손 떨림으로 인해 영상이 번져 흐려진다고 하였고, 2문단에서 카메라가 흔들리면 이미지 센서 각각의 화소에 닿는 빛의 세기가 변하며 OIS 기술이 작동되면 영상이 안정된다고 한 점에서 손 떨림이 있을 때 이미지 센서 각각의 화소에 도달하는 빛의 세기가 변해 흐려진 영상을 보정 기능을 통해 안정시킬 수 있다는 것을 추론할 수 있으므로 적절한 내용이다.

해커스공기업 PSAT 기출로 끝내는 NCS 의사소통 집중 공략

6

정답 체크

A, B. 4문단에서 주위와 밝기가 뚜렷이 구별되며 영상이 이동하거나 회전해도 그 밝기 차이가 유지되는 부분이 특징점으로 선택된다고 하였으므로 특징점으로 선택되는 점들과 주위 점들의 밝기 차이가 '클수록', 영상이 흔들리기 전후의 밝기 차이 변화가 '작을수록' 특징점의 위치 추정이 유리하다는 내용이 들어가야 한다.

C. 4문단에서 특징점의 수가 늘어날수록 연산이 더 오래 걸린다고 하였으므로 특징점이 많을수록 보정에 필요한 '시간'이 늘어난다는 내용이 들어가야 한다.

따라서 <보기>의 A~C에 들어갈 말을 바르게 짝지은 것은 ②이다.

DAY 05   추론 ①   p.44

1 ②	**2** ⑤	**3** ④	**4** ⑤	**5** ②

1

정답 ②

독해력 UP 지문 분석

분야/주제

인문/상대적인 가치판단을 표현하는 진술과 절대적인 가치판단을 표현하는 진술

문단별 중심 내용

1문단	과학적 탐구의 범위에 속하는 진술이 실제로 강력하게 입증되었다고 가정한다면 과학적 연구에 의해 객관적으로 확립 가능한가에 대한 질문
2문단	객관적인 과학적 테스트가 가능한 상대적인 가치판단 진술과 과학적 테스트를 통한 입증의 대상이 될 수 없는 절대적인 가치판단 진술

정답 체크

2문단에서 "아이를 엄격한 방식보다는 너그러운 방식으로 키우는 것이 더 좋다."라는 문장은 절대적인 가치판단을 표현한다고 하였으므로 아이를 엄격한 방식보다는 너그러운 방식으로 키우는 게 더 좋다는 것은 상대적인 가치판단이 아님을 알 수 있다.

오답 체크

①, ③ 2문단에서 경험적 진술은 관찰을 통해 객관적인 과학적 테스트가 가능하지만, "아이를 엄격한 방식보다는 너그러운 방식으로 키우는 것이 더 좋다."라는 문장은 과학적 테스트를 통한 입증의 대상이 될 수 없는 절대적 가치판단을 표현한다고 하였으므로 적절한 내용이다.

④, ⑤ 2문단에서 정서적으로 안정된 창조적 개인으로 키우려면, 아이를 엄격한 방식보다 너그러운 방식으로 키우는 것이 더 좋다는 진술은 특정 목표를 달성하기 위해 어떤 행위가 좋은 것인지에 대해 명시하는 상대적 가치판단을 나타내며, 이러한 경험적 진술은 관찰을 통해 객관적인 과학적 테스트가 가능하다고 하였으므로 적절한 내용이다.

> **문제 풀이 TIP**
>
> 글 전체를 이해하여 추론해야 하는 경우 선택지를 먼저 읽고 어떤 내용을 중심으로 글을 읽어야 하는지 확인한 뒤 문제를 풀이한다.

12 온/오프라인 취업강의·무료 취업자료 ejob.Hackers.com

독해력 UP 지문 분석

분야/주제
사회/코커스의 정의 및 아이오와주 선거 운영 방식의 특징

문단별 중심 내용

1문단	코커스의 정의 및 미국 대의원 후보 선출 과정
2문단	미국의 대선후보 선출 과정에서 아이오와주가 모든 당을 통틀어 가장 먼저 코커스를 실시하는 주가 된 배경
3문단	아이오와주의 민주당과 공화당 간의 선거 운영 방식 차이

정답 체크

3문단에서 아이오와주의 선거 운영 방식에 따르면 공화당의 경우 코커스를 포함한 하위 전당대회에서 특정 대선후보를 지지하여 당선된 대의원이 상위 전당대회에서 동일한 후보를 지지하지 않아도 된다고 하였으므로 1976년 아이오와 공화당 코커스에서 특정 후보를 지지한 대의원이 코커스의 상위 전당대회인 카운티 전당대회에서 다른 후보를 지지할 수 있었음을 알 수 있다.

오답 체크

① 1문단에서 주에 따라 의회 선거구 전당대회는 생략하는 경우가 있다고 하였으므로 적절하지 않은 내용이다.

② 2문단에서 1976년부터 아이오와주가 코커스 개최 시기를 1월로 변경함으로써 가장 먼저 코커스를 실시하는 주가 되었음을 서술하고 있지만, 1971년 이전 각 주의 구체적인 코커스 개최 시기에 대해서는 다루고 있지 않으므로 적절하지 않은 내용이다.

③ 2문단에서 1972년 아이오와주 민주당의 코커스는 그해 1월에 열렸으며, 아이오와주 민주당 규칙에 따라 각급 선거는 최소 30일 간격을 두고 코커스, 카운티 전당대회, 의회 선거구, 주 전당대회, 전국 전당대회 순으로 진행되어야 한다고 하였으므로 적절하지 않은 내용이다.

④ 2문단에서 1972년 아이오와주의 민주당 코커스가 그해 1월에 열렸음을 서술하고 있지만, 공화당의 구체적인 코커스 개최 시기에 대해서는 다루고 있지 않으므로 적절하지 않은 내용이다.

문제 풀이 TIP

시기에 따른 특정 대상의 통시적 변화를 설명하는 글의 경우 시간의 흐름에 따른 대상의 변화를 정리해 나가면서 글을 읽어야 놓치는 부분 없이 문제를 풀이할 수 있다.

독해력 UP 지문 분석

분야/주제
과학/입자 분포에 대한 경우의 수를 세는 법

문단별 중심 내용

1문단	입자들이 서로 구별 가능한지, 여러 개의 입자가 하나의 상태에 동시에 있는지에 따라 경우의 수가 달라지는 입자들의 분포
2문단	두 입자가 구별 가능하고, 하나의 양자 상태에 여러 개의 입자가 있을 수 있다고 가정하는 MB 방식
3문단	두 입자가 구별되지 않고, 하나의 양자 상태에 여러 개의 입자가 있을 수 있다고 가정하는 BE 방식
4문단	두 입자가 구별되지 않고, 하나의 양자 상태에 하나의 입자만 있다고 가정하는 FD 방식

정답 체크

ㄴ. 4문단에서 FD 방식에서는 두 입자가 구별되지 않고, 하나의 양자 상태에 하나의 입자만 있을 수 있다고 하였으므로 두 개의 입자에 대해, 양자 상태의 가짓수가 많아지면 FD 방식에서 두 입자가 서로 다른 양자 상태에 각각 있는 경우의 수는 커진다는 것을 추론할 수 있으므로 적절한 내용이다.

ㄷ. 2~3문단에서 MB 방식과 BE 방식 모두 하나의 양자 상태에 여러 개의 입자가 있을 수 있으나, MB 방식에서는 두 입자가 구별 가능하고 BE 방식에서는 두 입자가 구별되지 않는다고 하였으므로 두 개의 입자에 대해, 양자 상태가 두 가지 이상이면 경우의 수는 BE 방식에서보다 MB 방식에서 언제나 크다는 것을 추론할 수 있으므로 적절한 내용이다.

오답 체크

ㄱ. 3문단에서 BE 방식에서는 두 입자가 구별되지 않고, 하나의 양자 상태에 여러 개의 입자가 있을 수 있다고 하였으므로 두 개의 입자에 대해, 양자 상태가 두 가지이면 BE 방식에서 [a] [a], [aa] [ ], [ ] [aa]가 가능하여 경우의 수는 2가 아니라 3이 되므로 적절하지 않은 내용이다.

4

독해력 UP 지문 분석

분야/주제
사회융합/일본의 식량 확보 및 군수산업 원료 약탈을 위한
철도 부설 및 광산 개발

문단별 중심 내용

1문단	가중되는 외교적 고립으로 식량 및 군수산업 원료 약탈에 주력하게 된 일본
2문단	함경도를 만주와 같은 경제권으로 묶음으로써 조선의 다른 지역과 경제적으로 분리한 일본의 정책
3문단	일본의 철도 부설 및 광산 개발을 위해 조선 노동자들이 강제 동원된 사건을 바탕으로 제작된 영화 <아리랑>

정답 체크

2문단에서 일본의 정책들은 함경도를 만주와 동일한 경제권으로
묶어 조선의 다른 지역과 경제적으로 분리했다고 하였으므로 일
본이 함경도를 포함하여 한반도와 만주를 같은 경제권으로 묶는
정책을 편 것은 아님을 알 수 있다.

오답 체크

① 3문단에서 영화 <아리랑>의 감독 나운규의 고향인 회령의 유
  선탄광에서 폭약이 터졌던 사건이 발생했다고 하였으므로 적
  절한 내용이다.

② 2문단에서 조선의 최북단 지역인 무산·회령·종성·온성이 점차
  개발되어 오지의 작은 읍에서 근대적 도시로 발전되었다고 하
  였으므로 적절한 내용이다.

③ 2문단에서 회령·종성·온성은 양을 목축하는 축산 거점이며 청
  진·나진·웅기 등은 대륙 종단의 시발점이 되는 항구라고 하였
  고, 3문단에서 회령에서 청진까지 철도가 부설되었다고 하였
  으므로 적절한 내용이다.

④ 1문단에서 광물과 목재, 콩이 군수산업의 원료라고 하였고,
  2문단에서 일본이 만주와 함경도에서 생산된 광물자원과 콩,
  두만강 변 원시림의 목재를 일본으로 수송하기 위해 함경선을
  부설했다고 하였으므로 적절한 내용이다.

5

독해력 UP 지문 분석

분야/주제
사회/정규직과 비정규직의 임금 격차 해결 방안에 대한 A 학
파와 B 학파의 견해

문단별 중심 내용

1문단	정규직과 비정규직 간의 임금차별 문제 대두
2문단	기업 간 경쟁이 임금차별 완화의 핵심이라는 A 학파의 견해
3문단	법과 제도에 의한 규제를 통해 임금차별이 줄어들 것이라는 B 학파의 견해

정답 체크

2문단에서 A 학파는 기업 간의 경쟁이 강화될수록 임금차별은 자
연스럽게 줄어든다는 내용에 대해서는 다루고 있지만, 기업 간의
경쟁 약화를 위한 보완 정책 수립 필요성에 대해서는 다루고 있
지 않으므로 A 학파가 시장에서 기업 간의 경쟁 약화를 막기 위
해 보완 정책이 수립되어야 한다고 본 것은 아님을 알 수 있다.

오답 체크

① 2문단에서 A 학파는 기업 간의 경쟁이 강화될수록 정규직과
  비정규직 간의 임금차별은 줄어든다고 하였으므로 적절한 내
  용이다.

③ 2문단에서 A 학파는 기업 간의 경쟁이 강화될수록 정규직과
  비정규직 간의 임금차별은 자연히 줄어든다고 하였고, 3문단
  에서 B 학파는 A 학파의 견해를 비판하며 사회적 비용이라는
  위협을 당면했을 때만이 정규직과 비정규직 간의 임금차별 관
  행이 재고된다고 하였으므로 적절한 내용이다.

④, ⑤ 3문단에서 B 학파는 기업의 경우 사회적 비용으로 인해 조
  직의 정당성이 낮아지면 조직의 생존 가능성도 작아지기 때문
  에 임금차별을 줄이는 강제적 제도를 수용함으로써 사회적 비
  용을 낮춘다고 하였으므로 적절한 내용이다.

문제 풀이 TIP

특정 화제에 대해 다양한 견해가 제시되는 경우 각 견해의 중심
주장 및 그 근거를 파악하며 문제를 풀이한다. 이때 화자 간의 견
해 차이가 무엇인지 구분하며 읽어 나가야 한다.

1 ④ **2** ⑤ **3** ⑤ **4** ① **5** ②

1
정답 ④

문제 풀이 TIP

두 가지 대상이 구분되어 제시되는 경우 각 대상의 세부 내용을 정리하며 문제를 풀이한다.
이성이 내린 도덕적 명령에 따라 의무에서 비롯된 행위와 감정이나 욕구와 같은 심리적 성향에서 비롯된 행위의 세부 사항을 연결하여 내용을 정리한다.

독해력 UP 지문 분석

분야/주제
인문/의무에서 비롯된 행위와 심리적 성향에 따른 행위

문단별 중심 내용

1문단	이성뿐 아니라 감정과 욕구를 함께 보유하여 이성과 감정 사이에서 갈등을 겪는 인간
2~3문단	인간이 도덕적 행위를 할 수 있는 이유 - 이성이 우리에게 도덕적인 명령을 내리기 때문 - 도덕적 명령을 따를 때만이 의무에서 비롯된 행위를 한 것이기 때문 심리적 성향에서 비롯된 행위가 도덕성과 무관한 이유 - 심리적 성향에서 비롯된 행위는 감정과 욕구에 따른 것이기 때문 - 감정과 욕구는 주관적이고 상대적이어서 보편적인 도덕 원리가 될 수 없기 때문

정답 체크

2문단에서 인간의 행위는 이성이 내리는 도덕적인 명령을 따르게 되어 의무와 부합하는 행위와 심리적 성향을 따르게 되어 의무와 무관한 행위가 있을 수 있으며 후자의 경우 결과적으로는 의무와 부합할 수 있으므로 이성의 명령에 따른 행위가 심리적 성향에 따른 행위와 일치하는 경우가 없는 것은 아님을 알 수 있다.

오답 체크

① 1문단에서 동물은 본능적 욕구에 따라 행동하여 행위의 선악을 판단할 수 없다고 하였으므로 적절한 내용이다.

② 3문단에서 감정과 욕구는 사람마다 다르고, 같은 사람도 처한 상황에 따라 변할 수 있어 상대적이기 때문에 모든 인간에게 적용될 수 있는 보편적인 도덕의 원리가 될 수 없다고 하였으므로 적절한 내용이다.

③ 2문단에서 심리적 성향에서 비롯된 행위는 감정과 욕구에 따른 것이기에 도덕적 행위일 수 없다고 하였으므로 적절한 내용이다.

⑤ 2문단에서 인간의 행위 중에는 감정과 욕구에서 비롯되어 심리적 성향에 따른 행위뿐 아니라 이성의 도덕적 명령으로 인해 의무에서 비롯되어 수행하는 행위도 있다고 하였으므로 적절한 내용이다.

2
정답 ⑤

독해력 UP 지문 분석

분야/주제
과학/학습된 공포·안정 반응

문단별 중심 내용

1문단	생쥐가 자극을 받아들이는 경로: 소리 자극 → 청각 시상 → 측핵 → 중핵 → 신체 여러 기관
2문단	생쥐를 대상으로 공포, 안정 학습 실험을 시행한 연구자 K
3문단	공포 학습을 한 생쥐의 특징: 자극을 더 강한 강도로 증폭하여 측핵에 전달함
4문단	안정 학습을 한 생쥐의 특징: 자극을 더 약한 강도로 측핵에 전달하고, 안정 느끼게 하는 기관인 선조체에 신호를 보냄

정답 체크

3문단에서 쥐에게 공포를 학습시킨 경우 청각시상으로 전달된 소리 자극 신호가 학습 전 상태보다 훨씬 센 강도의 신호로 증폭되어 측핵으로 전달된다고 하였으며, 4문단에서 쥐에게 안정을 학습시킨 경우 청각 시상에서 만들어진 신호가 측핵으로 전달되는 것이 억제되어 측핵에 전달된 신호가 매우 미약해진다고 하였으므로 학습된 안정 반응을 일으키는 경우와 학습된 공포 반응을 일으키는 경우 모두, 청각시상에서 측핵으로 전달되는 신호의 세기가 학습하기 전과 달라짐을 알 수 있다.

오답 체크

① 1문단에서 중핵은 신체의 여러 기관에 전달할 신호를 만들어서 반응이 일어나게 함을 알 수 있으나, 중핵에서 만들어진 신호의 세기에 따라 어떤 반응이 나타나는지에 대해서는 다루고 있지 않으므로 적절하지 않은 내용이다.

② 4문단에서 선조체에서 반응이 세게 나타나면 안정감을 느끼게 되어 학습된 안정 반응을 일으킨다는 것을 알 수 있으나, 학습된 공포 반응을 일으키지 않는 소리 자극이 선조체에서 약한 반응이 일어나게 하는지에 대해서는 다루고 있지 않으므로 적절하지 않은 내용이다.

③ 학습된 공포 반응을 일으키는 소리 자극이 청각시상에서 선조체로 전달되는 자극 신호를 억제하는지에 대해서는 다루고 있지 않으므로 적절하지 않은 내용이다.

④ 학습된 안정 반응을 일으키는 경우와 학습된 공포 반응을 일으
키는 경우의 청각시상에서 받는 소리 자극 신호의 상대적 강
도에 대해서는 다루고 있지 않으므로 적절하지 않은 내용이다.

문제 풀이 TIP

계산이 포함된 문제의 경우 글을 통해 공식을 정확히 이해하고
적용하는 것이 중요하므로 글로 제시된 내용을 공식으로 정리하
고 사례를 대입하며 문제를 풀이한다.

3
정답 ⑤

독해력 UP 지문 분석

분야/주제
사회융합/란체스터가 정의한 자국의 군사력 우월 정도와
손실비

문단별 중심 내용

1문단	상대방 국가에 대한 자국의 군사력 우월 정도는 자국의 손실비의 역수라고 정의한 란체스터
2문단	A 국과 B 국의 전쟁 시 첫 발사에서의 B 국의 손실비
3문단	A 국과 B 국의 전쟁 시 B 국에 대한 A 국의 군사력

정답 체크

ㄱ. 2문단에서 첫 발사를 기준으로 모든 조건이 동일하면 A 국의
궁수가 2,000명, B 국 궁수가 1,000명일 때 A 국과 B 국 궁
수가 맞는 1인 평균 화살 수는 각각 0.5개, 2개이고, 전체 화살
중 병력 손실을 발생하는 화살 비율이 1/10로 동일하면 첫 발사
에 A 국은 100명, B 국은 200명의 병력을 잃는 상황에서 A 국
의 인원이 2,000명에서 4,000명으로 2배 늘어날 경우 A 국
과 B 국 궁수가 맞는 1인 평균 화살 수는 각각 0.25개, 4개가
되어 A 국은 100명, B 국은 400명의 병력을 잃게 됨에 따라
B 국의 손실비는 $\frac{400/1,000}{100/4,000}$=16이므로 적절한 내용이다.

ㄴ. 1문단에서 한 국가의 상대방 국가에 대한 군사력 우월의 정
도는 전쟁 종료 시점에서 자국의 손실비의 역수라고 하였고,
3문단에서 전쟁이 끝날 때까지 A 국은 최초 병력의 9%, B 국
은 최초 병력의 39%를 잃었다고 한 점에서 B 국에 대한 A 국
의 군사력은 B 국의 손실비 $\frac{0.09}{0.39}$의 역수인 $\frac{0.39}{0.09}$≒4.3배 우월
하다는 것을 추론할 수 있으므로 적절한 내용이다.

ㄷ. 1문단에서 자국의 손실비=$\frac{자국의\ 최초\ 병력\ 대비\ 잃은\ 병력\ 비율}{적국의\ 최초\ 병력\ 대비\ 잃은\ 병력\ 비율}$
이라고 한 점에서 자국과 타국의 최초 병력 수가 각각 1,000명,
2,000명이고, 병력 손실이 100명으로 동일하다고 가정하면
자국의 손실비=$\frac{100/1,000}{100/2,000}$=2, 타국의 손실비=$\frac{100/2,000}{100/1,000}$=0.5
로 최초 병력 수가 적은 자국의 손실비가 더 크다는 것을 추론
할 수 있으므로 적절한 내용이다.

4
정답 ①

독해력 UP 지문 분석

분야/주제
인문/부재 인과의 수용으로 발생하는 문제

핵심 내용 정리

핵심 개념	부재 인과: 사건의 부재가 다른 사건의 원인이 되는 인과 관계의 한 유형
세부 내용	- 인과 관계를 원인과 결과 간 성립 가능한 일종의 의존 관계로 분석할 경우, 인과 관계의 한 유형으로 볼 수 있음 - 부재 인과를 인정하는 경우 원인이 아닌 수많은 부재마저도 원인으로 받아들여야 하는 문제가 발생함

정답 체크

ㄱ. 영지가 지각한 원인을 새벽 3시에 일어나 걸어가지 않았다는
사건의 부재로 보았으므로 ㉠의 사례에 해당한다.

오답 체크

ㄴ. 유리창이 깨진 원인이 많은 사람 각각이 유리창을 향해 야구
공을 던지지 않았다는 것은 인과 관계가 성립되지 않으므로
㉠의 사례에 해당하지 않는다.

ㄷ. 화분의 식물이 죽은 원인이 햇볕을 과다하게 쪼이거나 쪼이
지 않았다는 것은 사건의 부재로 보고 있지 않으므로 ㉠의 사
례에 해당하지 않는다.

5

독해력 UP 지문 분석

분야/주제

인문/프라임과 타깃에 의해 나타나는 식역 이하의 반복 점화

문단별 중심 내용

1문단	식역 이하의 시각적 자극이 우리에게 영향을 미칠 것인가에 대한 화제 제시
2문단	프라임을 식역 이하로 제시한 후 의식적으로 지각할 수 있을 만큼 타깃을 제시했을 때 프라임을 알아차리지 못하였다는 실험 결과
3문단	식역 이하로 제시된 낱말이 뒤이어 나온 낱말의 처리속도에 영향을 미치는 효과인 식역 이하의 반복 점화
4문단	추상적인 수준에서 나타나는 식역 이하의 반복 점화

정답 체크

ㄷ. 시각적 외양이 다르더라도 언어적·문화적 관습에 따라 같은 낱말로 인지되는 두 낱말을 각각 프라임과 타깃으로 제시했을 때 점화 효과가 발생한 것으로부터 ⊙을 유추할 수 있다고 한 점에서 한국어와 영어에 능숙한 사람에게 단순 문자열만을 제시했을 때보다 표기상 외양이 다른 두 낱말을 제시했을 때 인지 반응이 더 빠르다는 내용은 ⊙을 강화하므로 적절하다.

오답 체크

ㄱ. 시각적 외양이 다르더라도 언어적·문화적 관습에 따라 같은 낱말로 인지되는 두 낱말을 각각 프라임과 타깃으로 제시했을 때 점화 효과가 발생한 것에서 ⊙을 유추할 수 있다고 한 점에서 같은 낱말을 식역 이하로 여러 번 반복하여 제시해도 피험자들이 낱말을 인식할 수 없었다는 내용은 ⊙을 강화하지도, 약화하지도 않으므로 적절하지 않다.

ㄴ. 시각적 외양이 다르더라도 언어적·문화적 관습에 따라 같은 낱말로 인지되는 두 낱말을 각각 프라임과 타깃으로 제시했을 때 점화 효과가 발생한 것에서 ⊙을 유추할 수 있다고 한 점에서 같은 말로 인지되는 금성과 샛별을 각각 프라임과 타깃으로 제시했을 때 점화 효과가 나타나지 않았다는 내용은 ⊙을 약화하므로 적절하지 않다.

DAY 07 추론 ③   p.54

1 ⑤   **2** ③   **3** ②   **4** ③   **5** ③

1

독해력 UP 지문 분석

분야/주제

인문/국제표준도서번호 부여 방식

문단별 중심 내용

1문단	전 세계에서 출판되는 각종 도서에 부여하는 고유 식별 번호인 국제표준도서번호
2문단	ISBN - 10 네 부분 각각이 의미하는 것과 유효한 번호로서의 ISBN - 10

정답 체크

2문단에서 어떤 책에 부여된 ISBN - 10인 '89 - 89422 - 42 - 6'은 $(8\times10) + (9\times9) + (8\times8) + (9\times7) + (4\times6) + (2\times5) + (2\times4) + (4\times3) + (2\times2) + (6\times1) = 352$이고, 이 값은 11로 나누어떨어지기 때문에 이 ISBN - 10은 유효한 번호라고 하였으므로 ISBN - 10은 유효한 번호라면 그 확인 숫자는 반드시 0이어야 함을 알 수 있다.

오답 체크

① 2문단에서 ISBN - 10의 첫 번째 부분에 있는 숫자는 책이 출판된 국가 또는 언어 권역을 나타낸다고 하였으므로 적절하지 않은 내용이다.

② 글 전체에서 임의의 책의 ISBN - 10에 숫자 3자리를 추가하면 그 책의 ISBN - 13을 얻는 것인지는 알 수 없으므로 적절하지 않은 내용이다.

③ 2문단에서 ISBN - 10의 세 번째 부분은 출판사에서 임의로 붙인 번호라고 하였으므로 적절하지 않은 내용이다.

④ 2문단에서 ISBN - 10의 두 번째 부분에 있는 숫자는 국가별 ISBN 기관에서 그 국가에 있는 각 출판사에 할당한 번호를 나타낸다고 하였으므로 적절하지 않은 내용이다.

PART 1 문제 유형별 공략 **17**

해설 / 해커스공기업 PSAT 기출로 끝내는 NCS 의사소통 집중 공략

2

독해력 UP 지문 분석

분야/주제

과학/공변세포의 부피에 영향을 미치는 요소

문단별 중심 내용

1문단	공변세포의 부피에 따라 열리고 닫히는 기공
2문단	공변세포 내 이온 양 증대 시 공변세포의 부피가 증대되어 기공이 열림
3문단	식물이 겪는 수분스트레스 반응에 의해 공변세포 물이 빠져나면 기공이 열리지 않음
4문단	기공의 여닫힘에 영향을 미치는 미생물

정답 체크

ㄱ. 2문단에서 햇빛 속에 있는 청색광이 공변세포에 있는 양성자 펌프를 작동시키며, 이는 공변세포 밖의 칼륨이온과 염소이온을 공변세포 안으로 들어오게 한다고 하였으므로 적절한 내용이다.

ㄷ. 3문단에서 수분스트레스를 받아 호르몬 A를 분비한 식물은 공변세포 내의 칼륨이온과 염소이온을 밖으로 빠져나가게 해 햇빛이 있어도 기공이 열리지 않도록 한다고 하였으며, 4문단에서 식물을 감염시킨 병원균 α는 공변세포의 양성자 펌프를 작동시키는 독소 B를 만들어 기공이 닫혀 있어야 할 때 열리게 한다고 하였으므로 적절한 내용이다.

오답 체크

ㄴ. 3문단에서 수분스트레스를 받은 식물은 호르몬 A를 분비하며, 식물이 수분스트레스를 받으면 햇빛이 있더라도 기공이 열리지 않는다고 하였으므로 적절하지 않은 내용이다.

3

독해력 UP 지문 분석

분야/주제

인문/지적 작업에서 귀납적 방법의 필요성

문단별 중심 내용

1문단	모든 지적 작업에 필수적인 연역법과 달리 필수적이지 않다는 주장을 받기도 하는 귀납법
2문단	지적 작업 중 철학에서 귀납법이 필요하지 않다는 견해의 한계
3문단	철학과 과학을 포함한 모든 지적 작업에서 귀납법이 필요하지 않다는 견해를 통해 얻어진 철학적 성과

정답 체크

ㄴ. 2문단에서 귀추법은 귀납적 방법에 해당한다고 하였으므로 철학의 일부 논증에서 귀추법의 사용이 불가피하다는 주장은 모든 지적 작업에서 귀납적 방법이 불필요하다는 견해인 ⓒ을 반박하므로 적절하다.

오답 체크

ㄱ. 과학의 탐구가 귀납적 방법에 의해 진행된다는 주장은 지적 작업 중 철학에서 귀납적 방법이 불필요하다는 견해인 ⊙을 반박하지 않으므로 적절하지 않다.

ㄷ. 연역 논리와 경험적 가설 모두에 의존한다는 것은 연역적 방법과 귀납적 방법이 모두 필요하다는 것을 의미하므로 연역 논리와 경험적 가설 모두에 의존하는 지적 작업이 있다는 주장은 모든 지적 작업에서 귀납적 방법이 불필요하다는 견해인 ⓒ을 반박하지만, 그 지적 작업이 철학에 해당하는지 알 수 없어 ⊙은 반박하지 않으므로 적절하지 않다.

4

독해력 UP 지문 분석

분야/주제
기타/공공 기관 채용 시스템 개선안

핵심 내용 정리

<기존>

주관 기관	○○도 산하 공공 기관들 ㉠					
채용 절차	채용 공고	→ 원서 접수	→ ㉡ 서류 심사	→ ㉢ 필기 시험	→ ㉣ 면접	→ 합격자 발표

<개선>

주관 기관	㉤ ○○도		㉥ ○○도 산하 공공 기관들			
채용 절차	채용 공고	→ 원서 접수	→ 필기 시험	→ ㉦ 서류 심사	→ ㉧ 면접	→ 합격자 발표

정답 체크

㉡과 ㉦에는 모두 '서류 심사'가 들어가므로 ㉡과 ㉦에는 같은 채용 절차가 들어감을 알 수 있다.

오답 체크

① ㉠에 해당하는 '○○도 산하 공공 기관들'이 기존에 주관하였던 채용공고, 원서 접수, 필기시험을 개선 이후에는 ○○도에서 주관한다. 따라서 개선 이후 ㉠에 해당하는 기관이 주관하는 채용 업무의 양은 이전보다 줄어들게 될 것이므로 적절하지 않은 내용이다.

② ㉠과 ㉥에는 '○○도 산하 공공 기관들'이 들어가며, ㉤에는 '○○도'가 들어가므로 적절하지 않은 내용이다.

④ ㉢과 ㉦에는 '필기시험'이 들어가며, 2문단에서 기존의 필기시험 과목인 영어·한국사·일반상식이 국가직무능력표준 기반 평가로 바뀌어 기존과 달리 실무 능력을 평가한다고 하였으므로 적절하지 않은 내용이다.

⑤ ㉣과 ㉧에는 '면접'이 들어가며, 기존 채용 절차와 개선 채용 절차 모두 면접을 주관하는 기관은 ○○도 산하 공공 기관들로 같으므로 적절하지 않은 내용이다.

5

독해력 UP 지문 분석

분야/주제
사회/종교의 주된 포교 대상이 지니는 특징

문단별 중심 내용

1문단	노동하며 경제적으로 합리적인 생활을 하는 계층을 겨냥한 고대 종교의 포교활동
2문단	공인되지 않은 신흥 종교집단 또는 비주류 종교집단의 주된 포교 대상인 하층 수공업자층
3문단	주술적 힘, 신이나 우주의 섭리 등에 종속되어 있다는 견해에는 부정적인 프롤레타리아트
4문단	종교 포교 대상이 되기 쉬운 프롤레타리아트화의 위험에 처한 몰락하는 소시민계층

정답 체크

3문단에서 근대 프롤레타리아트는 자신이 처한 형편이 주술적 힘 또는 신이나 우주의 섭리와 같은 것에 속한다는 견해에 부정적인 입장을 취했다고 하였으므로 ⓒ을 근대에 형성된 프롤레타리아트가 종교에 우호적이지도 관심이 많지도 않았다로 수정한 ③이 가장 적절하다.

오답 체크

① 1문단에서 고대 종교는 소시민층과 같이 야심을 가지고 열심히 노동하며 경제적으로 합리적인 생활을 하는 계층을 목표로 포교활동을 했다고 하였으므로 적절하지 않다.

② 2문단에서 하층 수공업자층은 공인되지 않은 종파적 종교성에 기우는 경우가 흔하였으며 공인되지 않은 신흥 종교집단 또는 비주류 종교집단의 주요 포교 대상이었다고 하였으므로 적절하지 않다.

④ 4문단에서 비종교적인 이념들이 프롤레타리아트의 삶을 지배하는 경향이 훨씬 강하다고 하였으므로 적절하지 않다.

⑤ 4문단에서 프롤레타이리아트 중 경제적으로 불안정한 최하위 계층과 지속적인 곤궁에 의해 프롤레타리아트화의 위험에 처한 소시민계층을 포섭한 종교는 이들에게 원초적 주술을 사용하거나 주술적 은총 수여에 대한 대용물을 제공하였으며 그 결과 종교 윤리의 감정적 요소가 빠르게 성장하게 되었다고 하였으므로 적절하지 않다.

문제 풀이 TIP

글의 흐름을 파악하여 내용을 수정하는 문제의 경우 제시된 부분의 내용과 관련된 앞·뒤 문장의 내용 전개 방향을 파악하며 문제를 풀이한다.

1 ①   **2** ⑤   **3** ②   **4** ②   **5** ①

6 ②

1
정답 ①

독해력 UP 지문 분석

분야/주제

인문/어휘력 발달에 따른 읽기 능력과 매튜 효과의 상관관계

문단별 중심 내용

1문단	글을 읽기 위해 필요한 요소인 읽기 기능, 어휘력, 읽기 흥미 및 동기
2문단	어휘력 발달 관련 연구에서 학년이 올라감에 따라 어휘력 격차가 커짐이 보고됨
3문단	사회적 명성 및 물질적 자산이 많을수록 그로 인해 더 많이 갖게 되는 매튜 효과가 읽기에서도 적용됨
4문단	매튜 효과만으로는 설명되기 힘든 글 읽는 능력
5문단	읽기 요소가 글 읽는 능력에 영향을 미친다는 매튜 효과의 의의

정답 체크

1문단에서 글을 읽으려면 글자 읽기, 요약, 추론 등의 읽기 기능, 어휘력, 읽기 흥미나 동기 등이 필요하다고 하였으므로 적절하지 않은 내용이다.

오답 체크

② 3문단에서 읽기 요소를 잘 갖춘 독자는 점점 더 잘 읽게 되어 그렇지 않은 독자와의 차이가 갈수록 커지며, 이는 매튜 효과로 설명된다고 하였으므로 적절한 내용이다.

③ 3문단에서 매튜 효과는 주로 사회학에서 사용되었으나 읽기에도 적용된다고 하였으므로 적절한 내용이다.

④ 4문단에서 읽기 요소들은 상호 간에 영향을 미친다고 하였으므로 적절한 내용이다.

⑤ 5문단에서 읽기를 매튜 효과로 설명하는 연구는 읽기 요소들이 글을 잘 읽도록 하는 중요한 동력임을 인식하게 하는 계기가 되었다고 하였으므로 적절한 내용이다.

2
정답 ⑤

독해력 UP 지문 분석

분야/논쟁점

과학융합/과학은 성장하고 있다고 말할 수 있는가?

화자의 견해

갑	우리가 새롭게 알게 된 과학 지식의 수는 누적적으로 증가하고 있으므로 과학은 성장한다고 말할 수 있다.
을	과거에 과학 지식이었으나 더 이상 아닐 수 있으므로 과학 지식의 수는 누적적으로 증가한다고 말할 수 없다.
병	과학에서 해결된 문제의 수가 증가하고 있으므로 과학은 성장한다고 말할 수 있다.
정	서로 다른 과학 이론을 받아들이는 사람들이 해결한 문제의 수는 비교할 수 없으므로 과학은 성장한다고 말할 수 없다.

정답 체크

ㄱ. 갑은 과학 지식의 수는 누적적으로 증가하고 있다는 이유로, 병은 과학에서 해결된 문제의 수가 증가하고 있다는 이유로 과학은 성장한다고 말할 수 있다고 한 점에서 갑과 병 모두 과학의 성장 여부를 평가할 수 있는 어떤 기준이 있다고 인정하고 있으므로 적절한 내용이다.

ㄴ. 갑은 과학 지식의 수는 누적적으로 증가하고 있다고 하였지만, 을은 과학 지식으로 여겨졌던 것이 현재는 아닐 수 있어 과학 지식의 수가 누적적으로 증가하고 있지 않다고 한 점에서 을은 과학 지식의 수가 실제로는 누적적으로 증가하지 않는다는 이유로 갑의 주장을 비판하고 있으므로 적절한 내용이다.

ㄷ. 병은 과학에서 해결된 문제의 수가 증가하고 있다는 이유로 과학은 성장한다고 말할 수 있다고 하였지만, 정은 우리가 어떤 과학 이론을 수용하느냐에 따라 해결해야 할 문제가 달라지며 해결된 문제의 수의 증가 여부를 판단할 수도 없다고 한 점에서 정이 과학의 성장 여부를 확인할 수 있는 근거의 진위 판단이 불가능하다는 이유로 병을 비판하고 있으므로 적절한 내용이다.

독해력 UP 지문 분석

분야/논쟁점

인문/동물은 의식 혹은 자의식을 보유하고 있는가?

화자의 견해

갑	동물에게는 어떤 형태의 의식도 없다.
을	동물은 통증을 느낄 수 있는 의식은 있으나 자의식은 없다.
병	동물은 기억을 할 수 있는 의식이 있으며 무언가를 기억하기 위한 자의식이 있을 수 있다.

정답 체크

ㄷ. 을은 자의식이 없으면 과거의 경험을 기억하는 것은 불가능하다고 한 점에서 기억을 한다는 것은 의식이 있다는 것으로 기억은 의식의 충분조건이라는 것을 추론할 수 있고, 병은 동물이 아무것도 기억할 수 없다면 동물이 무언가를 학습할 수 있다는 주장은 성립하지 않는다고 한 점에서 동물이 학습할 수 있다는 것은 기억할 수 있다는 것으로 기억은 학습의 필요조건이라는 것을 추론할 수 있으므로 적절한 내용이다.

오답 체크

ㄱ. 갑은 동물은 인간과 달리 어떠한 형태의 의식도 없다고 하였고, 병은 동물이 아무런 자의식 없이 무언가를 기억하여 행동할 때가 있다고 하였으므로 적절하지 않은 내용이다.

ㄴ. 갑은 동물이 통증 행동을 보일 때 통증을 느끼는 의식 없이 이루어지는 것이라고 하였고, 을은 동물이 통증 행동을 보일 때 실제로 통증을 의식하는 것으로 간주한다고 하였으므로 적절하지 않은 내용이다.

문제 풀이 TIP

특정 대상에 대한 여러 인물의 견해가 제시되는 경우 각각의 주장과 근거, 사실과 견해를 파악하며 문제를 풀이한다.

독해력 UP 지문 분석

분야/주제

과학/원인으로 추정되는 요인과 결과로 추정되는 질병 간의 상관관계 연구

핵심 내용 정리

구분	(가)	(나)	(다)
원인 추정 요인	아스피린 복용	임신 중 고지방식 섭취	사지 중 하나 이상의 절단 수술
결과 추정 질병	심장병	자식의 생식기 종양	심장병 사망
연구 대상 분류 기준	결과 추정 질병 유무 (심장병 환자/기타 환자)	원인 추정 요인 적용 여부 (고지방식 섭취군/저지방식 섭취군)	원인 추정 요인 적용 여부 (사지 절단 수술 환자/기타 중상자)
연구 결과	결과 추정 질병(=심장병) 유무에 따른 연구 대상별 원인 추정 요인 (=아스피린 복용)의 적용 비중을 알 수 있음	원인 추정 요인 (=고지방식 섭취) 유무에 따른 연구 대상별 결과 추정 질병 (=자식의 생식기 종양)의 발생 비중을 알 수 있음	원인 추정 요인 (=사지 중 하나 이상의 절단 수술) 적용 여부에 따른 연구 대상별 결과 추정 질병 (=심장병 사망) 발생 비중을 알 수 있음

정답 체크

ㄷ. (나)에서 임신한 쥐를 두 집단으로 나누어 한 집단에는 원인으로 추정되는 요인인 고지방식을 제공하고, 나머지 집단에는 반대로 저지방식을 제공했다고 한 점에서 연구 대상에게 원인으로 추정되는 요인의 적용 여부는 연구자에 의해 결정되었다는 것을 추론할 수 있지만, (다)에서 제2차 세계대전 중 다친 군인의 진료 기록을 조사하여 이들에 대한 기록을 추적 조사했다고 한 점에서 원인으로 추정되는 요인인 사지 절단 수술의 적용 여부가 연구자에 의해 결정되지 않았다는 것을 추론할 수 있으므로 적절한 내용이다.

오답 체크

ㄱ. (나)에서 임신한 암쥐에게 원인으로 추정되는 요인인 고지방식을 적용한 집단과 그렇지 않은 집단을 나눈 후 그에 따른 결과로 추정되는 질병인 새끼의 생식기 종양 발생 비율을 비교하는 실험을 하였지만, (가)에서 결과로 추정되는 심장병 유무에 따라 심장병 환자와 심장병 발병 이력이 없는 기타 환자로 나눈 후 원인으로 추정되는 요인인 아스피린 복용에 따른 심장병 발병 비율을 비교하는 실험을 하였으므로 적절하지 않은 내용이다.

ㄴ. (다)에서 사지 절단 수술을 받은 4,000명 중 600명이 심장병으로 사망했다고 한 점에서 원인으로 추정되는 요인이 적용된 개체에서의 결과로 추정되는 질병 발생 비율을 추론할 수 있지만, (가)에서 심장병 환자와 기타 환자 중 아스피린 정기 복용자의 비율이 각각 4.9%와 7%라고 한 점에서 결과 추정 질병이 발생 또는 발생하지 않은 대상의 원인으로 추정되는 요인 적용 비율을 추론할 수 있으므로 적절하지 않은 내용이다.

문제 풀이 TIP

특정 대상에 대한 여러 사례가 제시되는 글의 경우 각각의 특징 및 공통점과 차이점을 표나 도식으로 정리하며 내용을 이해한다.

[5-6]

독해력 UP 지문 분석

분야/주제
사회/양형 보조 프로그램 X

문단별 중심 내용

1문단	미국 일부 주에서 활용되고 있는 양형 보조 프로그램 X
2문단	X가 내리는 양형 판단이 인종 차별적이라는 A의 주장 - 위험 지수가 인종에 따라 다르게 분포하고 있음 - 2년 이내 재범률이 잘못 분류된 비율이 인종에 따라 다름
3문단	A의 주장이 잘못되었다는 개발자 B의 주장 - 고위험군과 저위험군 분류된 사람 중 2년 이내 재범을 저지르지 않은 사람의 비율은 인종에 따라 유의미한 차이가 없음 - 기저 재범률은 인종에 따라 상당한 차이가 있기 때문에 결괏값에 영향을 미침
4문단	B의 주장이 지니는 한계 - 기저 재범률이 판정에 영향을 미친다면 흑인의 위험 지수를 높이는 결과로 이어지기 때문에 차별적임

5
정답 ①

정답 체크

2문단에서 X의 예측 결과와 석방 후 2년간의 실제 재범 여부를 비교한 결과 재범을 저지른 사람이든 그렇지 않은 사람이든, 흑인은 편파적으로 고위험군으로 분류된 반면 백인은 편파적으로 저위험군으로 분류되는 오류가 나타났다고 하고 있으며, 이때 고위험군으로 잘못 분류된 것은 재범을 저지를 것으로 예측되었으나 실제로는 저지르지 않은 사람, 저위험군으로 잘못 분류된 것은 재범을 저지르지 않을 것으로 예측되었으나 실제로는 저지른 사람을 의미함을 알 수 있다.

(가), (나) 잘못 분류되었던 사람의 비율이 백인보다 흑인이 컸던 것은 흑인이 편파적으로 고위험군으로 분류된 경우이다. 따라서 빈칸에 들어갈 말은 "2년 이내 재범을 '저지르지 않은' 사람 중에서 '고위험군'으로 잘못 분류되었던 사람의 비율이 흑인의 경우 45%인 반면 백인은 23%에 불과했고"가 적절하다.

(다), (라) 잘못 분류되었던 사람의 비율이 흑인보다 백인이 컸던 것은 백인이 편파적으로 저위험군으로 분류된 경우이다. 따라서 빈칸에 들어갈 말은 "2년 이내 재범을 '저지른' 사람 중에서 '저위험군'으로 잘못 분류되었던 사람의 비율은 흑인의 경우 28%인 반면 백인은 48%로 훨씬 컸다"가 적절하다.

6
정답 ②

정답 체크

ㄷ. ⓒ은 다른 흑인들이 만들어낸 기저 재범률이 이와 전혀 상관없는 흑인 범죄자의 형량이나 가석방 여부에 영향을 주는 문제가 반복될 것이기 때문에 X의 지속적인 사용이 미국 사회의 인종차별을 고착화한다는 내용이다. 따라서 X가 특정 범죄자의 재범률을 평가할 때 사용하는 기저 재범률이 동종 범죄를 저지른 사람들로부터 얻은 것이라면, 인종이 아닌 해당 범죄자와 관련성 있는 데이터를 토대로 위험 지수를 판정한다는 것으로 ⓒ은 강화되지 않으므로 적절한 내용이다.

오답 체크

ㄱ. ⓐ은 백인의 경우 위험 지수 1로 평가된 사람이 가장 많고 10까지 그 비율이 차츰 감소한 데 비하여 흑인의 위험 지수는 1부터 10까지 고르게 분포되었으므로 X가 흑인과 백인을 차별한다는 내용이다. 따라서 강력 범죄자 중 위험 지수가 10으로 평가된 사람의 비율이 흑인과 백인 사이에 차이가 없다 해도 ⓐ은 강화되지 않으므로 적절하지 않은 내용이다.

ㄴ. ⓑ은 X가 흑인과 백인 간에 차이가 있는 기저 재범률을 근거로 재범 가능성을 예측하기 때문에 인종 간 재범 가능성 예측의 오류 차이가 발생한다는 내용이다. 따라서 흑인의 기저 재범률이 높을수록 흑인에 대한 X의 재범 가능성 예측이 더 정확해진다 해도 ⓑ은 약화되지 않으므로 적절하지 않은 내용이다.

1 ④   **2** ④   **3** ①   **4** ④   **5** ②

1

정답 ④

독해력 UP 지문 분석

분야/주제

기술융합/알고리즘의 신뢰성에 대한 결론

문단별 중심 내용

1문단	텔레비전 시청으로 생산된 데이터를 기반으로 우리의 결정을 대신하는 알고리즘
2문단	알고리즘도 실수하지만 평균적으로 인간보다 낫기만 하면 된다는 주장
3문단	처칠의 민주주의 관련 명언을 인용하며 제시한 알고리즘의 신뢰성에 대한 결론

정답 체크

빈칸 앞에서 데이터 부족, 프로그램 오류, 삶의 근본적인 무질서로 인해 알고리즘이 실수를 범할 수밖에 없지만 이러한 고충은 인간이 알고리즘보다 더 크게 겪을 뿐만 아니라 알고리즘의 답은 완벽할 필요 없이 평균적으로 인간보다 낫기만 하면 되고, 이러한 상황을 '다른 모든 체제를 제외하면 민주주의가 세상에서 가장 나쁜 정치 체제'라는 처칠의 말을 인용하여 알고리즘 또한 다르지 않다는 내용을 말하고 있다.

따라서 실수를 하기도 하지만 현실적으로 알고리즘보다 더 신뢰할 만한 대안을 찾기 어렵다는 내용이 들어가야 한다.

문제 풀이 TIP

결론을 묻는 문제의 경우 문단별 중심 내용 또는 핵심 문장을 중심으로 글의 중심 소재에 대한 화자의 견해가 무엇인지 파악하며 문제를 풀이한다.

2

정답 ④

독해력 UP 지문 분석

분야/주제

사회/대안적 분쟁해결절차(ADR)

문단별 중심 내용

1문단	실제 재판보다 오랜 시간이 소요되는 ADR이 재판보다 신속하다고 알려진 이유
2문단	사법형 ADR 활성화 정책 도입 시 예상되는 부작용
3문단	민간형 ADR의 활성화를 저해하는 사법형 ADR 활성화 정책
4문단	민간형 ADR 활성화에 도움이 될 바람직한 법원의 접근 방식

정답 체크

빈칸 앞에서는 재판의 빠른 진행을 위해 사법형 ADR을 활성화하는 정책은 새롭고 복잡한 사건을 재판보다는 ADR로 유도함으로써 이러한 사건에 대한 판례가 만들어지지 않고 ADR의 분쟁 해결 기준이 마련되지 않게 되어 민간형 ADR 활성화를 저해한다는 내용을 말하고 있고, 빈칸 뒤에서는 법원 본연의 임무인 재판을 통해 당사자의 문제를 해결하겠다는 의식으로 접근하고, 나아가 법원이 인프라를 확충하고 판례를 누적해나갈 때 민간형 ADR이 활성화될 수 있다는 내용을 말하고 있다.

따라서 법원은 재판에 힘써야 하며 그것이 결과적으로 민간형 ADR의 활성화에 도움이 된다는 내용이 들어가야 한다.

문제 풀이 TIP

빈칸에 들어갈 올바른 문장을 고르는 문제의 경우 빈칸 앞뒤 1~2문장을 중심으로 글의 내용과 맥락을 파악하고, 빈칸에 선택지를 하나씩 넣어보며 문제를 풀이한다.

이때 빈칸 앞, 뒤의 접속어가 정답의 단서가 될 수 있음에 유의하며 문제를 풀이한다. 빈칸 앞의 '따라서'를 통해 앞의 내용을 정리한 결론에 해당하는 내용이 들어갈 것임을 파악할 수 있다.

3 정답 ①

독해력 UP 지문 분석

분야/주제

과학/물체로 만든 모양에 의존하여 방향을 찾는 말벌

핵심 내용 정리

실험 목적	말벌이 둥지를 찾아가는 방법
실험 방법 1	말벌이 둥지에 있을 때, 솔방울을 둥지를 중심으로 원형 배치 → 결과: 먹이를 찾아 둥지를 떠난 말벌이 다시 잘 돌아옴
실험 방법 2	말벌이 둥지를 떠난 사이, 둥지의 솔방울을 수거하여 다른 곳으로 옮겨 원형 배치 → 결과: 말벌이 기존의 둥지가 아닌 원형으로 배치된 곳으로 돌아옴
실험 방법 3	말벌이 둥지를 떠난 사이, 솔방울을 원형으로 배치해두었던 곳에 원형으로 돌멩이 배치, 솔방울은 둥지 중심으로 삼각형 배치 → 결과: 말벌이 원형으로 배치된 돌멩이들의 중심으로 날아감
실험 결과	물체로 만든 모양에 의존하여 방향을 찾는 말벌

정답 체크

빈칸 앞에서 A는 말벌이 방향을 찾을 때 물체의 재질에 의존하는 것인지 모양에 의존하는 것인지 확인하기 위해 둥지 근처에 원형으로 배치해 두었던 솔방울을 치운 후 같은 자리에 돌멩이를 원형으로 배치하고, 그 솔방울을 다시 둥지 중심으로 삼각형으로 배치하였을 때 말벌이 둥지를 떠나기 전 머물렀던 곳과 동일한 모양인 돌멩이를 원형으로 배치한 자리로 돌아왔다는 내용을 말하고 있다.

따라서 물체의 재질보다 물체로 만든 모양에 의존하여 방향을 찾는다는 내용이 들어가야 한다.

문제 풀이 TIP

특정 실험 또는 연구 과정에 대한 지문이 제시되는 경우 최종적으로 제시되는 결론이 도출되기까지 그 목적과 방법을 이해하며 풀이한다.

4 정답 ④

독해력 UP 지문 분석

분야/주제

사회융합/축산업의 변화에 따른 전염병 노출 가능성

문단별 중심 내용

1문단	밀집된 형태에서 대규모로 돼지를 사육하는 농장의 출현으로 높아진 사육 가축들의 병원균 전염 가능성
2문단	대량으로 생산되는 육류가공제품으로 인해 소비자들이 많은 수의 가축과 접촉하게 되면서 높아진 가축의 병원균에 노출될 가능성
3문단	소비자들이 가축을 통해 전염병에 노출될 가능성을 높인 오늘날의 변화된 축산업

정답 체크

㉠ 빈칸 앞에서는 미국의 경우 돼지 농장의 수는 줄어든 반면 전체 돼지 사육 두수는 크게 증가했다는 내용을 말하고 있고, 빈칸 뒤에서는 밀집된 형태의 대규모 돼지 사육 농장이 출현하기 시작했다는 내용을 말하고 있다.

㉡ 빈칸 앞에서 오늘날 대규모 육류가공기업이 여러 지역에서 수집한 수많은 가축의 고기를 재료로 육류가공제품을 대량 생산함에 따라 개별 소비자는 적은 양의 육류가공제품을 소비해도 다수의 가축과 접촉한 결과를 가져온다는 내용을 말하고 있다.

따라서 ㉠과 ㉡에 들어갈 말을 가장 적절하게 나열한 것은 ④이다.

문제 풀이 TIP

빈칸에 들어갈 내용을 추론하는 문제의 경우 빈칸 앞, 뒤 문장에서 정답에 대한 단서를 찾는다.
㉠에 들어갈 내용에 대한 단서는 빈칸 앞의 돼지 사육 두수 증가, 빈칸 뒤의 밀집된 형태에서 돼지를 사육하는 농장의 출현이며, ㉡에 들어갈 내용에 대한 단서는 빈칸 앞의 소수의 대규모 육류가공기업, 소비자들은 많은 수의 가축과 접촉이다.

5

독해력 UP 지문 분석

분야/주제
과학/우주의 탄생을 설명하기 위한 '빅뱅 이전에 아무것도 없었다'는 말의 해석 방법

문단별 중심 내용

1문단	빅뱅 이전에 아무것도 없었다는 말의 의미: 아무런 움직임도 변화도 없었음
2문단	변화가 생기기도 전에 영겁의 시간이 있다면 빅뱅 이전에 대한 설명 자체가 존재할 수 없음
3문단	시간의 시작을 빅뱅의 시작으로 정의할 경우 빅뱅 이전이라는 개념 자체가 성립하지 않아 빅뱅이 발생한 이유도 설명할 수 있음

정답 체크

㉠ 빈칸 앞에서는 우주가 빅뱅으로부터 시작되었다는 말이 사실일 경우 빅뱅 이전에 아무것도 없었을 것이며, 이 말을 영겁의 시간 동안 움직이거나 변화하는 것 없이 시간만 존재했다고 해석할 경우 사물의 변화가 일어날 수 없어 문제가 발생한다는 내용을 말하고 있고, 빈칸 뒤에서는 어떤 사건을 설명하기 위해 그 사건 이전에 일어났던 사건에서 원인을 찾지만, 빅뱅의 경우 그 이전에 아무것도 없었으므로 어떠한 설명도 존재할 수 없다는 내용을 말하고 있다.

㉡ 빈칸 앞에서는 빅뱅 이전에 아무 일도 없었다는 말을 다르게 해석하는 방법이 있다는 내용을 말하고 있고, 빈칸 뒤에서는 빅뱅이 0년을 나타내면 빅뱅 이전이라는 개념 자체가 성립하지 않으므로 그 이전에 아무 일도 없었던 것이 당연해져 빅뱅이 일어난 이유도 설명할 수 있다는 내용을 말하고 있다.

따라서 ㉠과 ㉡에 들어갈 말을 가장 적절하게 나열한 것은 ②이다.

---

1 ②   **2** ③   **3** ③   **4** ①   **5** ④
6 ②

1

독해력 UP 지문 분석

분야/주제
과학/황화철의 산화 과정

정답 체크

이 글은 티오바실러스와 철2가이온로 만들어진 철3가이온으로 인해 붉은 침전물이 생성되는 과정을 설명하고, 티오바실러스가 황화철을 산화시켜 철2가이온과 황산이 생성될 뿐 아니라 환경 조건으로 인해 화학 반응이 폭발함으로써 붉은 침전물로 오염된 오하이오강에 대해 설명하는 글이다.

따라서 '가) 티오바실러스에 의해 침전물이 생성되어 붉어진 오하이오강 → 라) 철2가이온이 철3가이온으로 산화되어 붉은 침전물을 만드는 과정 → 나) 티오바실러스에 의해 철2가이온과 황산으로 산화되는 황화철 → 다) 티오바실러스와 산소에 노출되어 화학반응이 증가한 황화철의 산화 가속' 순으로 연결되어야 한다.

> **문제 풀이 TIP**
>
> 글을 읽기 전 선택지를 확인하여 첫 번째 문단을 유추하고, 이때 가장 포괄적인 내용을 다루거나 글 전체의 화제를 제시하는 문단이 첫 번째 문단에 제시된다는 것을 유의한다.
> 가), 라) 중 글 전체의 화제를 제시하는 라)가 첫 번째 문단이 된다.

2

독해력 UP 지문 분석

분야/주제

인문/동·서양의 문화적 배경 차이가 지각구조에 미치는 영향

정답 체크

이 글은 문화적 변수로 인해 동양인과 서양인이 사물을 보는 방식이 다르며 삶의 방식 차이로 인해 지각구조가 달라졌다는 내용을 설명하는 글이다.

따라서 '나) 동양인과 서양인의 사물을 보는 방식의 차이점 → 가) 중국 학생보다 물체에 주목하는 정도가 높은 미국 학생 → 다) 동양인과 서양인의 사물을 보는 방식의 차이점의 원인으로 지목된 문화적 변수 → 마) 동·서양의 삶의 방식의 차이가 지각구조에 미친 영향 → 라) 지각구조의 차이가 서로 다른 문화적 배경에 기인한다는 추가적 증거' 순으로 연결되어야 한다.

3

정답 ③

독해력 UP 지문 분석

분야/주제

예술/테레민의 음고 발생 원리

문단별 중심 내용

1문단	테레민의 정의 및 작동법
2문단	양손의 움직임에 의한 안테나와의 거리에 따라 음고와 음량이 달라지는 테레민
3문단	테레민에서 다른 음고의 음이 발생되는 원리

정답 체크

이 글은 테레민의 작동법을 제시하며 오른손과 수직 안테나의 거리 및 왼손과 수평 안테나와의 거리로 각각 음고와 음량이 조절되는 것을 설명하고 연주자의 손 움직임에 의해 음고가 발생하는 원리에 대해 설명하고 있으므로 이 글에 이어질 내용으로 가장 적절한 것은 ③이다.

> **문제 풀이 TIP**
>
> 이어질 내용을 고르는 문제의 경우 대체로 마지막 문단에서 내용이 어떻게 전개되면서 끝나는지가 드러나므로 글의 초반부와 후반부를 중심으로 중심 화제를 파악하고 내용 전개를 예측하며 풀이한다.

4

정답 ①

독해력 UP 지문 분석

분야/주제

인문/아리스토텔레스의 목적론을 둘러싼 근현대 학자들의 논쟁과 의의

문단별 중심 내용

1문단	아리스토텔레스의 목적론
2문단	아리스토텔레스의 목적론에 대한 근대 학자들의 비판과 그에 대한 아리스토텔레스의 반박
3문단	아리스토텔레스의 목적론을 비판한 근대 학자들에 대한 일부 현대 학자들의 반박
4문단	17세기 과학이 주장하는 바와 그에 대한 아리스토텔레스의 반박
5문단	아리스토텔레스의 목적론의 의의

정답 체크

이 글은 아리스토텔레스의 목적론을 소개하고 이에 대한 근대 학자 갈릴레이, 베이컨, 스피노자의 비판과 근대 학자들의 비판에 대한 볼로틴, 우드필드와 같은 일부 현대 학자들의 반박을 제시한 뒤 아리스토텔레스의 목적론에 담긴 내용을 정리하며 그것이 오늘날까지 이어지는 자연물이 존재하고 운동하는 원리와 이유를 밝히는 과학적 탐구의 출발점이 되었다는 의의를 설명하고 있으므로 이 글의 내용 전개 방식으로 가장 적절한 것은 ①이다.

[5-6]

독해력 UP 지문 분석

분야/주제

기타/성금 마련을 위해 선생님과 학생이 함께한 마라톤 기사문의 초고 작성 회의

(나) 핵심 내용 정리

학생 1의 의견	표제 - 중심 소재를 담아 행사의 의미를 비유적 표현을 활용하여 수정
	전문 - 육하원칙 중 빠진 내용 추가
	본문 - 하단에 화합을 드러내는 내용 및 학생회장의 인터뷰 추가, 중복되는 문장 삭제
학생 2의 의견	표제 - 참가 인원수 표기
	본문 - 선생님들의 응원 활동 내용 및 행사 이후 결과 추가, 사실과 다른 내용 수정

5

정답 ④

정답 체크

학생 2는 선생님들이 응원 메시지를 직접 써서 가슴에 달고 뛰었으나 본문에 해당 내용이 누락되어 수정해야 한다고 하였으므로 적절하지 않다.

오답 체크

① 학생 3은 학생 1, 2의 의견을 종합하여 표제에 중심 소재를 담고 화합이라는 행사의 의미를 드러낼 수 있도록 비유적 표현을 활용하여 수정한다고 하였으므로 적절하다.

② 학생 1은 전문에 육하원칙 중 빠진 내용을 추가해야 한다고 하였으므로 적절하다.

③ 학생 2는 사실에 맞게 학생과 선생님이 각각 성금으로 5천 원, 만 원씩 낸 것으로 수정해야 한다고 하였으므로 적절하다.

⑤ 학생 1은 본문에 불필요하게 중복된 내용의 문장을 삭제해야 한다고 하였으므로 적절하다.

문제 풀이 TIP

특정 대상에 대해 다양한 의견이 제시되는 경우 이를 정리하며 문제를 풀이한다.

6

정답 ②

정답 체크

(나)의 후반부에서 학생 1은 본문의 마지막 부분에 화합을 드러내는 내용과 학생회장이 행사를 주최하면서 어려웠던 점에 대해 말한 인터뷰를 추가해야 한다고 하였고, 학생 2는 행사 이후의 결과에 대한 내용도 포함되어야 한다고 하였으므로 제시된 조건을 모두 포함하고 있는 ②가 가장 적절하다.

오답 체크

① 학생회장의 인터뷰 중 행사를 주최하면서 어려웠던 점이 누락되어 있으므로 적절하지 않다.

③ 학생회장의 인터뷰가 누락되어 있으므로 적절하지 않다.

④ 화합을 드러내는 내용이 누락되어 있으므로 적절하지 않다.

⑤ 행사 이후의 결과가 누락되어 있으므로 적절하지 않다.

PART 2 지문 유형별 공략

DAY 11 설명문 ① p.86

| 1 ① | 2 ④ | 3 ③ | 4 ③ | 5 ③ |

1 정답 ①

독해력 UP 지문 분석

분야/주제

인문/고려 대장경의 역사

문단별 중심 내용

1문단	대장경의 정의와 초조대장경의 제작 배경
2문단	재조대장경의 제작 배경 및 특징
3문단	한반도의 인쇄술 발달을 보여주는 통일신라의 <무구정광대다라니경>과 고려의 <상정고금예문>

정답 체크

2~3문단에서 고려에 몽골이 침입하였을 때 제작된 재조대장경판은 16년 만에 완성되었지만, 몽골의 1차 침략이 시작된 해에 <상정고금예문>이 발간되었다고 하였으므로 재조대장경판의 제작이 완료되기 전에 금속활자로 <상정고금예문>이 발간되었다고 전해짐을 알 수 있다.

오답 체크

② 1문단에서 거란의 침입을 받던 고려 현종 때 거란에서 수입한 대장경을 분석하여 완성된 것은 초조대장경이라고 하였으므로 적절하지 않은 내용이다.

③ 2문단에서 재조대장경판이 전 세계에 남아 있는 대장경 인쇄용 경판 중 가장 오래된 것이라고 하였으므로 적절하지 않은 내용이다.

④ 2문단에서 재조대장경은 나무를 베어 만든 경판이라고 하였고, 3문단에서 <무구정광대다라니경>은 목판으로 인쇄된 자료라고 하였으므로 적절하지 않은 내용이다.

⑤ 2문단에서 고려가 몽골의 침략을 불교 신앙으로 극복하고자 두 번째로 만든 재조대장경을 팔만대장경으로 부른다고 하였으므로 적절하지 않은 내용이다.

2 정답 ④

독해력 UP 지문 분석

분야/주제

인문/아시아와 유럽의 지폐 등장 배경 및 발달 과정의 차이점

문단별 중심 내용

1문단	중국의 화폐 발달사
2문단	상이한 금의 가치로 유럽에 비해 빠르게 지폐가 유통된 아시아
3문단	지폐의 가치 확립 및 유지에 핵심 요소로 작용하는 국가 권력
4문단	아시아와 달리 민간 발행 어음으로 시작되어 법정화까지 오랜 기간이 소요된 유럽의 지폐

핵심 내용 정리

구분	유럽	아시아(중국)
화폐 통용 여부	자유로운 금화 통용	억제된 금화 사용으로 인한 지폐 통용
지폐 법정화	민간에 의해 시작되어 오랜 시간 소요	국가에 의해 시작되어 짧은 시간 소요

정답 체크

4문단에서 지폐는 금속 주화와 달리 내재적 가치가 없어 통용되기 위해 신뢰가 필수적이며, 중국은 강력한 왕권이 이 신뢰를 담보했다고 하였으므로 중국에서 지폐 거래의 신뢰 확보가 가능했던 이유는 강력한 국가 권력이 있었기 때문임을 알 수 있다.

오답 체크

① 2문단에서 유럽은 금화가 대중들 사이에서 널리 유통되었음을 서술하고 있지만, 금화의 대중적 확산이 지폐 통용의 계기가 되었다는 내용에 대해서는 다루고 있지 않으므로 적절하지 않은 내용이다.

② 4문단에서 지폐는 내재적 가치가 없어 화폐로 통용되기 위해 신뢰가 필수적이며 중국의 강력한 왕권이 이를 담보하였지만, 유럽에서는 신뢰 확보를 위해 정부가 나서기까지 오랜 시간이 필요했다고 하였으므로 적절하지 않은 내용이다.

③ 1문단에서 기원전 8~7세기 이후 주나라에서 청동전이 유통된 이후 진시황이 화폐를 통일하며 가운데 네모난 구멍이 뚫린 원형 청동 엽전이 등장했다고 하였으므로 적절하지 않은 내용이다.

⑤ 2문단에서 유럽과 아시아 모두 금이 상징하는 권력을 누렸다고 한 점에서는 동일하지만, 비교적 금화의 사용과 유통이 자유로웠던 유럽과 달리 아시아는 대중 사이에서 금이 널리 유통되면 그 권력이 약화된다고 여겼다고 한 점에서 아시아에서는 금화 유통을 통제한 것을 추론할 수 있으므로 적절하지 않은 내용이다.

문제 풀이 TIP

특정 대상을 중심으로 비교하며 설명하는 경우 각 대상 간의 차이점을 정리하여 문제를 풀이한다.

3
정답 ③

독해력 UP 지문 분석

분야/주제

인문/단어의 뜻을 변별할 때 사용되는 음운의 특징

문단별 중심 내용

1문단	언어마다 차이가 있는 음운의 특징
2문단	음운이 모여 만들어진 의미 최소 단위의 형태소와 형태소 간 만남에서 관여하는 음운 규칙
3문단	말을 할 때뿐만 아니라 말을 들을 때도 작용하는 음운, 음절 구조, 음운 규칙

정답 체크

3문단에서 말을 할 때는 발음을 할 수 있게 만드는 재료, 구조, 방법이 되고, 말을 들을 때는 말소리를 분류하고 인식하는 틀이 된다고 하였으므로 비음화 규칙이 인식의 틀로 작용했다면 '밥만[밤만]'을 듣고 '밥만'으로 복원되어야 함을 추론할 수 있으므로 적절하지 않은 내용이다.

오답 체크

① 2문단에서 형태소와 형태소가 만나는 경계에서 음운이 다양하게 배열되고 발음이 결정된다고 하였으므로 국어 음절 구조의 특징을 고려하면 '몫[목]'의 발음에서 음운이 탈락하는 것을 추론할 수 있으므로 적절한 내용이다.

② 2문단에서 음운이 하나 이상 모여 뜻을 가지면 의미의 최소 단위인 형태소가 된다고 하였으므로 적절한 내용이다.

④, ⑤ 3문단에서 국어에 없는 소리를 듣는다면 국어에서 가장 가까운 음운으로 바꾸어 인식한다고 하였으므로 적절한 내용이다.

4
정답 ③

독해력 UP 지문 분석

분야/주제

인문/칠궁의 역사적 배경

문단별 중심 내용

1문단	후궁의 사당이 세워진 사례(1): 영조의 생모인 숙빈 최씨의 육상궁, 추존왕 원종의 생모인 인빈 김씨의 저경궁, 경종의 생모인 희빈 장씨의 대빈궁
2문단	후궁의 사당이 세워진 사례(2): 효장세자의 생모인 정빈 이씨의 연호궁, 사도세자의 생모인 영빈 이씨의 선희궁, 순조의 생모인 수빈 박씨의 경우궁
3문단	순종에 의해 경내에 후궁의 사당이 모두 옮겨지고, 영친왕의 생모인 엄씨의 덕안궁까지 세워지면서 칠궁이라 불리기 시작한 육상궁

정답 체크

2문단에서 영빈 이씨는 영조의 아들인 사도세자의 생모라고 하였으며, 수빈 박씨는 정조의 아들로서 뒤를 이은 순조의 생모라고 하였으므로 적절한 내용이다.

오답 체크

① 경종이 선희궁과 연호궁에서 거행되는 제사에 참석하였는지는 확인할 수 없으며, 경종은 영조의 선왕이기 때문에 영조 다음 대 왕위를 이은 정조가 세운 선희궁과 연호궁에 참석할 수 없었으므로 적절하지 않은 내용이다.

② 1문단에서 영조가 <국조속오례의>를 편찬할 때 육상궁에 대한 제사를 국가의례로 삼아 책 안에 수록하였다는 내용만 확인할 수 있으며, 연호궁, 선희궁, 경우궁은 영조 다음 대 왕위를 이은 정조와 그의 아들 순조가 세운 사당이므로 적절하지 않은 내용이다.

④ 3문단에서 숙종이 대빈궁, 연호궁, 선희궁, 저경궁, 경우궁을 육상궁 경내로 이전하고 일제 강점기에 덕안궁까지 세워지면서 칠궁으로 불리기 시작했다고 하였으므로 적절하지 않은 내용이다.

⑤ 칠궁에 모셔진 7명의 인물 중 추존왕 원종의 생모인 인빈 김씨, 효장세자의 생모인 정빈 이씨, 사도세자의 생모인 영빈 이씨, 영친왕의 생모인 엄씨는 국왕으로 즉위해 실제로 나라를 다스린 인물의 생모가 아니므로 적절하지 않은 내용이다.

문제 풀이 TIP

비슷한 용어들이 여러 개 제시되는 글의 경우 용어의 유사함을 이용한 함정이 있을 수 있음에 유의하고, 특히 다양한 정보가 제시되는 지문의 경우 키워드 중심으로 표나 도식을 이용해 글을 정리해 나가면서 지문을 읽는 것이 문제 풀이에 도움이 된다.

5

독해력 UP 지문 분석

분야/주제

인문/19세기 말 및 20세기 초 조선과 일본의 어업 협정

핵심 내용 정리

조일통상장정	- 주요 내용: 1883년에 맺은 조약으로, 제41관에는 일본인의 조선의 전라도, 경상도, 강원도, 함경도 연해 어업을 허용한다는 내용이 담겨 있고 이 외 지역에서는 일본인 어업 활동을 금지하기로 함 - 제주목사의 일본인의 제주도 연해 조업 금지를 빌미로 일본의 조업 금지 조치를 철회함
조일통어장정	- 주요 내용: 1889년에 맺은 조약으로, 일본인이 조일통상장정 제41관에 적시된 지방의 해안선으로부터 3해리 이내 해역에서 어업 활동을 하고자 할 때는 조업하려는 지방 관리로부터 어업준단을 발급받아야 한다고 규정함 - 어업준단의 유효기간은 1년이고 발급을 위해서는 어업세를 먼저 내야 함 - 일본은 조선해통어조합연합을 만들어 어업준단 발급 신청을 지원함
어업에 관한 협정	- 주요 내용: 1908년 맺은 조약으로, 한반도 연해에서 어업 활동을 하려는 일본인은 대한제국 어업 법령의 적용을 받는다는 내용을 명시함 - 일본은 대한제국이 이듬해 공포한 어업법을 일본인에게 동일하게 적용할 것을 관철하였고, 1902년에 조선해통어조합연합을 없애고 조선해수산조합을 만들어 일본인의 어업 면허 신청을 대행함

정답 체크

2문단에서 조일통어장정에는 일본인이 조일통상장정 제41관에 적시된 지방의 해안선으로부터 3해리 이내 해역에서 어업 활동을 하고자 할 때는 조업하려는 지방의 관리로부터 어업준단을 발급받아야 하며 이를 받고자 하는 자는 소정의 어업세를 먼저 내야 한다고 명시되어 있다고 하였고, 이 장정 체결 직후에 일본이 조선해통어조합연합회를 만들었다고 하였으므로 조선해통어조합연합회가 만들어져 활동하던 당시에 어업준단을 발급받고자 하는 일본인은 어업세를 내도록 되어 있음을 알 수 있다.

오답 체크

① 1문단에서 조선해통어조합은 조선 어장에 대한 정보를 제공하는 역할을 했다고 하였으며, 2문단에서 일본인의 어업 면허 신청을 대행하는 조직은 조선해수산조합이라고 하였으므로 적절하지 않은 내용이다.

② 조일통어장정에 제주도 해안선으로부터 3해리 이내 해역에서 조선인의 어업 활동을 모두 금지했다는 것에 대해서는 다루고 있지 않으므로 적절하지 않은 내용이다.

④ 조일통상장정에 조선해통어조합연합회를 조직해 일본인이 한반도 연해에서 조업할 수 있도록 지원한다는 내용이 있는지에 대해서는 다루고 있지 않으므로 적절하지 않은 내용이다.

⑤ 1문단에서 조일통상장정 제41관에는 "일본인이 조선의 전라도, 경상도, 강원도, 함경도 연해에서 어업 활동을 할 수 있도록 허용한다."는 내용이 적시되어 있다고 하였으며, 2문단에서 한반도 해역에서 조업하는 일본인이 면허를 발급 받아야 한다는 것은 1908년에 맺은 어업에 관한 협정에 근거했다는 것은 알 수 있으나 발급 주체는 알 수 없으므로 적절하지 않은 내용이다.

30   온/오프라인 취업강의·무료 취업자료 ejob.Hackers.com

1 ①   **2** ②   **3** ⑤   **4** ④   **5** ①

6 ⑤

1

정답 ①

독해력 UP 지문 분석

분야/주제
사회/독일의 복지 정책을 바라보는 사회주의자, 보수주의자와 자유주의자 간의 입장 차이

문단별 중심 내용

1문단	자유주의자와 보수주의자 간의 대립을 유발한 보수파 비스마르크의 복지 정책
2문단	보편적 복지에 대한 보수주의자와 자유주의자의 대립되는 입장

정답 체크

2문단에서 독일의 자유주의자들은 장애인이나 가난한 이들을 위한 복지를 구휼 정책으로 여겨 찬성하지 않았지만, 개인이 자발적으로 사회적 약자를 돕는 것은 적극적으로 권장하는 입장을 취했다고 하였으므로 독일 자유주의자들이 구휼 정책은 반대하고, 개인적 자선활동은 찬성하였음을 알 수 있다.

오답 체크

② 1문단에서 복지 재원을 확보하고자 국가가 세금과 같은 방법을 동원할 수 있음을 서술하고 있지만, 국가가 재원 마련을 위한 부담을 특정 계층에게 전가했는지는 알 수 없으므로 적절하지 않은 내용이다.

③ 2문단에서 독일 자유주의자들은 국가가 강제로 개인에게 세금을 거두는 것은 자유의 침해이자 강요된 노동이 될 수 있다고 주장한다는 내용에 대해서는 다루고 있지만, 보수주의자 집권 당시 독일 국민의 노동 강도 및 개인의 자율성 침해 여부에 대해서는 다루고 있지 않으므로 적절하지 않은 내용이다.

④ 2문단에서 공동체적 가치를 중시해 온 독일의 사회주의자들 또는 보수주의자들은 복지 정책 입안 및 집행과 관련 조세 정책 수립에 적극적이었다고 하였고, 1문단에서 복지 재원 확보를 위해 국가가 세금과 같은 방법을 동원할 경우 그 비용을 강제로 부담하고 있다고 여기는 국민들의 불만을 살 우려가 있다고 하였으므로 적절하지 않은 내용이다.

⑤ 1문단에서 독일의 보수주의자인 비스마르크의 복지 정책은 사회의 다양한 계층으로부터 광범위한 지지를 얻었다는 내용에 대해서는 서술하고 있지만, 독일 보수주의자들에 의해 전 국민에게 확대되었는지에 대해서는 다루고 있지 않으므로 적절하지 않은 내용이다.

2

정답 ②

독해력 UP 지문 분석

분야/주제
과학/르베리에와 불칸의 존재

문단별 중심 내용

1문단	해왕성을 예측한 방식으로 태양과 수성 사이에 미지의 행성인 불칸이 존재한다고 믿은 르베리에
2문단	관찰을 통해 얻은 천왕성의 궤도와 뉴턴의 중력 법칙에 따라 산출한 궤도 사이의 차이를 수학적으로 계산하여 해왕성의 위치를 예측하는 데 성공한 르베리에
3문단	뉴턴의 중력 법칙이 아닌 상대성이론을 이용해 수성의 궤도를 정확하게 설명하는 데 성공하면서 증명의 의미가 없어진 불칸

정답 체크

2문단에서 당시 천문학자들은 천왕성보다 더 먼 위치에 다른 행성이 존재할 경우에만 천왕성의 궤도에 대한 관찰 결과가 뉴턴의 중력 법칙에 따라 설명될 수 있다고 하였고, 르베리에는 관찰을 통해 얻은 천왕성의 궤도와 뉴턴의 중력 법칙에 따라 산출한 궤도 사이의 차이를 수학적으로 계산하여 해왕성의 위치를 예측하는 데 성공했다고 하였으므로 르베리에에 따르면 천왕성의 궤도를 정확히 설명하기 위해서는 뉴턴의 중력 법칙을 대신할 다른 법칙이 필요하지 않음을 알 수 있다.

오답 체크

① 3문단에서 르베리에는 천왕성과 해왕성을 뉴턴의 중력 법칙으로 설명한 것과 동일하게 수성의 운동에 대해서도 정확히 설명할 수 있을 것이라고 여겼다고 하였으므로 적절한 내용이다.

③ 3문단에서 르베리에의 가설에 따라 불칸을 발견했다고 주장하는 천문학자까지 나타났다고 하였으므로 적절한 내용이다.

④ 2문단에서 르베리에는 관찰을 통해 얻은 천왕성의 궤도와 뉴턴의 중력 법칙에 따라 산출한 궤도 사이의 차이를 수학적으로 계산하여 해왕성의 위치를 예측했다고 하였으므로 적절한 내용이다.

⑤ 3문단에서 르베리에는 천왕성과 해왕성을 뉴턴의 중력 법칙으로 설명한 것과 동일하게 수성의 운동에 대해서도 정확히 설명할 수 있을 것이라고 여겼고 이를 증명하기 위해 불칸이라는 미지의 행성을 상정했다고 하였으므로 적절한 내용이다.

3

독해력 UP 지문 분석

분야/주제

인문/에르고딕 이론의 문제점

문단별 중심 내용

1문단	그룹의 평균을 활용해 개인에 대한 예측치를 이끌어 낼 수 있다고 보는 에르고딕 이론
2문단	평균주의에 근거하여 개인의 특성을 모두 무시하는 결과를 도출하게 되는 상황을 의미하는 에르고딕 스위치
3문단	에르고딕 스위치의 사례로 볼 수 있는 타이핑 속도와 오타 수의 관계

정답 체크

3문단에서 타이핑 속도가 빠른 사람들은 대체로 타이핑 실력이 뛰어나 그만큼 오타가 적을 수밖에 없는데, 평균주의식으로 접근하여 타이핑 속도와 오타 수를 분석할 경우에는 오타를 줄이고 싶다면 타이핑 속도를 높여야 한다는 처방이 나오게 된다고 하였으므로 ⓔ를 '타이핑 실력이라는 요인이 통제되지 않은 상태에서'로 수정하는 것이 적절하다.

오답 체크

①, ② 1문단에서 에르고딕 이론은 그룹의 평균을 활용해 개인에 대한 예측치를 이끌어낼 수 있다고 주장하는 이론이라고 하였으므로 수정하는 것은 적절하지 않다.

③ 2문단에서 심리학자 몰레나가 그룹의 평균을 활용해 개인을 평가하는 것은 인간이 모두 동일하고 변하지 않는 냉동 클론이어야 가능하다고 하였으며, 평균주의에 속아 집단의 평균에 의해 개인을 파악하는 것은 매우 위험한 가정이라고 하였으므로 수정하는 것은 적절하지 않다.

④ 3문단에서 평균 타이핑 속도와 평균 오타 수를 비교하였을 때 평균적으로 타이핑 속도가 더 빠를수록 오타 수가 더 적은 것으로 나타났다고 가정한다고 하였으므로 수정하는 것은 적절하지 않다.

4

독해력 UP 지문 분석

분야/주제

인문/한국어 계통 연구

문단별 중심 내용

1문단	가장 유명한 한국어 계통 연구 학설인 알타이어족 설이 지니는 한계
2문단	비교언어학 분석, 유전학적 연구, 인류학적 인구를 종합하는 방향으로 진행되고 있는 한국어 계통 연구
3문단	한국어 계통 연구의 어려움과 남북한 학계의 의견 차이

정답 체크

3문단에서 고구려어가 원시 부여어에 소급되는 것과 달리 백제어와 신라어는 원시 한어로부터 왔다는 것을 통해 이들 언어의 차이가 방언적 차이 이상이었음을 보여준다고 하였으므로 적절하지 않은 내용이다.

오답 체크

① 1문단에서 튀르크어, 몽고어, 만주·퉁구스어와 한국어 간에 기초 어휘와 음운 대응의 규칙성에서 차이가 있어 비교언어학적 근거는 한계가 있고, 이로 인해 알타이어족 설은 알타이 어군과 한국어 사이의 친족 관계 및 공통 조상어로부터의 분화 과정을 설명하기 어렵다고 하였으므로 적절한 내용이다.

② 2문단에서 북방계의 천손 신화와 남방계의 난생 신화가 한반도에서 모두 발견된다는 점은 한국어에 북방적 요소와 남방적 요소가 모두 포함되어 있음을 보여준다고 하였으므로 적절한 내용이다.

③ 2문단에서 최근 한국어 계통 연구는 비교언어학 분석뿐 아니라 한민족 형성 과정에 대한 유전학적 연구, 한반도에 공존했던 건국 신화와 관련된 인류학적 연구를 이용하고 있다고 하였으므로 적절한 내용이다.

⑤ 3문단에서 중세 국어가 조선 시대를 거쳐 근대 한국어로 변모하여 오늘날 우리가 사용하는 현대 한국어가 되는 과정에 대해서는 남한과 북한의 학계가 같은 입장이라고 하였으므로 적절한 내용이다.

독해력 UP 지문 분석

분야/주제

예술/하이퍼리얼리즘의 특징

문단별 중심 내용

1문단	하이퍼리얼리즘의 정의
2문단	하이퍼리얼리즘과 팝아트의 공통점과 차이점
3문단	하이퍼리얼리즘의 대표작가: 핸슨 <쇼핑 카트를 밀고 가는 여자>의 작품 해석
4문단	하이퍼리얼리즘의 대표작가: 핸슨 <쇼핑 카트를 밀고 가는 여자>의 작품 기법
5문단	리얼리즘의 목적과 의의

핵심 내용 정리

• 하이퍼리얼리즘과 팝아트의 공통점과 차이점

구분	하이퍼리얼리즘	팝아트
공통점	- 리얼리즘 경향 - 1960년대 미국에서 발달하여 현재까지 유행하고 있는 유파 - 당시 자본주의 사회의 일상 모습을 대상으로 삼음	
차이점	- 대상의 현실성뿐만 아니라 대상을 정확하게 재현하여 사실성도 추구 - 새로운 재료나 기계적인 방식 적극 사용	- 대상을 함축적으로 변형하여 현실성 추구 - 대중과 쉽게 소통 가능한 인쇄 매체 활용

• <쇼핑 카트를 밀고 가는 여자>의 주제와 소재 및 기법

주제	물질적 풍요 속에 매몰되어 살아가는 당시 현대인 비판		
소재	여자	욕망의 주체, 탐욕 상징	→ 우리 주변에서 흔히 볼 수 있는 것을 대상으로 삼아 현실성이 높음
	쇼핑 카트	욕망의 객체, 물질 상징	
기법	실물 주형 기법, 합성수지·폴리에스터·유리 섬유 및 에어브러시 채색, 오브제 사용, 쇼핑 카트·식료품 사용		→ 대상을 똑같이 재현하고 사실성을 높이기 위해 다양한 작품 기법을 사용함

5

정답 체크

2문단에서 현실성은 우리 주변에서 흔히 볼 수 있는 것을 대상으로 고르면 높아진다고 하였고, 하이퍼리얼리즘과 팝아트는 공통적으로 당시 자본주의 사회의 일상의 모습을 대상으로 삼았다고 하였으므로 하이퍼리얼리즘과 팝아트는 모두 당시 주변에서 흔히 볼 수 있는 자본주의 사회의 일상을 대상으로 삼아 ㉠을 높였음을 알 수 있다.

오답 체크

② 2문단에서 사실성은 대상을 시각적 재현에 기대 실재와 똑같이 표현하면 높아진다고 하였고, 팝아트가 대상을 함축적으로 변형한 반면 하이퍼리얼리즘은 대상을 정확하게 재현하려 했다는 점에서 팝아트는 하이퍼리얼리즘에 비해 ㉡이 낮다는 것을 추론할 수 있으므로 적절하지 않은 내용이다.

③ 2문단에서 하이퍼리얼리즘은 대상의 현실성뿐만 아니라 트롱프뢰유의 흐름을 이어 표현의 사실성도 추구했다고 하였고, 각주에서 트롱프뢰유를 감상자가 실물로 착각할 정도로 정밀하게 재현한 것으로 정의한 점에서 트롱프뢰유는 ㉠을 중심으로 하는 개념이라기보다는 ㉡을 중심으로 하는 개념임을 추론할 수 있으므로 적절하지 않은 내용이다.

④ 2문단에서 팝아트는 주로 대상의 정확한 재현보다 대중과 소통이 쉬운 인쇄 매체를 활용한 반면, 하이퍼리얼리즘은 새로운 재료나 기계적 방식을 활용하여 대상을 정확히 재현하고자 했다고 하였으므로 적절하지 않은 내용이다.

⑤ 2문단에서 하이퍼리얼리즘과 팝아트가 같은 리얼리즘 경향에 속한다고 하였고, 팝아트는 주로 대상의 현실성을 추구하는 반면 하이퍼리얼리즘은 현실성뿐만 아니라 사실성도 추구한다고 하였으므로 적절하지 않은 내용이다.

문제 풀이 TIP

두 가지 대상을 비교하며 서술하는 경우 대상 간의 공통점과 차이점을 정리하며 문제를 풀이한다.
현실성과 사실성을 중심으로 하이퍼리얼리즘과 팝아트 간의 공통점과 차이점을 이해한다.

6

정답 체크

3문단에서 ⓒ은 물질적 풍요 속 과잉 소비 성향을 보여줌으로써 물질적 풍요 속에서 매몰되어 살아가는 현대인을 비판적인 시각에서 표현한 작품으로 해석할 수 있다고 하였으므로 당시 자본주의 사회에서의 합리적인 소비 성향을 반영하기 위해 주변에서 흔히 볼 수 있는 소비자와 상품을 제시한 것은 아님을 알 수 있다.

오답 체크

① 4문단에서 ⓒ은 실물 주형 기법을 사용하여 사람의 형태와 크기를 똑같이 재현하였으며, 여기에 오브제를 그대로 사용하여 사실성을 높였고, 생활공간에 전시해도 자연스럽도록 전시 받침대 없이 제작하였다고 하였으므로 적절한 내용이다.

② 4문단에서 ⓒ은 사람을 보고 찰흙으로 형태를 빚는 방법 대신 사람에게 직접 석고를 발라 형태를 뜨는 실물 주형 기법을 사용하여 사람의 형태와 크기를 똑같이 재현했다고 하였으므로 적절한 내용이다.

③ 3문단에서 ⓒ의 대상인 여자는 욕망의 주체이자 물질에 대한 탐욕을 상징하며 상품이 가득한 쇼핑 카트는 욕망의 객체이자 물질을 상징한다고 하였고, 4문단에서 실물 주형 기법과 다양한 재료 및 에어브러시 채색을 통해 사람의 형태와 크기, 피부의 질감과 색채를 똑같이 재현하고 쇼핑 카트와 식료품 등을 그대로 사용하여 사실성을 높였다고 하였으므로 적절한 내용이다.

④ 4문단에서 ⓒ은 기존 입체 작품의 재료인 청동 금속재 대신 합성수지, 폴리에스터, 유리 섬유 등을 사용하고 에어브러시로 채색하여 사람의 피부 질감과 색채를 똑같이 재현했다고 하였으므로 적절한 내용이다.

> **문제 풀이 TIP**
>
> 특정 대상의 특징을 묻는 문제의 경우 제시된 글에서 관련 내용을 정확히 이해한 뒤 문제를 풀이한다. 이때, 선택지의 핵심어를 먼저 확인한 후 글의 내용을 비교하며 풀이함으로써 문제 풀이 시간을 줄인다.

DAY 13 설명문 ③
p.96

1 ③	2 ①	3 ①	4 ④	5 ④
6 ④				

1

> **독해력 UP 지문 분석**
>
> **분야/주제**
>
> 사회/WTO 무역협정 방식의 정의 및 특징
>
> **문단별 중심 내용**
>
> | 1문단 | GATT 체제에서 관행으로 유지된 의사결정 방식인 총의 제도를 명문화한 WTO 설립협정 |
> |-------|--------|
> | 2문단 | 무역자유화 촉진 및 확산 방안으로 모색된 부속서 4 복수국간 무역협정 방식과 임계질량 복수국간 무역협정 방식 |
> | 3문단 | 부속서 4 복수국간 무역협정 방식의 정의 및 특징 |
> | 4문단 | 임계질량 복수국간 무역협정 방식의 정의 및 특징 |

정답 체크

3문단에서 전자상거래협정은 협정 당사국에만 전자상거래 개방 및 기술 이전을 허용하고, 부속서 4 복수국간 무역협정 방식 또한 협정상 혜택을 비당사국에 허용하지 않는다고 하였지만, WTO 회원국의 협정 가입 여부가 동 협정의 법적 지위에 미치는 영향력에 대한 내용은 다루고 있지 않으므로 WTO 회원국이 전자상거래협정에 가입하지 않는다면 동 협정의 법적 지위에 영향을 미칠 수 없는 것은 아님을 알 수 있다.

오답 체크

① 4문단에서 '임계질량 복수국간 무역협정 방식'에 따르면 협정의 의무는 협정 당사국만 부담하지만, 모든 WTO 회원국이 채택된 협정의 혜택을 받는다고 하였으므로 적절한 내용이다.

② 1문단에서 총의 제도를 명문화하고 있는 WTO 설립협정은 의사결정 회의에 참석한 회원국이 공식적으로 모두 반대하지 않는 한 검토를 위해 제출된 사항은 총의 제도에 의해 결정되었다고 규정하고 있으며, 총의 제도에 따르면 회원국이 의사결정 회의에 불참하는 경우 그 불참은 찬성으로 간주된다고 하였으므로 적절한 내용이다.

④ 3문단에서 '부속서 4 복수국간 무역협정 방식'은 WTO 체제 밖에서 복수국간 무역협정을 체결한 뒤 WTO 설립협정 부속서 4에 포함하여 WTO 체제로 편입하는 방식이라는 점에서 총의 제도를 유지할 경우 모든 회원국의 공식적인 찬성이 필요하여 자유무역을 확산하는 기능을 달성하기 어렵다는 것을 추론할 수 있으므로 적절한 내용이다.

⑤ 4문단에서 '임계질량 복수국간 무역협정 방식'의 대표 사례인 1997년 발효된 정보통신기술(ICT) 제품의 정보기술협정이 발효되기 위해 협정 당사국들의 협정 적용대상 품목의 무역량이 해당 품목의 전 세계 무역량에서 90% 이상을 차지해야 한다고 하였으므로 적절한 내용이다.

문제 풀이 TIP

글에 제시된 정보로 추론 가능한 선택지인지 확인한다.
③ WTO 회원국의 전자상거래협정 가입 여부가 동 협정의 법적 지위에 미치는 영향력에 대한 내용은 제시된 글에서 확인할 수 없다.

2
정답 ①

독해력 UP 지문 분석

분야/주제

사회/정책 네트워크의 세 가지 모형

핵심 내용 정리

A 모형	- 의회 상임위원회, 행정 부처, 이익집단이 형성하는 정책 네트워크 - 안정성이 높고, 행정부 수반의 영향력이 작은 정책 분야에서 집중적으로 나타나며, 폐쇄성이 높고 배타성이 매우 강함
B 모형	- 특정 정책과 관련해 이해관계를 같이하는 참여자로 구성되는 정책 네트워크 - 전통적 관료제나 A의 방식보다 더 효과적으로 정책 목표를 달성할 수 있으며, 정책 결정은 주요 참여자 간 합의와 협력에 의해 일어남
C 모형	- 특정 이슈를 중심으로 이해관계나 전문성을 가진 이익집단, 개인, 조직으로 구성되는 정책 네트워크 - 참여자가 매우 자율적으로 주도적이며, 관료제의 영향력이 작고 통제가 약한 분야에서 주로 작동함

정답 체크

제시된 표에서 외부 참여 가능성이 높은 모형은 C이고, 4문단에서 C는 관료제의 영향력이 작고 통제가 약한 분야에서 주로 작동한다고 하였으므로 적절한 내용이다.

오답 체크

② 제시된 표에서 상호 의존성이 보통인 모형은 B이고, 2문단에서 배타성이 매우 강해 다른 이익집단의 참여를 철저하게 배제하는 것은 A의 특징이라고 하였으므로 적절하지 않은 내용이다.

③ 제시된 표에서 합의 효율성이 높은 모형은 A이고, 3문단에서 B가 특정 이슈에 대해 유기적인 연계 속에서 기능하면 A보다 더 효과적으로 정책 목표를 달성할 수 있다고 하였으므로 적절하지 않은 내용이다.

④ 각 모형에 참여하는 이익집단의 정책 결정 영향력에 대해서는 다루고 있지 않으므로 적절하지 않은 내용이다.

⑤ 제시된 표와 4문단을 통해 C가 지속성이 낮고 참여자가 많음을 알 수 있지만 참여자 수의 증가가 지속성에 어떤 영향을 미치는지에 대해서는 다루고 있지 않으므로 적절하지 않은 내용이다.

3
정답 ①

독해력 UP 지문 분석

분야/주제

과학/자연 속에 비례의 형태로 숨겨진 수학과 인체 비례

문단별 중심 내용

1문단	신이 자연물에 숨겨놓은 진리 중 가장 아름다운 진리의 정수인 인체 비례
2문단	서양과 동양에서 건축의 미적 표준으로 인체 비례를 활용하는 사례

정답 체크

㉠ 빈칸 앞에서 레오나르도 다빈치의 <인체 비례도>를 보면 원과 정사각형 배치를 통해 사람의 몸을 표현하며, 이는 가장 기본적인 기하 도형이 인체 비례와 관련 있다는 점에서 착안했다는 내용을 말하고 있다.

㉡ 빈칸 앞에서 구고현 삼각형이 고대 서양에서 신성불가침의 삼각형이라 불린 것과 동일한 비례를 지니고 있다는 내용을 말하고 있다.

따라서 ㉠과 ㉡에 들어갈 말을 가장 적절하게 나열한 것은 ①이다.

4
정답 ④

독해력 UP 지문 분석

분야/주제

인문/미란다 원칙의 의의

문단별 중심 내용

1문단	미란다 원칙의 내용과 유래
2문단	미란다 판결 전, 임의성의 원칙에 따라 증거로 채택되었던 피의자의 진술
3문단	절차의 적법성과 피의자의 권리 보호를 위해 도입된 미란다 원칙

2문단에서 미란다 판결이 있기 전까지는 고문과 같은 가혹 행위로 진술을 얻은 것이 아니고 전체적인 상황이 강압적이지 않은 상태에서 피의자가 임의적으로 진술했다면 자백이 증거로 채택되었다고 하였으므로 적절한 내용이다.

오답 체크

① 1문단에서 묵비권, 불리한 진술 거부, 변호사 선임권을 고지하지 않은 상태에서 얻은 진술은 그에게 불리하게 사용될 수 없다고 판결했음을 서술하고 있지만, 미란다가 무죄 판정을 받았는지는 다루고 있지 않으므로 적절하지 않은 내용이다.

② 미란다 원칙은 피해자가 아닌 피의자의 권리와 관련된 것이므로 적절하지 않은 내용이다.

③ 2문단에서 미란다 판결 전에도 고문과 같은 가혹 행위로 받아낸 자백은 효력이 없었다고 서술하고 있지만, 미란다 판결을 통해 법원이 수사 기관의 법적 책임을 물었다는 내용은 다루고 있지 않으므로 적절하지 않은 내용이다.

⑤ 1문단에서 묵비권, 불리한 진술 거부, 변호사 선임권을 고지하지 않은 상태에서 얻은 진술은 그에게 불리하게 사용될 수 없다고 판결했음을 서술하고 있지만, 피의자가 사전에 변호사 선임권이나 묵비권을 알고 있었다면 이를 경찰이 고지하지 않아도 피의자의 자백이 효력이 있다고 판단하였는지는 다루고 있지 않으므로 적절하지 않은 내용이다.

[5-6]

독해력 UP 지문 분석

분야/주제
인문융합/과학적 지식에 대한 '논리실증주의자와 포퍼'와 '콰인'의 주장

문단별 중심 내용

1문단	'논리실증주의자와 포퍼'의 과학적 지식에 대한 견해
2문단	기존의 지식과 여러 조건을 모두 포함하는 전체 지식이 경험을 통한 시험의 대상이 된다고 주장하는 '콰인'의 총체주의
3문단	분석 명제와 종합 명제의 구분을 긍정한 '논리실증주의자와 포퍼'와 부정한 '콰인'
4문단	중심부 지식과 주변부 지식을 통해 지식의 변화를 설명한 '콰인'
5문단	총체주의의 한계

핵심 내용 정리

구분	과학적 지식에 대한 견해
논리실증 주의자와 포퍼	- 논리실증주의자: 예측이 맞을 경우 예측을 도출한 가설이 새로운 지식으로 추가 - 포퍼: 예측이 틀리지 않는 한 예측을 도출한 가설이 새로운 지식으로 추가
콰인	- 예측은 가설, 기존의 지식들, 여러 조건 등을 모두 합쳐야만 논리적으로 도출되는 것

5

정답 ④

정답 체크

1문단에서 ㉠ 논리실증주의자와 포퍼는 가설로부터 논리적으로 도출된 예측을 관찰이나 실험 등의 경험을 통해 맞고 틀림을 판단함으로써 가설을 시험한다고 하였고, 2문단에서 ㉡ 콰인은 개별 가설뿐만 아니라 전체 지식이 경험을 통한 시험의 대상이 된다고 하였으므로 경험을 통하지 않고 가설을 시험할 수 있는가에 대한 질문에 ㉠과 ㉡ 모두 '아니요'라고 답변할 것임을 알 수 있다.

오답 체크

① 3문단에서 논리실증주의자와 포퍼는 지식을 수학적·논리학적 지식처럼 경험과 무관하게 참으로 판명되는 분석 명제와 과학적 지식처럼 경험을 통해 참으로 판명되는 종합 명제로 구분하여 이 둘은 서로 다른 종류라고 하였고, 4문단에서 콰인은 지식을 분석 명제와 종합 명제로 구분하는 대신 경험과 직접 충돌하지 않는 중심부 지식과 경험과 직접 충돌하는 주변부 지식을 상정하였으며 이 둘은 경계를 명확히 나눌 수 없어 서로 다른 종류로 보지 않는다고 하였으므로 수학적 지식과 과학적 지식은 종류가 다른 것인가에 대한 질문에 ㉠과 ㉡은 각각 '예', '아니요'라고 답변할 것이다.

② 1문단에서 논리실증주의자와 포퍼는 가설로부터 예측이 논리적으로 도출된다고 하였고, 2문단에서 콰인은 가설만으로는 예측을 논리적으로 도출할 수 없다고 하였으므로 예측은 가설로부터 논리적으로 도출될 수 있는가에 대한 질문에 ㉠과 ㉡은 각각 '예', '아니요'라고 답변할 것이다.

③ 3문단에서 논리실증주의자와 포퍼는 수학적 지식이나 논리학 지식처럼 경험과 무관하게 참으로 판별되는 분석 명제가 존재한다고 하였고, 4문단에서 콰인은 수학적 지식이나 논리학 지식이 경험과 무관한 것은 아니라고 하였으므로 경험과 무관하게 참이 되는 지식이 존재하는가에 대한 질문에 ㉠과 ㉡은 각각 '예', '아니요'라고 답변할 것이다.

⑤ 1문단에서 논리실증주의자는 예측이 맞을 경우, 포퍼는 예측이 틀리지 않는 한 예측을 도출한 가설이 하나씩 새롭게 지식으로 추가된다고 하였고, 4문단에서 콰인은 지식의 변화가 개별적 지식을 단순 누적하는 과정이 아니라고 하였으므로 과학적 지식은 개별적으로 누적되는가에 대한 질문에 ㉠과 ㉡은 각각 '예', '아니요'라고 답변할 것이다.

문제 풀이 TIP

특정 화제에 대해 다양한 견해가 제시되는 경우 각 견해의 중심 주장 및 그 근거를 파악하며 문제를 풀이한다. 이때 화자 간의 견해 차이가 무엇인지 구분하며 읽어 나가야 한다.

6

정답 ④

정답 체크

3문단에서 콰인은 "총각은 미혼의 성인 남성이다."가 분석 명제인 이유는 '총각'과 '미혼의 성인 남성'이 서로 대체되더라도 명제의 참 또는 거짓이 바뀌지 않는 동의적 표현이기 때문이며, 그것만으로는 의미의 동일성을 보장할 수 없기 때문에 동의적 표현은 언제나 반드시 대체 가능해야 한다는 필연성 개념에 의존해야 하고, 이러한 필연성 개념은 다시 경험과 무관하게 참으로 판별되는 명제라는 분석 개념에 의존하게 되어 순환론에 빠지기 때문에 종합 명제와 구분되는 분석 명제가 존재한다는 주장은 근거가 없다고 하였으므로 가장 적절한 것은 ④이다.

오답 체크

① 1문단에서 포퍼는 예측이 맞을 경우보다 예측이 틀리지 않는한 그 예측을 도출한 가설이 새로운 지식으로 추가된다고 하였으므로 적절하지 않다.

② 3문단에서 논리실증주의자에 따르면 "총각은 미혼의 성인 남성이다."는 분석 명제이며, 분석 명제는 경험과 무관하게 참으로 판별되는 명제라고 하였으므로 적절하지 않다.

③ 4문단에서 콰인은 관찰·실험에 의존하는 지식 즉, 경험과 직접 충돌할 수 있는 주변적 지식과 관찰·실험에 의존하지 않는 지식 즉, 경험과 직접 충돌하지 않는 중심부 지식은 그 경계를 정확하게 나눌 수 없어 서로 다른 종류라고 할 수 없다고 하였으므로 적절하지 않다.

⑤ 3문단에서 콰인은 "총각은 미혼의 성인 남성이다."와 같이 동어 반복 명제로 환원 가능한 명제는 분석 명제이며, '총각'과 '미혼의 성인 남성'은 동의적 표현으로써 서로 대체하더라도 명제의 참 또는 거짓이 바뀌지 않고 언제나 반드시 대체 가능하다고 하였으므로 적절하지 않다.

DAY 14 설명문 ④ p.102

1 ⑤	**2** ③	**3** ①	**4** ⑤	**5** ④
6 ③	**7** ①			

1

정답 ⑤

독해력 UP 지문 분석

분야/주제
인문/신분을 구별하는 고려 사회의 분위기가 투영된 고려 시대 불화

문단별 중심 내용

1문단	고려 귀족 사이에서 유행이 된 승려가 제작한 불화를 원당에 걸어두는 행위
2문단	신분을 구별하는 고려 사회 분위기가 반영된 불화 배치 구도(1): 윗단-부처, 아랫단-보살
3문단	신분을 구별하는 고려 사회 분위기가 반영된 불화 배치 구도(2): 윗단-보살, 아랫단-중생

정답 체크

2문단에서 2단으로 구성된 불화의 경우 윗단에는 부처가, 아랫단에는 보살이 그려진 배치 구도를 보고 일부 미술사학자는 신분을 구분하는 고려의 사회 분위기가 투영된 것으로 여기기도 했다고 하였으므로 고려 시대의 불화 중 부처가 윗단에 배치되고 보살이 아랫단에 배치된 구도를 지닌 그림에는 신분을 구별하던 고려 사회의 분위기가 반영되어 있다고 보는 학자들이 있음을 알 수 있다.

오답 체크

① 3문단에서 충선왕의 후궁인 숙창원비는 관음보살을 소재로 한 수월관음도를 주문 제작하였음을 서술하고 있지만, 관음보살과 아미타불이 함께 등장했다는 내용에 대해서는 다루고 있지 않으므로 적절하지 않은 내용이다.

② 1문단에서 고려의 귀족들은 불화를 후손에게 전해주면 대대로 복을 받는다고 생각하여 승려로부터 불화를 구입한 뒤 이를 자신의 개인 기도처인 원당에 걸어두었다고 하였으므로 적절하지 않은 내용이다.

③ 2문단에서 2단으로 구성된 불화의 윗단에는 석가여래와 같은 부처가 그려져 있고, 아랫단에 보살이 그려져 있는 배치 구도가 신분을 구별하는 고려 사회 분위기를 반영한 것으로 추정된다고 한 점에서 그림의 윗단에 위치한 석가여래가 귀족으로 묘사되었다는 것을 추론할 수 있지만, 아랫단에 위치한 인물은 평민 신분의 인물이 아니라 보살이므로 적절하지 않은 내용이다.

④ 3문단에서 고려 불화의 크기가 다소 크고, 관음보살과 중생 등 그림 안에 여러 인물이 함께 그려져 있음을 서술하고 있지만, 그 이유에 대해서는 다루고 있지 않으므로 적절하지 않은 내용이다.

2
정답 ③

독해력 UP 지문 분석

분야/주제

사회/산출물 생산과정에서 발생하는 사적 한계순생산가치와 사회적 한계순생산가치

핵심 내용 정리

생산과정	생산자가 어떤 자원을 투입물로 사용해서 제품 또는 서비스 등의 산출물을 만드는 과정
순생산가치	산출물의 가치-생산과정에서 소요된 모든 비용
한계 순생산가치	생산과정에서 투입물 1단위를 추가할 때 순생산가치의 증가분
사적 한계 순생산가치	생산과정에서 투입물 1단위 추가 시 기업에 직접 발생하는 순생산가치의 증가분
사회적 한계 순생산가치	사적 한계순생산가치-생산에 의해 부가적으로 발생하는 사회적 비용+편익

정답 체크

ㄱ. 2문단에서 사적 한계순생산가치는 기업이 생산과정에서 투입물 1단위를 추가할 때 기업에 직접 발생하는 순생산가치의 증가분이라고 한 점에서 사적 한계순생산가치의 크기가 사회에 발생시키는 부가적 편익과 상관성을 띠지 않는다는 것을 추론할 수 있으므로 적절한 내용이다.

ㄴ. 2문단에서 사회적 한계순생산가치란 한 기업이 투입물 1단위를 추가할 때 발생하는 사적 한계순생산가치에 그 생산에 의해 부가적으로 발생하는 사회적 비용을 빼고 편익을 더한 것이라고 하였으므로 적절한 내용이다.

오답 체크

ㄷ. 2문단에서 사회적 한계순생산가치란 한 기업이 투입물 1단위를 추가할 때 발생하는 사적 한계순생산가치에 그 생산에 의해 부가적으로 발생하는 사회적 비용을 빼고 편익을 더한 것이라고 한 점에서 사회에 부가적으로 발생하는 비용이 같더라

도 그 편익은 다를 수 있어 사회적 한계순생산가치가 달라질 수 있다는 것을 추론할 수 있으므로 적절하지 않은 내용이다.

3
정답 ①

독해력 UP 지문 분석

분야/주제

인문/조선 시대 가도 문화

문단별 중심 내용

1문단	조선 시대 가도 문화의 특징
2문단	본래 안전을 위해 하였던 행위에서 벼슬아치의 위엄을 과시하는 행위로 목적이 바뀌게 된 가도
3문단	벼슬아치들의 행차와 가도를 피하기 위해 뒷골목으로 다니는 서민들의 행위를 지칭하게 된 피마

정답 체크

1문단에서 <경도잡지>를 보면 삼정승 행차 때는 벽제 소리가 그리 크지 않았지만, 삼정승 아래 벼슬인 병조판서의 행차 때는 벽제 소리가 날래고 강렬했다고 하였으므로 삼정승 행차보다 병조판서 행차 때 내는 벽제 소리가 더 컸던 것은 아님을 알 수 있다.

오답 체크

② 1문단에서 지체 높은 관리의 행차 때 하인들이 그 앞에 서서 꾸짖는 소리를 내어 방해되는 사람을 물리치는 것을 가도라고 하며 국왕의 행차 때 하는 가도를 봉도라고 불렀다고 서술하고 있고, 2문단에서 나중에는 가도가 벼슬아치의 위엄을 과시하는 관례로 굳어지고 가도 소리를 들으면 꿇어앉아야 했다고 서술하고 있지만, 봉도가 소리를 듣고 꿇어앉는 행위를 의미하는지는 알 수 없으므로 적절하지 않은 내용이다.

③ 벼슬아치가 행차할 때 잡인들의 통행을 막으면서 서민들에 대한 감시가 심해졌다는 내용은 다루고 있지 않으므로 적절하지 않은 내용이다.

④ 3문단에서 본래 피마란 벼슬아치들이 길을 가다 자기보다 높은 관리를 만났을 때 말에서 내려 길옆으로 피해 경의를 표하는 행위를 뜻했지만, 신분이 낮은 서민들이 벼슬아치의 행차와 가도를 피하기 위해 뒷골목으로 다니는 행위를 피마라고 부르게 되었다고 하였으므로 적절하지 않은 내용이다.

⑤ 가도가 주로 서울을 중심으로 행해졌다는 내용이나 벼슬아치들의 행차를 피해기 위해 형성된 장소도 서울에만 있었다는 내용은 다루고 있지 않으므로 적절하지 않은 내용이다.

4

정답 ⑤

독해력 UP 지문 분석

분야/주제

인문/도첩 발급 규정의 변천사

문단별 중심 내용

1문단	도첩 발급 시 태조의 규정: 면포 150필 납부
2문단	도첩 발급 시 태종과 세종의 규정: 태조의 규정 준수
3문단	- 도첩 발급 시 세조의 규정: 면포 30필 납부 및 불교 경전 심경, 금강경, 살달타 암송 - 도첩 발급 시 예종의 규정: 면포 50필 납부 및 불교 경전 심경, 금강경, 살달타, 법화경 암송 - 도첩 발급 시 성종의 규정: 예종의 규정 준수

정답 체크

2문단에서 세종은 도첩 신청자가 면포 150필을 내야 하는 태조의 규정을 준수했다고 하였고, 3문단에서 예종은 도첩 신청자가 내야 할 면포 수량을 30필로 낮춘 세조의 규정에서 20필을 추가하여 총 50필을 납부해야 하는 규정으로 수정했다고 하였으므로 세종 때 도첩 신청자가 납부하도록 규정된 면포 수량은 예종 때 도첩 신청자가 내도록 규정된 면포 수량보다 많았음을 알 수 있다.

오답 체크

① 2문단에서 태종이 담당 관청으로 하여금 도첩을 위조해 승려가 된 자를 색출하도록 하는 명령을 내렸음을 서술하고 있지만, 색출한 후의 규정에 대해서는 다루고 있지 않으므로 적절하지 않은 내용이다.

② 1문단에서 태조가 국왕이 된 이후에 승려가 되려는 자는 모두 도첩을 발급받으라고 명했으며 도첩 신청 시 150필을 내야 한다는 규정을 선언했다고 하였으므로 적절하지 않은 내용이다.

③ 3문단에서 세조가 즉위하자마자 담당 관청에 대책을 세우라고 명한 지 수 년이 지난 후에 불교 경전인 심경, 금강경, 살달타를 암송하는 자에게만 도첩을 준다는 새로운 내용이 포함된 규정을 시행했다고 하였으므로 적절하지 않은 내용이다.

④ 3문단에서 성종은 면포 50필 납부 및 불교 경전 심경, 금강경, 살달타, 법화경 암송이라는 예종의 규정을 변함없이 유지했다고 하였으므로 적절하지 않은 내용이다.

문제 풀이 TIP

시간순으로 특정 내용이 변화되는 경우 변화되는 시점과 그 내용을 정리하며 문제를 풀이한다.
즉위하는 왕에 따라 제도가 변화되고 있으므로 왕과 왕이 제시하는 제도를 연결하여 내용을 정리한다.

[5-7]

독해력 UP 지문 분석

분야/주제

인문/능숙한 독자의 특징

문단별 중심 내용

1문단	능숙한 독자의 특징(1) - 글을 읽을 때, 배경지식을 효과적으로 활용하고 배경지식이 부족할 때는 글의 전후 맥락을 고려하여 의미를 구성하거나 참고자료를 찾아 이해도를 높임
2문단	능숙한 독자의 특징(2) - 능숙한 독자는 독서 준비할 때, 글의 특성 및 자신의 독서 역량을 확인하고 그에 맞는 독서 전략을 세우고, 실제 독서 상황에 따라 독서 전략을 조절함 - 능숙한 독자는 글을 읽은 후 독서의 목적과 글의 특성에 맞게 독서했는지 성찰함
3문단	능숙한 독자의 사례 - 우리나라 선조들은 경서를 읽을 때 배경지식을 활용하였고 상황에 어울리는 독서 전략을 운용함
4문단	능숙한 독자의 특징(3) - 균형 있는 독서를 생활화하고 독서 경험을 통해 얻은 지식과 지혜를 자신과 사회 문제의 해결에 적극적으로 활용함

5

정답 ④

정답 체크

1문단에서 배경지식이 부족해 내용이 잘 이해되지 않는 부분을 만났을 때 능숙한 독자는 글의 전후 맥락을 고려해 글의 의미를 구성한다고 하였으므로 전후 맥락을 고려한 글 읽기를 지양한 것은 아님을 알 수 있다.

오답 체크

① 2문단에서 능숙한 독자는 독서를 준비할 때 글의 특성을 분석하고 자신의 독서 역량을 점검하는 태도를 지닌다고 하였으므로 적절한 내용이다.

② 1문단에서 능숙한 독자는 배경지식을 활성화한 후 이를 활용해 글의 내용을 정확히 이해한다고 하였으므로 적절한 내용이다.

③ 2문단에서 능숙한 독자는 달라진 독서 상황을 파악하여 그에 적합한 새로운 독서 전략을 적용하고 독서 행위를 조절한다고 하였으므로 적절한 내용이다.

⑤ 2문단에서 능숙한 독자는 독서 후에 자신의 독서 목적과 글의 특성에 맞게 독서를 했는지를 성찰하여 평가한다고 하였으므로 적절한 내용이다.

6

정답 체크

제시된 <보기>의 '조금의 고집이 없도록 해'야 한다는 것은 글의 내용에 익숙해졌다면 이전과 달라진 자신의 상태를 고려하여 새로운 독서 전략을 적용하라는 의미이므로 기존의 해석에 따라서만 글의 의미를 이해하라는 것은 아님을 알 수 있다.

오답 체크

① 경서를 읽을 때는 가장 먼저 글의 내용에 익숙해지기 위해 반복적으로 읽는 독서 전략을 운용하라는 의미이므로 적절한 내용이다.

② 경서 읽기가 완숙하게 되면 활법이라는 새로운 독서 방법을 적용하라는 의미이므로 적절한 내용이다.

④ 독자의 기억 속에 존재하는 지식의 총체인 배경지식을 적극적으로 활용하라는 의미이므로 적절한 내용이다.

⑤ 글에 담긴 이치를 통해 모든 일의 섭리를 깨우칠 수 있는 경지에 이르려는 경서 읽기의 목적을 달성했을 때의 효과를 언급한 것이므로 적절한 내용이다.

7

정답 ①

정답 체크

제시된 글의 학생은 지금까지 자신이 읽었던 책이 어떤 분야에 해당하는지 전체적으로 점검하고 앞으로 균형 있는 독서를 해야겠다고 다짐하고 있으므로 자신의 독서 이력을 점검하고 균형 있는 독서를 계획하고 있음을 알 수 있다.

오답 체크

②, ③, ④, ⑤는 모두 제시된 글에서 다루고 있지 않으므로 적절하지 않은 내용이다.

DAY 15 **설명문 ⑤** p.108

1 ⑤	2 ②	3 ①	4 ④	5 ①
6 ④	7 ④			

1

정답 ⑤

독해력 UP 지문 분석

분야/주제

인문/정서주의에 따른 도덕적 언어 사용의 목적

문단별 중심 내용

1문단	정서주의의 언어 사용 목적 세 가지: 정보 전달, 행위 요구, 표현
2문단	도덕적 언어를 정보 전달 대신, 타인에게 행위 요구 및 자신의 태도 표현을 목적으로 사용하는 정서주의자
3문단	정서주의자들에 따르면 도덕적 언어를 통한 태도 표현은 참·거짓을 판단할 수 있는 정보 전달 또는 태도 보고의 목적이 아님

정답 체크

2문단에서 정서주의자들은 도덕적 언어를 명령문 형식을 통해 사람의 행위에 영향을 주는 목적 또는 자신의 태도를 표현하는 목적으로 사용한다고 하였으므로 정서주의에 따르면 도덕적 언어의 사용은 명령하거나 화자의 태도를 표현하기 위한 것임을 알 수 있다.

오답 체크

① 1문단에서 정서주의는 언어가 정보 전달 목적으로 쓰일 때 참 혹은 거짓을 판단할 수 있는 정보를 전달한다고 하였고, 2문단에서 정서주의자들은 도덕적 언어를 정보 전달의 목적이 아닌 태도 표현의 목적으로 사용한다고 하였으므로 적절하지 않은 내용이다.

② 3문단에서 정서주의자들이 태도를 나타내기 위해 도덕적 언어를 사용하는 경우 보고 목적이 아닌 표현 목적이라고 하였으므로 적절하지 않은 내용이다.

③ 1문단에서 정서주의가 언어를 정보 전달 목적으로 사용하는 경우 참 혹은 거짓을 판단할 수 있는 정보를 전달한다고 한 점에서 정보 전달의 목적으로 쓰인 "세종대왕은 한글을 창제하였다."라는 문장은 참 혹은 거짓을 판단할 수 있는 정보를 전달하는 것을 추론할 수 있으므로 적절하지 않은 내용이다.

④ 2문단에서 정서주의자들은 도덕적 언어를 명령문 형식을 통해 사람의 행위에 영향을 주는 목적 또는 자신의 태도를 표현하는 목적으로 사용한다고 한 점에서 정서주의자들이 언어 사용의 목적으로 정보 전달을 최우선으로 두지 않는다는 것을 추론할 수 있으므로 적절하지 않은 내용이다.

40 온/오프라인 취업강의·무료 취업자료 ejob.Hackers.com

독해력 UP 지문 분석

분야/주제
사회/한국의 소주와 위스키 간 주세율 차이에 따른 논란과 해소 방안

문단별 중심 내용

1문단	미국과 EU가 한국을 WTO에 제소한 배경
2문단	WTO 패널이 한국의 패소를 결정한 이유 및 한국의 주세율 조정 방안

정답 체크

1문단에서 1996년 소주의 주세율은 증류식이 50%, 희석식이 35%였다고 하였고, 2문단에서 2000년 1월 개정된 주세법은 소주의 주세율은 높이고 위스키의 주세율은 낮춰 72%로 동일하게 맞췄다고 하였으므로 2000년 주세법 개정 결과 희석식 소주가 증류식 소주보다 주세율 상승폭이 컸음을 알 수 있다.

오답 체크

① 2문단에서 소주와 위스키가 경쟁 관계인 동시에 대체 관계에 있기 때문에 위스키의 주세율이 국산품인 소주의 주세율보다 높은 것은 WTO 협정에 위배됨을 서술하고 있지만, 제품 간 대체 관계가 존재한다고 해서 세율이 같아야 한다는 내용은 다루고 있지 않으므로 적절하지 않은 내용이다.

③ 2문단에서 2000년 1월 주세법을 개정하여 소주와 위스키의 주세율을 72%로 동일하게 조정하였음을 서술하고 있지만, 주세법 개정 전후 소주와 위스키의 세금 총액 변화에 대한 내용은 다루고 있지 않으므로 적절하지 않은 내용이다.

④ 1문단에서 일본의 WTO 패소 판정을 근거로 한국의 소주와 위스키 주세율 조정을 요청한 것은 미국과 EU이므로 적절하지 않은 내용이다.

⑤ 2문단에서 패널의 판정에 따라 한국은 소주와 위스키 간 주세율 차이를 해소해야 했음을 서술하고 있지만, 한국의 소주와 위스키의 주세율을 일본과 같게 하라는 권고가 WTO 패널의 판정에 포함되었는지에 대해서는 다루고 있지 않으므로 적절하지 않은 내용이다.

문제 풀이 TIP

글에 제시된 정보로 추론 가능한 선택지인지 확인한다.
① 대체 관계가 존재할 때의 세율에 대한 WTO 협정, ③ 주세법 개정으로 인한 소주와 위스키의 세금 총액의 변화, ⑤ 한국의 소주·위스키 주세율을 일본과 같게 조정하라는 WTO 패널의 판정 내용은 제시된 글에서 확인할 수 없다.

독해력 UP 지문 분석

분야/주제
인문/조선왕조실록의 간행 과정 및 간행에 미친 영향

문단별 중심 내용

1문단	조선왕조실록의 역사적 가치
2문단	실록의 간행 과정
3문단	일기의 간행 과정 및 단종실록의 명칭 변경 이유
4문단	조선 후기 붕당 간의 대립이 실록 내용에 미친 영향

정답 체크

2문단에서 새로 즉위한 왕은 실록청을 세워 전왕의 실록을 간행하였으며, 이는 전왕의 묘호를 따 'OO실록'이라 불렀다고 하였고, 4문단에서 효종, 현종, 숙종이 연이어 즉위했다고 하였으므로 효종실록은 현종 때 설치된 실록청에서 간행하였음을 알 수 있다.

오답 체크

② 3문단에서 정변으로 왕이 교체된 경우 뒤이어 즉위한 왕이 일기청을 설치하여 'OOO일기'라는 명칭으로 전왕의 재위 기간 동안의 일들을 정리했다고 하였으며, 계유정난으로 단종이 왕위에서 쫓겨나 노산군으로 불림에 따라 세조 때 노산군일기가 간행되었다고 하였으므로 적절하지 않은 내용이다.

③ 4문단에서 집권 붕당이 기존 실록을 수정하여 간행하는 것은 광해군 이후에 즉위한 효종 때부터 진행되었다고 하였으므로 적절하지 않은 내용이다.

④ 1문단에서 유네스코는 태조부터 철종까지의 조선왕조실록을 세계 기록 유산으로 등재했다고 하였고, 2문단에서 실록은 뒤이어 즉위한 왕이 이전 왕의 실록을 간행하는 방식으로 이루어져 고종 때 철종실록이 간행되었다고 한 점에서 철종 이후에 즉위한 고종의 실록은 세계 기록 유산으로 등재된 조선왕조실록에 포함되지 않았다는 것을 추론할 수 있으므로 적절하지 않은 내용이다.

⑤ 3문단에서 일기는 명칭만 실록이라고 부르지 않았을 뿐 실록과 간행 과정이 동일하여 세계 기록 유산으로 등재된 조선왕조실록에 포함되었다고 하였으므로 적절하지 않은 내용이다.

4

독해력 UP 지문 분석

분야/주제

과학/산화질소의 생성 및 작용 경로

문단별 중심 내용

1문단	기체 형태의 신호물질이 생리적 현상을 유도하는 원리
2문단	산화질소의 생성 및 작용 경로: 자극 → 산화질소 합성효소를 가지고 있는 세포에 작용 → 세포 내 산화질소 합성효소 활성화 → 세포 내 아르기닌과 산소로부터 산화질소 생성 → 인접한 표적세포와 결합하여 A 효소 활성화 → cGMP 생성 → 표적세포 및 조직의 상태 변화
3문단	산화질소에 의한 대표적인 생리적 현상인 혈관팽창: 자극 → 내피세포에 산화질소 생성 → 내피세포층 바깥의 혈관 평활근세포에 작용하여 cGMP 생성 → cGMP 작용으로 혈관 평활근세포 이완 → 혈관 평활근육 조직 이완 → 혈관 팽창

정답 체크

2문단에서 활성화된 산화질소 합성효소와 아르기닌, 산소의 화학반응으로 만들어진 산화질소가 인접한 표적세포의 수용체와 결합하여 표적세포 내의 A 효소를 활성화한다고 하였으므로 적절하지 않은 내용이다.

오답 체크

① 2문단에서 cGMP는 표적세포의 상태를 변하게 하여 표적세포를 지닌 조직 상태가 변하게 된다고 하였고, 3문단에서 cGMP의 작용으로 수축되어 있던 혈관 평활근세포가 이완되고 결국에 혈관 평활근육 조직이 이완되면서 혈관이 팽창하게 된다고 하였으므로 적절한 내용이다.

② 2문단에서 표적조직의 상태를 변화시켜 생리현상을 유도하는 자극이 산화질소 합성효소를 지닌 세포에 작용하고 산화질소 합성효소는 아르기닌과 산소와 화학반응을 일으켜 산화질소를 생성한다고 하였고, 3문단에서 혈관의 내피세포에서 산화질소가 만들어진다고 하였으므로 적절한 내용이다.

③ 2문단에서 A 효소가 활성화되면 cGMP를 생성하여 표적세포의 구조적 상태 및 조직상태가 변한다고 하였고, 3문단에서 혈관 평활근세포 내에서 생성된 cGMP의 작용으로 혈관이 팽창한다고 하였으므로 적절한 내용이다.

⑤ 3문단에서 혈관 평활근세포는 산화질소와 작용하여 세포 내에서 cGMP를 생성한다고 한 점에서 혈관 평활근세포는 산화질소에 대한 수용체를 가지고 있다는 것을 추론할 수 있으며, 산화질소를 내피세포-이완인자라고 한다고 하였으므로 적절한 내용이다.

[5-7]

독해력 UP 지문 분석

분야/주제

인문/과거제의 사회적 효과와 의의 및 부작용과 개혁 방안

(가) 문단별 중심 내용

1문단	능력주의적인 시험을 통해 관료를 선발하는 과거제의 합리성
2문단	공정성을 바탕으로 개방성을 높여 사회적 유동성을 함께 증대시킨 과거제
3문단	과거제가 유발한 사회적 효과
4문단	엘리트층의 연속성을 이룩하여 관료제에 기초한 통치의 안정성에 기여한 과거제
5문단	유럽의 사상적 동향과 사회 제도에 영향을 미친 과거제

(나) 문단별 중심 내용

1문단	능력주의적·결과주의적 인재 선발의 약점을 극복하기 위해 봉건적 요소를 도입하여 과거제를 보완하려는 여러 개혁론의 등장
2문단	과거제의 시험 방식이 낳은 부작용
3문단	과거제를 통해 등용된 관리들의 낮은 공동체 소속감과 출세 지향적 성향으로 인한 부작용 원인 1) 관리 업무 평가에 능력주의적 태도 적용 원인 2) 세습하지 않고 몇 년마다 반복되는 지역 이동 결과 1) 가시적이고 단기적인 결과 중심의 정책 추진 및 개인적 동기와 공공성의 상충 현상 결과 2) 공동체에 대한 낮은 충성심
4문단	봉건적 요소를 도입하여 과거제를 보완하자는 주장의 의의

핵심 내용 정리

과거제의 사회적 효과	- 학습 동기 제공 → 교육 확대 및 지식 보급 → 지식인 집단 형성 - 고전과 유교 경전 위주의 학습 → 도덕적 가치 기준에 대한 광범위한 공유 유도 - 불합격자에게 특권 부여 → 지방 사회 기여 - 관료제에 기초한 통치의 안정성에 기여
과거제의 부작용	- 치열한 경쟁 → 합격 목적의 형식적 학습 유도 - 장기간의 수험 생활 → 인재 재능 낭비 - 인성 및 실무 평가의 어려움 → 익명성에 대한 회의 - 관료제를 통해 등용된 관리들의 개인적 동기와 공공성의 상충 현상 및 공동체에 대한 낮은 충성심

5

정답 체크

(가)의 3~4문단에서 과거제가 강력한 학습 동기를 제공함으로써 교육 확대와 지식 보급에 크게 기여하였으며 이로 인해 통치 참여 능력을 갖춘 지식인 집단이 폭넓게 형성되어 과거제의 합리성과 연속성이 사회 안정 및 관료제에 기초한 통치의 안정성에 기여했음을 인과적으로 서술하고 있고, (나)의 2~3문단에서 과거제의 시험 방식으로 인한 형식적 학습화, 인재 재능 낭비, 인성 및 실무 평가의 어려움, 과거제로 임용된 관리들의 능력주의 태도로 인한 개인적 동기와 공공성 상충 현상 및 공동체 의식의 약화 등의 문제점을 인과적으로 서술하고 있으므로 (가)와 (나)의 서술 방식으로 가장 적절한 것은 ①이다.

6

정답 체크

3문단에서 국가는 과거제의 최종 단계를 통과하지 못한 사람들에게도 여러 특권을 부여하고 지방 사회에 기여하도록 하여 경쟁적 선발 제도가 불러올 수 있는 부정적인 영향을 완화하고자 했다고 하였으므로 경쟁을 바탕으로 한 과거제가 더 많은 사람들이 지방 관료에 의해 초빙될 기회를 준 것은 아님을 알 수 있다.

오답 체크

① 5문단에서 과거제에 대한 정보가 선교사들에 의해 유럽에 전해져 큰 관심을 받았으며, 과거제에 대한 관심은 관료 선발에 시험을 통한 경쟁을 도입하는 등 실질적인 사회 제도에까지 영향을 미쳤다고 하였으므로 적절한 내용이다.

② 3문단에서 과거제로 인해 통치 참여 능력을 갖춘 지식인 집단이 폭넓게 형성되었다고 하였고, 4문단에서 과거제를 통해 확보된 동질적인 엘리트층의 연속성은 관료제를 기반으로 한 통치의 안정성에 기여했다고 하였으므로 적절한 내용이다.

③ 3문단에서 과거 시험의 최종 단계까지 통과하지 못한 사람들에게도 국가가 여러 특권을 부여하여 지방 사회에 기여하도록 했다고 하였으므로 적절한 내용이다.

⑤ 5문단에서 과거제에 대한 정보가 선교사들에 의해 유럽에 전해져 큰 관심을 받으면서 일부 유럽 계몽사상가들은 학자의 지식이 귀족의 세습적 지위보다 우위에 있는 체제를 정치적인 합리성을 갖춘 것으로 간주한다고 하였으므로 적절한 내용이다.

7

정답 체크

(가)의 2문단에서 과거제는 공정성을 바탕으로 더 많은 사람들에게 사회적 지위 획득의 기회를 주었으며. 시험 과정에서 ⊙ 익명성 확보를 위해 도입한 여러 장치는 공공성 강화를 위한 노력을 보여준다고 하였고, (나)의 2문단에서 학습 능력 이외의 인성이나 실무 능력을 평가할 수 없어 ⓒ 익명성에 대한 회의가 존재했다고 하였으므로 ⊙은 사회적 지위 획득 기회 확대에 기여했지만, ⓒ은 관리 선발 시 됨됨이를 검증하는 것이 곤란하다는 점에서 비롯되었음을 알 수 있다.

오답 체크

① (가)의 2문단에서 응시 자격에 일부 제한이 있었다고 한 점에서 ⊙이 모든 사람에게 응시 기회를 보장한 것은 아님을 추론할 수 있고, (나)의 2문단에서 과거 시험으로는 인성이나 실무 능력을 평가할 수 없다는 이유로 과거 시험의 익명성에 대한 회의가 비롯되었다고 한 점에서 ⓒ이 결과주의의 지나친 확산에서 비롯된 것은 아님을 추론할 수 있으므로 적절하지 않은 내용이다.

② (가)의 4문단에서 과거제의 합리성이 사회적 안정에 기여했음을 보여준다고 한 점에서 ⊙이 정치적 변화에도 불구하고 사회적 안정을 보장한 것은 아님을 추론할 수 있고, (나)의 2문단에서 과거 시험으로는 인성이나 실무 능력을 평가할 수 없다는 이유로 과거 시험의 익명성에 대한 회의가 비롯되었다는 점에서 ⓒ이 대대로 관직을 세습하는 문제에서 비롯된 것은 아님을 추론할 수 있으므로 적절하지 않은 내용이다.

③ (가)의 2문단에서 과거제가 개방성을 제고하여 사회적 유동성 증대에 도움이 되었다는 내용을 서술하고 있지만, ⊙에 의한 지역 공동체의 전체 이익을 증진은 다루고 있지 않고, (나)의 2문단에서 합리적인 과거 시험 방식이 치열한 경쟁을 유발했다는 내용을 서술하고 있지만, 지나친 경쟁이 유발한 국가 전체의 비효율성으로 인해 ⓒ이 비롯되었다는 내용은 다루고 있지 않으므로 적절하지 않은 내용이다.

⑤ (가)의 3문단에서 고전과 유교 경전 중심의 학습 내용은 도덕적 가치 기준에 대한 광범위한 공유를 끌어냈다고 한 점에서 ⊙이 관료들의 도덕적 가치 기준의 다양성을 확대한 것은 아님을 추론할 수 있고, (나)의 2문단에서 과거 시험으로는 학습 능력 이외의 인성이나 실무 능력을 평가할 수 없다는 이유로부터 ⓒ이 비롯되었다고 한 점에서 ⓒ이 사적·정서적 관계 확보의 어려움에서 비롯된 것은 아님을 추론할 수 있으므로 적절하지 않은 내용이다.

1 ①	**2** ①	**3** ⑤	**4** ②	**5** ②
6 ②				

1
정답 ①

독해력 UP 지문 분석

분야/주제
예술/정관헌의 건축 양식 및 건축적 가치

문단별 중심 내용

1문단	우리나라 대표 서양식 건축물인 정관헌의 용도
2문단	정관헌의 이국적인 외형
3문단	정관헌의 건축 양식에서 느껴지는 한국의 문화와 정서
4문단	정관헌의 바깥 기둥의 재료로 목재가 사용된 이유와 정관헌의 건축적 가치

정답 체크

4문단에서 정관헌의 바깥 기둥의 재료로 철이 아닌 목재를 사용한 이유는 당시 정부가 철을 자유롭게 사용할 수 있을 정도의 경제적인 여력이 없었기 때문이라고 하였으므로 정관헌의 바깥 기둥의 모양은 서양식 철 기둥 모양이지만 우리 문화와 정서를 담기위해 목재를 사용한 것은 아님을 알 수 있다.

오답 체크

② 3문단에서 정관헌 회랑의 난간에는 장수를 상징하는 소나무·사슴과 복을 상징하는 박쥐 등의 형상을 사용했다고 하였고, 4문단에서 정관헌의 바깥 기둥 윗부분에는 대한제국을 상징하는 오얏꽃 장식이 자리 잡고 있다고 하였으므로 적절한 내용이다.

③ 4문단에서 정관헌은 건축적 가치가 큰 궁궐 건물이지만, 규모가 크지 않고 가벼운 용도로 건축되었다는 이유로 그간 소홀히 취급되었다고 하였으므로 적절한 내용이다.

④ 2문단에서 정관헌에 사용된 바깥쪽의 서양식 기둥과 붉은 벽돌은 정관헌이 이국적으로 보이는 이유 중 하나라고 하였으므로 적절한 내용이다.

⑤ 2~3문단에서 정관헌의 외형은 이국적이지만 서양에서 사용하지 않는 팔작지붕의 건축물이며, 회랑 난간에는 소나무, 사슴, 박쥐 등 전통 문양을 사용한 점에서 우리의 문화와 정서가 녹아있다고 하였으므로 적절한 내용이다.

2
정답 ①

독해력 UP 지문 분석

분야/주제
인문/공갈못설화로 보는 수집의 중요성 및 가치

문단별 중심 내용

1문단	설화의 기원과 특징 및 설화 수집의 중요성
2문단	공갈못설화가 기록되지 않은 이유
3문단	공갈못의 중요성이 인정됨에 따라 후대에 기록된 공갈못설화 및 역사성과 현장성을 가진 자료로서 전설이 지니는 가치

정답 체크

1문단에서 현장과 증거물에 초점을 맞춘 역사적인 이야기는 전설이라고 하였고, 3문단에서 상주지방에 이어지는 지금의 공갈못에 관한 이야기는 공갈못 생성의 증거가 될 수 있는 역사성을지닌 소중한 자료라고 하였으므로 공갈못설화는 전설에 해당함을 알 수 있다.

오답 체크

② 1문단에서 설화 속에는 원과 한이 담겨 있다고 하였으므로 적절하지 않은 내용이다.

③ 2문단에서 공갈못설화에 관한 당시의 문헌 기록이 전혀 전해지고 있지 않음을 서술하고 있지만, 삼국의 사서에 농경생활과 관련한 사건이 기록되어 있지 않다는 내용은 다루고 있지 않으므로 적절하지 않은 내용이다.

④ 3문단에서 조선 시대에 이르러서야 공갈못 관련 기록이 발견됨에 따라 공갈못이 삼국시대에 형성된 우리나라 3대 저수지중 하나로 그 중요성이 인정되었음을 서술하고 있지만, 한국의 3대 저수지 생성 사건이 조선 시대에 처음으로 기록되었다는 내용은 다루고 있지 않으므로 적절하지 않은 내용이다.

⑤ 3문단에서 조선 시대에 공갈못 관련 기록이 발견되었다고 하였으며, 일본은 고대 역사를 제대로 정리한 기록이 없음에도 흩어진 기록과 구전을 모아 역사책을 완성했다고 한 점에서 조선과 일본 모두 전설을 기록하였다는 것을 추론할 수 있으므로 적절하지 않은 내용이다.

문제 풀이 TIP

글에 제시된 정보로 추론 가능한 선택지인지 확인한다.
③ 삼국의 사서에 농경생활과 관련한 사건 기록 여부, ④ 한국의 3대 저수지 생성 사건이 처음으로 기록된 시대에 대한 내용은 제시된 글에서 확인할 수 없다.

3

독해력 UP 지문 분석

분야/주제

인문/조선 시대 4군의 탄생 배경

문단별 중심 내용

1문단	여진족의 침입에 대비하고자 설치된 여연군
2문단	만포와 여연군의 거리가 멀다는 점을 보완하기 위해 설치된 자성군
3문단	북쪽 변경에 대한 방비를 강화하기 위해 추가로 설치된 우예군과 무창군

정답 체크

3문단에서 이천의 부대가 만포에서 압록강을 건넜다고 하였으며, 2문단에서 자성군은 압록강 상류로부터 여연군을 거쳐 만포 방향으로 흘러가는 곳에 자리 잡고 있다고 하였으므로 여연군으로부터 압록강 물줄기를 따라 하류로 이동하면 이천의 부대가 왕명에 따라 압록강을 건넌 만포에 도착하게 됨을 알 수 있다.

오답 체크

① 2문단에서 여진족이 아목하에서 동쪽으로 진격해 여연군을 침략했다고 한 점에서 여연군을 기준으로 아목하는 동쪽이 아닌 서쪽 방면에 있다는 것을 추론할 수 있으므로 적절하지 않은 내용이다.

② 2문단에서 최윤덕은 여연군에서 서남쪽으로 떨어진 만포에서 압록강을 건너 여진족을 정벌했다고 하였고, 3문단에서 여연군의 동남쪽으로 멀리 떨어진 곳에 무창군이 설치되었다고 한 점에서 만포가 여연군과 무창군을 잇는 직선거리의 중간 지점에 위치한 것이 아님을 추론할 수 있으므로 적절하지 않은 내용이다.

③ 2문단에서 최윤덕의 정벌 이후 자성군을 설치하여 국경 방비를 강화했다고 하였으므로 적절하지 않은 내용이다.

④ 글 전체에서 경원부를 여연군으로 바꾸었다는 내용이나 최윤덕을 파견해 3개의 군을 더 설치하게 하였다는 내용은 다루고 있지 않으므로 적절하지 않은 내용이다.

문제 풀이 TIP

다양한 정보가 제시되는 지문의 경우 키워드 중심으로 도식을 그려나가면서 지문을 읽는 것이 문제 풀이에 도움이 되며, 특히 지리적 위치, 방위 등에 대한 정보가 주어질 경우에는 대략적으로 그림을 그려보는 것이 내용 파악에 도움이 된다.

4

독해력 UP 지문 분석

분야/주제

과학융합/전투 신경증 환자에 대한 전통주의자와 진보주의자의 상이한 관점

문단별 중심 내용

1문단	폭력적 죽음에 지속적인 노출로 인한 심리적 외상과 그로 인해 유발되는 신경증적 증후군
2문단	전투 신경증 환자의 의지력 여부에 관한 의학계 전통주의자들과 진보주의자들 간의 의학적 논쟁 및 진보주의자가 확립한 두 가지 원칙

정답 체크

2문단에서 '전투 신경증'이 정신적 증후군의 하나로 실재함을 부정할 수 없게 되었을 때, 의학계 전통주의자와 보수주의자 간에 환자의 의지력을 중심으로 한 의학적 논쟁이 이루어졌다고 하였으므로 ⊙과 ⓒ 모두 전투 신경증의 증세가 실재한다고 여겼음을 알 수 있다.

오답 체크

① 2문단에서 히스테리 증상을 치료하는 방법으로 ⊙은 모욕·위협·처벌 중심의 치료를, ⓒ은 정신분석 원칙에 따라 대화를 활용한 인도적 치료를 옹호했다고 하였으므로 적절하지 않은 내용이다.

③ 2문단에서 전쟁에서 폭력적인 죽음에 지속적으로 노출되어 받는 심리적 외상을 계기로 발병하는 전투 신경증이 정신적 증후군의 하나로 실재함을 부정할 수 없게 되었다고 하였으므로 적절하지 않은 내용이다.

④ 2문단에서 ⊙은 전투 신경증 환자들을 의지박약자로 기술하였고, ⓒ은 히스테리라는 용어에 담긴 경멸적인 의미가 환자들에게 낙인을 찍음을 깨닫고 이를 대체할 이름을 고민했다고 하였으므로 적절하지 않은 내용이다.

⑤ 1문단에서 자극에 대한 무반응, 기억 상실, 감정 둔화 등 전투 신경증에 의해 나타나는 히스테리 증세에 대해서는 다루고 있지만, 전투 신경증에 의해 나타나는 히스테리 증상의 다양한 형태와 관련된 ⊙과 ⓒ의 의견은 알 수 없으므로 적절하지 않은 내용이다.

문제 풀이 TIP

지문에서 두 가지 관점을 제시하는 경우 각 관점의 주장과 그 근거를 정리하며 문제를 풀이한다.
전통신경증에 대한 전통주의자와 진보주의자의 관점이 상이하므로 각 관점의 세부 내용을 구분하며 문제를 풀이한다.

독해력 UP 지문 분석

분야/주제

인문/행위자 인과 이론

문단별 중심 내용

1문단	인과 관계가 성립하기 위한 세 가지 요건을 제시한 흄과 흄이 말하는 세 가지 조건의 성립과 관계없이 자유 의지를 가진 행위자만 원인이 될 수 있다고 본 리드
2문단	결과를 산출할 능력을 소유하여 그 능력을 발휘할 수 있고 변화에 대해 책임질 수 있는 주체인 행위자가 진정한 원인이라고 생각한 리드
3문단	경험론에 입각해 행위자는 오직 인간뿐이며, 행위자가 능력을 발휘하기 위해서는 의욕이 필요하다고 주장한 리드
4문단	신이 진정한 원인이며 행위자를 기회 원인에 불과하다고 본 철학자들에 대해 경험주의로 반박하고, 인간의 주체적 결단이 갖는 의미를 강조한 리드

5

정답 ②

정답 체크

2문단에서 리드는 행위자가 결과를 산출할 능력을 소유하여 그 능력을 발휘할 수 있고 그 변화에 대해 책임을 질 수 있는 주체로 보았다고 하였으므로 변화를 산출하는 능력을 가진 모든 존재를 행위자로 본 것은 아님을 알 수 있다.

오답 체크

① 1문단에서 리드는 행위자가 자유의지를 가진 존재라고 여겼다고 하였으며, 3문단에서 경험론자인 리드의 관점에서 행위자는 인간뿐이라고 하였으므로 적절한 내용이다.

③ 3문단에서 리드는 의욕이 정신에서 일어나는 하나의 사건이라고 보았다고 하였으므로 적절한 내용이다.

④ 2문단에서 리드는 진정한 원인이 행위자라고 보았다고 하였으므로 적절한 내용이다.

⑤ 1문단에서 리드는 흄이 언급한 인과 관계가 성립하기 위한 세 가지 요건이 성립하더라도 인과 관계가 성립하지 않는다고 주장했다고 하였으므로 적절한 내용이다.

6

정답 ②

정답 체크

1문단에서 리드는 흄이 언급한 세 가지 조건이 성립하더라도 인과 관계가 성립하지 않는다고 주장한 것이고, 흄이 언급한 세 가지 조건을 부정한 것은 아니므로 빨간 공과 흰 공의 움직임에는 시공간이 이어지지 않는다고 본 것은 아님을 알 수 있다.

오답 체크

①, ③ 2문단에서 리드는 양면적 능력을 지닌 행위자가 진정한 원인이라고 보았으며, 빨간 공은 행위자일 수 없다고 하였으므로 적절한 내용이다.

④, ⑤ ㉠은 1문단에서 흄이 제시한 세 가지 인과 관계 성립 조건을 만족하고 있으므로 적절한 내용이다.

1 ④	2 ①	3 ⑤	4 ①	5 ②
6 ④	7 ⑤	8 ④	9 ②	

1

정답 ④

독해력 UP 지문 분석

분야/주제

인문/문자를 암호화하는 가장 기본적인 방법인 단일환자 방식

문단별 중심 내용

1문단	단일환자방식의 정의
2문단	단일환자방식의 영어 암호문은 알파벳 사용 빈도를 통해 일대일 대응의 암호화 규칙 추론 가능
3문단	단일환자방식의 영어 암호문은 알파벳 사용 빈도로 암호화 규칙 추론이 가능함을 설명하는 사례

정답 체크

1문단에서 철수는 'I LOVE YOU'를 'Q RPDA LPX'로 암호화하였고, 2문단에서 통계 결과 알파벳 E가 가장 많이 사용되었다고 하였으며 이때 철수는 E를 A로 변경한 점에서 철수가 사용한 규칙과 동일한 규칙 α를 사용한 암호문에는 빈도수가 가장 높은 E를 암호화한 A가 가장 많이 사용되었음을 알 수 있다.

오답 체크

① 1문단에서 단일환자방식은 문장에 사용된 문자를 일정 규칙에 따라 일대일 대응으로 재배열하여 암호화하는 방법이며, 이에 따라 'I LOVE YOU'가 'Q RPDA LPX'로 암호화된다고 하였으므로 적절하지 않은 내용이다.

② 2문단에서 단일환자방식을 사용하는 경우 알파벳의 사용 빈도를 파악함으로써 일대일 대응의 암호화 규칙을 추론할 수 있다고 하였으므로 적절하지 않은 내용이다.

③ 2문단에서 암호문을 많이 확보할수록 암호문 해독 가능성이 커진다고 하였으므로 적절하지 않은 내용이다.

⑤ 2문단에서 알파벳 사용 빈도는 높은 것부터 E, T, A, O, I, N, S, R, H 순이라고 하였고, 3문단에서 암호문에 쓰인 알파벳 빈도는 높은 것부터 W, F, C, H, Q, T, N이라고 한 점에서 암호문에 사용된 규칙 α는 'E는 W, T는 P, A는 F, O는 C, I는 H, S는 Q, R은 T, H는 N으로 변경한다'라는 것을 추론할 수 있으므로 적절하지 않은 내용이다.

2

정답 ①

독해력 UP 지문 분석

분야/주제

사회/현대 사회의 두 노동자 집단, 프레카리아트와 긱 노동자

핵심 내용 정리

프레카리아트	- 불안정한 고용 상태에 놓여있는 사람을 의미함 - 노동 보장을 받지 못하며, 직장 소속감이 없고, 자신의 직업에 대한 전망이나 직업 정체성도 결여 되어 있음 - 위험한 계급으로 전락하기 쉬우며, 프레카리아트가 늘어날수록 사회도 불안해짐
긱 노동자	- 단기 계약 등을 통해 임시로 인력을 충원하고 그때그때 대가를 지불하는 노동 형태 - 고용주에 상관없이 자신이 보유한 고유의 직업 역량을 판매하며, 자신의 직업을 독립적인 프리랜서나 개인사업자 형태로 인식함 - 정보통신 기술의 발달로 더욱더 활성화될 가능성이 높으며, 기업 입장에서는 경쟁력을 높이는 방안으로 활용할 수 있음

정답 체크

2문단에서 긱 노동자들은 고용주가 누구든 간에 자신이 보유한 고유의 직업 역량을 고용주에게 판매하면서, 자신의 직업을 독립적인 '프리랜서' 또는 '개인 사업자' 형태로 인식한다고 하였으므로 각 노동자가 자신의 직업 형태에 대해 갖는 인식은 자신을 고용한 기업에 따라 달라지지 않음을 알 수 있다.

오답 체크

② 2문단에서 정보통신 기술의 발달이 긱을 더욱더 활성화한다고 하였으나, 정보통신 기술의 발달과 프레카리아트 계급의 확산에 대해서는 다루고 있지 않으므로 적절하지 않은 내용이다.

③ 프레카리아트 계급과 긱 노동자 집단의 관계에 대해서는 다루고 있지 않으므로 적절하지 않은 내용이다.

④ 프레카리아트 계급이 정규직 근로자로 변모할 가능성에 영향을 미치는 요인에 대해서는 다루고 있지 않으므로 적절하지 않은 내용이다.

⑤ 비정규직 근로자에 대한 노동 보장의 강화가 프레카리아트 계급과 긱 노동자 집단에게 어떤 영향을 미치는 지에 대해서는 다루고 있지 않으므로 적절하지 않은 내용이다.

3

독해력 UP 지문 분석

분야/주제

사회/우리나라 국회의원 선거에서 후보자 게재 순위 방식의 변천

핵심 내용 정리

A 방식	- 1950~1969년에 사용된 방식 - 투표용지상의 기호가 후보자 추첨으로 배정됨 - 로마자 숫자를 사용 - 1963년에 선거구별 추첨제에서 전국 통일 추첨제로 변경되어 동일 정당 후보자들이 전국 모든 선거구에서 같은 기호를 배정받음
B 방식	- 1969년 개정된 방식 - 국회 다수 의석을 가진 정당 순으로 아라비아 숫자 기호를 배정함(단, 상위 2개 정당만 해당 기준을 적용하고, 3순위 이하 정당은 정당 명칭의 가나다순에 의해 순서가 부여됨)
C 방식	- 1981년 개정된 방식 - 선거구별 추첨제를 적용하되, 정당 공천을 받은 후보자를 앞 번호에 배정함
D 방식	- 현행 공직선거법에 근거한 방식 - 국회에 의석을 가진 정당의 추천을 받은 후보자(다수 의석순), 국회에 의석이 없는 정당의 추천을 받은 후보자(가나다순), 무소속 후보자(관할 선거구선거관리위원회의 추천) 순으로 기호를 배정함

정답 체크

3문단에서 C 방식은 선거구별 추첨제를 적용하되 정당의 공천을 받은 후보자에게 무소속 후보자들보다 앞 번호를 배정한다고 하였고, 4문단에서 D 방식은 국회에 의석을 가진 정당의 추천을 받은 후보자, 국회에 의석이 없는 정당의 추천을 받은 후보자, 무소속 후보자 순으로 기호를 배정한다고 하였으므로 C 방식과 D 방식에서 원내 의석이 없는 정당의 후보자는 무소속 후보자에 비해 앞 번호 기호를 배정받음을 알 수 있다.

오답 체크

① 1문단에서 A 방식은 추첨제로 기호를 배정한다고 하였으므로 적절하지 않은 내용이다.

② 2문단에서 B 방식은 국회에 다수 의석을 가진 상위 2개 정당은 원내 의석수 순으로 아라비아 숫자 기호를 배정한다고 한 점에서 원내 의석수가 2순위인 정당의 후보자는 기호 '2'를 배정받는다는 것을 추론할 수 있으므로 적절하지 않은 내용이다.

③ 3문단에서 C 방식은 추첨제로 기호를 배정한다고 하였으므로 적절하지 않은 내용이다.

④ 2문단에서 B 방식은 국회에 다수 의석을 가진 상위 2개 정당은 아라비아 숫자 기호를 배정하고 3순위 이하부터는 정당 명칭에 따라 가나다순으로 배정한다고 하였고, 4문단에서 D 방식은 국회에 의석을 가진 정당의 추천을 받은 후보자, 국회에 의석이 없는 정당의 추천을 받은 후보자, 무소속 후보자 순으로 기호를 배정한다고 한 점에서 원내 의석수가 4순위인 정당의 후보자가 D 방식일 때는 기호 '4'를 부여받을 수 있지만, B 방식일 때는 어떤 기호를 배정받을지 알 수 없으므로 적절하지 않은 내용이다.

[4-6]

독해력 UP 지문 분석

분야/주제

과학/혈액의 응고와 혈관 석회화 방지에 영향을 미치는 비타민 K의 역할

문단별 중심 내용

1문단	혈액 응고 및 원활한 순환에 영향을 미치는 비타민 K
2문단	혈액의 응고를 돕는 비타민 K의 역할과 K-의존성 단백질의 의미
3문단	식물에서 합성되는 비타민 K_1과 동물 세포 합성 또는 미생물 발효로 생성되는 비타민 K_2
4문단	비타민 K 부족 시 MGP 단백질이 활성화되지 못해 나타날 수 있는 혈관 석회화

4

정답 체크

혈액 응고는 섬유소 그물이 혈소판이 응집된 혈소판 마개와 뭉쳐 혈병이라는 덩어리를 만드는 현상이며, 혈액 응고가 혈관 속에서 나타날 경우의 혈병을 혈전이라고 하였으므로 혈전이 형성되면 섬유소 그물이 뭉쳐 혈액의 손실을 막는 것은 아님을 알 수 있다.

오답 체크

②, ③ 1문단에서 혈액 응고는 섬유소 그물이 혈소판이 응집된 혈소판 마개와 뭉쳐 혈병이라는 덩어리를 만드는 현상이라고 하였으므로 적절한 내용이다.

④ 1문단에서 이물질이 쌓여 동맥 내벽이 두꺼워지는 동맥 경화가 일어나면 그 부위에 혈전 침착, 혈류 감소 등이 일어나 혈관 질환이 발생하기도 한다고 하였으므로 적절한 내용이다.

⑤ 4문단에서 혈관 벽에 칼슘염이 침착되는 석회화가 진행되면 동맥 경화 및 혈관 질환이 발생할 수도 있다고 하였으므로 적절한 내용이다.

5

정답 ②

정답 체크

4문단에서 나이가 들면 뼈조직의 칼슘 밀도가 낮아져 골다공증이 생기기 쉬운데, 이를 방지하고자 칼슘 보충제를 섭취하나 칼슘 보충제를 섭취해서 혈액 내 칼슘 농도는 높아지나 골밀도는 높아지지 않고, 혈관 벽에 칼슘염이 침착되는 혈관 석회화가 진행되어 동맥 경화 및 혈관 질환이 발생하는 경우가 생긴다고 하였으므로 칼슘 보충제를 섭취해도 뼈조직에서는 칼슘이 여전히 필요한 것이 칼슘의 역설임을 알 수 있다.

6

정답 ④

정답 체크

2문단에 따르면 비타민 K는 글루탐산이 감마-카르복시글루탐산으로 전환되는 카르복실화에 영향을 미치며, 단백질의 활성화는 칼슘 이온과의 결합을 통해 이루어지기 때문에 칼슘 이온과 결합하려면 단백질이 카르복실화되어 있어야 하므로 비타민 K_1과 비타민 K_2 모두 모두 표적 단백질의 활성화 이전 단계에 작용함을 알 수 있다.

오답 체크

① 3문단에 따르면 비타민 K_1은 식물에서, 비타민 K_2는 동물 세포 또는 미생물 발효로 생성된다고 하였으므로 적절하지 않은 내용이다.

② 2문단에 따르면 지방을 뺀 사료를 먹인 병아리는 비타민 K가 결핍되어 있다고 하였으므로 적절하지 않은 내용이다.

③ 3문단에 따르면 비타민 K는 단백질을 구성하는 아미노산 중 글루탐산을 감마-카르복시글루탐산으로 전환하는 카르복실화를 이행한다고 하였으므로 적절하지 않은 내용이다.

⑤ 1문단과 4문단에서 비타민 K에 결핍이 발생하면 혈액 응고에 차질이 생기거나 혈관 석회화가 유발된다고 하였으므로 적절하지 않은 내용이다.

[7-9]

독해력 UP 지문 분석

분야/주제

인문/근대 도시의 삶의 양식에 대한 생산학파와 소비학파의 대립된 주장을 포괄하는 벤야민의 견해

문단별 중심 내용

1문단	근대 도시의 노동자가 기계화된 노동으로 내면세계를 상실하고 사물로 전락했다고 보는 생산학파의 견해
2문단	근대 도시인들이 새로운 테크놀로지의 발달로 인해 결핍된 욕망이 실현될 것이라는 기대 속에서 살아간다고 보는 소비학파의 견해
3문단	소비가 가져오는 복합적인 체험은 근대 도시인에게 충격을 가져다주며 이러한 충격 체험으로 새로운 감성과 감각이 일깨워진다고 보는 벤야민의 견해
4문단	영화를 통해 근대 도시의 복합적 특성을 설명하는 벤야민의 견해
5문단	근대 도시인은 사물화된 노동자인 동시에 내면세계를 지닌 꿈꾸는 자라는 벤야민의 견해

7

정답 ⑤

정답 체크

1문단에서 생산학파는 근대 도시의 노동자가 기계화된 노동으로 인해 감각과 감성으로 경험하는 내면세계를 잃고 사물로 전락했다는 견해를 제시하였고, 2문단에서 소비학파는 근대 도시의 노동자들이 새로운 테크놀로지의 발달로 인해 결핍이 욕망으로 충족될 수 있다는 기대로 살아간다는 견해를 제시한 후, 3~4문단에서 두 학파의 관점을 아우르며 영화라는 새로운 예술 형식에 근대 도시의 복합적 특성이 나타난다고 주장한 벤야민의 견해를 밝히고 있으므로 이 글의 내용 전개 방식으로 가장 적절한 것은 ⑤이다.

8

정답 ④

정답 체크

ⓒ은 근대 도시인이 내면세계를 상실한 사물로 타락했다는 ⓐ의 견해를 비판하며 새로운 테크놀로지의 발달로 근대 도시인은 자신이 꿈꾸는 미래에 대한 주관적인 환상이 실현 가능한 현실이 될 것이라는 기대 속에서 살아간다고 하였으므로 ⓐ, ⓒ에 대한 이해로 가장 적절한 것은 ④이다.

오답 체크

① ⓐ은 근대 도시인이 내면세계를 상실하고 사물로 전락하였으며 근대 도시에 대한 어떠한 쾌락이나 환상이 개입하지 못하는 거대한 생산 기계가 된 듯하다고 하였으므로 적절하지 않다.

② ⓒ은 새로운 테크놀로지의 발달로 실현된 근대 생산 체제가 욕망과 충족의 간극을 해소할 수 있다고 하였으므로 적절하지 않다.

③ ⓒ은 금욕주의 정신을 지닌 청교도조차 소비 양식에서 자기 환상적 쾌락주의를 지님을 서술하고 있지만, 근대 도시인의 소비 정신이 금욕주의 정신에 의해 만들어졌는지에 대해서는 다루고 있지 않으므로 적절하지 않다.

⑤ ⓒ과 ⓒ은 모두 소비가 노동자에 대한 집단 규율을 완화하여 유순한 몸이 되게 한다는 것에 대해서는 다루고 있지 않으므로 적절하지 않다.

문제 풀이 TIP

두 가지 상이한 견해가 제시되는 경우 각 견해의 핵심 내용을 정리하며 문제를 푼다.
생산학파와 소비학파 각각 근대 도시의 삶의 양식을 바라보는 관점이 상이하므로 이를 구분하여 내용을 정리하고 두 입장을 포괄하는 벤야민의 견해를 이해한다.

9
정답 ②

정답 체크

4문단에서 영화 제작 과정 및 영화 원리에 대해서는 서술하고 있지만, 영화가 다루는 독특한 주제에 대해서는 다루고 있지 않으므로 정신적 충격이 영화가 다루고 있는 독특한 주제에서 발생하는 것은 아님을 알 수 있다.

오답 체크

① 4문단에서 영화는 충격 체험을 통해 근대 도시인에게 새로운 감성과 감각을 제공하는 매체라고 하였으므로 적절한 내용이다.

③ 4문단에서 벤야민이 영화를 근대 도시의 작동 방식과 리듬에 상응하는 매체라고 한 점에서 영화를 통해 받는 정신적 충격은 근대 도시의 일상적 체험에서 발생하는 충격과 비슷하다는 것을 추론할 수 있으므로 적절한 내용이다.

④ 4문단에서 영화는 서로 다른 시·공간의 연결, 카메라의 움직임에 따른 시점 변화, 느린 화면과 빠른 화면의 교차 등 영화의 형식 원리를 이용해 관객에게 정신적 충격을 유발시킨다고 하였으므로 적절한 내용이다.

⑤ 4문단에서 영화는 보통 사람의 육안이라는 감각적 지각의 정상 범위를 뛰어넘는 체험을 가져다준다고 하였으므로 적절한 내용이다.

DAY 18　설명문 ⑧　　　　p.128

1 ⑤　　**2** ①　　**3** ⑤　　**4** ③　　**5** ④
6 ③

1
정답 ⑤

독해력 UP 지문 분석

분야/주제
인문/동유럽 체제 개편 과정을 통해 확인된 IMF 자금 지원 전후의 국민 건강 지표 변화

문단별 중심 내용

1문단	냉전 체제 붕괴 이후 경제 위기를 겪으며 IMF의 지원을 받은 동유럽 국가
2문단	경제 위기 과정 속에서 해당 국가 국민의 평균 수명이 급격히 감소함
3문단	IMF 구조 조정 프로그램의 실시 여부와 국가별 결핵 사망률의 상관관계

정답 체크

3문단에서 IMF 구조조정 프로그램을 시행하지 않은 슬로베니아는 동 기간에 오히려 결핵 사망률이 감소했으며, IMF 구조 조정 프로그램의 실시 여부는 국가별 결핵 사망률과 일정한 상관관계가 있다고 하였으므로 ⓜ을 "실시 이후부터 결핵 사망률이 크게 증가했던 것"으로 수정한 ⑤가 가장 적절하다.

오답 체크

① 1문단에서 동유럽 연방에서 독립한 국가들은 자본주의 시장경제를 받아들인 이후 극심한 경제 위기를 경험하게 되었다고 하였으므로 적절하지 않다.

②, ③ 2문단에서 관련 국가 국민의 평균 수명이 급격하게 줄어든 일에 대해 일부 경제학자들은 경제 체제의 변화와는 관련이 없다고 하였으므로 적절하지 않다.

④ 3문단에서 영국의 한 연구자가 관련 국가들의 건강 지표가 IMF의 자금 지원 전후로 어떻게 달라졌는지를 살펴보았다고 하였으므로 적절하지 않다.

2

독해력 UP 지문 분석

분야/주제

사회/시장에서 최초진입기업이 얻을 수 있는 A 효과와 후발
진입기업이 얻을 수 있는 B 효과

문단별 중심 내용

1문단	- A 효과: 기업이 시장에 최초로 진입하여 무형 및 유형의 이익을 얻는 것 - B 효과: 후발진입기업이 최초진입기업의 투자를 이용하여 성공적으로 시장에 안착하는 것
2문단	규모의 경제 측면에서 유리한 최초진입기업, 연구개발 투자 측면에서 유리한 후발진입기업
3문단	인지도 및 기술적 우위를 통해 후발주자의 시장 진출을 막을 때 극대화되는 A 효과

정답 체크

2문단에서 최초진입기업의 경우 규모의 경제 효과를 얼마나 빠른 시일 내에 이룰 수 있는가가 성공의 핵심 조건인 반면 후발진입기업의 경우 절감된 비용을 마케팅에 효율적으로 투자하여 최초진입기업의 시장 점유율을 빠른 시일 내에 빼앗는 것이 성공의 핵심 조건임을 서술하고 있지만, 최초진입기업이 후발진입기업과 비교해 매년 더 많은 마케팅 비용을 사용한다는 것에 대해서는 다루고 있지 않으므로 적절하지 않은 내용이다.

오답 체크

② 2문단에서 후발진입기업의 모방 비용은 최초진입기업이 신제품 개발에 투자한 비용 대비 65% 정도라고 하였으므로 적절한 내용이다.

③ 1문단에서 A 효과란 기업이 시장에 최초로 진입하여 유·무형의 이익을 얻는 것이라고 하였고, 3문단에서 최초진입기업은 후발진입기업에 비해 인지도 측면에서 뛰어난 우위를 확보하여 강력한 진입 장벽을 구축할 수 있다고 하였으므로 적절한 내용이다.

④ 2문단에서 후발진입기업의 성공 핵심 조건은 연구개발 단계에서 절감된 비용을 마케팅 등에 효과적으로 투자하여 최초진입기업의 시장 점유율을 단기간에 확보하는 것이라고 하였으므로 적절한 내용이다.

⑤ 1문단에서 B 효과는 후발진입기업이 최초진입기업과 동등한 수준의 기술 및 제품을 보다 낮은 비용에 개발이 가능한 경우에만 얻을 수 있다고 하였으므로 적절한 내용이다.

문제 풀이 TIP

두 가지 개념이 구분되어 제시되는 경우 각 개념의 특징을 정리하며 문제를 풀이한다.
최초진입기업과 후발진입기업의 특징 및 성공의 조건이 다르므로 두 내용이 구분될 수 있도록 표시하며 내용을 정리한다.

3

독해력 UP 지문 분석

분야/주제

인문/총격 사건을 겪은 경찰관에게서 나타나는 심리현상과 심리증상

문단별 중심 내용

1문단	총격 사건 중 총기 발사 경험을 보유한 미국의 경찰관이 겪는 심리적 문제
2문단	총격 사건을 겪은 경찰관에게 나타나는 심리현상 중 하나인 지각왜곡
3문단	총격 사건에서 총기를 발사한 경찰관이 경험하는 심리증상과 그 정도의 상대성

정답 체크

3문단에서 총격 사건 후 경찰관이 경험하는 심리증상의 정도는 총격 사건이 발생한 상황에서 총기 사용의 정당성과 반비례하여 권총으로 강력한 자동화기를 상대해야 하는 것 등의 요소가 그 정당성을 높여준다고 한 점에서 범죄자가 강력한 무기로 무장했을 경우 정당성이 높아진다는 것을 추론할 수 있으므로 범죄자가 경찰관보다 강력한 무기로 무장했을 경우 경찰관이 총격 사건 후 경험하는 심리증상은 반대의 경우보다 약할 것임을 알 수 있다.

오답 체크

① 2문단에서 총격 사건이 일어나는 동안 발생한 지각왜곡 중 83%의 경찰관이 시간왜곡을, 63%의 경찰관이 청각왜곡을 경험했다고 하였으므로 적절하지 않은 내용이다.

② 1문단에서 대다수의 미국 경찰관은 총격 사건을 경험하지 않고 은퇴한다고 하였으므로 적절하지 않은 내용이다.

③ 3문단에서 총격 피해자 사망 시 총격 사건 후 경찰관이 겪는 심리증상이 더욱 잘 나타남을 서술하고 있지만, 청각왜곡 등 심리현상의 정도에 대해서는 다루고 있지 않으므로 적절하지 않은 내용이다.

④ 이 글에서 총격 사건 후 경찰관이 느끼는 심리증상과 지각왜곡과 같은 심리현상 간의 상관관계에 대해서는 다루고 있지 않으므로 적절하지 않은 내용이다.

문제 풀이 TIP

두 가지 대상이 구분되어 제시되는 경우 각 대상의 세부내용을 정리하며 문제를 풀이한다.
심리증상과 심리현상은 그 종류와 발생 배경이 다르므로 대상과 세부내용을 연결하여 내용을 정리한다.

4

독해력 UP 지문 분석

분야/주제
인문/설악산의 범위의 변천

문단별 중심 내용

1문단	오늘날과 조선 시대에 설악산이라는 지명이 포함하는 영역의 차이
2문단	각각의 봉우리를 산으로 인식한 고려 시대와 달리 점차 산의 범위가 점차 넓어진 조선 시대 인식을 보여주는 <여지도>, <비변사인 방안지도 양양부 도엽>
3문단	조선 후기에 오늘날과 동일한 범위를 설악산으로 인식하였음을 보여주는 <조선팔도지도>, <대동지지>, <동국여지>

정답 체크

3문단에서 <조선팔도지도>는 오늘날과 동일하게 설악산의 범위가 표시되어 있다고 하였으며, 1문단에서 오늘날 설악산은 대청봉, 울산바위가 있는 봉우리와 한계령이 있는 봉우리를 하나로 묶은 지역이라고 하였으므로 <조선팔도지도>에 표시된 대로 설정한 설악산의 범위에는 한계령이 있는 봉우리가 포함된다는 것을 알 수 있다.

오답 체크

① 2문단에서 <여지도>에는 오늘날 설악산의 범위에 해당하는 지역이 한계산과 설악산으로 구분되어 있다고 하였지만, 3문단에서 <대동지지>라는 책에 한계산은 설악산에 속한 봉우리에 불과하다고 서술하면서 구분을 하지 않고 있으므로 적절하지 않은 내용이다.

② 3문단에서 <조선팔도지도>에는 오늘날과 동일하게 설악산의 범위가 표시되어 있다고 서술하고 있지만, <동국여지지>에는 사람들이 설악산의 범위를 어떻게 생각하는지에 대해서만 서술하고 있을 뿐 어떤 범위로 그려져 있는지에 대해서는 다루고 있지 않으므로 적절하지 않은 내용이다.

④ 2문단에서 <비변사인 방안지도 양양부 도엽>은 설악산, 천후산, 한계산의 범위가 모두 따로 표시되어 있다고 서술하고 있지만, 3문단에서 <대동지지>는 한계산은 설악산에 속한 봉우리에 불과하다는 내용만 언급되어 있을 뿐 천후산과 한계산을 구분하였는지는 다루고 있지 않으므로 적절하지 않은 내용이다.

⑤ 2문단에서 <비변사인 방안지도 양양부 도엽>은 오늘날의 설악산에 해당하는 범위를 설악산, 천후산, 한계산으로 구분하여 표시했다고 하였고, <여지도>는 오늘날의 설악산에 해당하는 범위를 한계산과 설악산으로 구분하여 표시했다고 하였으므로 적절하지 않은 내용이다.

[5-6]

독해력 UP 지문 분석

분야/주제
사회/글로벌 금융 위기 이후 경제 안정을 위한 정책의 변화

문단별 중심 내용

1문단	정책 금리를 활용하여 물가 안정 및 경제 안정 도모를 목표로 하는 전통적인 통화 정책
2문단	금융감독 정책이 개별 금융 회사의 건전성을 확보하여 금융 안정을 달성하고자 하는 미시 건전성 정책에 집중해야 한다고 여긴 전통적인 경제학
3문단	글로벌 금융 위기 이후 달라진 경제 안정 정책
4문단	금융 시스템 위험 요인에 대한 예방적 규제를 통해 금융 시스템의 건전성을 추구한다는 점에서 미시 건전성 정책과 차별화되는 거시 건전성 정책
5문단	거시 건전성 정책의 목표 달성을 위해 경기 대응 완충자본 제도의 도입 필요성

핵심 내용 정리

금융 위기 이전	- 금융 안정은 미시 건전성 정책 위주의 금융감독 정책을 통해 달성 - 물가 안정은 통화 정책을 통해 달성
금융 위기로 인한 변화	- 저금리 정책의 경제 안정 훼손 가능성에 대한 공감대 형성 - 금융 회사 규모가 새로운 금융 안정의 위험 요인으로 등장
금융 위기 이후	- 미시 건전성 정책에 거시 건전성 정책을 추가한 금융감독 정책 - 금융감독 정책과 통화 정책의 상호 보완을 통한 경제 안정 달성

5

정답 ④

정답 체크

3문단에서 글로벌 금융 위기 이후 경기 부양 목적의 저금리 정책이 자산 가격 버블에 따른 금융 불안을 유발하여 경제 안정을 훼손시킬 수 있다는 데 공감대가 형성되었다고 하였으므로 글로벌 금융 위기 이후에 정책 금리 인하가 경제 안정을 훼손하는 요인이 될 수 있다고 보았음을 알 수 있다.

오답 체크

① 2문단에서 전통적인 경제학에서는 금융이 직접적인 생산 수단이 아니기 때문에 단기적일 때와 달리 장기적으로는 경제 성장에 영향을 미치지 못한다는 인식에 기인한다고 하였으므로 적절하지 않은 내용이다.

② 2문단에서 전통적인 경제학에서는 금융감독 정책이 개별 금융 회사의 건전성을 확보하여 금융 안정을 달성하고자 하는 미시 건전성 정책에 집중해야 한다고 하였으므로 적절하지 않은 내용이다.

52 온/오프라인 취업강의·무료 취업자료 ejob.Hackers.com

③ 3문단에서 전통적인 경제학에서는 금융감독 정책을 통해 금융 안정을, 통화 정책을 통해 물가 안정을 달성할 수 있다고 여기는 이원적인 접근 방식이 지배적이었다고 하였으므로 적절하지 않은 내용이다.

⑤ 3문단에서 글로벌 금융 위기 이후 저금리 정책에 의해 유발된 자산 가격 버블에 따른 금융 불안이 경제 안정을 훼손시킬 수 있다는 것에 공감대가 형성되었다고 하였으므로 적절하지 않은 내용이다.

문제 풀이 TIP

특정 시기를 기준으로 대상의 통시적인 변화를 설명하는 글의 경우 대상의 변화 양상을 중심으로 내용을 파악한다.
글로벌 금융 위기를 기점으로 금융 안정, 물가 안정을 위한 정책이 어떻게 변화되었는지를 중점적으로 내용을 이해한다.

6
정답 ③

정답 체크

2문단에서 미시 건전성 정책은 개별 금융 회사의 건전성에 대한 예방적 규제 성격을 띤 정책 수단을 활용한다고 하였고, 4문단에서 거시 건전성 정책은 금융 시스템 위험 요인에 대한 예방적 규제를 통해 금융 시스템의 건전성을 추구한다고 하였으므로 ⊙이 ⓒ과 다르게 예방적 규제 성격의 정책 수단을 활용하여 금융 안정을 달성하고자 한 것은 아님을 알 수 있다.

오답 체크

① 2문단에서 전통적인 경제학에서는 금융감독 정책으로 미시 건전성 정책에 집중해야 한다고 하였고, 3문단에서 전통적인 경제학에서는 금융감독 정책을 통해 금융 안정을, 통화 정책을 통해 물가 안정을 달성할 수 있다고 여기는 이원적인 접근 방식이 지배적이었다고 하였으므로 적절한 내용이다.

② 5문단에서 거시 건전성 정책에서 금융 시스템 위험 요인은 경기 순응성을 지녀 경기 호황기에는 신용 공급이 팽창되고 불황기에는 그 반대의 상황이 일어나는데, 이때 경기 대응 완충자본 제도가 과도한 신용 팽창을 억제하고 충분한 공급을 돕는다고 하였으므로 적절한 내용이다.

④ 2문단에서 미시 건전성 정책은 개별 금융 회사의 건전성에 대한 예방적 규제 성격을 띤 정책 수단을 활용한다고 하였고, 4문단에서 거시 건전성 정책은 금융 시스템 위험 요인에 대한 예방적 규제를 활용한다는 점에서 미시 건전성 정책과 차별화된다고 하였으므로 적절한 내용이다.

⑤ 2문단에서 미시 건전성 정책은 개별 금융 회사의 건전성에 대한 예방적 규제 성격을 가진 정책 수단으로 금융 회사의 자기자본 하한을 설정하는 최저 자기자본 규제를 활용한다고 하였고, 5문단에서 거시 건전성 정책은 금융 회사로 하여금 경기 과열기에는 최저 자기자본에 추가적인 자기자본을 쌓고, 경기 침체기에는 쌓은 자기자본을 대출 재원으로 사용하도록 하는 경기 대응 완충자본 제도를 활용한다고 하였으므로 적절한 내용이다.

DAY 19 설명문 ⑨ p.134

1 ⑤	2 ⑤	3 ②	4 ⑤	5 ①
6 ③	7 ④			

1
정답 ⑤

독해력 UP 지문 분석

분야/주제
인문/불완전한 문자 체계를 사용한 원시 수메르어

문단별 중심 내용

1문단	두 종류의 기호를 사용한 원시 수메르어 문자 체계
2문단	인간 행동의 제한된 영역에 속하는 특정 정보만 표현할 수 있는 불완전한 문자 체계를 사용한 원시 수메르어 문자 체계

핵심 내용 정리

구분	완전한 문자 체계	불완전한 문자 체계
정의	사람이 말하는 모든 것을 표현할 수 있는 체계	인간 행동의 제한된 영역에 속하는 특정한 종류의 정보만 표현할 수 있는 기호 체계
종류	라틴어, 고대 이집트 상형문자, 브라유 점자	원시 수메르어, 수학의 언어, 음악 기호
기능	상거래 기록, 상법 명문화, 역사책 집필 등	숫자 및 문자 기록, 장부 기록 등

정답 체크

2문단에서 인간 행동의 제한된 영역에 속하는 특정 정보만 표현할 수 있는 불완전한 기호 체계였던 원시 수메르어와 달리 고대 이집트 상형문자는 구어의 범위를 포괄하는 완전한 기호 체계라고 하였으므로 원시 수메르어 문자와 마찬가지로 고대 이집트 상형문자는 구어의 범위를 포괄하지 못했던 것은 아님을 알 수 있다.

오답 체크

① 2문단에서 원시 수메르인이 문자를 만들어 사용한 이유는 거래 기록의 보존 등 구어로는 하지 못할 일을 하기 위해서라고 하였으므로 적절한 내용이다.

② 2문단에서 원시 수메르어 문자 체계는 인간 행동의 제한된 영역에 속하는 특정 정보만 표현 가능한 불완전한 기호 체계이며 자신의 마음을 표현하는 시 또한 적을 수 없다고 하였으므로 적절한 내용이다.

③ 2문단에서 수메르어를 읽고 쓸 줄 아는 사람은 소수라고 하였으므로 적절한 내용이다.

④ 1문단에서 원시 수메르어 문자 체계는 숫자를 나타내는 기호와 사물을 나타내는 기호 총 두 종류의 기호를 사용했다고 하였으므로 적절한 내용이다.

2

정답 ⑤

독해력 UP 지문 분석

분야/주제
인문/비표준어로서의 방언과 언어학에서의 방언

문단별 중심 내용

1문단	부정적인 오해와 평가가 포함되어 있는 비표준어로서의 방언
2문단	한 언어를 형성하고 있는 하위 단위로서의 언어 체계 전부를 일컫는 언어학에서의 방언

정답 체크

(마) 빈칸 앞에서 방언은 한 언어를 형성하고 있는 하위 단위로서의 언어 체계 전부를 의미하여 한국어를 이루고 있는 각 지역의 언어 체계 전부가 방언이라고 한 점에서 한국어는 표준어와 지역 방언 전체를 지칭한다는 것을 추론할 수 있으므로 적절하지 않다.

오답 체크

(가) 빈칸 앞에서는 방언이 비표준어라는 뜻을 갖는다는 내용을 말하고 있고, 빈칸 뒤에서는 방언을 비표준어로서 낮추어 대하는 인식이 담겨 있다는 내용을 말하고 있으므로 적절하다.

(나) 빈칸 앞에서는 방언이나 사투리는 표준어인 서울말이 아닌 어느 지역의 말을 가리킨다는 내용을 말하고 있고, 빈칸 뒤에서는 이러한 용법에는 방언이 표준어보다 열등하다는 오해와 편견이 포함되어 있으며 세련되지 못하고 규칙에 엄격하지 않다 등의 부정적 평가가 반영되어 있다는 내용을 말하고 있으므로 적절하다.

(다) 빈칸 앞에서 사투리는 표준어에 없는 그 지역 특유의 언어 요소만을 지칭하기도 한다는 내용을 말하고 있으므로 적절하다.

(라) 빈칸 앞에서 방언은 한 언어를 형성하는 하위 단위로서의 언어 체계 전부를 의미하여 한국어를 구성하는 각 지역의 언어 체계 전부가 방언이라는 내용을 말하고 있으므로 적절하다.

3

정답 ②

독해력 UP 지문 분석

분야/주제
사회/비경합적이고 비배제적인 방식으로 소비되는 재화와 용역의 생산과 배분

문단별 중심 내용

1문단	누군가의 소비가 다른 사람의 소비 가능성을 줄어들게 하지 않는 비경합적 소비
2문단	재화 및 용역이 공급될 때 대가를 지불하지 않았어도 배제할 수 없다는 비배제적 소비
3문단	비경합적이고 비배제적인 방식으로 소비되는 재화와 용역의 생산 및 배분이 시장에서 제대로 이루어질 수 있도록 돕는 공공재의 역할

정답 체크

3문단에서 국방 서비스를 시장에서 생산하여 판매한다면 국민은 국방 서비스를 구매하지 않을 것이라고 하였으므로 국방 서비스를 소비하는 모든 국민에게 그 비용을 지불하게 했을 때 그 서비스가 비경합적으로 소비될 수 없는 것은 아님을 알 수 있다.

오답 체크

① 2문단에서 재화나 용역이 비배제적으로 소비된다는 것은 공급 시 누군가가 대가를 지불하지 않았다고 해서 그 사람이 재화 및 용역을 소비할 수 없도록 배제할 수 없는 것이라고 하였으므로 적절한 내용이다.

③ 1문단에서 재화 및 용역에 대한 소비가 다른 사람의 소비 가능성을 줄어들게 하지 않는다는 것은 재화나 용역이 비경합적으로 소비되는 것이라고 하였으므로 적절한 내용이다.

④ 3문단에서 국방 서비스를 시장에서 생산하여 판매하면 국민은 국방 서비스를 구매하지 않을 것이며, 결과적으로 국방 서비스가 과소 생산되는 문제가 발생한다고 하였으므로 적절한 내용이다.

⑤ 1문단에서 라디오 방송 서비스는 본인이 이용한다고 해서 다른 사람의 소비 가능성이 줄어들지 않는다고 하였으므로 적절한 내용이다.

4

독해력 UP 지문 분석

분야/주제

과학/대기오염 물질의 배출원 유형

핵심 내용 정리

자연적 배출원	생물 배출원	- 식생의 활동으로 인한 휘발성 유기 물질 배출 - 토양 미생물의 질소산화물 배출
	비생물 배출원	- 화산 활동으로 인한 미세 먼지, 황산화물 배출 - 번개에 의한 질소산화물 배출 - 바람에 의한 미세 먼지 배출
인위적 배출원	산업 시설 및 장치	- 연료 연소로 인한 이산화탄소, 일산화탄소, 질소산화물, 황산화물 등의 배출 - 특수한 과정에서 발생하는 폐기물 배출
	오염 물질 배출 형태에 따른 분류	- 점오염원: 발전소, 도시 폐기물 소각로, 대규모 공장 등 - 면오염원: 주거 단지 등 - 선오염원: 자동차 등

정답 체크

4문단에서 높은 굴뚝에서 오염 물질을 배출하는 점오염원은 그 영향 범위가 넓고, 배출구가 낮은 면오염원과 선오염원은 대기 확산이 이루어지지 않아 오염원 근처에 영향을 미친다고 하였으므로 인위적 배출원에서 오염 물질을 배출할 경우 높은 배출구에서 배출되는 오염원의 영향 범위가 더 넓음을 알 수 있다.

오답 체크

① 2문단에서 자연적 배출원 중 비생물 배출원인 번개에 의해 질소산화물이 발생한다고 하였고, 3문단에서 연료의 연소에 의해 질소산화물을 배출하는 것은 인위적 배출원이라고 하였으므로 적절하지 않은 내용이다.

② 2문단에서 자연적 배출원에 의해 산성비나 스모그 같은 대기오염 현상이 유발될 수 있음을 서술하고 있지만, 자연적 배출원과 인위적 배출원 중 어떤 배출원에 의해 산성비가 더 많이 생성되는지에 대해서는 다루고 있지 않으므로 적절하지 않은 내용이다.

③ 1문단에서 자연적 배출원은 작은 규모의 오염 지역을 대상으로 할 경우에는 인위적 배출원보다 대기 환경에 미치는 영향이 적지만, 지구나 대륙 규모의 오염 지역을 대상으로 할 경우에는 그 영향이 매우 크다고 하였으므로 적절하지 않은 내용이다.

④ 2문단에서 생물 활동에 의하여 배출되는 오염 물질은 반응성이 크기 때문에 대기오염 현상을 일으키는 원인이 된다고 하였으므로 적절하지 않은 내용이다.

[5-7]

독해력 UP 지문 분석

분야/주제

사회/BIS 비율의 규범성과 바젤 협약의 변화 양상

문단별 중심 내용

1문단	BIS 비율 규제의 규범적 성격
2문단	BIS 비율의 산출 공식 및 산출 방법과 바젤 I 협약
3문단	기존 BIS 비율의 위험가중자산 산정 기준 및 위험 가중치 산정 방법을 개선한 바젤 II 협약
4문단	자기자본에서 단기후순위 채무를 제외하고 위험가중자산에 대한 기본자본 비율을 보완한 바젤 III 협약
5문단	우리나라를 비롯한 수많은 국가에서 바젤 협약을 채택하여 제도화하고 있는 이유
6문단	말랑말랑한 법으로서의 바젤 기준과 딱딱한 법으로서의 조약 및 국제 관습법

핵심 내용 정리

• 바젤 I 협약 대비 바젤 II 협약 개정 내용

바젤 I 협약	- 위험 가중치: 자산 유형별 신용 위험 반영 (OECD 국가 국채=0%, 회사채는 100%로 획일적으로 부여)
바젤 II 협약	- 표준모형: 위험 가중치에 신용도 반영(OECD 국가 국채=0~150%, 회사채=20~150%로 신용도 높을수록 가중치 낮게 부여) - 내부 모형: 은행이 선택에 따른 위험 측정 방식 사용

• 바젤 I, II 협약 대비 바젤 III 협약 개정 내용

바젤 I, II 협약	- 자기자본=기본자본+보완자본+단기후순위 채무 - 기본자본 비율: 기준 없음
바젤 III 협약	- 자기자본=기본자본+보완자본 - 기본자본 비율: 최소 6%

해커스공기업 PSAT 기출로 끝내는 NCS 의사소통 집중 공략

PART 2 지문 유형별 공략 55

5

정답 체크

이 글은 1문단에서 경제 관련 국제기구인 바젤위원회가 결정한 BIS 비율 규제에 대해 소개한 후, 2~4문단에서 BIS 비율 산출 기준을 정의하는 바젤 협약의 변화 양상을 서술하고, 5~6문단에서 전 세계 수많은 국가가 은행의 신뢰성을 증명하고 불이익을 피하고자 바젤 기준을 자발적으로 시행한다는 내용을 설명하고 있으므로 이 글의 내용 전개 방식으로 가장 적절한 것은 ①이다.

6

정답 체크

6문단에서 딱딱한 법은 조약이나 국제 관습법을 의미한다고 하였고, 1문단에서 이들은 일반적으로 위반에 대한 제재를 통해 국제법의 효력을 확보하는 데 주안점을 둔다고 하였으므로 딱딱한 법에서는 일반적으로 제재보다 신뢰로 법적 구속력을 확보하는 데 주안점이 있다는 것은 아님을 알 수 있다.

오답 체크

① 1문단에서 조약은 국가나 국제기구 간 지켜야 할 구체적인 권리와 의무를 명시적으로 합의한 규범이라고 하였으므로 적절한 내용이다.

② 4문단에서 새롭게 발표되는 바젤 협약은 이전 협약에 들어 있는 관련 기준을 개정하는 효과가 있다고 하였으므로 적절한 내용이다.

④, ⑤ 5문단에서 수많은 국가가 바젤 협약을 채택하여 법제화하고 있는데, 이는 바젤 기준을 따름으로써 국제 금융 시장에 은행이 신뢰할 만하다는 징표를 보여주어야 하며, 재무 건전성을 의심받는 은행은 국제 금융 시장에 자리를 잡지 못하거나 아예 발을 들이지 못할 수도 있기 때문이라고 하였으므로 적절한 내용이다.

7

정답 체크

2문단에서 바젤 I 협약에 따르면 시장 위험 측정 방식은 감독 기관의 승인하에 은행의 선택에 따라 사용할 수 있다고 하였고, 3문단에서 바젤 II 협약에 따르면 내부 모형은 은행이 선택한 위험 측정 방식을 감독 기관의 승인을 받고 사용하는 것을 의미한다고 하였으므로 바젤 II 협약에 따르면 시장 위험의 경우와 마찬가지로 감독 기관의 승인하에 은행이 선택하여 이용할 수 있는 신용 위험 측정 방식이 있음을 알 수 있다.

오답 체크

① 2문단에서 바젤 I 협약에 따르면 위험가중자산은 보유 자산에 위험 가중치를 곱한 값으로, OECD 국가의 국채는 0%, 회사채는 100%의 위험 가중치가 획일적으로 부여된다는 점에서 신용도가 낮아져도 위험가중자산과 BIS 비율은 변하지 않는다는 것을 추론할 수 있으므로 적절하지 않은 내용이다.

② 3문단에서 바젤 II 협약은 필요시 감독 기관이 위험가중자산에 대한 자기자본의 최저 비율이 규제 비율(8%)을 초과하도록 자국 은행에 요구할 수 있도록 하여 자기자본의 경직된 기준을 보완하고자 했다는 점에서 각국의 은행들이 준수해야 하는 위험가중자산 대비 자기자본의 최저 비율은 동일하지 않다는 것을 추론할 수 있으므로 적절하지 않은 내용이다.

③ 3문단에서 바젤 II 협약의 표준 모형에서는 위험 가중치를 OECD 국가의 국채는 0~150%, 회사채는 20~150%까지 구분하여 신용도에 따라 차등 부과한다고 한 점에서 만약 회사채보다 위험 가중치가 낮은 국채를 매각한 뒤 이를 회사채에 투자한다면 위험가중자산은 높아지고 이에 따라 BIS 비율은 낮아진다는 것을 추론할 수 있으므로 적절하지 않은 내용이다.

⑤ 4문단에서 바젤 III 협약이 발표되면서 자기자본에서 단기후순위 채무가 제외되었고, 위험가중자산에 대한 기본자본의 비율을 최소 6%가 되도록 보완했다는 점에서 만약 기본자본의 비율이 6%라면 BIS 규제 비율인 8% 이상을 준수하기 위해 보완자본의 비율이 2%가 되어야 하지만, 기본자본의 비율이 6%보다 높다면 보완자본의 비율은 2%보다 낮더라도 BIS 규제 비율을 준수할 수 있다는 것을 추론할 수 있으므로 적절하지 않은 내용이다.

> **문제 풀이 TIP**
>
> 둘 이상의 대상을 비교하며 서술하는 경우 각 대상 간의 공통점과 차이점을 정리하며 문제를 풀이한다.
> BIS 비율을 중심으로 바젤 협약의 단계별 변화 양상을 이해한다.

1 ⑤　　**2** ③　　**3** ⑤　　**4** ②　　**5** ③

6 ④

문제 풀이 TIP

글의 내용과 부합하는 선택지를 찾는 문제의 경우 선택지를 먼저 읽고, 반복해서 등장하는 핵심어를 중심으로 지문을 읽는다. 이때 핵심어와 관련된 세부 내용을 파악한 후 파악한 내용을 선택지와 비교하며 문제를 풀이한다.

1
정답 ⑤

독해력 UP 지문 분석

분야/주제

기술융합/미국의 건축물 화재안전 관리체제의 구분 및 적용 기준

문단별 중심 내용

1문단	건축모범규준, 화재안전평가제, 화재위험도평가제로 구분되는 미국의 건축물 화재안전 관리체제
2문단	건축모범규준의 적용 기준 및 화재안전평가제와 화재위험도평가제의 목적

정답 체크

2문단에서 뉴욕주 소방청의 화재위험도평가제는 공공데이터 공유 플랫폼을 통해 수집된 주 내에 존재하는 모든 정부 기관의 정보를 평가자료로 활용한다고 하였으므로 뉴욕주 소방청은 타 기관에서 수집한 정보를 화재위험도평가에 활용함을 알 수 있다.

오답 체크

① 2문단에서 화재안전평가제의 목적은 공공안전성이 강조되는 5개의 용도시설에 대해 화재안전성을 평가하고 대안설계안의 인정 여부를 결정함에 있으며 5개 용도시설을 제외한 건축물에는 건축모범규준 적용이 권고된다고 하였으므로 적절하지 않은 내용이다.

② 1문단에서 건축모범규준과 화재안전평가제는 건축물의 계획·시공단계에서 설계지침으로 적용되고, 화재위험도평가제는 기존 건축물의 유지·관리단계에서 화재위험도 관리를 위해 활용된다고 하였으므로 적절하지 않은 내용이다.

③ 2문단에서 미국화재예방협회가 개발한 건축모범규준은 3년마다 개정되며, 이중 특정 주요 기준은 대부분의 주에서 최근 개정안을 적용하지만 그 외의 기준은 개정 전의 규준을 적용하기도 한다고 하였으므로 적절하지 않은 내용이다.

④ 1문단에서 미국은 공신력 있는 민간기관에서 화재 관련 모범규준 및 평가제를 개발하고, 주 정부에서 주 상황에 맞는 특정 제도를 선택하여 운영하고 있다고 하였으므로 적절하지 않은 내용이다.

2
정답 ③

독해력 UP 지문 분석

분야/주제

예술융합/예술작품이 도덕적 가치판단의 대상이 될 수 있는지에 대한 세 가지 입장

문단별 중심 내용

1문단	예술작품이 도덕적 가치판단의 대상이 될 수 있는지에 대하여 서로 다른 대답을 하는 극단적 도덕주의, 온건한 도덕주의, 자율성주의
2문단	모든 예술작품을 도덕적 가치판단의 대상으로 여기는 극단적 도덕주의
3문단	일부 예술작품만을 도덕적 가치판단의 대상으로 여기는 온건한 도덕주의
4문단	어떠한 예술작품도 도덕적 가치판단의 대상이 될 수 없다고 여기는 자율성주의

핵심 내용 정리

구분	극단적 도덕주의	온건한 도덕주의	자율성주의
예술작품에 대한 도덕적 가치판단 가능성	모든 작품 가능	일부 작품만 가능	모든 작품 불가능
도덕적 가치와 미적 가치의 관계	도덕적 가치 우선	상호 내적 연결	상호 자율성 유지

정답 체크

ㄱ. 2~3문단에서 극단적 도덕주의와 온건한 도덕주의는 예술작품에 대한 도덕적 가치판단이 가능한 것으로 본다고 하였고, 4문단에서 자율성주의는 도덕적 가치와 미적 가치는 각각 독립적인 영역에서 구현되고 서로 다른 기준에 의해 평가되므로 예술작품에 대한 도덕적 가치판단을 범주착오에 해당하는 것으로 본다고 하였으므로 적절한 내용이다.

ㄷ. 3문단에서 온건한 도덕주의는 일부 예술작품만이 도덕적 판단의 대상이 되는 것으로 간주한다고 하였고, 2문단에서 극단적 도덕주의는 모든 예술작품을 도덕적 판단의 대상이 되는 것으로 간주한다고 하였으므로 적절한 내용이다.

ㄴ. 2문단에서 극단적 도덕주의는 모든 예술작품이 도덕적 가치에 의해 긍정적 또는 부정적으로 평가된다고 한 점에서 예술작품을 도덕적 가치의 평가 대상으로 본다는 것을 추론할 수 있으므로 적절하지 않은 내용이다.

3

정답 ⑤

독해력 UP 지문 분석

분야/주제
사회/현대사회의 네트워크가 지닌 양면성

문단별 중심 내용

1문단	네트워크의 개념 및 특징
2문단	첨단 기술의 발달이 네트워크에 미친 영향과 그로 인한 사회적 변화
3문단	네트워크의 변화가 유발하는 긍정적·부정적 영향

정답 체크

2문단에서 네트워크 유지 비용이 줄어들게 되면서 네트워크를 활용하는 비국가행위자들의 영향력은 확대되고 국가가 사회에서 차지하는 역할의 비중은 축소되었다고 하였으므로 네트워크 유지에 소비되는 비용의 감소가 국가가 사회에 미치는 영향력이 약해지는 결과를 가져왔음을 알 수 있다.

오답 체크

① 1문단에서 점조직은 기초적인 형태의 네트워크이고 한층 정교화된 네트워크에는 '허브'나 '모든 채널' 조직이 있다고 하였으며, 네트워크가 복잡해질수록 이를 와해시키기 어렵다고 하였으므로 적절하지 않은 내용이다.

② 3문단에서 정보통신 기술의 발달과 네트워크의 등장은 이를 어떻게 활용하는지에 따라 긍정적으로도 변화할 수 있고 부정적으로 변화할 수도 있다고 한 점에서 네트워크의 확산이 인류 미래에 부정적인 영향보다 긍정적인 영향을 더 크게 할 것인지는 알 수 없으므로 적절하지 않은 내용이다.

③ 1문단에서 네트워크가 복잡해질수록 외부 세력이 와해시키기 어렵다고 하였으므로 적절하지 않은 내용이다.

④ 구성원 수와 네트워크 정교성 사이의 관계에 대해서는 다루고 있지 않으므로 적절하지 않은 내용이다.

4

정답 ②

독해력 UP 지문 분석

분야/주제
사회/계획적 진부화의 시행 목적과 시행에 따른 이익과 비판

문단별 중심 내용

1문단	의도적으로 수명이 짧은 제품 및 서비스를 생산하는 계획적 진부화
2문단	계획적 진부화를 시행하는 이유
3문단	계획적 진부화를 통해 기업의 매출 증대 실현이 가능하지만, 소비자에게는 불필요한 지출 및 실질적 손실 발생함

정답 체크

2문단에서 계획적 진부화는 중고품 시장에서 거래되는 기존 제품과의 경쟁을 피할 수 있다고 하였으므로 계획적 진부화가 기존 제품과 동일한 중고품의 경쟁력을 높이는 것은 아님을 알 수 있다.

오답 체크

① 3문단에서 소비자 입장에서는 기존 제품과 크게 다를 것 없는 신제품 구입으로 불필요한 지출 및 실질적 손실이 발생한다고 하였으므로 적절한 내용이다.

③ 2문단에서 계획적 진부화는 소비자 취향이 급속도로 변화하는 시장에서 소비자들의 만족도를 높일 수 있다고 하였으므로 적절한 내용이다.

④ 2문단에서 기업은 기존 제품의 가격 인상이 곤란할 때 계획적 진부화를 통해 신제품을 출시하여 가격을 인상할 수 있다고 하였으므로 적절한 내용이다.

⑤ 2문단에서 계획적 진부화로 제품의 실제 사용 기간이 심리적 영향을 받아 줄어든다고 하였으므로 적절한 내용이다.

[5-6]

독해력 UP 지문 분석

분야/주제
과학융합/개체성의 조건 및 공생발생설에 따른 진핵생물의 발생 과정

문단별 중심 내용

1문단	개체성의 조건(1): 부분들의 강한 유기적 상호작용
2문단	개체성의 조건(2): 두 대상 사이의 인과성
3문단	생명체를 구성하는 세포의 기능과 종류
4문단	미토콘드리아의 고유 DNA와 리보솜 보유 사실이 밝혀지며 새롭게 부각된 공생발생설
5문단	공생발생설에 따른 진핵생물의 발생 과정 및 미토콘드리아가 박테리아의 한 종류였다는 근거
6문단	미토콘드리아와 진핵세포를 공생 관계로 볼 수 없는 이유 및 미토콘드리아가 개체성을 잃고 세포 소기관이 되었다고 보는 근거

핵심 내용 정리

- **미토콘드리아가 박테리아의 한 종류였다는 근거**

  - 박테리아와 마찬가지로 새로운 미토콘드리아는 기존의 미토콘드리아의 이분 분열을 통해서만 탄생함
  - 진핵세포막의 수송 단백질과 다른 종류의 수송 단백질 존재
  - 박테리아의 세포막에 있는 카디오리핀 존재
  - 진핵세포의 리보솜보다 박테리아의 리보솜과 더 유사함

- **미토콘드리아가 개체성을 잃고 세포 소기관이 되었다고 보는 근거**

  - 진핵세포가 미토콘드리아의 증식 조절 및 자가 복제 증식 시 미토콘드리아도 함께 복제하여 증식시킴
  - 유전자의 많은 부분이 세포핵의 DNA로 이동하여 현저히 짧아진 미토콘드리아의 DNA 길이

5
정답 ③

정답 체크

이 글은 1~2문단에서 어떤 부분들이 모여 하나의 개체를 이룰 때 이를 개체로 보는 조건과 서로 다른 시기에 존재하는 두 대상을 동일한 개체로 판단하는 조건으로 각각 강한 유기적 상호작용과 두 대상 사이의 인과성을 제시하고, 이를 바탕으로 3~6문단에서 진핵세포의 세포 소기관인 미토콘드리아가 원래 박테리아의 일종인 원생미토콘드리아라는 독립된 개체였으나 고세균의 내부에서 공생을 지속하다가 개체성을 잃고 세포 소기관이 되었다는 공생발생설을 여러 근거와 함께 설명하고 있으므로 이 글의 내용 전개 방식으로 가장 적절한 것은 ③이다.

 문제 풀이 TIP

특정 대상에 대한 설명문의 내용 전개 방식을 묻는 경우 선택지를 먼저 읽고 선택지에 제시된 대상을 중심으로 글의 전체적인 흐름이 어떻게 전개되는지 주의하며 문제를 풀이한다.

6
정답 ④

정답 체크

3문단에서 진핵세포는 세포질에 막으로 둘러싸인 핵이 있으며 미토콘드리아는 진핵세포의 세포질에 존재하는 막으로 둘러싸인 세포 소기관 중 하나라고 하였고, 6문단에서 미토콘드리아에서 일어나는 대사 과정에 필요한 단백질은 세포핵의 DNA로부터 합성된다고 한 점에서 미토콘드리아의 대사 과정에 필요한 단백질은 세포핵의 막을 뚫고 세포질을 통해 미토콘드리아로 이동해야 함을 추론할 수 있으므로 미토콘드리아의 대사 과정에 필요한 단백질이 미토콘드리아의 막을 통과하여 세포질로 이동해야 하는 것은 아님을 알 수 있다.

오답 체크

① 1문단에서 어떤 부분들이 모여 하나의 개체를 이룬다고 할 때, 부분들 사이의 유사성은 개체성의 조건이 될 수 없으며 그 사례로 일란성 쌍둥이는 DNA 염기 서열과 외모가 동일하지만 같은 개체는 아니라고 한 점에서 유사성이 아무리 강하더라도 개체성의 조건이 될 수 없음을 추론할 수 있으므로 적절한 내용이다.

② 1문단에서 한 대의 자동차는 개체라고 하지만 바닷물은 개체라고 하지 않는다고 하였으며, 부분들이 모여 하나의 개체를 이룰 때 이를 하나의 개체로 보기 위한 조건으로 부분들의 강한 유기적 상호작용이 제시된 점에서 바닷물을 개체라고 하지 않는 이유는 부분들 간의 유기적 상호작용이 약하기 때문임을 추론할 수 있으므로 적절한 내용이다

③ 3문단에서 미토콘드리아는 진핵세포의 세포질 내에 존재하는 세포 소기관 중 하나라고 하였고, 5문단에서 새로운 미토콘드리아는 기존에 존재하는 미토콘드리아의 이분 분열을 통해서만 만들어진다고 한 점에서 새로운 미토콘드리아를 복제하기 위해서는 세포 내 반드시 기존의 미토콘드리아가 있어야 함을 추론할 수 있으므로 적절한 내용이다.

⑤ 2문단에서 '나'가 세포 분열을 통해 새로운 개체를 생성할 때 '나'와 '나'의 후손은 서로 동일한 개체는 아니지만 '나'와 다른 개체들보다 더 강한 인과성으로 연결되어 있다고 하였고, 5문단에서 원생미토콘드리아가 고세균의 내부에서 공생하다가 세포질에 핵이 생기며 고세균은 진핵세포가 되고, 원생미토콘드리아는 세포 소기관인 미토콘드리아가 되어 진핵생물이 발생했다고 한 점에서 고세균과 원생미토콘드리아는 별개의 개체이며 진핵세포가 고세균의 후손이기 때문에 고세균과 진핵세포는 강한 인과성으로 연결되어 있음을 추론할 수 있으므로 적절한 내용이다.

1 ② **2** ④ **3** ③ **4** ① **5** ①

1

정답 ②

독해력 UP 지문 분석

분야/주제

인문/동물의 가축화

문단별 중심 내용

1문단	동물의 가축화를 노예화 또는 착취로 바라보는 시각이 잘못되었다고 주장하는 폴란
2문단	살해가 정당화될 수 있음을 함축하는 폴란의 주장을 비판하는 필자

정답 체크

이 글은 동물의 가축화를 노예화 또는 착취로 바라보는 시각은 잘못되었다는 폴란의 견해를 제시하고, 필자는 어떤 생명체가 태어나도록 하는 것이 항상 좋은 일인지 반문하며 먹기 위해 돼지를 태어나게 한 다음 살해하는 것이 정당화될 수 있음을 함축하는 폴란의 주장을 비판하는 내용이므로 이 글의 핵심 논지로 가장 적절한 것은 ②이다.

오답 체크

① 종 다양성의 보존 필요성에 대해서는 다루고 있지 않으므로 적절하지 않은 내용이다.

③ 2문단에서 어떤 돼지가 태어나서 쾌적하게 살다가 이른 죽음을 맞게 된다면, 그 돼지를 태어나게 하는 것이 좋은 일인지에 대해 반문하며 비판하고 있으므로 적절하지 않은 내용이다.

④ 종들 사이의 상호주의가 근거하는 정보의 옳고 그름의 여부에 대해서는 다루고 있지 않으므로 적절하지 않은 내용이다.

⑤ 1문단에서 폴란은 동물의 가축화는 인간과의 동맹을 통해 생존과 번성의 길을 발견한 것이며 동물들의 관점에서 인간과의 거래가 엄청난 성공이라고 주장하고 있지만, 2문단에서 필자는 폴란이 자신의 주장이 갖는 함축에 불편함을 느껴야 한다고 비판하고 있으므로 적절하지 않은 내용이다.

2

정답 ④

독해력 UP 지문 분석

분야/주제

인문/단어의 의미 확정 방법으로 전체의 의미로부터 그 구성요소의 의미를 결정하는 이론 A

문단별 중심 내용

1문단	언어 행동에 대한 관찰을 증거로 번역되는 언어는 여러 의미로 번역될 수 있어 옳고 그름을 결정할 수 없음
2문단	전체의 의미로부터 그 구성요소의 의미를 결정하는 이론 A

정답 체크

ㄴ. 2문단에서 이론 A는 문장들의 의미가 수많은 문장들로 구성된 과학 이론 속에서 결정되기 때문에 결국 과학 단어의 의미는 과학 이론에 의존한다고 한 점에서 뉴턴 역학에서 사용되는 '힘'이라는 단어의 의미가 뉴턴 역학에 의거하여 결정될 수 있다는 주장은 ①을 강화하므로 적절하다.

ㄷ. 1문단에서 일상적인 단어를 번역하기 위해 관찰 가능한 증거들을 활용했을 때 서로 다른 의미로 번역될 수 있어 어느 번역이 옳은지 결정할 수 없었다고 한 점에서 토끼와 같은 일상적인 단어는 언어 행위에 대한 직접적인 관찰 증거만으로 그 의미를 결정할 수 있다는 주장은 ①을 약화하므로 적절하다.

오답 체크

ㄱ. 2문단에서 이론 A는 문제의 단어를 포함하는 문장들을 모아 각 문장의 의미를 확정한 다음 각 문장의 구성요소에 해당하는 단어의 의미를 결정한다고 한 점에서 "고래는 포유류이다."의 의미를 확정하기 전에 먼저 '포유류'의 의미를 결정해야 한다는 주장은 ①을 약화하므로 적절하지 않다.

문제 풀이 TIP

글의 논증을 약화 또는 강화하는 선택지를 고르는 문제의 경우 선택지에 제시된 핵심어를 중심으로 글의 화자가 어떤 입장을 취하고 있는지 파악하며 문제를 풀이한다.

3

독해력 UP 지문 분석

분야/주제

과학융합/과학 연구에 사용할 수 있는 자원의 합리적 배분 방식

문단별 중심 내용

1문단	제한된 자원을 서로 경쟁적인 관계의 연구 프로그램들에 배분할 때의 올바른 자원 배분 방법
2문단	선택과 집중 전략보다 나누어 걸기 전략이 더 바람직한 이유

정답 체크

한정된 자원을 서로 경쟁 관계에 있는 연구 프로그램에 배분할 때 최종적으로 어떤 프로그램이 성공할지 알 수 없기 때문에 하나를 선택하여 자원을 집중하기보다는 둘 다 작동 가능한 정도로 각 프로그램의 문제 해결 확률을 극대화하는 방향으로 나누어 거는 것이 가장 합리적이라고 한 점에서 상충하는 연구 프로그램들이 모두 작동하기 위해서는 배분 가능한 것보다 많은 자원이 필요하다는 내용은 글의 논지를 약화하므로 가장 적절하다.

오답 체크

① 연구 프로그램의 성패를 파악할 수 없기 때문에 '선택과 집중' 전략보다 '나누어 걸기' 전략이 더 바람직하다고 한 점에서 '선택과 집중' 전략이 기업의 투자 전략으로 바람직하지 않다는 내용은 글의 논지를 강화하므로 적절하지 않다.

② 현재 유망한 프로그램이 쇠락할 수도 있고 현재 성과가 미미한 연구 프로그램이 성공할 수도 있다고 한 점에서 연구 프로그램들에 대한 현재의 비교 평가 결과가 몇 년 내에 확실히 달라질 수도 있다는 내용은 글의 논지를 강화하므로 적절하지 않다.

④ 서로 경쟁관계에 있는 연구 프로그램이 모두 실패할 수도 있다는 내용은 다루고 있지만, 모든 연구 프로그램이 최종 실패할 가능성이 있다는 내용은 글의 논지를 강화하지도, 약화하지도 않으므로 적절하지 않다.

⑤ 과학 연구에 투입되는 자원 배분과 사회적 성패의 관련성에 대한 내용은 다루고 있지 않으므로 적절하지 않다.

문제 풀이 TIP

글의 논증을 약화 또는 강화하는 선택지를 고르는 문제의 경우 선택지에 제시된 핵심어를 중심으로 글의 화자가 어떤 입장을 취하고 있는지 파악하며 문제를 풀이한다.

4

독해력 UP 지문 분석

분야/주제

과학/계통수 가설에 대한 지지

문단별 중심 내용

1~2문단	지구상의 식물과 동물이 공통 조상을 가진다는 것을 보여주는 증거(1): 유전 암호가 모든 개체에서 공통적으로 나타남
3문단	지구상의 식물과 동물이 공통 조상을 가진다는 것을 보여주는 증거(2): 유전 암호는 어떠한 기능적인 이유 없이 임의적인 상황에서 유사성이 있음
4문단	지구상의 식물과 동물이 공통 조상을 가진다는 것을 보여주는 증거(3): 언어에서도 어떠한 기능적인 이유 없이 임의적인 상황에서 유사성이 발견되는 사례가 있음

정답 체크

ㄱ. 유전 암호가 임의적 상황에서 유사한 것이 아니라 필연적으로 기능적 효용이 있기 때문임을 증명하는 사례에 해당하는 것으로 글의 논증을 약화하므로 적절하다.

오답 체크

ㄴ. 4문단에서 언어가 명백한 기능적 효용성을 가지고 있기 때문에 수에 해당하는 단어가 언어에 포함되어 있다는 것과 일맥상통하는 사례에 해당하는 것으로 글의 논증을 약화하지는 않으므로 적절하지 않다.

ㄷ. 코돈을 이루는 뉴클레오타이드의 개수가 계통수 가설의 근거로 제시되고 있지 않으므로 글의 논증을 약화하지는 않으므로 적절하지 않다.

5

독해력 UP 지문 분석

분야/주제
과학융합/이산화탄소 흡수원이자 저장고인 연안 생태계의 가치 및 보호에 대한 관심 촉구

문단별 중심 내용

1문단	연안 생태계의 가치와 보호에 대한 관심 촉구
2문단	효과적인 이산화탄소 흡수원인 연안 생태계
3문단	산림보다 이산화탄소 흡수 능력이 뛰어난 연안 생태계
4문단	효과적인 탄소 저장고인 연안 생태계
5문단	일상생활에서의 지구 보호 실천과 연안 생태계 보호 및 가치 홍보 동참 촉구

정답 체크

1, 5문단에서 각각 '떠올려 봅시다.', '동참합시다.'라는 청유의 문장을 사용하고 있지만, 연안 생태계를 보호하고 가치를 알리는 데 동참하자는 주장이 야기한 논란에 대해서는 다루고 있지 않으므로 적절하지 않다.

오답 체크

② 2~3문단에서 2019년 우리나라의 이산화탄소 배출량과 2018년 갯벌의 면적 및 연간 이산화탄소 흡수량에 대한 통계 자료를 언급하며 주장의 신뢰성을 강화하고 있으므로 적절하다.

③ 3문단에서 연안 생태계의 이산화탄소 흡수 능력에 대해 반론을 제기하는 사람이 있을 수 있음을 언급하며 연안 생태계의 탁월한 이산화탄소 능력을 나타내는 근거 자료를 통해 그 대상의 가치를 강조하고 있으므로 적절하다.

④ 1문단에서 환경의 날 행사 때 교내 방송으로 시청한 영상을 언급하며 지구 온난화의 심각성을 인식시키고 있으므로 적절하다.

⑤ 5문단에서 연안 생태계를 이산화탄소 흡수원이자 저장고, 지구의 보물로 비유하며 연안 생태계 보호를 통한 이산화탄소 배출 감소에 동참할 것을 촉구하고 있으므로 적절하다.

문제 풀이 TIP

선택지에서 두 가지 이상의 내용이 제시되는 경우 두 내용 모두 지문에서 파악할 수 있는지 확인한다.
① 제시된 글에서 청유의 문장은 확인할 수 있지만, 주장이 야기한 논란 및 해소에 대한 내용은 확인할 수 없다.

DAY 22 논설문 ② p.151

1 ⑤ **2** ③ **3** ② **4** ② **5** ④

1

독해력 UP 지문 분석

분야/주제
사회/불평등과 재분배 문제를 둘러싼 좌파와 우파의 갈등

문단별 중심 내용

1문단	좌파와 우파의 정치 갈등의 중심에 자리하는 불평등과 재분배의 문제에 관해 불일치하는 지점을 찾아 올바르게 분석해야 함
2문단	우파의 주장: 평등한 재분배를 위해 정부 개입의 규모는 크지 않아야 함
3문단	좌파의 주장: 평등한 재분배를 위해 강력한 정부 개입이 필요함
4문단	사회정의를 바라보는 시각의 차이가 아닌, 불평등의 원인 및 해소 방안을 다루는 사회경제 이론의 차이로 대립하게 된 좌파와 우파
5문단	국가가 사회 구성원 모두 평등권을 누리도록 보장해야 한다는 정의의 원칙을 공통적으로 받아들이는 좌파와 우파
6문단	불평등을 해결하기 위해 두 진영이 협력해야 하는 첫걸음

정답 체크

이 글은 좌파와 우파의 정치적 갈등의 중심에는 불평등과 재분배 문제가 자리하고 있으며 두 진영의 대립 원인은 사회경제 이론의 차이에서 비롯하고 있고, 오히려 사회정의 몇 가지 기본 원칙에 대해서는 합의하고 있으므로 두 진영이 협력하여 공동의 목표를 이루기 위해 서로 불일치하는 지점을 찾아 올바르고 정확하게 분석하고 이를 논증하고자 한다고 하였으므로 이 글의 결론으로 가장 적절한 것은 ⑤이다.

오답 체크

① 좌파와 우파의 문제점 개선 필요성에 대해서는 다루고 있지 않으므로 적절하지 않은 내용이다.

② 좌파와 우파의 정치 갈등 해결 의지에 대해서는 다루고 있지 않으므로 적절하지 않은 내용이다.

③ 좌파와 우파는 사회정의를 위한 몇 가지 기본 원칙에 대하여 합의하였으므로 적절하지 않은 내용이다.

④ 좌파와 우파는 불리한 형편에 놓인 사람들의 처지를 개선하는 등 분배 문제 해결에 국가가 앞장서야 한다는 데 동의한다고 서술하고 있지만, 글 전체를 포괄할 수 없으므로 적절하지 않은 내용이다.

62 온/오프라인 취업강의·무료 취업자료 ejob.Hackers.com

두 가지 대상이 구분되어 제시되는 경우 각 대상의 공통점과 차이점을 정리하며 문제를 풀이한다.
좌파와 우파의 갈등 지점과 공동 목표를 이해하며 내용을 이해한다.

글에 제시된 논지와 일치 여부를 묻는 경우 선택지에 나타난 관점을 글의 논지와 비교하며 문제를 푼다.
이 글의 논지는 다도해의 문화적 특징을 논할 때 고립성 측면뿐만 아니라 개방성 측면도 고려해야 한다는 것이다.
① 유배지로서의 다도해, ② 옛 모습이 많이 남아 있는 다도해의 문화, ④ 다도해의 관념적 측면, ⑤ 다도해의 토속 문화는 다도해의 특성을 고립성 측면에서 바라보는 관점에 해당하므로 글의 논지와 반대되는 내용이다.

2
정답 ③

독해력 UP 지문 분석

분야/주제
인문/다도해 문화를 보는 관점 변화의 필요성

문단별 중심 내용

1문단	개방성 측면과 고립성 측면에서 모두 조명될 수 있는 다도해
2문단	다도해를 고립되고 정체된 곳으로 여기는 관점과 통하는 다도해의 문화적 특징
3문단	다도해의 문화적 특징을 일방적인 관점에서 접근해서는 안 되는 이유

정답 체크

이 글은 오랫동안 고립과 단절의 이미지로 남아 있는 다도해가 개방성과 고립성 측면에서 모두 조명될 수 있음을 소개하며, 다도해 토속 문화인 '진도 다시래기'를 예로 들며 다도해의 풍속이 외부 유입 요소의 영향을 받았음을 근거로 다도해의 문화적 특징을 고립성이라는 일방적인 관점에서만 접근해서는 안 된다는 내용이므로 이 글의 논지로 가장 적절한 것은 ③이다.

오답 체크

① 1문단에서 다도해 지역이 오래전부터 유배지로 사용된 사실이 고립과 단절의 이미지로 남아있음을 서술하고 있지만, 유배지로서 다도해의 역사 이해의 필요성에 대해서는 다루고 있지 않으므로 적절하지 않은 내용이다.

② 2문단에서 다도해의 문화적 특징을 언급할 때 육지에 비해 옛 모습을 많이 간직하고 있다는 점이 거론됨을 서술하고 있지만, 이러한 다도해의 문화를 보존해야 한다는 내용에 대해서는 다루고 있지 않으므로 적절하지 않은 내용이다.

④ 2문단에서 실제로는 육지에도 다도해와 같이 무당과 굿당 등이 많이 있는데도 관념적으로 섬을 특별하게 생각함을 서술하고 있지만, 다도해의 관념적 측면과 풍속 이해의 연관성에 대해서는 다루고 있지 않으므로 적절하지 않은 내용이다.

⑤ 3문단에서 진도, 신안 등지의 축제식 장례 풍속이 고대 역사서의 기록과 흡사함을 서술하고 있지만, 다도해의 풍속 이해를 위한 고서 탐독에 대한 내용을 다루고 있지 않으므로 적절하지 않은 내용이다.

3
정답 ②

독해력 UP 지문 분석

분야/논쟁점
인문융합/일반적인 도덕률을 벗어나는 공직자의 행위를 정당화할 수 있는가?

화자의 견해

(가)	공직자의 행동이 일반적인 도덕률을 벗어나더라도 결과적으로 공동선을 증진한다면 정당화될 수 있다.
(나)	공직자도 일반적인 도덕률을 공유하는 시민이므로 도덕률을 어긴 공직자의 행위는 정당화될 수 없다.
(다)	민주사회에서 공직자는 시민으로부터 권력을 위임받은 대리자이므로 공직자의 모든 공적 행위는 정당화될 수 있다.

정답 체크

ㄴ. (가)에서 일반적인 도덕률에서 벗어난 공직자의 행위도 공동선을 증진하는 결과를 가져온다면 정당화될 수 있다고 하였고, (다)에서 민주사회 내에 존재하는 공직자의 모든 공적 행위는 정당화될 수 있다고 하였으므로 적절한 내용이다.

오답 체크

ㄱ. (가)에서 공동선을 증진하는 결과가 따라온다면 공직자의 행위가 일반적인 도덕률을 벗어나더라도 정당화될 수 있다고 하였고, (나)에서 일반적인 도덕률을 어긴 공직자의 행위가 특정 상황에서 최선이었다고 말할 수 있더라도 잘못된 행위임을 부정할 수는 없다고 하였으므로 적절하지 않은 내용이다.

ㄷ. (나)에서 공직자 또한 일반 시민 중 한 사람이라고 하였지만, (다)에서 공직자는 선거를 통해 시민들로부터 권력을 위임받아 시민을 대리한다고 하였으므로 적절하지 않은 내용이다.

문제 풀이 TIP

특정 쟁점에 대해 각각 다른 견해를 설명하는 글의 경우 논쟁점이 무엇인지 파악하고 이를 중심으로 여러 입장의 견해를 이해한다.
이 글에 제시된 (가), (나), (다)의 논쟁점 '일반적인 도덕률을 벗어나는 공직자의 행위를 정당화할 수 있는가?'를 중심으로 글의 내용을 분석한다.

독해력 UP 지문 분석

분야/주제
인문/확증 편향에 빠지지 않기 위한 방안

(나) 문단별 중심 내용

1문단	제시된 주제에 대한 개인의 생각에 따라 달라지는 반응
2문단	확증 편향의 정의 및 문제점
3문단	확증 편향에 빠지지 않기 위한 방안(1): 반대 입장에서 생각해 보기
4문단	확증 편향에 빠지지 않기 위한 방안(2): 집단 의사 결정 방법 거치기
5문단	확증 편향에 빠지지 않기 위한 방안(3): 자신의 생각, 판단의 결과를 책임지기
6문단	확증 편향에 빠지지 않기 위해 지속해서 노력을 기울여야 함

4 정답 ②

독해력 UP 지문 분석

분야/주제
인문/자유로운 토론 및 의사 표현의 중요성

문단별 중심 내용

1문단	인간이 이성적인 방향으로 발전할 수 있었던 이유는 토론과 경험을 통한 과오 수정에 있으므로 민주주의국가에서는 자유로운 표현이 보장되어야 한다.
2문단	정부를 비롯한 어떤 누구도 다른 사람의 의사 표현을 통제해서는 안 된다.

정답 체크
ㄷ. 자유로운 의사 표현의 사례이자 2문단에서 의견을 들어볼 기회까지 봉쇄한다면 사람들이 토론을 통해 잘못을 드러내고 진리를 찾을 기회를 박탈할 수 있다는 주장의 근거가 되어 글의 논증을 강화하고 있으므로 적절한 내용이다.

오답 체크
ㄱ. 경험이 없어도 문제없음을 보여주는 내용으로 1문단에서 경험이 중요하고 경험을 해석하기 위해서는 토론이 필요하다는 내용과 상충하여 글의 논증을 강화하지 않으므로 적절하지 않다.

ㄴ. 의견 표출을 억제하지 않았을 때 문제가 발생할 수 있다는 내용으로 1문단에서 인간이 토론을 통해 내리는 판단과 힘의 가치는 판단이 잘못되었을 때 그것을 고칠 수 있다는 사실에서부터 비롯되며 잘못된 생각과 관행은 사실과 논쟁에 의해 힘을 잃는다는 내용과 상충하여 글의 논증을 강화하지 않으므로 적절하지 않다.

정답 체크
1문단에서 미국의 한 심리학자가 사형 제도 효과에 관한 상반된 연구 결과를 제공한 후 반응을 살피는 실험을 수행하였다는 내용을 말하고 있고, 2문단에서 이를 바탕으로 확증 편향의 개념을 설명하였으므로 (가)를 바탕으로 (나)를 쓰기 위해 세운 글쓰기 계획 중 (나)에 활용된 것으로 가장 적절한 것은 ④이다.

오답 체크
① (나)에서 개인적 측면과 사회적 측면으로서의 확증 편향 원인에 대해서는 다루고 있지 않으므로 적절하지 않다.

② (나)에서 확증 편향의 문제점에 대한 상반된 견해에 대해서는 다루고 있지 않으므로 적절하지 않다.

③ (나)에서 확증 편향에 빠지지 않기 위한 방안의 한계와 이를 보완할 방향에 대해서는 다루고 있지 않으므로 적절하지 않다.

⑤ (나)에서 사회적 쟁점을 두고 학교 학생들 간에 벌어진 논쟁에 대해서는 다루고 있지 않으므로 적절하지 않다.

1 ②   2 ④   3 ③   4 ④   5 ②

1
정답 ②

독해력 UP 지문 분석

분야/주제
인문/증거와 가설 간의 관계에서 입증

화자의 견해

갑	증거 발견 후 가설의 확률 증가분이 클수록 증거가 가설을 입증하는 정도가 커진다.
을	증거가 가설이 참일 확률을 높이더라도 그 증거는 가설을 입증하지 못할 수 있으며, 증거 발견 이후 가설의 확률 증가분이 있고 그 후 가설이 참일 확률이 1/2보다 클 경우 증거가 가설을 입증한다.

정답 체크

ㄷ. 갑의 입장에서 증거 발견 후 가설의 확률 증가분이 있다면 증거는 가설을 입증하며, 을의 입장에서 증거 발견 후 가설이 참일 확률이 1/2보다 크다면 증거가 가설을 입증하므로 적절한 내용이다.

오답 체크

ㄱ. 갑은 증거 발견 후 가설의 확률 증가분이 있다면 증거가 가설을 입증한다고 하였으나 증거 발견 후 가설의 확률 증가분이 없다면 그 증거가 해당 가설을 입증하지 못하는지에 대해서는 알 수 없으므로 적절하지 않은 내용이다.

ㄴ. 을은 증거 발견 후 가설의 확률 증가분이 있고 증거 발견 후 가설이 참일 확률이 1/2보다 크다면, 그리고 그런 경우에만 증거가 가설을 입증한다고 하였으므로 어떤 증거가 주어진 가설을 입증할 경우 그 증거 획득 이전 해당 가설이 참일 확률이 1/2보다 큰지에 대해서는 알 수 없으므로 적절하지 않은 내용이다.

2
정답 ④

독해력 UP 지문 분석

분야/주제
인문융합/과학과 예술은 연결되어 있다는 주장

핵심 내용 정리

서술 방식	중심 화제에 대한 주장과 근거를 먼저 제시하고 이를 비판하며 논지를 전개함
주장	과학과 예술이 무관하다는 주장은 과학과 예술을 대립시키는 태도는 과학과 예술의 특성을 지나치게 단순화하는 것이다.
근거 1	과학에는 상상력을 이용하는 주체의 창의적 과정이 개입하며, 예술 활동은 논리적 요소를 포함하는 창작이기 때문이다.
근거 2	과학과 예술은 새로운 과학 이론 발견 및 예술적 성과를 이루는 데 서로 영향을 미치기 때문이다.

정답 체크

ㄴ. 과학에서 이론을 정립하는 과정이 아름다운 작품을 그리는 예술가의 창작 과정과 유사하다는 것은 새로운 과학 이론을 발굴하기 위해 상상력과 예술적 감수성이 필요하다는 글의 논증을 지지하므로 적절하다.

ㄷ. 입체파 화가가 기하학 연구를 자신의 작품에 이용한다는 것은 과학기술의 발달이 예술적 성과를 뒷받침한다는 글의 논증을 지지하므로 적절하다.

오답 체크

ㄱ. 과학자 왓슨과 크릭이 없었더라도 누군가 DNA 이중나선 구조를 발견했겠지만, 셰익스피어가 없었다면 그의 작품은 만들어지지 못했을 것이라는 주장은 과학과 예술을 대립시키는 태도가 바탕이 된 것으로 글의 논증을 지지하지 않으므로 적절하지 않다.

3

독해력 UP 지문 분석

분야/주제

인문/윤리적으로 옳은 행위를 판단할 때 주의해야 할 점

문단별 중심 내용

1문단	윤리적 담론의 대상이 되는 윤리적으로 권장되는 행위와 윤리적으로 허용되는 행위
2문단	'윤리적으로 옳음'이라는 속성이 부여되는 윤리적으로 권장되는 행위와 윤리적으로 허용되는 행위
3문단	'윤리적으로 옳음'이라는 용어의 포괄성을 염두에 두고 판단해야 하는 윤리적 행위

정답 체크

ㄱ. 2문단에서 윤리적으로 허용되는 행위는 윤리적으로 그르지 않으면서 정당화할 수 있는 행위를 의미하며 응급 환자를 이송하던 중 신호를 위반하고 질주하는 행위는 맥락에 따라 윤리적으로 정당화할 수 있다고 하였으므로 적절한 내용이다.

ㄷ. 2문단에서 윤리적으로 권장되는 행위나 윤리적으로 허용되는 행위에 옳음 또는 그름이라는 윤리적 가치 속성을 부여하는 경우 윤리적으로 옳음이라는 속성이 부여된다고 하였으므로 적절한 내용이다.

오답 체크

ㄴ. 3문단에서 윤리적으로 옳은 행위가 무엇인지에 대한 질문에 대답하기 위해 적극적인 윤리적 의무가 적용되는 윤리적으로 해야 하는 행위뿐만 아니라 권장되는 행위인지 혹은 허용되는 행위인지를 모두 고려해야 한다고 하였으므로 적절하지 않은 내용이다.

4
정답 ④

독해력 UP 지문 분석

분야/주제

사회/여자대학교 법학전문대학원 설치인가 결정의 위헌 여부 판단

핵심 내용 정리

문제 상황	M이 여자대학인 학교법인 B가 법학전문대학원 설치인가를 위해 제출한 입학전형 계획을 인정함
청구인 A의 입장	B 대학교 법학전문대학원 정원인 100명만큼 지원할 수 없게 되어 법학전문대학원에 진학할 기회가 줄어들게 되었으며, 이는 헌법상의 기본권인 직업선택의 자유를 제한한 것이다.
헌법재판소의 입장	- 헌법상의 기본권이 충돌할 경우 최대한 그 기능과 효력을 발휘할 수 있도록 조화로운 방법을 모색해야 한다. - 해당 설치인가로 인하여 청구인 A가 받는 불이익은 A의 주장에 미치지 못하며, A는 B 대학교 외 전국의 여타 법학전문대학원에 지원하여 법조인이 될 수 있는 가능성이 있다. - 학교법인 B가 여자대학교라는 정책을 유지하는 것은 대학 자율성의 본질적인 부분에 속한다.

정답 체크

ㄴ. 권리를 향유할 주체가 구체적 자연인인 경우의 기본권이 그 주체가 무형인 법인의 경우보다 우선하여 고려되어야 한다면 지문의 청구인 A가 제한받은 직업선택의 자유가 학교법인 B의 자율성보다 우선하여 고려되어야 한다는 의미가 되어 글의 논지를 약화하므로 적절하다.

ㄷ. 상이한 기본권의 제한 간에 적정한 비례관계가 성립하는지 평가하기 위해서 비교되는 두 항을 계량할 공통의 기준이 먼저 제시되어야 한다면 그러한 기준을 제시하지 않고 있는 지문의 판단이 적절하지 않다는 의미가 되어 글의 논지를 약화하므로 적절하다.

오답 체크

ㄱ. 청구인의 불이익이 사실상의 불이익에 불과하고 기본권 침해에 해당하지 않는다면 지문의 판단이 옳았다는 의미가 되어 글의 논지를 강화하므로 적절하지 않다.

66 온/오프라인 취업강의·무료 취업자료 ejob.Hackers.com

5

독해력 UP 지문 분석

분야/주제

사회/로봇세 도입에 대한 찬반 논란

(나) 문단별 중심 내용

1문단	로봇세의 개념 및 도입 목적
2문단	로봇세의 도입을 반대하는 이유(1)~(2): 불공정한 과세 및 중복 과세
3문단	로봇세 도입을 반대하는 이유(3): 세금 부담으로 인한 로봇 수요 감소
4문단	로봇 사용이 일자리 감소를 가져올 가능성은 낮다는 사실
5문단	인간의 삶을 편하게 만들어주는 로봇 사용

정답 체크

(나)의 1문단에서 로봇세 도입의 목적은 로봇으로 인해 일자리를 잃은 사람들을 지원하거나 사회 안전망을 구축하기 위해 예산을 마련하기 위해서임을 서술하고 있지만, 로봇 사용으로 얻을 수 있는 편안한 삶에 로봇세가 미치는 영향에 대해서는 다루고 있지 않으므로 적절하지 않다.

오답 체크

① (나)의 1문단에서 로봇세는 로봇을 활용해 이익을 얻는 기업이나 개인이 부담하는 세금이라고 하였으므로 적절하다.

③ (나)의 1문단에서 로봇으로 인해 일자리를 잃은 사람들을 돕거나 사회 안전망을 구축하기 위해 예산을 마련하는 것이 로봇세 도입의 목적이라고 하였으므로 적절하다.

④ (나)의 3문단에서 로봇세를 도입할 경우 기술 개발에 악영향을 미칠 수 있다는 전문가의 견해를 제시하며 세금 부담으로 인해 로봇 수요가 감소할 수 있음을 설명하고 있으므로 적절하다.

⑤ (나)의 4문단에서 역사적으로 볼 때 산업 혁명을 거치면서 산업 환경에서의 일자리는 오히려 증가했다는 점을 들어 일자리 감소 문제의 해결책으로 제기된 로봇세의 필요성을 반박하고 있으므로 적절하다.

---

1 ②   **2** ⑤   **3** ①   **4** ③   **5** ⑤

6 ②

1

독해력 UP 지문 분석

분야/주제

인문/붕당과 붕당 혁파의 필요성

문단별 중심 내용

1~2문단	과거에 붕당을 없앨 수 없었던 이유: 군자는 군자끼리, 소인은 소인끼리 붕당을 이루었기 때문에 군자당과 소인당을 가려내면 되었음
3문단	오늘날 붕당 혁파가 필요한 이유: 오늘날에는 붕당마다 군자와 소인이 존재하므로 붕당이 아닌 재능에 따라 인재를 등용해야 함

정답 체크

이 글은 과거 군자는 군자끼리, 소인은 소인끼리 붕당을 형성하여 군자당의 성세를 유지하면 정치가 저절로 바르게 되어 붕당을 없앨 수 없었으나, 지금은 각 붕당에 군자와 소인이 섞여 붕당을 없애지 않을 경우 군자를 모으고 소인을 교화시키는 것이 불가능하기 때문에 붕당이 아니라 재능에 따라 인재를 등용해야 한다고 주장하는 내용이므로 이 글의 논지로 가장 적절한 것은 ②이다.

2

독해력 UP 지문 분석

분야/주제

사회/상류층의 소비행태를 설명하는 베블런의 과시소비이론 및 현대 상류층에서 확인되는 새로운 소비행태

문단별 중심 내용

1문단	사치품 소비를 통해 사회적 지위를 과시하는 상류층의 소비행태를 나타내는 베블런의 과시소비이론
2문단	오늘날 서민들도 사치품을 소비하게 되자 소박함을 추구하는 것으로 변화한 상류층의 소비행태
3문단	서민들처럼 소박하게 생활함을 과시하는 현대 상류층의 소비행태가 지닌 효과
4문단	검소한 소비만 하는 것이 아니라 상황에 따라 고가품 소비를 통해 자신들의 사회적 지위를 과시하기도 하는 현대 상류층의 소비행태

정답 체크

이 글은 현대에 이르러 소득 수준 향상 및 풍부한 물자로 인해 서민들도 사치품을 소비할 수 있게 되면서 오히려 그들과 차별화하기 위해 사치품을 소비하지 않음으로써 겸손한 태도와 검소함으로 자신을 한층 더 드러내지만, 차별화해야 할 아래 계층이 없거나 혹은 경쟁 상대인 다른 상류층 사이에 있을 때는 경쟁적으로 고가품을 소비하며 사회적 지위를 더욱 과시한다는 내용이므로 이 글의 논지로 가장 적절한 것은 ⑤이다.

오답 체크

① 4문단에서 현대의 상류층이 소박한 생활을 과시하는 이유는 겸손한 태도와 검소함으로 자신을 포장하는 극단적인 위세라고 하였으므로 적절하지 않은 내용이다.

② 2, 4문단에서 소득 수준 향상 및 물자가 풍요로워진 현대의 서민들은 상류층을 따라 사치품을 소비한다고 하였으므로 적절하지 않은 내용이다.

③ 4문단에서 차별화할 하위 계층이 없거나 경쟁 상대인 다른 상류층 사이에 있을 경우 경쟁적으로 고가품을 소비하며 자신을 과시한다고 하였으므로 적절하지 않은 내용이다.

④ 3문단에서 현대의 상류층은 사치품을 소비하는 서민들과 구별되기 위해 고급, 화려함, 낭비를 과시하기보다 소비하지 않는 행태를 통해 검소한 생활을 과시한다고 하였으므로 적절하지 않은 내용이다.

3

독해력 UP 지문 분석

분야/주제

인문/두뇌 속에서 작동하는 스마트폰의 메커니즘을 인지 능력으로 평가할 수 있다는 주장

문단별 중심 내용

1문단	스마트폰의 메커니즘이 두뇌 속에서 작동하고 있다고 가정할 때 이를 개인의 기억이나 판단으로 인정할 수 있다면 보강된 인지 능력은 개인의 것으로 평가할 수 있다는 주장

정답 체크

이 글에서 만약 K의 두뇌 속에서 일어나는 일이라고 가정하였을 때 그 사건이 K 자신의 기억 또는 판단으로 인정할 수 있으면 K 자신의 인지 능력으로 평가해야 한다고 하였으므로 K의 두뇌 속에서 작동하는 것이 아닌 단지 메모를 참조하여 기억력 시험 문제에 답하는 경우 K가 그 문제의 답을 기억한다는 인정을 받지 못한다는 비판이 가장 적절하다.

4

독해력 UP 지문 분석

분야/주제

사회융합/대도시 출신과 마키아벨리아니즘 성향이 비례한다는 견해에 대한 반론

문단별 중심 내용

1문단	마키아벨리아니즘을 갖는 학생 중 대도시 출신의 비중이 높다는 조사 결과
2문단	낯선 사람과의 상호작용 과정에서 타인의 협조 성향을 이용하기 위해 필요한 틈새

정답 체크

빈칸 앞에서는 타인의 협조 성향을 이용하여 자신은 도움을 받으면서 타인에게는 도움을 주지 않는 사람이 존재하기 위해서는 일정한 틈새가 존재해야 한다는 내용을 말하고 있고, 빈칸 뒤에서는 기생 식물이 양분을 얻기 위해 건강한 나무가 필요하듯, 낯선 사람과의 상호작용 과정에서 모든 사람이 사기꾼이라면 사기 칠 가능성 또한 없어진다는 내용을 말하고 있다.

따라서 많은 사람들이 진정으로 협조하기 때문이라는 내용이 들어가야 한다.

[5-6]

독해력 UP 지문 분석

분야/주제

인문/사극을 바라보는 관점에 대한 주장

[글의 초고] 문단별 중심 내용

1문단	학생들 간 사극의 본질과 역할에 대한 대조적 반응
2문단	사극의 본질은 만들어진 이야기를 통해 구현되는 주제 의식에 있음
3문단	사극에 공감하고 재미를 느끼게 만드는 요인이 실제 역사에 대한 관심을 유도함
4문단	정확한 역사적 지식을 전달하기 위해 제작된 것이 아닌 사극
5문단	실제 역사와 사극이 지닌 상이한 가치

5

정답 체크

글의 초고는 역사적 사실의 반영 정도에 따른 사극의 유형에 대해서는 다루고 있지 않으므로 적절하지 않은 내용이다.

오답 체크

① 글의 초고는 ㉠을 반영하여 1문단에서 학생들 사이에서 사극은 실제 역사와 다르지만 재미있었다는 의견과 수업 시간에 배운 내용과 달라 보기 불편했다는 의견으로 나뉘어 논란이 일고 있다고 하였으므로 적절한 내용이다.

② 글의 초고는 ㉡을 반영하여 2문단에서 사극의 본질은 상상력을 바탕으로 구성된 이야기를 통해 구체적인 사실로 나타나게 되는 주제 의식에 있다고 하였으므로 적절한 내용이다.

③ 글의 초고는 ㉢을 반영하여 3문단에서 사극에 새로운 성격이 부여된 실존 인물이 등장하거나 극에 긴장감을 높이기 위해 실재하지 않았던 인물이 등장하여 시청자들이 사극에 공감하고 재미를 느끼게 된다고 하였으므로 적절한 내용이다.

④ 글의 초고는 ㉣을 반영하여 3문단에서 사극이 시청자들로 하여금 공감하고 재미를 느끼게 하는 요인을 활용하여 실제 역사에 대한 관심을 끄는 역할을 한다고 하였으므로 적절한 내용이다.

6

정답 체크

글의 초고는 5문단에서 실제 역사와 사극은 각자 저마다의 가치를 가지며 우리의 삶을 풍요롭게 하여 두 가치 모두 포기할 수 없다는 내용을 말하고 있고, 글의 목적은 사극을 어떻게 바라볼 것인가에 대한 자신의 생각을 나타내고자 한다는 내용을 말하고 있다.

따라서 실제 역사와 사극으로 초점이 분산되어 논지가 흐려지므로 사극은 상상력을 바탕으로 한 창작물이라는 입장이 분명해지도록 해야 한다는 내용이 들어가야 한다.

---

1 ①	**2** ①	**3** ③	**4** ⑤	**5** ③
6 ①	**7** ⑤			

1

독해력 UP 지문 분석

분야/주제

과학/물체와 떨어진 거리에 따라 상이한 거리 지각 방식

문단별 중심 내용

1문단	경험을 통한 추론에 의해 이루어지는 물체까지의 거리 지각 방식
2문단	두 눈과 대상이 위치한 점을 잇는 두 직선의 각을 감지하여 이루어지는 손에 닿는 거리 안에 있는 물체까지의 거리 지각 방식

정답 체크

ㄱ. 1문단에서 물체까지의 거리 판단은 친숙한 물체에 대한 지각 경험에 기초한 추론을 통해 이루어진다고 한 점에서 100m 떨어진 지점에 처음 본 대상만 보이도록 시야 일부를 가리는 경우 그 대상과 얼마나 떨어져 있는지 판단하지 못한다는 내용은 글의 주장을 강화하므로 적절하다.

오답 체크

ㄴ. 1문단에서 물체까지의 거리 판단은 친숙한 물체에 대한 지각 경험에 기초한 추론을 통해 이루어진다고 한 점에서 아무것도 보이지 않는 밤에 멀리서 반짝이는 불빛을 발견하고 불빛까지의 거리를 쉽게 짐작한다는 내용은 글의 주장을 약화하므로 적절하지 않다.

ㄷ. 2문단에서 아주 가까이에 있는 물체까지의 거리는 두 눈과 대상이 위치한 한 점을 연결하는 두 직선의 각의 크기를 감지하여 알게 된다고 한 점에서 한쪽 눈이 실명된 사람이 30cm 내 낯선 물체만 보일 때 그 물체까지의 거리를 옳게 판단한다는 내용은 글의 주장을 약화하므로 적절하지 않다.

문제 풀이 TIP

제시된 사례를 먼저 읽은 뒤 지문에서 해당 내용을 확인한다.
ㄱ과 ㄴ은 100m 떨어진 지점에서 처음 본 대상만 보이거나 어두운 곳에서 멀리 반짝이는 불빛만 보이는 상황을 서술하고 있으므로 1문단에서 관련 내용을 찾을 수 있고, ㄷ은 한쪽 눈으로만 가까운 거리에 있는 낯선 물체를 보는 상황을 서술하고 있으므로 2문단에서 관련 내용을 찾을 수 있다.

2 정답 ①

독해력 UP 지문 분석

분야/주제
인문/육아 관련 속설과 진실

문단별 중심 내용

1문단	육아 관련 문제 해결에 가장 좋은 방법인 전문가의 답변
2문단	아기 건강과 성장에 대한 잘못된 속설을 다룬 책을 편찬한 A 박사
3문단	잘못된 속설(1): 엄마의 모유에 알레르기 반응을 보이는 아기가 있다는 것
4문단	잘못된 속설(2): 아기가 당분을 섭취하면 흥분한다는 것

정답 체크

ㄴ. 4문단에서 아기가 당분을 섭취하면 흥분한다는 속설과 관련하여 이를 입증할 만한 어떠한 연구 결과도 보고되지 않았다고 하였으므로 적절한 내용이다.

오답 체크

ㄱ. 3문단에서 엄마의 모유에 알레르기 반응을 일으키는 아기는 없음을 서술하고 있지만, 엄마의 알레르기가 아기에게 유전되는지에 대해서는 다루고 있지 않으므로 적절하지 않은 내용이다.

ㄷ. 1문단에서 주변에서 하는 육아 훈수의 수용 정도를 가늠하기 어려워 전문가의 답을 듣는 것이 최상책임을 서술하고 있지만, 모든 훈수가 비과학적인 속설에 근거하고 있는지에 대해서는 다루고 있지 않으므로 적절하지 않은 내용이다.

3 정답 ③

독해력 UP 지문 분석

분야/주제
인문/자연적으로 존재하는 종을 멸종으로부터 보존해야 한다는 생물 다양성의 보존 문제 관련 시각

화자의 견해

A	생물 다양성을 보존해야 한다.
B	생물 다양성 보존이 우리가 원하는 이익을 최선의 수단은 아니며, 자연적으로 존재하는 생명체 보존보다 합성 생물학을 활용해야 이익 실현이 가능해진다.
C	생명체는 단지 도구적 가치만을 지니는 것은 아니며, 모든 종은 보존되어야 한다.

정답 체크

㉠: 빈칸 앞에서 생물 다양성 보존은 의학적, 농업적, 경제적, 과학적 측면에서 이익을 얻기 위한 하나의 수단으로 간주될 수 있다는 내용을 말하고 있고, 빈칸 뒤에서 A의 첫 번째 전제와 두 번째 전제로부터 우리가 생물 다양성을 보존할 의무와 필요성이 있다는 결론이 나온다는 내용을 말하고 있다.

㉡: 빈칸 앞에서 생명체의 내재적 가치 또한 인정해야 하며, 그 생명체들이 속한 종 역시 쓸모에 따라서만 가치가 있는 것이 아니기에 내재적 가치를 지니는 것은 모두 보존되어야 하며, 이에 따라 모든 종이 보존되어야 한다는 결론에 다다른다는 내용을 말하고 있다.

따라서 ㉠과 ㉡에 들어갈 내용으로 적절한 것은 ③이다.

4

독해력 UP 지문 분석

분야/주제

과학/물리학의 근본 법칙들이 지니는 문제점

문단별 중심 내용

1문단	실재 세계의 사실들을 정확히 기술하지 못하는 물리학의 근본 법칙들
2문단	전하를 가지고 있는 물체의 운동을 설명하지 못하는 중력의 법칙
3문단	사실을 정확하게 기술하는 형태로 중력의 법칙을 제시할 때 발생하는 문제
4문단	대부분의 물리학 근본 법칙이 보유한 문제점: 사실을 정확히 기술하기 위해 삽입된 구절로 인해 설명력이 현저히 감소함

정답 체크

이 글은 물리학의 근본 법칙들이 이상적 상황만을 다루고 있다면 실재 세계의 사실을 정확히 기술하지 못하는 문제가 발생하고, 이를 해결하기 위해 특정 조건을 나타내는 구절을 삽입하는 경우 설명 가능한 영역이 매우 좁아지는 문제가 있으며, 이러한 문제를 거의 모든 물리학의 근본 법칙이 가지고 있음을 설명하는 내용이므로 이 글의 논지로 가장 적절한 것은 ⑤이다.

오답 체크

① 물리학의 근본 법칙 발전 방식에 대해서는 다루고 있지 않으므로 적절하지 않은 내용이다.

② 물리적 자연 현상의 복잡성과 물리학 근본 법칙의 복잡성 간의 상관관계에 대해서는 다루고 있지 않으므로 적절하지 않은 내용이다.

③ 4문단에서 거의 모든 물리학의 근본 법칙들이 보유하고 있는 참된 사실을 진술하기 위해 삽입한 구절은 오히려 설명력을 감소시킨다는 내용에 대해서는 서술하고 있지만, 글 전체를 포괄할 수 없으므로 적절하지 않은 내용이다.

④ 1문단에서 물리학의 근본 법칙들이 모두 이상적인 상황만을 다루고 있다면 이 법칙들이 실재 세계의 사실들을 정확히 기술한다고 여기기는 어렵다고 하였으므로 적절하지 않은 내용이다.

[5-7]

독해력 UP 지문 분석

분야/주제

예술융합/영화의 사료적 특성과 사료로서 영화가 지닌 가치

문단별 중심 내용

1문단	역사학에서 사료가 지닌 의미와 새로운 사료 발굴을 위한 역사가들의 노력
2문단	도상적·지표적 기호로서의 특성을 지닌 영화를 사료로 파악하는 경향의 등장
3문단	영화와 역사의 관계: 역사에 대한 영화적 독해와 영화에 대한 역사적 독해
4문단	사료로서 영화의 대안적 역사 서술 가능성: 사고방식·언어·물질문화 등 동시대의 현실 반영, 사료에 기반한 역사적 서술 보완
5문단	아래로부터의 역사 형성에 기여한다는 점에서 역사 서술 주체로서의 가능성을 지닌 영화

핵심 내용 정리

역사에 대한 영화적 독해	영화라는 매체로 역사를 해석하고 평가하며 서사와 표현기법을 통해 역사를 비평함
영화에 대한 역사적 독해	영화에 담겨 있는 역사적 흔적과 맥락을 검토하여 영화 속 풍속·생활상 등을 통한 역사의 외연 확장 및 집단적 무의식, 지배적 이데올로기 등 가려진 역사를 끌어냄

5

정답 체크

1문단에서 역사가들은 새로운 사료를 발굴하기 위해 알려지지 않았던 사료를 찾아내거나 중요하게 여겨지지 않았던 자료를 새롭게 사료로 활용하는 것뿐만 아니라 기존의 사료를 새로운 방향에서 파악한다고 하였으므로 기존의 사료를 새로운 방향에서 파악하는 것은 사료의 발굴임을 알 수 있다.

오답 체크

① 1문단에서 평범한 삶을 살아가는 사람들의 개인적인 모습을 주로 다루는 미시사 연구에서 재판 기록, 일기, 편지 등 서사적 자료에 주목한 것은 사료 발굴을 위한 노력의 결과라고 하였으므로 적절하지 않은 내용이다.

② 1문단에서 역사가는 사료를 매개로 과거와 만나며, 매개를 거치지 않더라도 손실되지 않은 과거와 만날 수 있다면 역사학이 설 자리가 없을 것이라고 하였으므로 적절하지 않은 내용이다.

④ 2문단에서 문헌 사료의 언어는 대체로 지시 대상과 물리적·논리적 연관이 없는 추상화된 상징적 기호이지만, 영화의 이미지는 닮은꼴로 사물을 지시하는 도상적 기호이자 피사체가 있었음을 지시하는 지표적 기호라고 하였으므로 적절하지 않은 내용이다.

⑤ 2문단에서 카메라 앞에 놓인 물리적 현실을 이미지화한 영화의 이미지는 닮은꼴로 사물을 지시하는 도상적 기호라고 하였으므로 적절하지 않은 내용이다.

6
정답 ①

정답 체크

ㄱ. 허구의 이야기인 판소리에서 당시 시대적 상황인 조선 후기의 음식 문화를 파악하고자 하였으므로 ㉮의 사례에 해당한다.

ㄴ. 경전은 허구의 이야기가 아니며, 사료에 직접적으로 나타나지 않은 과거를 파악하기 위해 허구의 이야기를 활용한 것은 아니므로 ㉮, ㉯ 어느 것에도 해당하지 않는다.

ㄷ. 허구의 이야기인 소설에서 상업 활동과 관련된 공통 요소를 분석하여 당시 시대적 상황인 명나라의 상거래 관행을 연구하고자 하였으므로 ㉮의 사례에 해당한다.

ㄹ. 17세기 사건 기록에 나타난 평범한 여성의 삶에 대한 역사서를 저술하는 과정에서 자료에 나타나지 않은 심리를 묘사하기 위해 허구의 이야기인 동시대의 설화집을 차용하여 사료에 기반한 역사적 서술을 보완하였으므로 ㉯의 사례에 해당한다.

따라서 ㉮, ㉯의 사례를 바르게 짝지은 것은 ①이다.

7
정답 ⑤

정답 체크

㉠에서 역사가는 자료에 기록된 사실이 허구일지도 모른다는 의심을 버리지 말고 진위를 확인해야 한다는 관점을 취하고 있지만, [A]에서는 허구적 이야기에 회고·증언·구전 등의 비공식적 사료를 토대로 역사적 사실을 담아낸 영화는 새로운 사료의 원천이자 대안적 역사 서술의 가능성이 있으며, 역사 서술의 한 주체가 된다고 하였으므로 기억 또는 구술 증언은 거짓이거나 변형될 가능성이 있기 때문에 다른 자료와 비교하여 진위 여부를 검증한 후에야 사료로 사용할 수 있다는 비판이 가장 적절하다.

1 ②   **2** ⑤   **3** ②   **4** ①   **5** ③

1
정답 ②

독해력 UP 지문 분석

분야/주제
기타/학술연구자정보망 관련 민원 처리 대화문

핵심 내용 정리

상황	학술연구자 A의 기본 정보는 조회되지만, 연구 업적 정보가 조회되지 않음
예상 원인 1	학술연구자가 기본 정보 제공에는 동의하였지만, 연구 업적 정보 공개에 추가 동의하지 않은 경우 → "해당 연구자가 상기 정보의 공개에 동의하지 않았습니다"라는 문구가 표시됨
예상 원인 2	학술연구자의 연구 업적 정보 집적이 완료되지 않은 경우 → "업적 정보 집적 중"이라는 문구가 표시되며, 업적 정보는 2019년 8월 말까지 집적이 완료될 예정임

정답 체크

민원인이 학술연구자정보망에서 학술연구자 A의 기본 정보는 조회되지만 연구 업적 정보가 조회되지 않는다고 하였으며, 연구 업적 정보가 조회되지 않는 이유는 학술연구자가 기본 정보 제공에는 동의하였지만 연구 업적 정보 공개에 추가 동의하지 않았거나 학술연구자의 업적 정보 집적이 완료되지 않았기 때문이다.

따라서 현재 민원인에게 어떤 안내 문구가 표시되는지 알 수 없으므로 빈칸에 들어갈 내용으로 적절한 것은 연구 업적 정보가 조회되지 않는 두 가지 이유에 대해 설명하는 ②이다.

오답 체크

① 학술연구자 A가 연구 업적 정보 제공에 동의하지 않은 경우 2019년 8월 말이 되어도 조회할 수 없으므로 적절하지 않다.

③ 현재 학술연구자 A가 연구 업적 정보 공개에 동의한 상태인지는 알 수 없으므로 적절하지 않다.

④ 민원이 들어온 날짜는 2019년 7월 17일이고, 정보 집적이 끝날 것으로 예상되는 시점은 2019년 8월 말이므로 만약 학술연구자 A가 연구 업적 정보 공개에 동의했다고 하더라도 한 달 안에는 그의 연구 업적 정보를 조회할 수 있는지는 알 수 없으므로 적절하지 않다.

⑤ 학술연구자 A가 연구 업적 정보 공개에 동의하였는지의 여부는 확인할 수 없으므로 적절하지 않다.

2

독해력 UP 지문 분석

분야/논쟁점

기타/부정 청탁 신고 관련 대화문

핵심 내용 정리

상황	C의 부정 청탁을 신고해야 하는 상황인지에 대한 판단이 필요함
부정 청탁 신고 원칙	공직자가 부정 청탁을 받았을 때는 거절 표시를 해야 하고, 그 후에도 다시 동일한 부정 청탁이 온다면 소속 기관의 장에게 신고해야 함
세부 기준	- 공직자는 동일인으로부터 명목에 상관없이 1회 100만 원 혹은 매 회계연도에 300만 원을 초과하는 금품이나 접대를 받을 수 없고, 직무 관련성이 있는 경우에는 100만 원 이하라도 대가성 여부와 관계없이 처벌받음 - 여러 사람이 청탁한 경우에는 받는 사람을 기준으로 따지게 되어 한 공직자에게 여러 사람이 동일한 부정 청탁을 하며 금품을 제공하려 하였을 때에도 이들의 출처가 같다고 볼 수 있다면 '동일인'으로 해석되며, 여러 행위가 계속성 또는 시간적·공간적 근접성이 있다고 판단되면, 합쳐서 1회로 간주될 수 있음

정답 체크

을의 첫 번째 발언에 따르면 공직자가 부정 청탁을 받았을 때는 명확히 거절 의사를 표현해야 하고, 그랬는데도 상대방이 이후에 다시 동일한 부정청탁을 해 온다면 소속 기관의 장에게 신고해야 한다. 이때 갑의 네 번째 발언을 통해 X 회사 공장 부지의 용도 변경에 힘써 달라며 200만 원을 주려고 한 C의 청탁에 대해 갑이 명확히 거절 의사를 표현했음을 알 수 있다.

따라서 빈칸에 들어갈 내용은 '현재는 청탁금지법상 C의 청탁을 신고할 의무가 생기지 않지만, C가 같은 청탁을 다시 한다면 신고해야 합니다.'가 가장 적절하다.

오답 체크

① 갑의 네 번째 발언에 따르면 A가 제공하려 한 접대는 대가성과 직무 관련성이 없는 것이고, 을의 두 번째 발언에 따르면 공직자는 명목에 상관없이 1회 100만 원을 초과하는 금품이나 접대를 받을 수 없다. 따라서 X 회사의 A가 제공하려 한 접대는 1인당 1만 2천 원으로 청탁금지법을 위반한 것으로 볼 수 없으므로 적절하지 않다.

② 갑의 네 번째 발언에 따르면 Y 회사의 임원인 B는 관급 공사 입찰을 청탁하며 100만 원을 건네려 했다. 따라서 Y 회사로부터 받은 제안의 내용은 청탁금지법상의 금품에 해당하므로 적절하지 않다.

③ 을의 세 번째 발언에 따르면 한 공직자에게 여러 사람이 동일한 부정 청탁을 하며 금품을 제공하려 하였을 때에도 이들의 출처가 같다고 볼 수 있다면 '동일인'으로 해석된다. 따라서 A

와 C는 모두 X 회사 관계자이지만, 동일한 부정 청탁을 하며 금품을 제공하려 한 것이 아니기 때문에 동일인으로 볼 수 없으므로 적절하지 않다.

④ 을의 두 번째 발언에 따르면 공직자는 명목에 상관없이 1회 100만 원을 초과하는 금품이나 접대를 받을 수 없으며, 갑의 네 번째 발언에 따르면 B는 100만 원, C는 200만 원을 건네려 했다. 따라서 직무 관련성이 없더라도 C가 제시한 금액은 청탁금지법상의 허용 한도를 벗어나므로 적절하지 않다.

3

독해력 UP 지문 분석

분야/논쟁점

인문/기술이라는 용어는 어떻게 정의될 수 있는가?

화자의 견해

갑	우리가 기술이라고 부를 수 있는 것은 모두 물질로 구현된다.
을	기술은 근대 과학혁명 이후에 등장한 과학이 개입한 것들로 한정하는 것이 합당하다.
병	과학이 개입한 것들만 기술로 간주하는 정의는 너무 협소하므로 더 넓게 적용할 수 있는 정의가 필요하다.

정답 체크

ㄴ. 을은 '기술'이란 용어의 적용을 근대 과학혁명 이후에 나타난 과학이 개입한 것들로 국한하는 것이 합당하다고 하였고, 병은 근대 과학혁명 이후의 과학이 개입한 것들을 기술이라고 하는 것을 부인하지 않지만, 과학이 개입한 것들만을 기술로 여기는 정의는 협소하다고 한 점에서 을은 '모든 기술에는 과학이 개입해 있다.'라는 주장에 동의하지만, 병은 동의하지 않으므로 적절한 내용이다.

오답 체크

ㄱ. 갑은 기술이라고 부를 수 있는 것은 모두 물질로 구현된다고 하였고, 을은 갑의 견해에 동의하지만, 그렇게 구현되는 것들을 모두 기술로 부를 수 없다고 하였으며 근대 과학혁명 이후에 등장한 과학이 개입한 것들로 한정해야 한다고 하였고, 병은 을의 견해에 동의하지만, 그 정의는 너무 협소하다고 한 점에서 갑보다 을, 병보다 을이 주장하는 '기술' 적용 범위가 더 좁다는 것을 추론할 수 있지만, 갑과 병의 '기술' 적용 범위를 비교할 수 없으므로 적절하지 않은 내용이다.

ㄷ. 갑은 물질을 소재 삼아 물질적인 결과물을 산출하는 것은 모두 기술이라고 부를 수 있다고 하였고, 병은 과학과 상관없이 수많은 시행착오를 거쳐 발전한 방법도 기술이라고 부를 수 있다고 한 점에서 갑과 병 모두 시행착오를 거쳐 발전해온 옷감 제작법을 기술로 인정한다는 것을 추론할 수 있으므로 적절하지 않은 내용이다.

PART 2 지문 유형별 공략 73

특정 화제에 대해 다양한 견해가 제시되는 경우 각 견해의 중심 주장 및 그 근거를 파악하며 문제를 푼다. 이때 화자 간의 견해 차이가 무엇인지 구분하며 읽어 나간다.

4

정답 ①

독해력 UP 지문 분석

분야/논쟁점
인문/성공적인 설득을 위해 진실과 설득 기술 중 더 중요한 것은 무엇인가?

화자의 견해

갑	진실을 말하지 않더라도 다른 사람을 설득할 수 있지만, 그런 설득은 엉망인 결과로 이어지므로 그렇게 해서는 안 된다.
을	진실을 말하거나 말하지 않는 모든 경우에서 사람을 설득하기 위해 더 중요한 것은 자신이 말하는 바를 사람들이 정의롭고 훌륭한 것으로 받아들일 수 있게끔 설득하는 이야기 기술이다.

정답 체크

갑은 진실을 말한다고 해서 설득할 수 있는 것은 아니라고 주장하고 있으며, 을은 진실을 말하고 있으나 이야기 기술이 없다면 설득할 수 없다고 주장하였으므로 갑과 을은 진실을 이야기한다고 하더라도 설득에 실패할 수 있다는 것에 동의함을 알 수 있다.

오답 체크

②, ③ 을은 설득하는 사람이 다른 사람을 설득하기 위해 자신이 말하는 것을 상대방이 정의롭고 훌륭한 것이라고 받아들일 수 있게끔 만드는 이야기 기술을 습득하는 것이 더욱 중요하다고 하였으므로 적절하지 않은 내용이다.

④ 갑은 이야기 기술만을 사용하여 진실을 말하지 않고 설득이 가능하다고 하였으므로 적절하지 않은 내용이다.

⑤ 을은 진실을 말하지 않고 이야기 기술만을 사용하여 도출된 부정적인 결과에 대해 자신의 견해는 다른 사람을 설득하기 위해서는 이야기 기술을 습득하는 것이 필요하다고 한 것뿐이라는 점에서 진실하지 않은 것을 믿게끔 설득하는 것으로부터 야기된 결과가 나쁠 수 있는 것에 대하여 긍정하는 것을 추론할 수 있으므로 적절하지 않은 내용이다.

5

정답 ③

독해력 UP 지문 분석

분야/주제
인문/허생의 처가 추구하는 행복의 조건에 대한 토의

(가) 핵심 내용 정리

쟁점 1	허생의 처가 외적 조건인 부를 추구하는 사람이라고 볼 수 있는가? - 민호: 허생의 처는 빈곤한 형편 때문에 행복하지 않았으므로 외적 조건인 부를 추구한다. - 영수: 허생의 처는 생존을 위한 기본적 요건을 충족하고자 하였으므로 외적 조건인 부를 추구하는 것으로 볼 수 없다. - 결론: 허생의 처가 추구한 조건을 외적·내적 조건의 관점으로만 접근하는 것은 부적절하다.
쟁점 2	허생의 처가 추구하는 행복의 조건을 다른 측면에서 어떻게 접근할 수 있는가? - 민호: 허생의 처는 일방적으로 강요된 희생을 행복하지 않은 이유로 여긴다. - 영수: 허생의 처는 가족 간의 소원한 관계도 행복하지 않은 이유로 여긴다. - 결론: 허생의 처는 강요된 희생과 소원한 가족 관계로 인해 행복하지 않았으며, 가족 구성원 간의 바람직한 관계를 행복의 조건으로 추구한다.

정답 체크

㉮ (가)에서 현지는 첫 번째 발언을 통해 '허생의 처가 추구하는 행복의 조건은 무엇인가?'를 주제로 언급하며 토의를 시작하고 있으므로 적절하다.

㉯ (가)에서 현지는 두 번째 발언을 통해 허생의 처가 추구한 행복의 조건을 외적 또는 내적 조건으로만 접근하는 것은 옳지 않다며 토의 내용을 정리하고 있으며, 세 번째 발언에서 허생의 처가 행복하지 않았던 이유와 허생의 처가 추구한 행복의 조건을 정리하고 있으므로 적절하다.

㉰ (가)에서 현지는 두 번째 발언을 통해 허생의 처가 추구한 행복의 조건을 다른 측면에서는 어떻게 접근할 수 있을지 질문함으로써 다른 관점에서 생각해 보도록 유도하고 있으므로 적절하다.

오답 체크

㉴ (가)에서 현지는 발언 순서를 지정하고 있지 않으므로 적절하지 않다.

㉵ (가)에서 현지는 근거를 함께 제시하도록 요구하고 있지 않으므로 적절하지 않다.

1 ④	**2** ④	**3** ①	**4** ②	**5** ④

1

정답 ④

독해력 UP 지문 분석

분야/주제
인문/상·이름·숫자에 대한 소크라테스의 견해

화자 '소크라테스'의 견해

첫 번째 진술	그림에 적합한 색이나 형태를 배정하는 것은 좋은 그림과 상을 만들지만 덧붙이거나 빼면 좋은 그림과 상을 만들기 어렵다.
두 번째 진술	이름에 적합한 음절과 자모를 배정하는 것은 훌륭한 이름을 만들지만 덧붙이거나 빼면 훌륭한 이름을 만들기 어렵다.
세 번째~다섯 번째 진술	수는 수에 수를 더하거나 빼면 다른 수가 되지만 상과 이름은 더하거나 빼더라도 여전히 상과 이름이고, 상은 묘사하는 대상과 완전히 똑같은 성질을 가질 수 없다.

정답 체크

소크라테스의 네 번째 진술에서 수는 어떤 수를 빼거나 더하면 곧바로 다른 수가 되어 버리지만, 이것은 상 일반에 적용되는 이치가 아니라고 하였으므로 이름에 자모를 더하거나 빼는 것과 수에 수를 더하거나 빼는 것은 서로 같은 이치를 따르지 않음을 알 수 있으므로 적절하지 않은 내용이다.

오답 체크

① 소크라테스의 네 번째 진술에서 상은 그것이 상이려면 상이 묘사하는 대상의 성질 모두를 상에 배정해서는 안 된다고 하였으며, 다섯 번째 진술에서 상은 상이 묘사하는 대상과 똑같은 성질을 갖지 못한다고 하였으므로 적절한 내용이다.

②, ③, ⑤ 다섯 번째 진술에서 상과 이름에 대해서는 숫자와는 다른 이치를 찾아야 한다고 하였으며, 상에 대해서는 무엇이 빠지거나 더해지더라도 상이 아니라고 하면 안 된다고 하였으므로 적절한 내용이다.

2

정답 ④

독해력 UP 지문 분석

분야/논쟁점
인문/범죄자 처벌 여부와 그 방식의 정당성은 어떻게 결정되는가?

화자의 견해

갑	처벌은 사회적 이익을 고려해 다른 사회 구성원을 교육하고 범죄자 교화 기능을 수행해야 한다.
을	처벌은 사회적 이익을 고려해 이루어져서는 안 되며 오로지 악행에 의해서만 정당화되어야 한다.
병	처벌 종류에 따라 교화 효과는 다른 양상을 보이고 있으며 특히 장기 징역형 효과는 불분명하다.

정답 체크

갑은 사회 전체의 이득을 고려하여 다른 사회 구성원들을 교육하고 범죄자를 교화하는 기능을 수행해야 한다고 하였고, 병은 범죄자에 대한 단기 징역형의 경우 충분한 교화 효과가 있는 것처럼 보이기도 하지만, 장기 징역형을 받은 죄수들은 처벌을 받은 이후에 보다 고도화된 범죄를 저지르며 사회에 대한 강한 적개심을 가지게 되는 경향이 있다는 연구 결과를 토대로 처벌의 교화 효과가 불분명할 뿐만 아니라 복잡하다고 하였으므로 병은 처벌이 갑이 말하는 기능을 수행하지 못할 수도 있다는 것을 보여줌을 알 수 있다.

오답 체크

① 갑은 처벌 여부와 그 방식의 정당성을 확립하기 위해 범죄 행위와 현대 사회의 문제점을 함께 고려해야 한다고 하였지만, 을은 처벌 여부와 그 방식을 결정하는 데 처벌을 함으로써 얻을 수 있는 사회의 이익을 고려해서는 안 되며 그 악행에 의해서만 정당화되어야 한다고 하였으므로 적절하지 않은 내용이다.

② 갑은 현대 사회에 들어서며 구성원들 간 이해관계의 충돌이 더욱 심해졌다는 것을 긍정하지만, 을은 이를 긍정하지도, 부정하지도 않으므로 적절하지 않은 내용이다.

③ 을은 사람에게 타고난 존엄성이 있다고 하였지만, 갑은 이를 긍정하지도, 부정하지도 않으므로 적절하지 않은 내용이다.

⑤ 을은 처벌 여부와 그 방식은 악행에 의해서만 정당화되어야 한다고 하였지만, 병은 범죄자를 처벌함으로써 기대할 수 있는 교화 효과에 대해 다루고 있다는 점에서 을과 병은 처벌의 정당성을 판단하는 기준이 서로 다르다는 것을 추론할 수 있으므로 적절하지 않은 내용이다.

3

독해력 UP 지문 분석

분야/논쟁점

예술/정격연주가 가능한가?

화자의 견해

A	옛 음악을 작곡 당시에 공연된 것과 똑같이 재연함으로써 정격연주가 가능하다.
B	과거와 현재의 연주 관습상 차이로 인해 옛 음악을 작곡 당시와 똑같이 재연하는 것은 불가능하다.
C	똑같이 재연하는 것이 불가능하더라도 작곡가의 의도를 파악한다면 정격연주가 가능하다.
D	작곡자의 의도뿐만 아니라 연주 관습도 모두 고려해야 정격연주가 가능하다.

정답 체크

ㄱ. A는 과거의 음악을 작곡 당시에 공연된 것과 똑같이 재연한다면 그때와 똑같은 느낌을 구현할 수 있다고 하였고, C에서 작곡자의 의도를 파악해 연주하면 작곡된 시대에 연주된 느낌을 정확하게 구현할 수 있다고 한 점에서 A와 C 모두 옛 음악을 과거와 똑같이 재연한다면 과거의 연주 느낌을 구현할 수 있다는 것을 부정하지 않았다는 것을 추론할 수 있으므로 적절한 내용이다.

오답 체크

ㄴ. B는 과거와 현재의 연주 관습상의 차이로 옛 음악을 작곡 당시와 똑같이 재연하는 것은 불가능하다고 한 점에서 현대에 과거의 연주 관습 그 자체의 재연이 불가능하다고 주장한다는 것을 추론할 수 있지만, D는 작곡가의 의도와 연주 관습을 모두 고려할 때 정격연주를 실현할 수 있다고 한 점에서 과거의 연주 관습의 재연이 가능하다고 주장한다는 것을 추론할 수 있으므로 적절하지 않은 내용이다.

ㄷ. C는 작곡가의 의도를 파악하면 정격연주를 할 수 있다고 하였지만, D는 작곡자의 의도와 연주 관습을 모두 고려할 때 정격연주를 실현할 수 있다고 하였으므로 적절하지 않은 내용이다.

문제 풀이 TIP

특정 대상에 대한 여러 인물의 견해가 제시되는 글의 경우 각각의 주장과 근거, 사실과 견해를 파악하며 문제를 풀이한다.

4

독해력 UP 지문 분석

분야/논쟁점

인문/불공정한 법도 준수해야 하는가?

화자의 견해

갑	법의 공정 여부와 무관하게 마땅히 지켜야만 하는 것이 시민의 의무이다.
을	공정한 법에 대해서만 선별적으로 준수의 의무를 부과하는 것이 타당하다.
병	법의 선별적 준수는 전체 법체계의 유지에 큰 혼란을 불러올 수 있으므로 받아들여서는 안 된다.

정답 체크

ㄴ. 을이 준법정신은 공정한 법에 한해서 선택적으로 발휘되는 것이라고 주장한 점에서 법의 공정성을 판단하는 기준이 존재하지 않을 경우 을의 주장은 약화된다는 것을 추론할 수 있으므로 적절하다.

오답 체크

ㄱ. 갑이 법의 공정 여부와 관계없이 법을 지켜야 하는 것이 시민의 의무라고 주장한 점에서 예외적인 경우에 한해 약속을 지키지 않아도 된다면 갑의 주장은 약화된다는 것을 추론할 수 있으므로 적절하지 않다.

ㄷ. 병이 법의 선별적 준수는 전체 법체계의 유지에 혼란을 일으킬 여지가 있어 받아들여서는 안 된다고 주장한 점에서 이민자를 차별하는 법이 존재한다면 병의 주장은 강화된다는 것을 추론할 수 있으므로 적절하지 않다.

문제 풀이 TIP

특정 대상에 대한 여러 인물의 견해가 제시되는 경우 각각의 주장과 근거, 사실과 견해를 파악하며 문제를 풀이한다.

5

독해력 UP 지문 분석

분야/주제
기타/또래 상담 요원 지원

자기소개서 문단별 중심 내용

1문단	또래 상담 요원에 지원한 이유
2문단	경험을 통해 배운 상담의 신뢰와 친근감의 중요성
3문단	또래 상담 요원이 갖추어야 할 공감적 이해의 태도
4문단	또래 상담 요원으로서 할 지원자의 다짐

정답 체크

㉠ 자기소개서 1문단에서 또래 상담을 통해 많은 위안을 얻으며 상담의 중요성을 알게 되어 또래 상담 요원이 되고 싶다는 생각을 했다고 하였으므로 적절하다.

㉣ 자기소개서 2문단에서 공부방 봉사 활동 경험을 통해 상담에서 신뢰와 친근감이 중요하다는 것을 알 수 있었다고 하였으므로 적절하다.

㉤ 자기소개서 4문단에서 또래 상담 요원으로서 친구의 이야기와 고민을 경청하면서 공감해 줄 수 있도록 노력하겠다고 하였으므로 적절하다.

오답 체크

㉡, ㉢ 자기소개서에서 성장 배경 및 가정환경과 성격의 장단점에 대해서는 다루고 있지 않으므로 적절하지 않다.

> **문제 풀이 TIP**
>
> 지문에서 전달하는 내용의 의도를 파악한 뒤 문제에 제시된 항목과 비교하며 문제를 풀이한다.

DAY 28 담화문 ③ p.184

1 ④   **2** ②   **3** ①   **4** ③   **5** ⑤
6 ④

1

정답 ④

독해력 UP 지문 분석

분야/주제
인문/훌륭한 예술이란 무엇인가?

화자 '갑'의 견해

첫 번째 진술	예술이란 자신이 경험한 감정을 타인도 경험할 수 있도록 하는 것이다.
두 번째 진술	훌륭한 예술은 예술가가 경험한 감정이 감상자에게 잘 전달되는 것이다.
세 번째 진술	예술가도 천박한 감정을 가질 수 있다.

정답 체크

갑은 첫 번째 진술과 두 번째 진술에서 훌륭한 예술을 '예술가가 경험한 감정이 잘 전달되어 감상자도 그런 감정을 느끼게 되는 예술'로 정의하고 있으므로 '천박한 감정을 느낀 예술가가 그 감정을 표현하여 감상자 역시 그런 감정을 느낀다면, 그런 예술이 훌륭한 예술인가?'라는 을의 물음에 대해 갑의 대답에 긍정적인 답을 해야 한다.

하지만 을이 갑의 대답에 대하여 모순이라고 하고 있으므로 갑이 부정인인 대답을 했음을 알 수 있고, 그 근거는 갑이 스스로 정의한 예술의 개념을 부정하는 내용을 답했기 때문이라고 추론할 수 있으므로 (가)에는 '아니다.', (나)에는 '훌륭한 예술에 대한 너의 정의와 앞뒤가 맞지 않기'가 들어가는 것이 적절하다.

PART 2 지문 유형별 공략 77

독해력 UP 지문 분석

분야/논쟁점
예술/위조품도 예술적 가치를 가질 수 있는가?

화자의 견해

갑	예술적 가치는 시각적으로 식별할 수 있는 특성으로 결정되며, 아무리 많은 사람이 위조품과 진품을 식별하지 못하더라도 훈련받은 전문가는 그 차이를 찾아낼 수 있다.
을	예술품은 창의적이어야 예술적 가치를 가지며, 위조품은 창의적이지 않으므로 예술적 가치가 없다.
병	예술적 가치는 작품 자체의 시각적 특징에 부여되므로 위조품이 원작보다 반드시 예술적으로 뒤처진다고 할 수 없다.

정답 체크

ㄴ. 갑은 예술적 가치가 시각적으로 식별 가능한 특성으로 결정된다고 하였고, 병은 원작이라는 사실은 감상 대상이 아니며 예술적 가치는 작품이 가진 시각적 특징에 부여된다고 하였으므로 적절한 내용이다.

오답 체크

ㄱ. 갑은 예술적 가치는 시각적으로 식별할 수 있는 특성으로 결정된다고 하였지만, 을은 예술품이라면 창의적이어야 하며 위조품은 창의적이지 않기 때문에 진품만 예술적 가치를 가질 수 있다고 한 점에서 갑과 을 모두 예술적 가치로서의 창의성과 시각적 특성을 연관 지어 설명하고 있지 않다는 것을 추론할 수 있으므로 적절하지 않은 내용이다.

ㄷ. 병은 위조품인 메헤렌의 작품이 부정적 평가를 받는 이유는 사람들을 속였기 때문이지 예술적으로 열등해서가 아니며 예술적 가치는 작품이 지닌 시각적 특징에 부여된다고 하였지만, 을은 위조품은 결코 예술적 가치를 가질 수 없으며 위작임이 밝혀진 다음에도 그 작품을 칭송하는 것을 이해할 수 없다고 하였으므로 적절하지 않은 내용이다.

독해력 UP 지문 분석

분야/주제
기타/A 시의 조례 제정 비율에 대한 대화문

핵심 내용 정리

상황	A 시의 작년 조례 제정 비율 및 올해 현황
조례 제정 비율	그해 1월 1일부터 12월 31일까지 법률에서 조례를 제정하도록 위임한 건 중 12월 31일까지 실제 조례로 제정된 비율

정답 체크

갑의 세 번째 발언에 따르면 현재까지 법률에서 조례를 제정하도록 위임한 10건 중 A 시는 7건을 조례로 제정했고 입법 예고 중인 것은 2건이며, 을의 세 번째 발언에 따르면 모든 조례는 입법 예고를 거친 뒤 시의회에서 제정된다.

따라서 빈칸에 들어갈 내용은 '현재 조례로 제정하기 위하여 입법 예고가 필요한 것이 1건입니다.'가 가장 적절하다.

오답 체크

②, ③, ⑤ 7월 10일 현재로서는 1월 1일부터 12월 31일까지를 기준으로 하는 올 한 해 A 시의 조례 제정 비율과 관련하여 알 수 있는 것이 없으므로 적절하지 않다.

④ 현재 시점을 기준으로 A 시는 법률에서 조례를 제정하도록 위임받은 10건 중 7건을 조례로 제정하여, 조례 제정 비율은 70%이므로 적절하지 않다.

독해력 UP 지문 분석

분야/논쟁점
인문/인간의 자살은 옳은 행위인가?

화자의 견해

갑	자살 행위는 공동체에 해악을 끼치므로 어떠한 경우에도 옳지 않은 행위이다.
을	자살 행위는 공동체에 해악을 끼치는 것이 아니라 사회에 선을 행하는 것을 멈추는 것일 뿐이며, 사회에서 완전히 물러난다면 그 의무를 지속할 필요도 없다.
병	자살일지라도 타인에게 해가 되지 않는다면 도덕적 비판의 대상이 될 수 없다.

정답 체크

ㄱ. 갑은 자살이 공동체에 해악을 끼치는 행위이기 때문에 어떠한 경우에도 옳지 않다고 하였고, 을은 자살이 사회에 해악을 끼친다고 볼 수 없으며 단지 선을 행하는 것을 멈추는 것일 뿐이라고 하였으므로 적절한 내용이다.

ㄴ. 을은 자살이 사회에 해악을 끼치지 않는다고 하였고, 병은 타인에게 해악을 주는 행위만이 도덕적 비판의 대상이 된다고 하였으므로 적절한 내용이다.

오답 체크

ㄷ. 갑은 어떠한 경우에도 자살은 옳지 않은 행위라고 하였고, 병은 타인에게 해를 끼치지 않는 한 인간은 자신이 원하는 것은 그것이 자살일지라도 행할 수 있다고 하였으므로 적절하지 지 않은 내용이다.

[5-6]

독해력 UP 지문 분석

분야/주제

기타/자연환경이 돋보이고, 전통과 예술이 공존하는 사랑시 소개글 작성 관련 토의

(나) 핵심 내용 정리

작성 목적	다른 지역 학생들에게 자연환경이 돋보이고 전통과 예술이 공존하는 사랑시 소개
세부 내용 1	산할머니 전설에서 유래되어 전통적 특색이 드러나는 사랑시의 명칭 및 문화제
세부 내용 2	아름다운 풍경을 즐길 수 있는 바람맞이 언덕과 사랑시민의 일상과 청정한 자연의 모습이 담긴 작품을 전시하는 사랑미술관의 특징 및 길 안내
세부 내용 3	도시의 청정함을 드러낼 수 있는 반딧불이 축제 소개 및 길 안내

5

정답 ⑤

정답 체크

[A]에서 '학생 3'이 제당에서 바람맞이 언덕까지 찾아가는 길도 안내하자고 하였고, [B]에서 제당 뒤편으로 난 길을 통해 정자를 지나 올라가면 바람맞이 언덕에 도착한다고 하였으므로 [B]에 반영된 내용으로 가장 적절한 것은 ⑤이다.

오답 체크

① [B]에서 산할머니 신을 섬기는 전통을 이어받아 해마다 문화제가 열리고 있음을 서술하고 있지만, 산할머니 문화제에서 열리는 다양한 행사에 대한 안내는 다루고 있지 않으므로 적절하지 않다.

② [B]에서 사랑시 명칭과 관련된 산할머니 전설을 서술하고 있지만, 산할머니 일화와 관련된 은행나무에 대한 소개는 다루고 있지 않으므로 적절하지 않다.

③ [B]에서 사랑시 명칭의 유래를 서술하고 있지만, 명칭의 변화 과정에 대한 설명은 다루고 있지 않으므로 적절하지 않다.

④ [B]에서 바람맞이 언덕 소개와 해마다 문화제가 열리는 이유를 서술하고 있지만, [A]와 [B] 모두 바람맞이 언덕이 사랑시의 전통을 보여준다는 내용은 다루고 있지 않으며, [B]에서 서술하고 있는 해마다 문화제가 열리는 이유와 바람맞이 언덕은 서로 관련 없는 내용이므로 적절하지 않다.

문제 풀이 TIP

두 자료를 비교하여 문제를 풀이하는 경우 선택지를 먼저 확인하여 파악해야 하는 내용이 무엇인지 파악하고, 이를 본문과 대조하며 문제를 풀이한다.

6

정답 ④

정답 체크

(가)에서 '학생 3'은 도시를 상징하는 반딧불이 그림과 함께 말풍선을 사용하여 문구를 넣자는 제안을 함과 동시에 사랑시의 전통, 자연과 예술 분야의 특색, 사랑시 방문을 통해 얻을 수 있는 좋은 점을 문구에 포함하자고 하였고, '학생 2'는 대조의 표현 방식을 활용하자고 하였으므로 제시된 조건을 모두 포함하고 있는 ④가 가장 적절하다.

사랑시의 전통	효의 정신이 담긴 산할머니 전설
자연과 예술 분야의 특색	(자연) 반딧불, (예술) 화가들의 작품 이야기
사랑시 방문을 통해 얻을 수 있는 좋은 점	여러분들 마음속에 여유가 생길 거예요
대조의 표현 방식	어두운 여름밤 ↔ 밝은 반딧불

오답 체크

① 예술에 해당하는 특색이 누락되어 있으므로 적절하지 않다.

② 사랑시를 방문하면 얻을 수 있는 좋은 점과 대조의 표현 방식이 누락되어 있으므로 적절하지 않다.

③ 대조의 표현 방식이 누락되어 있으므로 적절하지 않다.

⑤ 사랑시의 전통에 해당하는 특색이 누락되어 있으므로 적절하지 않다.

1 ②　　**2** ③　　**3** ④　　**4** ②　　**5** ④

1
정답 ②

독해력 UP 지문 분석

분야/주제

기술/공간정보 빅데이터 플랫폼의 개선 방향에 대한 연구

문단별 중심 내용

1문단	공간정보의 개념 및 4차 산업혁명 시대에 공간정보의 중요성
2문단	생활의 편리성 향상에 기여한 공간정보 활용 사례
3문단	기존 국내 공간정보 기술력 및 연구개발의 한계
4문단	기존 국내 공간정보 기술력 및 연구개발의 한계를 극복하기 위한 노력
5문단	일부 공공 공간정보 빅데이터 플랫폼의 한계 및 보고서 전개 방향 제시

정답 체크

3문단에서 기존 국내 공간정보 기술에 대한 연구개발은 단편적 수요 대응 차원에서 연구개발 가능한 분야를 중심으로 추진되어 미래 전망 및 수요를 반영하기 어려웠다고 하였으므로 국내 공간정보 기술에 대한 연구개발이 장기적인 필요성을 충족할 수 있는 분야 위주로 진행되어 온 것은 아님을 알 수 있다.

오답 체크

① 5문단에서 공간정보를 4차 산업혁명 핵심 정보인프라로 활용하기에는 일부 공공 공간정보 빅데이터 플랫폼에 대한 사용자의 관심도와 활용도가 낮은 실정이라고 한 점에서 일부 공공 공간정보 빅데이터 플랫폼은 사용자 관심도와 활용도 향상을 위한 개선이 필요하다는 것을 추론할 수 있으므로 적절한 내용이다.

③ 2문단에서 공간정보는 생활의 편리성 향상에 기반이 되기도 하며, 교통카드 데이터와 통신 데이터를 통합·분석하여 대중교통 노선 조정에 활용하거나 건물 용도·카드 매출·승하차 정보 등을 복합적으로 분석하여 토지 이용 개발 계획 수립에 활용한다고 하였으므로 적절한 내용이다.

④ 1문단에서 공간정보는 지형지물과 같은 도형정보뿐만 아니라 그 공간의 자연적·사회적·경제적 특성 등을 기록할 수 있다고 하였으므로 적절한 내용이다.

⑤ 4문단에서 수치지형도 상의 건물 형상과 도로 표현이 일치하지 않는 등 기본공간정보의 체계적인 품질관리가 미흡했다고 하였으므로 적절한 내용이다.

2
정답 ③

독해력 UP 지문 분석

분야/주제

사회/국토교통부 발표 에너지 사용량 통계 결과

문단별 중심 내용

1문단	건축물 에너지·온실가스 정보체계에 따른 건물 에너지 통계 서비스에 따른 결과
2문단	전체 건축물 에너지 사용량 중 용도별, 시도별, 에너지원별 사용량
3문단	단열기준 도입 시점 전후를 기준으로 사용 승인을 받은 건축물 그룹별 연간 단위 면적당 에너지 사용량
4문단	국토교통부 건물 에너지 사용량 및 효율화 기여를 위해 노력 예정

정답 체크

이 보도자료는 국토교통부가 발표한 에너지 사용량 통계 결과를 통해 단위 면적당 에너지 사용량이 계속해서 감소하는 추세이며, 이는 단열기준 도입 이후 건물 에너지 효율 향상을 목표로 지속적으로 추진한 녹색건축정책이 에너지 사용량 감소 효과로 나타난 것으로 해석된다는 내용이므로 이 보도자료의 중심 내용으로 가장 적절한 것은 ③이다.

오답 체크

① 글 전체에서 건물 에너지 사용량에 따른 통계자료의 공개 범위를 확대하겠다는 정부의 방침과 관련하여 국민의 반응이 엇갈리고 있는지에 대해서는 언급하고 있지 않으므로 적절하지 않은 내용이다.

② 2문단에서 건물 부문에서의 에너지원별 사용량 통계 결과 거주 형태에 따라 주거용은 도시가스가, 비주거용은 전기가 가장 많이 사용되는 에너지원인 것으로 확인됐다고 하였으므로 적절하지 않은 내용이다.

④ 글 전체에서 단열기준 도입 이전에 사용 승인을 받은 건축물의 단위 면적당 에너지 사용량이 매년 증가했는지에 대해서는 언급하고 있지 않으므로 적절하지 않은 내용이다.

⑤ 4문단에서 국토교통부는 건물 에너지 사용량 국가 승인 통계를 계속해서 고도화해 나감으로써 공공부문 디지털정보 공유 기반을 갖추어 디지털 플랫폼 정부를 수립하는 데 이바지할 계획이라는 내용은 서술하고 있지만, 글 전체를 포괄할 수 없으므로 적절하지 않은 내용이다.

3

독해력 UP 지문 분석

분야/주제

기타/상반기 근로장려금 신청 안내

정답 체크

보도자료의 6문단에서 근로장려금 신청 시 신청 안내문을 받은 경우 ARS 전화, 손택스, 인터넷 홈택스를 통해 신청 가능하며, 신청 안내문을 받지 못한 경우 인터넷 신청 또는 세무서 방문 후 서면 신청해야 한다고 하였으므로 신청 방법에서 신청 안내문 수신자와 미수신자의 신청 방법을 서로 변경해야 하는 것은 아님을 알 수 있다.

오답 체크

① 보도자료의 3문단에서 본인과 배우자의 2020년 상반기 소득 중 사업소득 및 종교소득이 있다면 정기 신청만 가능하다고 하였으므로 적절한 내용이다.

② 보도자료의 7문단에서 상반기 근로장려금 신청자는 하반기 소득분에 대해서도 신청한 것으로 의제되어 별도로 하반기 신청 및 정기 신청을 하지 않는다고 하였으므로 적절한 내용이다.

③ 보도자료의 2문단에서 근로장려금 반기 지급 제도는 반기별 소득을 파악할 수 있는 근로소득자에 한하여 당해 연도 소득을 기준으로 반기별 근로장려금을 신청·지급하는 제도라고 하였으므로 적절한 내용이다.

⑤ 보도자료의 1문단에서 근로장려금이란 소득과 재산이 일정 금액 미만인 근로자, 종교인, 사업자(전문직 제외) 가구에 대한 복지제도라고 하였으므로 적절한 내용이다.

문제 풀이 TIP

두 자료를 비교하여 문제를 풀어야 하는 경우 선택지에서 키워드를 파악하여 이를 중심으로 빠르게 문제를 풀이한다.

4

독해력 UP 지문 분석

분야/주제

사회/전차선로 지지설비 검사기술 교통신기술 제56호로 지정

문별 중심 내용

1문단	전차선로 지지설비 검사기술 교통신기술 제56호로 지정됨
2문단	전차선로 지지설비 검사기술 도입 이전의 문제점과 도입 이후의 전망
3문단	교통신기술제도의 의미와 역할
4문단	교통신기술제도 선정 시 혜택과 확인 가능한 사이트

정답 체크

1문단에서 이번에 교통신기술 제56호로 지정된 신기술을 적용할 경우 철도 차량에 탑재된 장비를 통해 전차선로 지지설비를 고속 및 고해상도의 카메라로 촬영할 수 있으며, 이를 딥러닝 기반의 이미지 분석을 거쳐 지지설비의 결함 정보를 즉각적으로 확인할 수 있다고 하였으므로 열차 운행 중에 촬영된 전차선의 상태를 바로 확인할 수 있는 기술이 아직 개발 단계에 있는 것은 아님을 알 수 있다.

오답 체크

① 4문단에서 교통신기술로 지정될 경우 최초 8년, 연장 최대 7년을 합하여 최대 15년 동안 공공기관 우선 적용 및 구매 권고, 입찰 시 가점 부여 등의 혜택을 받을 수 있다고 하였으므로 적절한 내용이다.

③ 2문단에서 전차선로 지지설비 검사기술을 적용하기 전에는 전차선로 지지설비의 상태를 점검할 때 열차가 운행되지 않는 시간에 점검하여 검측의 오류 비율이 높았다고 하였으므로 적절한 내용이다.

④ 1문단에서 전차선로 지지설비 검사기술은 전차선로의 지지설비 상태를 고해상도의 영상을 통해 검사하는 기술이라고 하였으므로 적절한 내용이다.

⑤ 3문단에서 국내에서 최초로 개발되거나 외국에서 도입하여 개량한 교통기술 가운데 신규성, 진보성, 경제성, 현장적용성, 보급 및 활용성이 우수한 기술에 대해 국토교통부 장관이 인증해왔다고 하였으므로 적절한 내용이다.

5

독해력 UP 지문 분석

분야/주제

인문/한옥형 인테리어를 접목한 현대 건축물 사례 연구

문단별 중심 내용

서론	1문단	한옥형 인테리어를 접목한 현대 건축물 사례 연구 필요성
본론	2문단	한옥형 디자인 요소를 반영한 거주지 사례 분석 결과
	3문단	한옥형 디자인 요소를 반영한 대학 사례 분석 결과
	4문단	한옥형 디자인 요소를 반영한 서울시 신청사 사례 분석 결과
결론	5문단	한옥형 인테리어의 효과: 정서적 안정 및 심미적 효과, 한국형 인테리어 브랜드화에 기여, 친환경 건축물로서의 발전

정답 체크

2문단에서 한옥형 인테리어가 적용된 거주지에서 전통 한옥에서만 찾아볼 수 있던 사랑채와 툇마루 등의 공간을 발견할 수 있음을 서술하고 있지만, 한옥형 인테리어가 적용된 아파트가 기존의 침실, 안방 등을 개조하여 새로운 공간을 마련한 것이라는 내용에 대해서는 다루고 있지 않으므로 적절하지 않은 내용이다.

오답 체크

① 3문단에서 전라북도 소재의 ○○대학교는 한옥형 건물을 신축하였으며, 전통 문양 타일 등 한국형 디자인 요소를 반영하였다고 하였으므로 적절한 내용이다.

② 4문단에서 서울시 신청사는 유리벽 위 지붕 끝부분에 전통한옥 처마 형상의 디자인을 통해 냉난방 에너지 절감 효과를 얻는다고 하였으므로 적절한 내용이다.

③ 5문단에서 한국형 주거공간은 주거공간에 대하여 다변화되는 소비자 욕구 충족에 기여할 것으로 사료된다고 하였으므로 적절한 내용이다.

⑤ 1문단에서 복고, 친환경, 웰빙 욕구가 커지며 우리 전통문화의 우수성이 주목받게 되어 주택시장에 한옥 열풍이 불고, 전통한옥에서만 찾아볼 수 있었던 디자인 요소들이 현대식 공간과 함께 어우러진다고 하였으므로 적절한 내용이다.

DAY 30 실용문 ②   p.196

1 ③   **2** ③   **3** ④   **4** ④   **5** ⑤

1

독해력 UP 지문 분석

분야/주제

사회/산업통산자원부 수소 전(全)주기 안전관리 종합계획 수립

문단별 중심 내용

1문단	산업통산자원부에서 수소 전(全)주기 안전관리 종합계획을 수립할 예정임
2문단	종합계획 수립을 위해 수소 안전관리 정책위원회를 구성하고 수소 안전관리 정책위원회 회의를 개최함
3문단	강원 과학단지 수소탱크 폭발 사고를 계기로 수소 안전관리 종합대책을 수립한 산업부
4문단	안전 기반 수소 산업 발전이 이룩될 필요성 강조

정답 체크

ㄴ. 산업통상자원부는 2019년 5월 발생한 강원 과학단지 수소탱크 폭발 사고를 계기로 삼아 같은 해 12월「수소안전관리 종합대책」수립을 통해 실시간 모니터링을 포함한 3중 안전점검 체계 구축 및 수소충전소 안전관리 기준을 강화했다고 하였으며, 수소 추출기 등의 수소용품 안전기준을 마련하여 수소시설이나 제품에 대한 안전관리를 강화한 것은「수소법」안전 분야 시행을 통해서라고 하였으므로 적절하지 않은 내용이다.

ㄷ. 산업통상자원부는 지난 2021년 11월 마련한 수소경제이행 기본계획에서 다양한 수소 사용을 위해 전주기에 걸친 안전기준을 마련함과 동시에 수소안전관리 법령 일원화 등의 규제 합리화를 추진한다고 밝혔으며, 올해 11월까지 이를 구체화하기 위한 수소 전주기 안전관리 종합계획을 수립할 계획이라고 하였으므로 적절하지 않은 내용이다.

따라서 다음 보도자료의 내용과 일치하지 않는 것의 개수는 2개이다.

82 온/오프라인 취업강의·무료 취업자료 ejob.Hackers.com

오답 체크

ㄱ. 산업통산부는 산·학·연 전문가가 함께하는 수소 안전관리 정책위원회를 구성하여 수소 신기술 개발 및 도입에 따른 안전기준을 발굴할 계획이며, 안전기준 발굴 시 일반 국민, 기업, 지자체, 유관기관 등의 현장 의견도 모을 방침이라고 하였으므로 적절한 내용이다.

ㄹ. 제1차 수소 안전관리 정책위원회 회의에서는 그동안의 수소 안전관리 추진 실적과 수소 신기술의 동향이 공유되었다고 하였으므로 적절한 내용이다.

2
정답 ③

독해력 UP 지문 분석

분야/주제

기타/추석 연휴 기간 업무 관련 회의

정답 체크

'1-2) 정상 이용 가능 서비스'에서 이용제한 기간 내 체크카드를 통한 국내 ATM의 모든 서비스는 정상 이용할 수 있다고 하였으므로 국내외 모든 ATM 서비스 이용이 제한되는 것은 아님을 알 수 있다.

오답 체크

① '2-1) 보도자료 제작 및 배포'에서 전산시스템 교체 작업 상황에 따라 서비스 이용제한 시간이 달라질 수 있음을 반드시 포함해야 한다고 하였으므로 적절한 내용이다.

② '1-2) 정상 이용 가능 서비스'에서 체크카드 분실신고 및 분실 해지는 기존과 동일한 경로에서 정상 이용 가능하다고 하였으므로 적절한 내용이다.

④ '1-1) 중단 서비스'에서 포인트 현금 전환 서비스 신청 업무는 9/30(수) 00:00부터 10/2(금) 06:00까지 중단되며, 이용제한 기간 전에 포인트 현금 전환을 신청한 경우 이틀 뒤 정상적으로 입금된다고 하였으므로 적절한 내용이다.

⑤ '2-1) 보도자료 제작 및 배포'에서 서비스별 이용제한 내용 및 자세한 사항은 홈페이지에서 확인할 수 있음을 반드시 포함해야 한다고 하였으므로 적절한 내용이다.

3
정답 ④

독해력 UP 지문 분석

분야/주제

과학/면역 항암제에 의한 항암 치료와 간암 급성 진행 현상과의 상관관계 규명 연구

문단별 중심 내용

연구 배경 및 목적	면역 항암제를 투여한 환자에게 발현된 급성 진행 현상
연구 방법	국내 간암 환자를 면역 항암제 투여 그룹, 표적 치료제 이용 그룹, 어떠한 치료도 받지 않은 그룹으로 나누어 급성 진행 현상의 발현 여부 검사
연구 결과	1. 면역 항암제를 투여한 간암 환자 그룹 중 약 12%의 환자에게서만 급성 진행 현상 발현 2. 면역 항암제를 투여한 간암 환자의 혈액 내 호중구/림프구의 비율이 높을수록 급성 진행 현상 발현 비율이 높아지고 항암 치료 반응률은 급격히 감소함
향후 계획	급성 진행 현상을 보이는 환자의 혈액을 검사하여 최적화된 면역 항암 치료법 연구 예정

정답 체크

'연구 결과'에서 급성 진행 현상이 나타난 환자의 암세포 성장 속도와 운동성 모두 치료 전과 비교해 4배 이상 증가했다고 하였으므로 급성 진행 현상이 나타난 간암 환자의 암세포 성장 속도와 운동성이 치료 전과 비교해 4배 이상 활발해졌음을 알 수 있다.

오답 체크

① 간암 환자가 면역 항암제를 이용한 치료를 받았을 때 사망 예후를 보인 이유에 대해서는 다루고 있지 않으므로 적절하지 않은 내용이다.

② '향후 계획'에서 간암에 최적화된 면역 항암 치료법을 개발하기 위해 면역 항암제에 내성을 지닌 인자를 분석할 예정임을 서술하고 있지만, 급성 진행 현상을 보이는 간암 환자에게 최적화된 면역 항암 치료 방법에 대해서는 다루고 있지 않으므로 적절하지 않은 내용이다.

③ '연구 배경 및 목적'에서 면역 항암제는 면역 반응을 보이지 않는 종양에서는 그 효과가 미약하다고 하였으므로 적절하지 않은 내용이다.

⑤ '연구 결과'에서 급성 진행 현상이 나타나는 환자의 혈액 내 호중구/림프구의 비율이 높을수록 항암 치료 반응률이 급격하게 감소한다고 하였으므로 적절하지 않은 내용이다.

4
정답 ④

독해력 UP 지문 분석

분야/주제
기타/교육지원용 컴퓨터 공개구매 입찰 공고

정답 체크

'4. 입찰 참가 자격-나.'에서 입찰 참가 신청서를 제출하는 날부터 입찰 개시 전까지 입찰대리인을 변경한 경우 변경된 대리인이 입찰에 참가할 수 있다고 하였으므로 입찰 참가 신청서를 제출한 이후에 입찰대리인을 변경한 경우 변경된 대리인이 입찰에 참가할 수 없는 것은 아님을 알 수 있다.

오답 체크

① '3. 입찰서 작성 및 제출에 관한 사항-나.'에서 입찰금액은 총액입찰인 경우 총액을 작성하고, 단가입찰인 경우 단가를 작성해야 한다고 하였으므로 적절한 내용이다.

② '5. 물품 입찰의 견품 제출-나.'에서 낙찰자 외의 입찰자의 견품은 낙찰자 결정 후 1개월 안에 해당 낙찰자 또는 입찰자의 요구에 따라 반환된다고 하였으므로 적절한 내용이다

③ '6. 기타사항-나.'에서 낙찰자는 낙찰 금액에 대한 산출명세를 표시한 명세서를 착수신고서 제출 시까지 발주기관에 제출해야 한다고 하였으므로 적절한 내용이다.

⑤ '3. 입찰서 작성 및 제출에 관한 사항-다.'에서 우편으로 보낸 입찰서는 입찰서 제출 마감일 전날까지 발주기관에 도착한 것만 효력이 있다고 하였으므로 적절한 내용이다.

5
정답 ⑤

독해력 UP 지문 분석

분야/주제
기타/예술 연습실 대관 안내

정답 체크

'4. 대관 심사 기간'에서 수시 대관 심사 발표는 신청 기간에 따라 상이하다고 하였으므로 수시 대관 심사에 따른 대관 가능 여부는 신청 마감일로부터 20일 후에 알 수 있는 것은 아님을 알 수 있다.

오답 체크

① '5. 시간당 연습실 대관 비용'에서 3주 이상의 장기 대관 시 총 금액의 20% 할인이 적용된다고 하였으므로 적절한 내용이다.

② '3. 제출 서류'에서 대관 신청 시 A 예술 연습실 대관 신청서 1부와 사업자 등록증 사본 1부를 제출해야 하고, 3주 이상의 장기 대관 시 연습 일정을 제출해야 한다고 하였으므로 적절한 내용이다.

③ '6. 신청 자격 제한'에서 대관 신청자가 미성년자인 경우 신청 자격이 제한된다고 하였으므로 적절한 내용이다.

④ '1. 대관 신청'에서 정기 대관의 경우 매년 4회 신청이 가능하며, 2주간 접수를 진행한다고 하였으므로 적절한 내용이다.

공기업 최종 합격!
선배들의 얘기 알고 싶어?

힘들게 찾아다닐 필요 없어~
해커스잡 ejob.Hackers.com 에 가면 다 있으니까!